LOCUS

LOCUS

from

vision

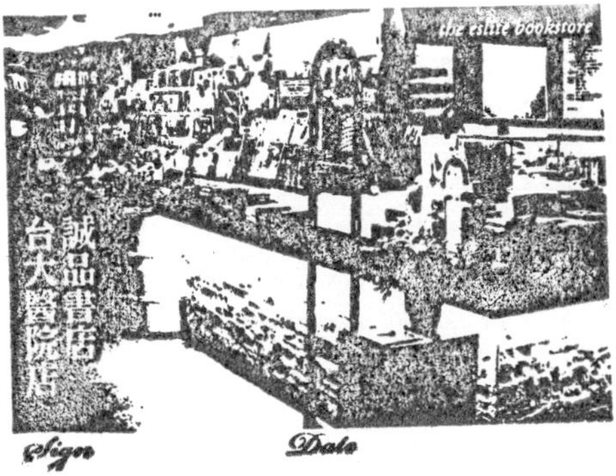

from 58 馬路學
Traffic
作者： Tom Vanderbilt
譯者：饒偉立
責任編輯：湯皓全
美術編輯：何萍萍
校對：呂佳真
法律顧問：全理法律事務所董安丹律師
出版者：大塊文化出版股份有限公司
台北市 105 南京東路四段 25 號 11 樓
www.locuspublishing.com
讀者服務專線： 0800-006689
TEL ：(02) 87123898　FAX ：(02) 87123897
郵撥帳號： 18955675　戶名：大塊文化出版股份有限公司

總經銷：大和書報圖書股份有限公司
地址：台北縣五股工業區五工五路 2 號
TEL ：(02) 8990-2588 （代表號）　FAX ：(02) 2290-1658
排版：天翼電腦排版印刷有限公司　製版：源耕印刷事業有限公司
初版一刷： 2009 年 4 月

定價：新台幣 399 元
Printed in Taiwan

LOCUS

LOCUS

Traffic
馬路學

Tom Vanderbilt 著
饒偉立 譯

目次

0 馬路學：從馬路消息到馬路知識

不只是交通問題，更是人性問題

爲何另一條車道看起來總是比較快？

當你在擁擠的高速公路上緩慢前行，看著鄰近車道上的車子疾馳而過，氣得頭上開始冒煙時，必定也曾思考過這個問題。你用手指在方向盤上擊鼓、不斷地切換廣播電台、比較其他車輛的速度，並試著找出雨刷鈕旁那個奇怪的按鍵到底有何用處。

我一直認爲這只是高速公路上的隨機事件。命運有時引導我切入順暢的車道，有時卻將我擠進壅塞的車陣裡。

直到最近，我才有機會重新思考自己過去的被動觀點，並推翻自己長久以來恪遵不悖的行車原則。

我做了一個重大的改變。我變成一位**延遲匯入車道者**。

你在高速公路上開車時，或許也曾看見一些標誌，上頭說明你所在左線車道即將封閉，並指示你切換至右線車道。

這時，右線車道恰好出現空檔，於是你趕緊變換車道。你鬆了口氣，慶幸自己不會在即將封閉的左線車道動彈不得。但當右線車道的速度越來越慢時，你卻發現左線車道上的車輛不斷揚長而去。外表冷靜的你其實早已怒火中燒，一心只想切回速度快上許多的左線車道。不過，你當然找不到空檔，最後只能悻悻然地待在右線車道上。

不久前的某天，我在紐澤西州的某條高速公路上突然領悟到某件事。當時，我正沿著紐澤西州北部林立的儲油槽和化學工廠、如同往常般緊張兮兮地開著車。快到普拉斯基大橋（Pulaski Skyway）時，眼前突然出現一塊看板：「左線車道將於前方一公里處封閉，請匯入右線車道」。

我按捺住心中的衝動，拒絕服從心中那道微弱聲音的命令，打死也不肯切進早已水泄不通的右線車道。那道聲音經常告訴我：「**照著交通號誌做就不會錯**。」這次，另一個更堅定的聲音則對我說：「**千萬不要再當笨蛋，你比別人聰明多了**。」於是，我繼續往前疾駛，毫不在意其他人的憎恨目光。從眼角餘光看過去，我瞄見坐在一旁的妻子早已嚇得縮進座位裡。等到超過十幾部車輛之後，我終於來到左線車道開始縮減的地點。其他經由同一條車道大搖大擺地來到此地的駕駛人，早已在這裡形成一小條有如拉鍊般的匯入車流。我在這條車流中等候適當時機，然後眼明手快地將車切入右線車道，並將一堆車輛甩到腦後。我的心跳快得不得了，而身旁的妻子則用雙手摀住了她的眼睛。

接下來幾天，我的心中滿是愧疚和困惑。我那天是否做錯事了？或者我一輩子其實都做錯了？爲了尋找答案，我到「請教梅菲」（Ask MetaFilter）網站上，以匿名提了一個問題。人們可到這個網站上任意發問，並和博聞強記、意見紛雜的無名人士所形成的集體智慧搭上線。我想知道的是，爲何有些車道的速度比其他車道更快，以及爲何拖到最後一刻才匯入其他車道的人總能得逞？

而我剛剛學來的延遲匯入車道習慣，是否有點離經叛道？

回應文章的數量和速度讓我大感驚訝。人們對自己立場的堅定信念和巨大熱情——以及反對和贊同我的意見的人數大致相同此一事實——最讓我大感驚訝。我不但未能發現任何明顯的共識，同時也在無意間陷入了無法跨越的鴻溝。

第一種想法的支持者——暫且以印有「日行一善，功德無量」的保險桿貼紙來稱呼這些人——認爲，提前匯入車道者都是隨時行善的聖潔天使，而延遲匯入車道者全是狂傲自大的王八蛋。「不幸的是，人眞的很差勁，」某位發文者說，「有些人會想盡辦法切進你的車道，然後得意洋洋地堵在你面前……自認時間比你急、身分比你重要的人，總會目中無人地繼續往前開，而沒有骨氣的傻瓜卻允許他們這樣做，讓你的車速變得更慢。這眞是差勁；不過，我只能說這個世界就是這副模樣。」

屬於少數族群第二種想法支持者——暫且以刻在新罕布夏州車牌上的座右銘「不自由毋寧死」來稱呼這些人——主張，延遲匯入車道者其實只是理性地盡量發揮高速公路的最大運量，並藉此造福所有駕駛人。他們認爲，強調行車禮儀和公平正義的人，才是拖累其他人的元凶。

但問題越來越複雜。有些人認爲延遲匯入車道者容易引發車禍。有些人主張這種措施比較適合德國，並暗示我的兩難或許和美國的民族性缺陷有關。有些人擔心其他人不會在最後一刻讓他們匯入開放車道。還有些人說他們會故意不讓其他人匯入開放車道，就像卡車司機的作法一樣。

這到底是怎麼回事？我們不都是在同一條路上開車嗎？我們不都是通過同一套駕駛測驗嗎？讓人大爲驚訝的，不只是回應意見的種類，還有每個人對自己在高速公路上的行車方式的極力袒護，以及對不同意見的嚴詞批評。大部分人並未引用交通規則或實際證據，而只依據個人想法來判斷對錯。

甚至有人經歷過和我正好相反的改變。「直到不久之前，我還是個『延遲匯入車道者』，」這位任職於軟體公司的作者在一本商業雜誌中說。①是什麼原因讓他有如重生一般地變成提前匯入車道者呢？「因為我發現只要人們越早匯入開放車道，車流的速度便會越快。」他借用這個比喻來說明如何建構成功的企業團隊：延遲匯入車道者就像常將一己之私置於團隊利益之前的人，而提前匯入車道者則能提升「企業的運作效率」。

但提前匯入開放車道眞能提升車流速度嗎？或者，這只是看似高尚卻不切實際的想法？

你也許會開始懷疑，如何引導駕駛人在不傷害其他人的情況下，於正確的時機匯入開放車道，不只是有關交通的問題，更是有關**人性**的問題。道路不只是由交通規則和交通標誌所建構出來的系統，它也是個巨大無比的培養皿，每天都有成千上萬人在其中，根據各式各樣未知的行為模式進行互動。這世上很少有什麼地方能像道路一樣，得以讓來自不同背景的人——不同年紀、種族、階級、宗教、性別、政黨喜好、生活方式，以及心理傾向等——自由自在地融合在一起。②

我們眞的了解這個系統的運作方式嗎？我們為何展現出某些駕駛行為？而這些行為又透露出哪些有關我們的祕密？某些人是否會以某些特定的方式駕駛車輛？女性的駕駛行為是否異於男性？假如一般人的感覺沒錯，過去幾十年來人們的駕駛行為確實顯得越來越不文明，而箇中原因又是什麼？道路是不是社會的縮影，或者它自有一套特殊的運作原理。有次，某個朋友邊開著不起眼的豐田可樂娜，邊告訴我他曾對著霸佔整條車道的貨櫃車破口大罵。而我的這位朋友，平時只不過是個膽小的拉丁文老師。一定有股神祕的力量，能將這位溫文儒雅的都市學者，變成憤世嫉俗的暴怒青年（你爲何緊咬著我的車尾不放？）。這一切只是司空見慣的交通現象，或是人性中蠢蠢欲動的野性作爲？

越是深入思考這些問題——或說越常遭受塞車之苦，並善用這些時間深入思考這些問題——便不難發現更多類似的問題。爲何我們能在莫名其妙地塞起車時安坐車內？爲何歷時僅十分鐘的「意外交通事故」，竟會讓道路交通打結長達一、兩小時？其他人在一旁等著停車時，人們是否會花比較多時間駛離停車位，或者這只是表面現象？高速公路的高乘載管制車道，是否利於紓解壅塞的交通流量，還是只會讓塞車問題更爲惡化？大型卡車到底有多麼危險？開什麼車、在什麼地方開車，以及和什麼人一起開車等因素，如何影響我們的駕駛**行爲**？爲何紐約人過街時愛闖紅燈，而哥本哈根人卻循規蹈矩？新德里的交通是否有如表面般地紊亂，或者在這種看似瘋狂的混沌狀態中，其實也有不爲人知的秩序？

或許你和我一樣都曾自問：假如我們能停下車來安靜聆聽，那麼交通世界會向我們透露哪些祕密？

讀到英文中意指「交通」的單字 traffic 時，你會聯想到什麼事情？或許你的心中會浮現出一條大排長龍、動彈不得的高速公路。這種情景讓人深感不快。不過，有趣的是，traffic 一向是個帶有正面意義的字，其原意一直被沿用迄今，指的是貨物的運輸和交易。後來它也被用來指涉運輸和交易貨物的人，以及人與人之間的互動——莎士比亞（Shakespeare）即在《羅密歐與茱麗葉》

(*Romeo and Juliet*) 的開場白中，以 traffic of our stage 此語，表達「劇中人物之關係」一意——最後才被用來意指交通活動，例如 traffic on this road（這條路上的交通活動）。在這個字的意義轉化過程中，人和貨物逐漸被視爲一體之兩面，[3]而人和貨物的交通活動也逐漸被視爲同一件事；畢竟，古代人旅行的目的，通常都與商業交易有關。時至今日，亦是如此：現代人上下班的時段，也是交通活動最頻繁的時刻。然而，我們似乎不認爲交通活動具有促進生活品質的能力，也不把它視爲充滿機會的大河，反而只將之視爲人生煩惱的泉源。

一如往昔，我們仍將交通活動當成某種抽象事物，而非個人行爲的集合。英文中常說 beating the traffic（脫離車潮）或 getting stuck in traffic（在車潮中動彈不得），但不會說——至少在想保持禮貌時是如此——beating people（脫離人潮）或 getting stuck in people（在人潮中動彈不得）。新聞報導總將「交通和氣象」歸爲同類，彷彿兩者都是超乎人類控制的被動力量，雖然交通問題之所以層出不窮的原因剛好在於，我們就是這些問題的根源（客觀地說，人類也是全球氣候問題的根源，而這正和我們的駕駛行爲有關）。英文中常說 too much traffic（交通活動過多），我們卻不知道那是什麼意思。它指的是人口越來越多、道路越來越不敷使用，或是買得起汽車的人越來越多？

我們常聽見有人說「交通問題」。但什麼是交通問題？對交通工程師而言，它可能意指某條街道路的運量未被充分利用。對住在附近的爲人父母者來說，它或許代表車輛的數量太多，或車輛的速度太快。而在同一條路上的商家心目中，它也許意味著車潮或人潮不夠熱絡。十七世紀法國科學家兼哲學家巴斯卡（Blaise Pascal），也許早就發現了徹底解決交通問題的唯一方法：鎮日足不出戶。「我發現人們所有的煩惱都源自一件事，」他說，「那就是他們無法安靜地待在家裡。」巴斯卡發明了人類史上第一個城市公車系統，而他本人也在五個月之後去世。殺了他的是不是巴黎街頭的交通？

不論「交通問題」對你而言究竟具有哪些意義，你或許都會非常慶幸，它的歷史幾乎就和人類的交通活動一樣古老。自從我們開始以人工方式驅動自己之後，人類社會便一直試圖釐清移動中的人口所引發的問題，以便從科技面和社會面來回應新的交通需求。

舉例來說，假如你到龐貝遺址一遊，必定不會錯過印著雙輪馬車車轍的街道。不過，這些街道的寬度往往只容得下一輛雙輪馬車。你可能會納悶：這些街道是不是單行道？地位低下的平民是否應讓路給從對面駛來的羅馬軍團馬車？而兩輛雙輪馬車同時抵達十字路口時，誰又擁有優先通行權？長期以來，這些問題都未受到重視，直到美國交通考古學家艾瑞克・波勒（Eric Poehler）在最近提出了一些答案爲止。

藉著分析街道轉角的鑲邊石磨痕，以及行人跨越街道的踏街型態，波勒不止能辨識人車的行進方向，還可判斷雙向路口的通行順序。根據鑲邊石上「肉眼可見的磨痕」，龐貝馬車似乎靠右行駛（反映出羅馬文化慣用右手的風氣）、多半使用單行道，而有些街道則完全禁駛雙輪馬車。④除此之外，路上似乎沒有交通標誌或街道名牌。⑤你也許會很高興得知，龐貝人也得忍受道路維修和繞道之苦（例如墨丘利大道〔Vico di Mercurio〕便因興建澡堂，而被迫改變通行方向）。⑥

古羅馬的雙輪馬車交通越來越繁忙，讓自封爲「所有偉大道路之主」（curator viarum）的凱撒（Caesar）大帝，也不得不禁止馬車在白天通行，「只有載運神廟建材、其他公共工程建材，以及清除廢棄建材的馬車除外」。⑦貨車只能在下午三點之後進入市區。不過，任何交通管制措施都會引發和這些措施相同力道的反作用力。凱撒大帝的政策，固然方便古羅馬人在白天活動，但也讓他們難以在夜晚中入睡。古羅馬詩人朱維納爾（Juvenal）便曾抱怨：「只有富人才能在羅馬安然入眠。穿梭在大街小巷的馬車，四處阻擋人群的去路，並發出嘈雜的噪音……即使是沒有耳朵的魔鬼魚也睡不著。」⑧

到了中世紀的英國，交通活動仍是一個尚未獲得妥善解決的問題。大大小小的城鎮，紛紛藉由制定交通法規或收取過路費用等手段，試圖限制旅行商隊販賣貨物的地點和時間。地方長官禁止鐵輪馬車進城，因爲它們會損壞橋梁和道路。某個城鎮甚至不准馬兒在河邊飲水，理由是小孩常在附近嬉戲。超速車輛也成了社會問題。十五世紀倫敦的《白皮法典》（*Liber Albus*），嚴禁「空車速度高於滿載速度」（違規者罰款四十便士，或「在市長的授意下入監服刑」）。⑨

一七二〇年時，貨運和客運馬車駕駛的「瘋狂行徑」，已成爲倫敦市民的主要意外死因之一（只排在火災和「過度飲酒」之後）。當時的社會評論家也對駕駛人之間爲了爭路搶道，而引發的「爭執、口角和紛鬧」搖頭不已。⑩一八六七年時，紐約平均每週有四人慘死馬車輪下（比當地目前的車禍死亡率還高一點，雖然那時紐約不論人車都較少）。受驚而四處亂竄的馬匹，將路人踩在腳下。魯莽的駕駛不但無視時速五英里（約八公里）的速限，而且毫無任何有關優先通行權的觀念。⑪《紐約時報》（*New York Times*）在一八八八年時評論：「駕駛馬車的人現在似乎能夠合法地忽略斑馬線，導致行人不得不跑步通過馬路，或在過馬路時閃躲左右來車。」⑫

隨著都市規模與日俱增，人們在其中移動的方式越來越多元，使交通問題變得更爲複雜，並提高了交通管理的難度。舉例來說，一八七九年十二月二十三日下午，紐約百老匯發生了一場歷時五小時的「史無前例大塞車」。《紐約時報》將之稱爲「莫名其妙的大塞車」，五花八門的各式車輛齊聚一堂：「單馬馬車、雙馬並聯馬車、雙馬串聯馬車、四馬馬車、出租馬車、雙人包廂馬車、一般貨車、載重馬車、屠宰馬車、客運馬車、快速馬車、雜貨馬車、雙輪馬車、家具貨車、鋼琴貨車、貴重物品運送快車，以及兩或三輛廣告馬車；後者的四周圍起薄薄的透明帆布，以便在夜裡隱約透出光線。」⑬

人們正以爲交通問題不會變得更糟時，有人卻發明了一種極具爭議性的新奇機器，創造出自古羅馬時代以來第一種全新概念、設計巧妙，且造型特異的個人運輸系統，並因此打亂了脆弱的交通平衡。我所指的當然就是自行車。

經歷幾次錯誤的嘗試後，十九世紀的「自行車潮」引爆了整個社會的憤怒。自行車的速度太快了。自行車騎士也易於罹患某些奇怪疾病，例如自行車脊柱後凸症（kyphosis bicyclistarum，或稱自行車背〔bicycle stoop〕）。自行車容易驚嚇馬匹，並因此導致交通事故。自行車騎士也常和其他人大打出手。於是，許多城市試圖完全禁止自行車。自行車騎士不能在街道上行駛，也不准騎上人行道，因爲自行車既非馬車，也不是行人。現代自行車騎士反對汽車駛進布魯克林展望公園（Brooklyn's Prospect Park），但近一個世紀前，「騎輪者」（wheelmen）還得經過一番抗爭之後，才能將自行車騎進公園裡。自行車也引發了新的行車禮節問題：男性應該讓路給女性嗎？⑭

從龐貝的雙輪馬車到西雅圖的賽格威隨意車（Segway），我們都可看見相同的模式。一旦人們不再用腳走路後，他們就成了「交通」的一部分，因此必須學習並習慣全新的移動方式。道路的用途爲何？道路爲誰而設？我們該如何將不同的交通方式，融合成一個運作順暢的系統。自行車掀起的塵埃尚未落定，汽車的出現又顚覆了既有的交通秩序，佔據人們爲了因應自行車問題而鋪設的優良道路。⑮

汽車剛問世時，它就像是一股不可抗拒的力量，讓我們沒有時間停下來反思這種新生活方式所將引發的改變。第一輛電動車在十九世紀中葉的英國出現時，人們急忙將速限設爲時速四英里（約六・四公里）——即使是搖著紅旗的引路人，也能跑贏進城的汽車，而那時人們很少見過汽車開入城內。搖著紅旗的引路人和汽車賽跑這回事，彷彿就是某種有關人類交通活動的隱喩。這也是汽車最後一次以人類的速度在街道上行駛。不久之後，汽車便建立了自己的世界。這個世界將車外的其他事物，和坐在車內的人隔離開來，但未完全切斷兩者之間的關聯，並以人類演化史上前所未見的速度，驅動人們的日常生活。

一開始，汽車只是單純地加入了早已混亂不堪的交通。當時，多數北美洲城市只有一條交通規則：靠右行駛。一九〇二年時，畢業於耶魯大學、「知名的遊艇駕駛和社交家」，並有「全球第一位交通工程師」雅號的威廉・費爾普斯・艾諾（William Phelps Eno），著手解開緊緊勒住紐約街道的交通問題（《紐約時報》指出，天天上演的死亡車禍，已是不具「新聞價値」的「尋常事件」，除非牽涉「顯赫的社交名人或商業鉅子」）。⑯艾諾出身白人特權階級，但也身兼社會改革家。在當時的紐約無人不知其名。他斥責「駕駛、行人和警察的愚蠢」，他的名言是：「控制訓練有素的軍隊不難，但管理紛亂的群眾則難如登天。」爲了駕馭紐約的交通，他提出一連串現在看來有點老套的「極端措施」，例如指導民眾「正確的轉彎方式」，⑰以及要求進入哥倫布圓環的所有車輛遵行單一方向等大膽作法。後來，艾諾遠赴巴黎和聖保羅，協助解決當地的交通問題，並逐漸成爲全球知名人物。他不只是交通工程師，也是道道地地的社會工程師，因爲他改變了無數人的交通和溝通方式，雖然有時他的作法有違個人意願。

艾諾所創造的交通語言剛問世時，聽來就像巴別塔下的雜多方言，而非通行各地的共同語言。在某地，警察的哨音也許代表停車，但在另一個地方則表示通行。紅燈的意義也因地而異。世上第一個停車標誌是黃色的，雖然當時許多人也覺得紅色比較合適。正如二十世紀初某位交通工程師對交通標誌的感想：「隨處可見的箭頭燈號、深紅色燈號和交叉燈號等，傳達了各式各樣的行車指示，但汽車駕駛對這些指示的意義，根本缺乏任何認識。」⑱我們視爲理所當然的交通系統，其實是在歷經長久的演化和爭議過程後才發展出來的。早期的紅綠燈只有兩種燈號，亦即通行和停車。我們現在所熟悉的黃燈，是之後爲了讓車輛保有充分時間淨空路口才設計出來的。當時，有些交通工程師反對設置黃燈，理由在於車輛會爭先恐後地通過黃燈，或急著在紅燈亮起之前衝過路口，反而讓路口交通變得更加危險。有些人則希望凡是轉換燈號之前，不論是由紅轉綠，還是由綠轉紅，都須先亮起黃燈（有些國家仍使用這種燈號，例如丹麥，但北美洲則否）。有些奇怪的地區性交通措施，則從未得到普及。舉例來說，洛杉磯威瑟爾街（Wilshire St.）和威斯頓大道（Western Ave.）路口的紅綠燈上，有個小鐘會指出紅燈和綠燈的剩餘時間。⑲

除此之外，紅綠燈該是紅色和綠色的嗎？一九二三年時有人指出，對佔人口數百分之十的色盲患者來說，紅綠燈看來其實是灰色的。幾乎所有人都能分辨的藍色和黃色，難道不是較好的選擇嗎？或者，黃藍燈只會在早已習慣紅綠燈的人群之間導致災難？⑳即使在這種充斥著不確定性的情況下，交通工程師仍在不久之後，將自己推上了搖搖晃晃的權威寶座。不過，正如交通史家傑佛瑞・布朗（Jeffrey Brown）的批判，交通工程師將交通問題視爲疾病的科學進步觀點，其實只反映出一小撮城市菁英（有車階級）的想法，完全違背價值中立的原則。因此，交通工程師沒多久便把街道的主要功能界定爲，在最少的時間內讓最多車輛通過某個地區——時至今日，這種觀念仍讓城市街道的其他功能隱而不見。㉑

歷經超過一個世紀的調整，以及多年的傳統和科學研究後，有人也許會認爲這些問題早應獲得解決。事實上，情況也大致如此。不論身在何方，我們的交通環境看來全都幾乎一模一樣：紅燈在摩洛哥和蒙大拿所代表的意義並無不同。柏林和波士頓的小綠人，都能護送行人通過馬路，雖然它們的模樣稍有不同（柏林圍牆倒塌之後，前東德路口燈號上深得人心的戴帽小綠人〔Ampelmännchen〕仍然屹立不搖）。㉒現代高速公路的完美設計，讓我們幾乎無法察覺自己的移動速度——不只如此，有時我們甚至感覺不到自己是否正在移動。

即使在這種標準化的交通環境中，我們對於如何以安全且有效的方式，管理各種移動中的人口——例如車輛駕駛人、自行車騎士和步行路人等——仍然所知不多。舉例來說，某些城市的紅綠燈設有倒數計時裝置，方便行人得知剩餘的通行秒數。對某些人來說，這種裝置堪稱行人的福音，但我們也不難發現有些人認爲它根本一無是處。㉓某些人覺得用油漆畫出的自行車車道已足敷使用，其他人卻認爲一定得用安全島隔出獨立的自行車車道，甚至還有人主張對自行車騎士而言，完全不設自行車車道才是最理想的措施。人們一度認爲，限制卡車以慢於轎車的時速行駛，或可紓解高速公路的車流量。但這種「差異式速限」措施，在降低常見交通事故機率的同時，也增加了其他交通事故的發生頻率，因而逐漸遭到淘汰。㉔

一九六〇年代的紐約市交通局長亨利・邦斯（Henry Barnes），在《長著紅眼和綠眼的男人》（*The Man with the Red and Green Eyes*）這本回憶錄中曾說：「交通問題不只是物理或機械問題，同時也是情緒問題。」他認爲人群比汽車更難管理。「隨著時代的進步，技術問題越來越自動化，但人性問題卻越來越難以捉摸。」㉕

這些無法捉摸的交通問題正是本書的焦點。我之所以開始研究這些問題，不過是想要暫時停下腳步，仔細瞧瞧這個我們早已熟悉到視而不見的環境。我想要減緩自己的移動速度，反思我們駕駛汽車、騎乘自行車、用雙足步行，或以其他方式驅動自己時所發生的一切事物（下次經過俄勒岡州波特蘭時，請看看路邊的滑板車車道標誌）。我希望能在高速公路的白色分隔線之間發現交通的祕密、在奇特的駕駛模式中一瞥人性的奧祕，並在車輛之間的衝刺閃躲中詮釋人類行爲。我不只想了解人們遵守的交通標誌，也想探索人們傳送的交通訊號。

許多人（包括我在內）似乎不將開車當成什麼嚴肅的事。他們或許相信開車是個人自由和個人權力的象徵，但事實上它卻是一種極端複雜和耗費心力的行爲：我們既得在龐大的法律迷宮中導航，還須充當交通實境劇的義務演員，同時還得在各種環境中處理大量資訊、不斷進行計算、持續預測未來，並及時做出判斷。換句話說，開車牽涉到大量的感官和認知活動，而科學家才剛開始了解這些心理活動的範圍到底有多麼廣泛。

我們對人類的駕駛行爲仍然所知不多。我們迫不及待地將手機、導航系統和液晶音響等新科技搬進車內，卻從未想過這些裝置對人類駕駛行爲的複雜影響。問題越是基本，人們的意見越是分歧。駕駛車輛時，我們應將雙手放在方向盤的兩點鐘和十點鐘位置上嗎？或者，安全氣囊的發明已讓這種駕駛方法變得危險不堪？變換車道時，只要記得打方向燈並察看後視鏡就夠了嗎？或者，我們也應轉過頭來看看後方？完全依賴後視鏡會導致駕駛人忽略某些盲點，而工程師也坦承所有車輛都有盲點（此外，這些盲點都出現在最危險的地方，亦即駕駛座正後方和左方）。但轉頭察看後方來車，又意味著無法同時注意前方車況，而可能不幸碰上致命的那一秒。「轉頭察看後方來車是最危險的駕駛行爲之一，」某高速公路安全機構的研究主任指出。[26]

所以，我們應該怎麼辦？假如這些問題還不夠複雜，再想想汽車右方的後視鏡。在美國，前方乘客席外的後視鏡是凸面鏡，上頭通常寫著：「鏡中物體的距離比看起來更近」。而駕駛座外的後視鏡則否。但在歐洲，這兩面後視鏡都是凸面鏡。「很明顯地，這些作法根本牛頭不對馬嘴，」密西根大學專精行車視覺研究的研究員麥可·佛蘭納根（Michael Flannagan）說，「怎麼可能在歐洲是一回事，在美國又是另一回事。這兩種作法不可能**都**是完美的。它們只是過去遺留下來的習慣，兩者都未經過理性研究的檢驗。」[27]正如其他與人類交通活動有關的事物，後視鏡也不如表面般看來的簡單。

如此說來，我們其實是在一知半解的狀況下，開著車到處跑來跑去。每個人都是「交通問題專家」，但所有人的視覺也都會受到扭曲。我們只能從車內透過擋風玻璃，觀察其他人的駕駛行爲。舉例來說，大家都知道，絕大多數的交通事故，都發生在離家不遠的地點，正如某家保險公司的調查所示。㉘從統計上而言，這種現象似乎頗爲合理：人們比較可能在自宅周遭活動，因此也較常在自家附近行駛車輛。但這背後是否另有更深刻的原因？心理學家指出，習慣讓人們得以減少執行例行工作時所需的心理資源。習慣也會形成固定的思考模式，而後者則能引導人們在不同的情境中做出不同的反應。因此，當我們身在某個熟悉的環境裡，例如自家附近的街道，習慣行爲便會自動發生作用。從某個角度來說，這的確很有效率：它能讓我們免於收集大量的新資訊，或受到其他事物的吸引。但從另一個角度而言，我們的心防可能也隨之降低，因爲我們不須花費太多心力分析周遭事物。假設過去三年來，你的鄰居從未在早上把車開出車庫。那麼，當一輛汽車在第四年的第一天早上突然從該處冒出來時，可能會發生什麼事？你能及時發現這輛車嗎？我們的安全感和控制感，其實也是我們的缺陷。一群以色列研究人員發現，駕駛人在熟悉道路上收到的交通罰單，比在陌生道路上收到的還多。㉙

當然，你一定曾突然在方向盤前驚醒，卻記不起來幾分鐘前發生了什麼事。事實上，開車時我們大都就處於這種狀況中，在半夢半醒之間自動調整肌肉運動，腦中也不斷掠過虛實難辨的影像。身處繁忙的交通世界，我們心裡想的多半是即將抵達的目的地，而非當下立足的地點。扭曲歪斜的時空，是交通世界的特徵之一；我們的視線零碎而模糊，轉眼便可瞥見數以百計，甚至數以千計的影像，卻又能在瞬間遺忘所有的印象。我們身邊隨時圍繞著不同的人群；我們和這些人群共享空間，卻從未交談，也從不見面。

許多人花在駕駛車輛的時間，比花在吃飯、度假或做愛還久。如此看來，我們的確有必要更深入地探索這種經驗。身爲二十一世紀的美國人，我住在一個依賴汽車、適應汽車，且愛好汽車的社會裡。我們花在汽車上的錢，比花在食物或醫療上的還多。㉚根據最近一次的人口普查，美國的車輛數量，竟比美國人口還多。一九六〇年時，我們還很少見到擁有三輛汽車的家庭。時至今日，擁有三輛汽車的家庭數量，早已超過了只有一輛汽車的家庭。㉛即使北美洲的家戶平均人口數，在過去數十年以來持續下降，擁有雙車庫的家戶數量卻成長了幾乎一倍——現在，每五棟新建住宅中，就有一棟設有足以容納三輛汽車的車庫。㉜

爲了購置這些額外空間，通勤時間也變得越來越長。根據最近一次的「交通普查」，成長最快速的類別當屬「長途通勤者」，亦即每天最多得用上兩小時通勤的民眾。這些人中有許多都被高房價推出市郊之外、被迫天天路過「如果你住這裡，你早已到家」等看板，並深陷所有房地產仲介人皆知的社會現象：「不斷往前開，直到買得起爲止」——換句話說，以時間換取金錢，以里程換取貸款。二〇〇五年時，美國每人每年平均浪費了三十八個小時在塞車上。㉝一九六九年時，幾乎有半數美國小孩走路或騎自行車上學。現在只剩百分之十六的美國小孩如此做。從一九七七年至一九九五年，人們步行的時間減少了近二分之一。㉞所以，有個笑話如此說：在美國，行人其實只是剛停好車的駕駛人。

交通活動已經變成了一種生活方式。市場不斷擴大的收納式杯架，在一九八〇年代成爲標準的汽車配備，儼然已是杯裝濃湯和杯裝優格等車上速食產業的重要推手。㉟二〇〇一年時，包裝上印有「**隨手杯**」等字樣的商品，共有一百三十四種。到了二〇〇四年，這個數字已增加至五百零四種。㊱根據估計，美國和歐洲的「隨手食品」銷售金額，將從二〇〇三年的七百三十二億美元，成長爲二〇〇八年的八百四十四億美元。㊲車上點餐的銷售金額，現已佔了速食餐廳整體營收的百分之七十（早期還有所謂的「停車場餐廳」。現在看來，這些餐廳都已成爲那個輕鬆自在、步伐緩慢的年代遺留下來的陳舊古蹟）。㊳在美國，百分之二十二的餐廳餐點，都是經由車窗販賣出去的。㊴但其他國家也不遑多讓——例如在北愛爾蘭，每八個人中就有一個人，每週至少會在車內進食一次。㊵數百家美國麥當勞餐廳，早已設置了第二條點餐專用車道，爲的無非就是提升車流量。㊶而中國的麥當勞餐廳，也在得來速車道上推出「米漢堡」等迎合當地口味的新產品，以便滿足越來越多愛在車上點餐的中國顧客。㊷由於人們常將車上點餐服務和速食聯想在一起，星巴克（Starbucks）原本也對這種銷售方式抱持排斥的態度。只不過，超過半數的星巴克直營店，現在也都設有點餐專用車道。㊸星巴克所擁抱的「第三場所」，亦即人們在家庭和工作之間進行社交和休閒活動的處所，其實就是汽車。

交通世界甚至塑造了我們的食物。「吮指回味」成爲響亮的廣告詞，而無需餐具即可享用的食物也大行其道。塔可貝爾（Taco Bell）捲餅之所以設計成六角形，爲的無非就是方便顧客在「車內享用」。㊹我曾和某位廣告公司主管，花了一個下午的時間，在洛杉磯邊開車邊根據餐巾紙的用量，測試在這家連鎖速食店所推出的產品中，哪些最適合在車上食用。不過，就算在車裡打翻了食物，也只要掏出隨身去汙筆，便可迅速去除所有油漬。這種筆在美國超過一千兩百家（這個數字仍在增加中）設有得來速窗口的ＣＶＳ藥妝店都可購得。㊺一九八〇年代之後才問世的有聲書，每年的產值現已高達八億七千一百萬美元。而「塞車」一詞，也在有聲書出版者協會（Audio Publishers Association）的銷售報告中，出現了好幾次。㊻開車通勤已成了日常生活中的必要事務，連國家公共廣播網（Nation Public Radio）也將其最受歡迎的節目時段取名爲「車道時分」，意即駕駛人寧可在自家車道上聽完這個節目，也捨不得下車走入家門。洛杉磯的一些猶太教會堂，爲了吸引正在返家途中的信眾，被迫將晚間聚會時間由八點提前至六點，免除信眾在返家後還得出門面對擁擠交通的麻煩。[47]某些研究甚至發現，由於美國人在車上耗掉了大把光陰，因此美國駕駛人（尤其是男性）的左側較易罹患皮膚癌。[48]在靠左行駛的國家裡，情況可能正好相反。

美國人一向以愛好四處遷移著稱。十九世紀法國人托克維爾（Alexis de Tocqueville）曾言，成千上萬的美國人「正朝著同一個地平線齊步邁進」。[49]這句話讓我想起從飛機上俯視大城市時映入眼簾的景色：紅白相間的車燈構成無數平行的線條，彷彿一串串躺在地面上的閃亮項鍊。

不過，本書的主題不只與北美洲有關。雖然美國或許仍擁有世上最發達的汽車文化，交通問題卻已是隨處可見、因地而異的普遍現象。俄國人在莫斯科街頭排隊的景象已成過往，取而代之的是動彈不得的車陣。一九九〇年以來，愛爾蘭的汽車數量也已加倍。[50]曾經安詳寧靜的西藏首府拉薩，現在則可見到大排長龍的車潮和地下停車場。[51]委內瑞拉的加拉加斯（Caracas），號稱擁有「全球最糟糕的交通」，部分原因在於該國繁榮的石油經濟——以及當地便宜的汽油價格（一加侖約合七分美金）。[52]巴西聖保羅的有錢人，寧願在市區超過三百座直升機停機坪之間通勤，也絕不涉足當地舉世聞名的可怕地面交通。[53]窮困的印尼人在雅加達街頭充當收費「伴乘」，協助駕駛人湊足人數行駛高乘載管制車道。[54]

百姓網執行長（前Kijiji中國區執行長）王建碩指出，上海和中國其他城市也逐漸興起一種類似的行業。在這些地方，你只要付給「職業帶路人」一點錢，他就會跳上你的車，在陌生的城市中爲你指引迷津——就像是某種眞人導航系統。[55]不過，交通發展當然也有其代價。時至今日，中國每年死於交通事故的人數，早已超過一九七〇年以來其汽車產量總數。世界衛生組織（WHO）預測，到了二〇二〇年，交通事故將成爲全球人口第三大死因。[56]

我們都在同一條路上旅行，雖然彼此的目的地或許不盡相同。我邀請你加入我的旅程，一起在飛馳而過的車輛喧囂聲中，聆聽交通世界的奧妙樂音。

1 爲什麼另一條車道看起來總是比較快？

交通世界的動物生存競爭與人際溝通

閉嘴！我聽不見你說些什麼

匿名性、惡意攻擊，以及交通世界中的人際溝通

喇叭故障，請看手指。

——保險桿貼紙

在一九五〇年的迪士尼短片《瘋狂駕駛》(*Motor Mania*) 中，討人喜歡的古菲狗以循規蹈矩的「路人先生」之姿出現。路人先生是一位彬彬有禮、老實誠懇、走路時還會對著小鳥吹口哨，並小心翼翼地繞過地上螞蟻的模範公民。但當古菲狗在車內坐定後，奇怪的事情就發生了。他的性情大變，突然成爲權力至上、熱中飆車、橫衝直撞（但仍認爲自己是位優良駕駛人）的「汽車先生」，彷彿一隻失控的怪獸。不過，下了車的古菲狗，也會失去「個人專用盔甲」的保護，於是又會變回路人先生。即使如此，只要古菲狗一上車，便不得不臣服於汽車先生的獸性下，雖然他

明知其他人對汽車先生恨之入骨。

迪士尼以極其簡單的手法，呈現出一個尋常但奇特的事實：人們的移動方式，即是其人格特質的反映。一如古菲狗，我也患有這種多重人格失序。身爲紐約人，我在步行時常將車子視爲汙染空氣的嘈雜事物，並認爲車內駕駛全是邊開車邊講手機的外地酒鬼。但當我開車時，路人則變成了戴著耳機搖頭晃腦、過馬路時不看路的討厭障礙。最糟的是騎自行車時，我不但像三明治般被夾在車輛之間，好似駕駛人恨死了我那健美的體格和毫不耗油的移動方式，更得隨時注意覺得我「只是一輛自行車」但又愛闖紅燈的無知路人，彷彿他們根本不知道我正以二十五英里（約四十公里）的時速穿越路口，一旦受到驚嚇還會憤憤不平地詛咒我。

我猜這種事也曾發生在你身上。讓我們將之稱爲「情態偏誤」（modal bias）。①這種偏誤有些與扭曲的感官知覺有關（我們將在第三章討論這些問題），有些則和人類的地盤觀念有關，例如自行車騎士和路人之間的爭執，以及超大型嬰兒車挾其尺寸霸佔街道所引起的怨懟等。但當我們從路人變成駕駛人時，其中的變化過程不但更爲深刻，變化的幅度也更爲劇烈。迪士尼短片以「個人專用盔甲」來比喻汽車的作法，或許一點也不誇張。法國研究人員指出，在導致路人死亡的交通事故中，許多都與「情態變化」②——例如，從開車改成步行——有關，彷彿駕駛人離開車輛後，都會有點不安全感。

心理學家試圖了解違規駕駛人的心態，並統整出其詳細的人格特質側寫，以便發現哪些人較易在開車時橫衝直撞。「人如其行」③這句原本用來形容習慣性肇事駕駛人的老諺語，仍然歷久彌新。這正是汽車保險費率不單取決於駕駛的行車記錄，還得參酌其信用記錄的原因。這種爭議作法背後的根據在於，經常違反信用規定的人，也比較易於違背交通規則。④不過，低信用評等和高保險理賠之間的統計關係，本身不具任何意義。而人們的生活方式和其駕駛習慣之間的關聯，則更是不清不楚。除此之外，這些統計數據通常源自問卷調查，⑤但後者免不了會受到自我報告偏誤的汙染。試想你會如何回答下列問題：你是不是罔顧人命的變態駕駛人？（請選擇「是」、「不是」或「不知道」。）一般而言，這些問卷調查的結果，並不特別令人感到意外：「追求感官刺激」、「熱中冒險犯難」、「愛好新鮮事物」，以及「容易逞強好鬥」的人，其駕駛行爲也較爲大膽和危險。⑥你該不會認爲那些藝高人膽大的飆車族，私底下其實只是些缺乏冒險精神，但求安穩度日的尋常人吧？

「藝高人膽大」聽來像是美化缺德或魯莽行爲的託詞。「不知死活」⑦才是比較適切的形容法，恰當地凸顯出危險駕駛行爲的幼稚本質。眞正有趣的問題，並非爲何有些人開起車來有如一心求死的瘋子，而是爲何每個人在方向盤後**都**變了個樣。這其中的轉變，不僅是人格上的變化，而且是存在上的蛻變。開車時，我們都得努力把持自己的人性。

語言也許是人類獨有的特徵，但身處車內卻剝奪了我們發聲的能力。在交通世界中，我們聽不見複雜的語彙，也見不到細微的臉部表情變化，只能依賴一些基本的正式或非正式信號，來傳達最簡單的意義——而這一切都是爲了行車安全和經濟效率。許多研究顯示，這些信號中——特別是非正式信號——有許多常會受到判讀，而新手駕駛尤其容易誤解其意義。⑧舉例來說，在康乃狄克州費爾菲（Fairfield）市郊高級社區主持集會的大衛・羅伊（David Rowe）牧師，私底下是新龐克樂團綠天（Green Day）的忠實歌迷（雖然這和他的身分不太搭調）。他告訴我，有次開車時，他遇見一輛貼著綠天樂團保險桿貼紙的汽車，⑨於是便按了一聲喇叭，向對方表達聲援之意，結果卻被比了根手指。

正式信號有時也會曖昧不明：前面那輛一直閃著右轉燈的車子，是否眞的要右轉，或者只是忘了切回燈號？不幸的是，我們沒有辦法詢問對方。有時我們會忍不住脫口而出：「你到底要不要轉彎？」但我們還是無法詢問對方，當然也就無從確知對方的意向。面對這種溝通上的失敗，我們只能用力地比手畫腳或猛按喇叭，但對方可能會誤解我們的意圖。你一定曾無緣無故地被人按喇叭，並立刻怒氣沖沖地還以顏色——**幹嘛!?**——最後才發現對方只是想告訴你，你忘了關好車外的油孔蓋——**多謝！一路愉快！**

加州大學洛杉磯分校社會學教授傑克・克茲（Jack Katz），在其著作《情緒的祕密》（*How Emotions Work*）中，將這種交通世界中隨處可見的現象，稱爲溝通上的「不對稱」。「你能看見對方，但對方聽不見你，」他對我說。「在這種情況下，你就像個啞巴。你可以聲嘶力竭地喊破喉嚨，但還是沒人能聽見你。」

這種不對稱的另一個成因在於，我們易於看見其他駕駛人犯錯，卻不易目睹自己所犯的錯（哥倫比亞波哥大某任市長有個絕佳的解決之道：聘請默劇演員在街頭嘲弄違反交通規則的路人和駕駛人）。⑩除此之外，駕駛人在路上得隨時盯著前方車輛的屁股，而這種行爲通常具有服從他人的文化意涵，⑪同時也迫使溝通朝著單一方向進行：你只能盯著一群看不見你的人。「這就像是對著走在你前頭的人說話，而非與你面對面的人說話一樣，」克茲表示。「我們盯著所有人的屁股，但這不是人類最有效率的溝通方式。」

克茲認爲這種有口難言的情境讓人發狂。我們急切地想要發出一點聲音，卻又不能如願以償。在某個研究中，隨車觀察的研究人員假裝測量受試駕駛人的速度感和距離感。但研究人員眞正想知道的，其實是受試者對其他駕駛人鳴按喇叭時的反應。研究人員請受試者在路旁的停車標誌前將車停下來。另一輛車也隨即在受試者駕駛的車後停了下來，然後按了幾下喇叭。即使另一輛車的駕駛聽不見受試者說的話，仍有超過四分之三的受試者，會在車內以語言回應前者的喇叭聲。⑫

搶奪他人的車道常被視爲魯莽或帶有惡意的舉動，但搶道者無法說明自己既不衝動，也無敵意。⑬交通世界中快速流轉的時間特性，也讓第三者難以目睹搶道的完整經過。除了身邊的乘客之外，這世上或許沒有其他人，能夠和你一起邊搖頭邊說：「怎麼有人這樣開車？」在這種情境下，你最少有兩種可能的回應方式。首先，你大可加速上前搶回車道，以其人之道還治其人。即使如此，你也無法保證對方能看出其先前搶道行爲的不妥之處——你的搶道行徑也會因而顯得過於囂張——或確保對方能坦然接受之前所犯的錯誤。除此之外，就算你眞能藉此還以顏色，這對你也不一定有利。再者，你也可以採取較爲「非正式」的交通信號，例如對人比中指（也有人偏愛小指。自從澳洲道路交通部在宣導廣告中，暗喩某些駕駛人之所以超速或違反其他交通規則，其實只是男性性徵發展不完全引起的自卑心作祟之後，對人比小指的舉動便越來越流行了）。⑭克茲表示，假如對方看得見你對他比手指，這的確能讓你覺得躍居上風。不過，要是對方也對你比手指呢？

最後，我們經常無法傳送任何信息給違規的駕駛人，但我們仍會暴跳如雷，即使沒人在旁觀看。克茲認爲在這種情境中，我們的舉止有如某種劇場敘事，憤怒地在車內「建構道德說教劇」，⑮

擴大整個交通事件的重要性，並在其中扮演無辜犧牲者和復仇英雄的角色。光在心中默默譴責其他人是不夠的；我們必須真的感到氣憤，以便感覺我們正在生氣。「憤怒的駕駛人，」克茲主張，「於是成爲被自己的魔力所淹沒的魔術師。」[16]克茲表示，爲了建構這種「道德說教劇」，並賦予整起事件「新意義」，我們會試圖找尋對方的某些特質（也許加速追上前去看看對方的模樣），並在心中列出各種嫌犯清單（女人、男人、青少年、老人、卡車司機、民主黨員、共和黨員、「邊開車邊講手機的白癡」，或乾脆一點，「白癡」等），以最恰當的手法讓整齣戲劇完美落幕。

這種現象其實就是交通世界中的「基本歸因謬誤」(fundamental attribution error)。由於這種心理謬誤，我們常將他人的行爲歸諸其人格。而在所謂的「行動者—觀察者效應」(actor-observer effect)[17]中，我們則常把自己的行爲訴諸環境壓力。不過，事實是我們從未在後視鏡裡看見**自己**的行車方式，並在心裡暗罵自己：「這個不會開車的＃$%&！白癡！」心理學家認爲，這種效應也許源自人們渴望能有效掌握複雜情境（例如開車）的心理需求。[18]或許，直接將「白癡」的標籤，貼在看似胡亂搶道的人身上，的確比仔細分析整體情境來得簡單許多。

從更宏觀的角度而言，這種效應或許也可說明，除了國族和文化沙文主義等因素之外，全球各地的駕駛人爲何都喜歡嘲弄其他國家的駕駛人。對希臘人而言，阿爾巴尼亞人當屬世上最糟的駕駛人。在德國人眼中，荷蘭人才是最惹人厭的駕駛人。紐約人一罵起紐澤西人的開車技術就沒完沒了。如此看來，即使在交通世界中，我們也免不了受到基本歸因謬誤的負面影響。研究指出，當自行車騎士違反交通規則時，身爲駕駛人的受試者，傾向於認爲問題的癥結在於，前者多半是些不顧後果的無政府主義者。但當其他駕駛人違背交通規則時，同是汽車駕駛人的受試者，則較易將原因歸諸於環境因素。[19]

這種憤怒的功用之一，在於維持另一項消失於交通世界中的人類特質：認同感。駕駛人被化約爲某個汽車車款（頂多只是個粗糙的刻板印象），和某串匿名的車牌號碼。我們在這個匿名世界中，尋找瞬間即逝的意義。請回憶你在車水馬龍中無意瞥見和你相同的車款，或在異地偶遇和你來自同一個地方的車牌號碼時，心中所浮現的喜悅。（賽局理論研究顯示，受試者對生日和自己相同的人較爲友善）。[20]有些駕駛人，特別是美國駕駛人，往往會藉由親自指定車牌號碼，來建立其認同感，但這種作法通常只是徒勞無功。問題在於區區七個字母是否能完整地介紹你的一生——更別提你爲何想讓一大群陌生人知道你是何方神聖！美國人似乎特別喜歡在他們所費不貲的轎車外，貼上品味低劣的保險桿貼紙——有的賣弄家中小毛頭的學術成就，有的自嘲地宣稱自己的另一輛車是保時捷，有的則低調地炫耀曾經去過的度假勝地。從來沒人看過在高速公路上呼嘯而過的德國人，會在車外貼著「以身爲德國人爲榮」的保險桿貼紙。

無論如何，在交通世界中建立認同感的嘗試極少成功，因爲駕駛人必須爲了他們的汽車而犧牲其眞實身分。克茲認爲，在交通世界中，我們變成了依賴機械裝置以維持生命機能的賽伯格（cyborg），[21]而我們的代步工具則構成了我們的自我。「你將自己的身體投射至汽車前方，」克茲解釋。「當某人在前方一百公尺處切換車道時，你立即感覺自己被搶道了。沒人碰觸你的身體，也沒有碰觸你駕駛的汽車，但爲了操控車輪、油門和煞車，你早已將自己投射出去了。」我們會說：「不要擋住我的路」，而非：「不要擋住我車子的路」。

似乎只有駕駛人才會受到認同問題的困擾。你是否注意過乘客對突發事件的反應，似乎不比駕駛人來得激烈？你曾否發現某些熱中指導他人開車的「後座駕駛人」，甚至會質疑駕駛人處理交通爭議的方式？這或許和乘客的觀點較爲中立有關。乘客不覺得自己的認同和汽車本身有何密不可分的關聯。許多研究顯示，駕駛人和乘客在參與模擬駕駛實驗時，會呈現出不同的大腦神經活動模式。事實上，駕駛和乘客根本就是兩種截然有別的人。[22]許多研究也指出，根據時速和行車間距等數據，單獨開車的駕駛人較易展現出危險的行車模式。[23]如此看來，在缺乏同行乘客——以及同行乘客引發的羞恥感——的情況下，駕駛人的自我往往會受到汽車的控制。[24]

雪莉·萊特（Chely Wright）的鄉村歌曲《我的休旅車保險桿》（*The Bumper of My S.U.V.*），不但唱出日常生活的酸甜苦辣，也點出了上述情境的糾結之處。萊特在歌中抱怨「開著轎旅車的女士」，對著她比了根手指，只因她在自己的休旅車上貼著美國海軍陸戰隊的保險桿貼紙。就憑著這麼一張貼紙，「她是否自認看透我的想法／或是我的信念」，萊特唱說。這裡的第一個問題和自我認同有關：萊特之所以感到不滿，不外乎是因爲其自我認同遭到其他人隨便定義。但萊特的反應可能有點過頭：假如她未在休旅車外黏貼任何標誌的話，其他人又如何**可能**得知她的想法或信念？同時，如果萊特不喜歡被人貼標籤的話，爲何又要在自己車外黏貼標誌？

在缺乏任何可供辨識的人類特質的情境中，我們的確常從保險桿貼紙汲取大量資訊。一九六九年在加州州立學院進行的一個實驗，清楚地展現了這種現象。當年，黑豹黨和警察曾在該校爆發激烈的暴力衝突。在這個實驗裡，十五名膚色各異、開著不同汽車的受試者，在後保險桿上黏貼引人側目的**黑豹黨**標誌。這些受試者在實驗進行前一年未曾接過任何交通罰單。黏貼黑豹黨標誌的兩個星期後，這群受試者卻總共被開了三十三張罰單[25]（一般人認爲帶有明顯標記的車輛較易遭到臨檢，或較常對交通活動造成困擾的想法，只是某些地區提議在車牌上添加特殊字體的主張所可能引發的問題之一；其他類似的建議，包括以特製車牌識別性侵慣犯〔俄亥俄州〕或飆車族〔澳洲〕。

萊特在感到憤怒的同時，其實也流露出不少先入爲主的偏見。首先，她預設她之所以被比手指，一定和她車外的保險桿貼紙有關。不過，平心而論，他人的憤慨，也可能是由於她差點引起交通事故，㉖或者因爲她獨自開著大而無當的休旅車，毫無忌憚地破壞環境、置行人和其他車輛於險境，㉗並提高美國對外國石油的依賴度等而起。再者，「開著轎旅車的女士」一語，以及歌曲稍後提及的「私立學校」一詞，都讓人覺得萊特刻意製造某種有損轎旅車駕駛人的刻板印象，彷彿開轎旅車的人都自認比開休旅車的人來得更優越。但這並非事實，因爲休旅車的平均價位比轎旅車更高。換句話說，萊特在指責轎旅車駕駛人的同時，自己也犯了相同的錯誤。

在交通世界中，第一印象通常都只是印象。不同於街坊社區，在這裡沒人知道你的名字。匿名性是帶有許多奇特副作用的強力藥物。首先，由於我們覺得沒人在附近觀看，或覺得沒有熟悉的人會看見我們，汽車內部於是變成了表達自我的絕佳場所。這或許可以解釋爲何大多數人希望每天擁有至少二十分鐘的**最短**通勤時間。駕駛人渴望這種和自己獨處的時間，以便在車裡唱歌、回到童年，或暫時脫離工作和家庭的束縛。某個研究發現，人們覺得車內是最適合哭泣的場所之一〔「邊開車邊以淚水療傷」〕。㉘除此之外，還有所謂的「挖鼻孔因素」。一群研究人員在受試者車內安裝攝影機，以便觀察受試者在車內的一舉一動。他們發現，受試者沒過多久就忘了攝影機的存在，並開始從事各種活動，包括探索自己的鼻腔等。㉙

匿名性的另一個副作用，便是促使人們做出充滿惡意的挑釁行爲，一如菲利普・金巴多（Philip Zimbardo）和史丹利・米爾格蘭（Stanley Milgram）的經典情境心理學實驗所示。在有名的一九六九年實驗中，金巴多發現穿戴頭罩的受試者施予其他人的電擊強度，比未戴頭罩的受試者高出一倍。㉚這也是穿戴頭罩的人質，之所以比未戴頭罩的人質，更易遭到殺害的原因，以及槍決犯之所以總是被蒙上眼罩，或背對行刑者的原因。這種作法不是爲了減輕人質或囚犯的恐懼感，而是爲了減損他們身爲人類的尊嚴，以便讓行刑者較易下手。㉛奪走人性尊嚴，以及人與人之間的接觸後，我們都會失去人性。當情境有所變化時，我們也會隨之改變。

交通世界亦如是。如同穿戴頭罩，我們則窩在汽車內密閉的空調空間。何不搶進前面那些車輛的車道？你既不認識那些人，也不太可能再遇見他們。何不加速經過這個社區？你根本不住在這裡。在某個實驗中，研究人員在許多敞篷車前開著一輛車，並故意在綠燈亮起時阻擋後方車輛通過路口。研究人員仔細記錄開著敞篷車的人何時開始鳴按喇叭、鳴按喇叭的次數，以及每次鳴按喇叭的長度。他們發現，打開敞篷車蓋的駕駛，等候較久才開始鳴按喇叭、鳴按喇叭的次數較少，而每次鳴按喇叭的長度也較短。㉜這可能是由於打開敞篷車蓋的駕駛人心情原本便比較好，但它仍顯示出匿名性的確會提高人們從事挑釁行爲的機率。

身處交通世界之中，就像是以假名隱身於網路聊天室一樣。在網路聊天室裡，人們掙脫了眞實身分的束縛，彼此以暱稱（相當於交通世界中的汽車牌照）相稱，將眞實世界的各種限制拋諸腦後。心理學家將這種現象稱爲「網路去抑效應」（online disinhibition effect）。㉝一如人們身處車內時的情形，在網路匿名性中藏匿實際身分的人們，或許會覺得終於能夠展現眞我。在這種情境中，人人生而平等，人人浮誇地擴張自己的重要性。只要我們不在其中爲非作歹，沒有什麼是不被允許的。不幸的是，這也代表我們無須顧及眞實世界裡的社交禮節。因此，網路上充滿了各種惡毒、粗魯和莫名其妙的語言。在網路世界中，沒有人必須爲自己的言論負責：網路聊天室的訪客彼此從未謀面，而且來去匆匆。在這些匿名世界中，我們大可於激怒他人之後立刻切斷連線，更可在對他人豎起手指之後揚長而去。

你盯著我看做什麼

視覺接觸、刻板印象，以及交通世界中的人際互動

喬治：那傢伙連看我一眼都不看。
傑瑞：連看一眼都不看，我恨死這一招了。我就常這麼做。
喬治：看看我啊！我是人啊！我就是你啊！

——《歡樂單身派對》（*Seinfeld*）

《衝擊效應》（*Crash*）這部電影中的敍事者，是一位住在洛杉磯的駕駛人。他在電影一開始，透過一場交通事故說：「在洛杉磯，沒人觸摸你。我們總是坐在汽車鋼板和擋風玻璃後頭。我覺得我們一定非常渴望這種接觸，所以才會爲了感受自己的存在，而一股腦地撞上其他車子。」這聽來有點荒謬，但卻非空穴來風。在黑暗的交通世界中，有時我們的確會經歷短暫的人性時刻，和其他人擦出燦爛的光芒。你一定曾在變換車道時，和隔壁車道的駕駛人四目交接；他讓你切進

自己的車道，你則揮了揮手以示感激，心中也湧出一股暖意。爲何這種經驗如此特殊？是因爲交通世界通常只是人際關係的荒漠，或者另有其他神祕的理由？

加州大學洛杉磯分校演化生物學家傑·費南（Jay Phelan）的辦公室，離克茲只有幾棟建築物之遙。他經常騎著摩托車，在洛杉磯的大街小巷穿梭，並思考有關交通的問題。「在人類演化史上，人類團體的成員數量大約是一百人，」他說，「我們每天都見得到這些人，並和他們保持密切的互動。」某人是否對你特別親切？他們是否記得將上星期借用的矛還給你？這種人際互動方式，就是所謂的「互惠利他主義」(reciprocal altruism)。「你先替我抓背，我再替你抓背；我們之所以願意如此做的原因在於，所有人都認爲這種互動有助於其長期利益。」費南表示，即使我們每天和成千上萬的匿名駕駛人，一起分享洛杉磯的道路，但對我們古老的腦子而言，我們就如摩登原始人（雖然我們不用腳推動車輛）一樣，仍舊住在史前時代的小型聚落裡。「因此，當某人在路上幫了你一個小忙時，你的腦子會說：『哇，我遇見了一個盟友！』大腦會將這種事件視爲一段長期互惠關係的起點。」

費南指出，當某人行善或爲惡時，我們會在心中記下對這個人的評價——即使我們再度遇見這個人的機率微乎其微。有些人認爲人類的大腦，其實就是爲了處理相對複雜的社交關係而演化出來的。[34]因此，從這種短暫的人際互動中，大腦仍可取得非常重要的訊息。正因如此，我們才會爲了無傷大雅的交通事故而大動肝火，或在寒暄幾句後倍感溫馨。「這種事在路上隨處可見，」費南表示，「某人向你招手示意，並禮讓你切進轉彎車道。每當這種事發生在我身上，一股對人的善意，就會不自覺地湧上心頭，讓我深刻感到這個世界的美好，彷彿所有人都關心彼此。」而當某人搶走你的車道時，這個世界突然顯得特別晦暗而令人失望。理論上而言，這兩種人際互動模式並沒什麼大不了的，但我們對它們的反應卻非常強烈。

這些人際互動就像是交通世界中的「最後通牒賽局」(ultimatum game)。這種得到社會科學家廣泛使用的賽局實驗，似乎顯示人類天生擁有追求互惠平等的欲望。在這種賽局中，研究人員給第一位受試者一筆錢，並指示這位受試者將錢自由分配給另一名受試者。假如後者接受前者的分配，兩人都可留下各自得到的錢。不過，假如第二位受試者拒絕第一位受試者的分配，兩者則須將錢還給研究人員。研究人員發現，受試者往往拒絕接受低於百分之五十的分配模式，即使這代表他們什麼也得不到。對這些受試者而言，空手而歸的代價，不比維持平等分配的原則，或避免「委曲求全」的感受，來得更爲重要（某個研究顯示，睪丸素濃度較高的受試者，較易拒絕他人所分配的金額。[35]這或許能解釋爲何我比我的妻子更易在他人搶進車道時暴跳如雷）。

這種公平感也許會讓我們在開車時做出帶有挑釁意味的事，例如緊跟在之前曾咬住自己車尾的車輛後。即使冒著生命危險（兩車可能發生追撞，而對方也可能擁有自殺傾向），且再也不會見到對方，我們仍會執意如此做。在規模不大的鄉鎮裡，謹守行車禮節是一件相當合理的事：我們可能會再見到同一個人。這些人或許是我們的親朋好友。他們或許也會避免再搶進你的車道。不過，在高速公路上或大城市裡，駕駛人爲何也會想要協助或傷害彼此？這些人和你非親非故（也不至於對你的親朋好友構成任何威脅），而你也不太可能再遇見他們。我們是否眞的笨到相信自己的利他行爲終會得到回報？或者，人性果眞本善？這個問題其實只是下列這個大謎團的一小部分：爲何人類——不同於螞蟻，我們不是爲了同一個母后而努力工作的兄弟姊妹——能夠和平相處（暫且不論一些偶爾發生的戰爭）。科學家仍爲這個問題傷透了腦筋。

瑞士經濟學家厄斯特・費爾（Ernst Fehr）和其同事，曾提出所謂的「強勢互惠」（strong reciprocity）理論，[36]並將之定義爲「犧牲資源以便獎勵公平行爲並懲罰不公平行爲的意願，**即使這種意願的實現有其代價，且無法爲互惠者提供立即或未來的物質報酬**」。畢竟，當我們在半路上停下車來，斥責早已揚長而去的違規駕駛時，我們的行爲正符合上述定義。在某些賽局實驗中，受試者必須一起出錢投資相同的標的物，而只有當每個人都投入資金時，所有人才能獲得最大的投資報酬。但對個別受試者而言，不投入任何資金，而只等著分享其他人的投資成果，其實才是最好的選擇（這種人就有如一路在大排長龍的高速公路上行駛路肩，直到抵達交流道後才突然搶進出口車道的缺德駕駛人）。在這種情況下，其他受試者也會逐漸停止投入資金，終於導致整體合作行爲的崩潰。不過，當費爾允許受試者懲罰拒絕投入資金的人之後，大多數人只要經過幾回合互動，最後都會願意投入自己的資金。如此看來，懲罰不合作分子的決心，的確能夠保障合作行爲不受威脅。

或許經濟學家賀伯・金蒂斯（Herbert Gintis）說得沒錯，某些型態的「街頭暴怒」其實並非壞事。對著硬搶車道的缺德駕駛人猛按喇叭，甚至緊緊咬住其車尾不放，雖然對你不見得有任何好處，但卻符合人類的整體利益。「強勢互惠者」發出的警告，能讓潛在不合作者有所忌憚。一如其他演化系統，在交通世界中，服從規範不但可提高團隊的「集體利益」，也能讓個人從中得益。而消極的無所作爲，只會增加缺德駕駛人侵犯優良駕駛人利益的機率。當我們按喇叭警告胡亂開車的人時，心中所想的並非人類整體的利益，但我們的憤怒仍然具有利他效果[37]（同時，正如以鳴聲向同類示意掠食者正逐漸接近的鳥兒，按喇叭警告缺德駕駛人也花不了我們多少能量）。換句話說，假如你愛達爾文（Darwin），請多多鳴按喇叭！

不論合作行爲的演化或文化起因爲何，我們的雙眼都是這種互動模式得以順利運作的最重要機制之一，而視覺接觸或許也是我們在交通世界中所失去的最重要能力。有些人認爲，雖然比起其他靈長類近親，人類還算是善於合作的物種，但失去這種能力，正是我們之所以難以在路上和其他人互相幫助的原因。在多數情況下，我們若非行車速度太快——在時速二十英里（約三十二公里）左右，我們便無法和他人四目交接[38]——便是爲了安全考量，而不能和他人進行視覺接觸。有時，我們的視線受到阻礙。有時，人們戴著太陽眼鏡開車，或在車窗上貼著深色隔熱紙（你眞的想看著這些人的眼睛嗎？）。有時，我們藉著後視鏡和他人進行視覺接觸，但這種感覺既薄弱又不眞實，有別於「面對面」的直接接觸。

視覺接觸在交通世界中極爲罕見，因此，當人們四目交接時，反而會覺得不習慣。你是否曾在紅燈前停妥車後，「感到」鄰車裡的人正盯著你瞧？這種感覺或許會讓你有點緊張。這種現象的第一個成因在於，它或許破壞了我們在交通世界中所感受到的隱私感。再者，這種現象既無目的，也沒有什麼稱得上適當的中性回應方式，因而可能引發「打或跑」反應。所以，當你在路口發覺某人一直盯著自己瞧時，你可能會如何回應？假如你決定用力踩下油門，以便盡快離開現場，那麼請放心，你不是唯一這麼做的人。在某個實驗中，研究人員請僞裝成陌生人的研究助理騎著摩托車，停在正在等候紅綠燈的汽車旁，並盯著車內的駕駛人看。和未被陌生人盯著看的駕駛人比起來，被盯著看的駕駛人會以較快的速度通過路口。另一個研究則請路人盯著汽車駕駛看，而且得到相同的結果。㊴這正是我們之所以難以和其他駕駛人進行視覺接觸的原因。「路上情人」(Flirting in Traffic) 這類交友中心所提供的服務，可讓會員透過類似微軟的 MySpace 網站，傳送匿名電子郵件至車外貼著特製保險桿貼紙的人，但也由於上述原因而無法蔚為風氣。大多數人——除了開著法拉利的中年男子以外——都討厭在開車時被其他人盯著看。

不過，當我們在路上變換車道時，視覺接觸卻是一種有力的信號。在某集《歡樂單身派對》中，喬治在車內對其他駕駛人揮手，試圖在紐約市水泄不通的路口切換車道。坐在一旁的傑瑞所提出的建議，眞可謂一針見血：「光是揮手還不夠，得讓他們看見一張人臉才行。」

這種現象獲得許多研究的印證：在各種賽局實驗中，視覺接觸通常都可大幅增加合作行爲出現的機率（順道一提，這一招對《歡樂單身派對》中的喬治也有用）。有趣的是，即使是假眼睛也具有類似的效用。某個研究顯示，和電腦螢幕上未出現卡通眼睛時相比，當電腦螢幕上出現卡通眼睛時，受試者會分給另一位他所看不見的受試者更多錢。㊵在另一個實驗裡，研究人員則在某所大學的「自由付款」咖啡機上，放置各種眼睛相片。㊶一個星期過後，研究人員將這些眼睛相片換成花朵相片。輪流抽換相片的程序，重複進行了好幾個星期。毫無例外地，在放置眼睛相片的實驗期間，有比較多人願意誠實付款。有些人主張，人類眼睛的鞏膜（亦即眼白的部分），之所以比其他靈長類近親的佔據更多面積，其演化成因就在於促進人和人之間的合作行爲。㊷這片面積較大的白色區域，讓我們較易「捕捉他人的視線」，而我們對他人的視線也特別敏感。㊸嬰兒的雙眼會專注地往上跟隨成人的眼神，但若成人在轉動頭部時閉起眼睛，嬰兒便較易失去隨著抬頭的興趣。㊹雙眼能夠透露出我們內心的欲望；而當我們和其他人進行視覺接觸時，其實也在暗地裡告知對方，我們自認不會因爲表明自己的意圖而受到傷害或剝削。

有時我們並不想在無意間洩漏自己的意圖。這正是某些賭徒之所以愛戴太陽眼鏡的原因。這也能爲另一種賭戲提供解釋：在墨西哥市開車。墨西哥市隨處可見的減速板，猶如古文明遺留下來的神祕土堤，見證著當地野蠻的交通亂象。這些減速板的尺寸不但堪稱全球最大，還可有效抑制該市駕駛人橫衝直撞的惡習。不小心撞上這些減速板的駕駛人，大都只能自認倒楣。有些年份較舊的車子，還會在高高凸起的減速板上進退不得，最後只好被拖到路邊，改裝成販賣小吃的餐車。

當然，減速板不是墨西哥市唯一的交通問題。在這裡，運氣不好的駕駛人在路口等候綠燈時，還可能被人用槍指著腦袋，強押至附近的自動提款機領錢。有時，搶匪甚至比被搶的駕駛人還緊張，美國大使館前任安全官員馬力歐・岡薩雷茲・羅曼（Mario González Román）如此表示。他本身也曾在路上不幸遭劫。保持冷靜是救命關鍵。「大多數死於汽車劫案的人，都是和搶匪溝通不良的無辜民眾，」他在市區開著一九七六年份的福斯金龜車時說。「你必須確保搶劫過程順利進行。如果搶匪要的只是車，那你就算走運了。」

所幸這種快速劫案在墨西哥市並不常見。在該市聯邦特區（Distrito Federal）行車時最常見的問題在於，如何穿越數不清的無號誌路口。誰應先行、誰該讓路——此地的交通猶如一場形式錯綜複雜、規則曖昧不明的芭蕾舞會。「這裡毫無秩序可言，一切都得看誰先抵達路口而定，」企業家兼政治人物高梅茲（Agustín Barrios Gómez）開著他那破舊且不適合其身分的日產 Tsuru 經過普朗哥區（Polanco）時說。「墨西哥市的混混對汽車和手錶非常有興趣，」他解釋。「在蒙特雷

（Monterrey）時我會戴勞力士，但在這裡我只敢戴Swatch。」每到路口，他總會暫時減速，打量左右來車的意向，但問題在於所有車輛經常在同時抵達路口。有次他乾脆直接加速通過，迫使一輛寶馬在路口停車。「我沒有看對方的眼睛，」通過路口後他堅定地說。

在墨西哥市的無號誌路口，視覺接觸扮演著指引駕駛人的關鍵角色。只要瞧其他人一眼，對方便會發現你已經看見他了，因而放心地從你面前呼嘯而過。堅決**不**看其他人，卻能把責任轉移到對方身上（假設他已經看見你了），並讓你得以搶先通過路口——假如他的確認為你沒有看見他。不過，有時兩者可能都未看見對方。在高梅茲所面對的情況中，駕駛寶馬的人被迫停車時也許會感到較為不悅，因為寶馬所代表的社會地位高於破舊的日產Tsuru。不過，單就金錢損失而論，拒不停車的代價對駕駛寶馬的人比較高。當駕駛人不願和其他人合作，或和其他人進入「互惠利他」關係，就會乾脆不和任何人進行視覺接觸，或故意擺出一副僵直的眼神，假裝沒有看見其他人。這和人們對待墨西哥市街頭乞丐的態度如出一轍。只要不正眼看這些乞丐，便較易阻止自己施捨金錢。[45]這也是許多汽車駕駛之所以在等候綠燈時，習慣用呆滯的雙眼呆滯地盯著前方的原因。

日常駕駛行為看似和冷戰時期的軍事策略沒有什麼關係，但每當兩輛車同時抵達無號誌路口，或四輛車同時接近「四面停車再開」路口時，駕駛人其實就陷入了某種賽局情境中。根據諾貝爾經濟學獎得主托馬斯·謝林（Thomas Schelling）的定義，賽局理論指的是一種特定的策略決策過程（如發生於核武對峙時代和無號誌路口周遭的情況），在這種過程中，「兩個或兩個以上的個體，必須在眾多的選項中做出選擇、對不同的結果具有不同的好惡，並對彼此的選項和好惡擁有某些知識，而互動的結果則視雙方或所有個體的選擇而定。」㊻

交通世界中隨處可見這種即時決策過程和一觸即發的緊張情勢。正如謝林的主張所示，最有效（雖然也很危險）的賽局策略之一，便和「不對稱溝通」（asymmetry in communication）有關。以高梅茲爲例，有些駕駛人會故意讓自己無法接收其他人發出的訊息，以便維持其優先通行權。㊼假如你願意冒點風險嘗試這種冷戰策略，便不難發現它的確相當有用。舉例來說，一般人認爲，視覺接觸對穿越無燈號斑馬線的行人而言相當重要，但至少有一份研究顯示，當行人未查看左右來車時，駕駛人比較可能讓行人優先通過路口。㊽

當駕駛人開車抵達路口時，必須根據一套複雜的動機和假設來行動，而這些動機和假設不一定和交通規則有關。在某個實驗中，研究人員讓受試者觀看一系列圖片。在這些圖片裡，兩輛車從同等距離面對面開向某個路口。其中一輛車具有法定優先通行權，另一輛則無，但第二輛車的駕駛不知道第一位駕駛是否會先通過路口。受試者必須想像自己是其中一位駕駛，並預測誰在什麼情況下會「贏得」優先通行權，包括雙方是否進行視覺接觸、對方是男是女，以及對方開的是卡車、中型車或小型車等。視覺接觸是這種情境裡極爲重要的影響因素。當行車雙方進行視覺接觸時，受試者會認爲擁有法定優先通行權的汽車駕駛將取得優先通行權。而當來車和自己所駕駛的車輛大致相同時，受試者也比較可能讓路。他們甚至更常讓路給女性駕駛人——研究人員指出，這是由於人們往往認爲女性駕駛人「經驗較淺」、「能力較低」或「較不理性」所致。或者，這其實只是出於騎士精神？㊾

由此可見，交通世界堪稱眞實人類互動的實驗室，以及微妙權力關係的展示場。舉例來說，當綠燈亮起而前車遲不起步時，喇叭聲可能就會從後方傳來。然而，鳴按喇叭的**時機**、**長度**、**次數**、**哪些人**較易鳴按喇叭，以及哪些人較常被鳴按喇叭等，其實都有跡可循。

鳴按喇叭的行爲模式，不必然符合我們的既存想法。如前所述，打開敞篷車蓋的駕駛人，由於失去了匿名性的庇護，因此比較不常對其他人鳴按喇叭。由於類似的理由，受到數以百萬計陌生人圍繞的紐約市駕駛人，也會比愛達荷州小鎭的駕駛人更常且更快鳴按喇叭。[50]對後者而言，前方遲不起步的汽車，可能並非毫無意義的障礙物，而是朋友正好拋錨的車子。其他駕駛人在車內的行爲，也會影響我們鳴按喇叭的行爲。某個研究顯示，當前方駕駛人因爲使用手機而未在綠燈亮時迅速起步，後方駕駛人較可能鳴按喇叭、更常鳴按喇叭，而鳴按喇叭的時間也更久（男性比女性更可能鳴按喇叭，雖然兩者同樣易於表露憤怒之情）。[51]

各種因素——性別、階級和駕駛經驗等——都會對人們鳴按喇叭的行爲產生影響。另一個在美國進行的經典研究顯示，車輛所象徵的社會地位，也是影響這些行爲的決定性因素之一（這個結果在澳洲也得到印證）。[52]和便宜或老舊的汽車相比，當堵住路口的汽車所代表的社會地位較高時，後方駕駛人比較不常鳴按喇叭。[53]在慕尼黑進行的某個研究，則將上述實驗設計顚倒過來，改用同一輛福斯 Jetta 堵住路口，以便觀察後方駕駛人鳴按喇叭的行爲。如果你覺得開著賓士的人，會比駕駛特拉邦（Trabant，前東德製國民車）的人更快按喇叭，那你一點也沒猜錯。[54]不過，在瑞士進行的類似研究卻未發現這種效應。這意味著文化差異（例如瑞士人較爲含蓄和安靜）可能也是影響因素之一。[55]另一個研究則指出，當堵住路口的駕駛人是女性時，較多人——**包括其**

他女性駕駛人——會鳴按喇叭。56而在日本進行的實驗發現，當堵住路口的汽車貼著法令規定的「新手駕駛」貼紙時，後方駕駛人較易鳴按喇叭（或許，習慣被其他人鳴按喇叭也是駕駛訓練的一部分）。57一份跨越歐洲數國的研究則顯示，當堵住路口的駕駛人在車外貼著表明自己來自其他國家的貼紙時，其他駕駛人較易也較快鳴按喇叭。58

男人比女人更常鳴按喇叭（且兩者都較常對女人鳴按喇叭）、城市居民比小鎮民眾更常鳴按喇叭，而人們也較不常對駕駛「高級」汽車的人鳴按喇叭——也許你早就如此懷疑。59不過，眞正的重點在於，我們駕駛車輛時都會受到一套策略和信念的指引，但其中有些策略和信念並不爲我們的意識所知。英國貝斯大學心理學家依安·沃克（Ian Walker），便以這種現象爲其研究主題之一，進行了一系列有趣的實驗。沃克指出，在人類的交通活動這種複雜系統中，對何謂正確駕駛行爲僅具鬆散意識的大量人口，必須建構出各種「心理模型」（mental model），才能根據這些模型的引導，持續地和其他人進行互動。「人們各自發展自己對人類交通活動的想法。」沃克和我在沙利斯柏立（Salisbury）這個小村莊共進午餐時告訴我。「而每個人的想法都有所不同。」

以在路口相遇的汽車和自行車爲例。許多研究發現，路口是對自行車騎士（遑論汽車駕駛）而言最危險的地方之一。箇中原由有些與能見度和其他知覺問題有關。我們將在第三章討論這些問題。不過，即使汽車駕駛能夠看見自行車騎士，事情還是不如想像中的簡單。在某個研究中，沃克讓受試者（亦即身在實驗室的合格駕駛人）觀看一張相片。這張相片中有位自行車騎士停在十字路口，雙眼注視著馬路，但並未使用手臂做出轉彎手勢。當沃克請受試者預測自行車騎士的下個行動時，百分之五十五的受試者認爲自行車騎士不會轉彎，但百分之四十五的受試者卻認爲自行車騎士將會轉彎。「這就是我所說的心理模型的非正式特性，」他表示。「人們在路上使用許多非正式信號。在這個研究裡，半數受試者認爲某個信號代表某個意義，而另一半受試者則認爲同樣的信號另有其他含義——難怪交通事故時常不請自來。」

但沃克表示還有比錯誤詮釋非正式信號更有趣的現象。在另一個研究中，[60]沃克讓受試者（同樣也是身在實驗室的合格汽車駕駛）觀看許多相片。這些相片顯示一位穿著鮮艷衣褲的自行車騎士，身在各種英國鄉間路口的模樣。藉由電腦之助，受試者必須根據自行車騎士在每個路口的可能舉動，判斷自己是否應該「通行」或「停車」。相片中的自行車騎士或以手臂做出轉彎手勢，或轉頭察看左右來車，或不做任何指示。實驗的結果分成「正確判斷」（受試者做出正確的選擇）、「誤報」（受試者在無須停車時停車），以及沃克認爲會導致交通事故的錯誤判斷等三種。正如一般人的想法（或希望），當自行車騎士轉頭察看左右來車或不做任何指示時，駕駛人最常出現誤報判斷。由於無從得知自行車騎士的意圖，因此駕駛人必須隨時提高警覺。不過，當沃克對可能導致交通事故的錯誤判斷進行分析後，卻發現這種判斷最常發生於自行車騎士做出最明確的指示時，亦即以手臂做出轉彎手勢時。除此之外，當受試者做出正確的停車決定時，反應時間最久的決定，通常也發生在自行車騎士做出轉彎手勢的時候。

爲何適當的指示比不做任何指示更易導致交通事故？原因或許在於自行車騎士看來太像人類，而非具有高度匿名性的車輛。在較早的研究中，[61]沃克曾讓受試者觀看許多交通情境的相片，並請他們描述其中的事件。當相片中的事物是汽車時，受試者較常以談論物體的語言來表達相片的主題。當相片中的事物是行人或自行車騎士時，受試者則較易使用描述人物的字詞。在英文中，

「那位自行車騎士讓路給那輛汽車」（the bicyclist yielded to the car）的說法看起來頗爲自然，「那位駕駛人撞到自行車」（the driver hit the bicycle）的表達方式卻似乎有點彆扭。在這些相片中，其中一張裡有位開著汽車的女子，以及一位跟在這輛車後的男性自行車騎士。雖然受試者能夠清楚地看見車裡的女子，卻從未以描述人物的字眼來指涉她，但幾乎總以這種語言來談論自行車騎士。即使這位女子的身形淸晰可見，她的存在還是完全被汽車所遮蔽。[62]

從理論上而言，這眞是自行車騎士的好消息：有哪位自行車騎士不想被當成人看？這個問題的根源，或許和違反人性的交通環境有關。車輛以超乎我們演化極限的速度移動——在人類這個物種的絕大部分生命史中，我們從未在如此緊迫的時間壓力下進行人際互動。因此，當我們開著車子、遇見其他也開著車子的人時，我們仍不得不瞧瞧他們的臉孔和雙眼。在另一個研究中，沃克使用視線追蹤軟體，記錄受試者觀看自行車騎士相片時的反應。他發現，受試者的視線本能地游移至自行車騎士的臉孔，並在該處停留最久，不論這些相片還包括哪些資訊。

雙眼是最原始的交通信號。沃克的另一個實驗淸楚地展示了這一點。在他的筆記型電腦中，有兩張他的相片。在其中一張裡他以正眼看著鏡頭（亦即觀眾），而在另一張則以幾乎無法察覺的角度斜眼看著鏡頭，但我仍可強烈地感受到兩者的差異。他的眼睛必須移動多少距離，才能讓我感到他並未看著我？在六百四十畫素的電腦螢幕上，只要兩個畫素就可達成這種效果。根據沃克的主張，當我們看著自行車騎士的雙眼，或甚至他們的手臂動作時，便——可能是自動地——開啓了一連串認知處理程序。我們觀看他人時，不得不專注在我們特別感興趣的部分。這種觀看行爲所花的時間，似乎比觀看單純的物體更久，且似乎得動用更多心力（許多研究顯示腦波圖會在兩人視線交會時出現高峰）。63 我們上下打量的，或許不只是他人行進的方向，也包括了能夠顯示善意或敵意的訊號。我們急切尋找的，或許正是互惠利他的意向。我們盯著看的，可能是他人視線的方向，而非他們手臂所做的手勢。

不論能否體會這一點，我們總是在交通世界中不斷地微調自己的行爲。某種非語言式的溝通瀰漫其中。將研究從實驗室移至眞實街頭的沃克，以強而有力的方式揭露了交通世界的此一面向。64 身爲自行車騎士的他非常好奇，當自行車騎士佔據越多道路空間時，駕駛人是否會如傳聞一樣，在超車時和自行車騎士保持越多間距。令他同樣感到好奇的是，當自行車騎士戴著頭盔時，駕駛人是否會像某些調查結果一般，較常將自行車騎士視爲「負責、明智和可靠的用路人」？

這些因素是否會影響駕駛人的行車模式？或者，人們的超車模式其實無跡可循。爲了發現這些問題的答案，沃克在一輛 Trek 多用途自行車上，安裝了一部超音波距離偵測器，並在沙利斯柏立和布里斯托（Bristol）的道路上實地測試。他在和路緣保持不同距離的實驗條件下，有時戴著頭盔，有時沒戴頭盔，來來回回騎了好幾趟。除此之外，他偶爾還會戴上「女性化的假長髮」，粗略地喬裝成女性。當他開始分析資料之後，數字中逐漸浮現出一組有趣的模式。他發現，當他離路緣越遠時，超車車輛留給他的間距也越少。而和未戴頭盔時比較起來，當沃克戴著頭盔時，超車車輛也會離他較近。駕駛人或許認爲，戴著頭盔的自行車騎士，比較不易在意外發生時受傷。頭盔也有可能讓自行車騎士看來比較不像人。沃克認爲更有可能的原因在於，駕駛人認爲戴著頭盔的自行車騎士技術較好、較爲可靠，也比較不易誤闖汽車車道。不論眞正的原因爲何，頭盔都會影響駕駛人的超車行爲。

最後，當沃克喬裝成女性時，超車車輛則會離他較遠。這是不是女性自行車騎士在英國道路較爲罕見而成了「新奇效應」(novelty effect) 的產物？或者，駕駛人只是在心中納悶：「這個戴著醜陋假髮的男人究竟是何方神聖？」或者，駕駛人（沃克無法記錄他們的性別）眞的想在女性自行車騎士面前保持行車禮節？還是一如沃克的看法，駕駛人之所以願意禮讓，是因爲他們都受到女性自行車騎士較不可靠或能力不足等刻板印象的影響？

有趣的是，潛在的性別偏見，不論多麼荒謬，都和之前提及的路口實驗息息相關。根據那個實驗的結果，假如對面來車中坐的是個女性駕駛人，受試者則較易讓出優先通行權。駕駛人時常都得依賴刻板印象（亦即某種沃克所謂的「心理模型」），不論他們是否有意識地認識到這件事。的確，刻板印象在交通世界中屢見不鮮。理由之一（也是最簡單的理由）在於，我們對交通世界中的人事物往往認識不多，正如《我的休旅車保險桿》一曲所描述的兩難。第二個理由則是，我們常藉著刻板印象建構「心理捷徑」(mental shortcut)，以便在時間緊迫、不容許仔細評估事態的情況下，迅速地分析複雜的環境。這不一定是件壞事：看見路邊站著一位小孩的駕駛人，或許就會根據某些刻板印象進行判斷，認定「小孩缺乏控制衝動的能力」，並假設這位小孩可能衝到路上，進而決定減慢車速。㊸

我們不難想像當事物不符合人心期待時所可能引發的問題。以下列這個廣爲人知的心理學實驗爲例。首先，研究人員讓受試者聆聽某個描述個人特質的字，這個字可能和某種性別刻板印象吻合、相反或無關。之後，研究人員再給受試者一個人名，並請後者判斷這個人名是男性或女性的名字。當受試者聆聽的字和人名，具有相同的刻板印象屬性時，受試者的反應速度會比較快。

換句話說，受試者聽見「強壯的約翰」和「溫柔的珍妮」時的反應速度，會快於聽見「強壯的珍妮」和「溫柔的約翰」時的反應速度。只有當研究人員請受試者嘗試抑制刻板印象的影響，且實驗情境的「認知限制」夠低（亦即讓受試者擁有充分的時間）時，受試者才能克服這些自動反應。㊅

同樣地，當駕駛人在騎著自行車的沃克身邊呼嘯而過時，他們的行爲多半也出於自動反應。但引導駕駛人將戴著頭盔的沃克視爲可靠自行車騎士的刻板印象，究竟能否減少交通事故？畢竟，在這種情況下，駕駛人留給沃克的間距更小。假如沃克戴著假髮、死神面具，或其他能對駕駛人發送不同「交通信號」的東西，是否就能贏得更多空間？這個問題沒有明確的答案，但沃克認爲他的實驗顯示，讓身處繁忙交通中的人看起來像人，的確具有正面意義。「一旦戴上頭盔，駕駛人的行車方式便會有所改變。這表示當駕駛人接近自行車騎士時，的確能夠依據自行車騎士的需求進行個別判斷。駕駛人有能力將每個人視爲不同的個體，而非單純依賴某些預設的行爲模式加速超越自行車騎士。這**絕對是**令人振奮的好消息。」

匿名性是交通世界的主宰，但這並不表示我們必須停止探查人們的個性和意向，或不再依據我們可能未曾意識到的事物而行動。

在漫長隊伍中等待，在車水馬龍裡苦候

爲何另一個車道總是比較快？

人們在等待時，無法好好判斷時間，而每個半分鐘都像五分鐘一樣久。

——珍・奧斯丁（Jane Austen），《曼斯菲爾德莊園》（*Mansfield Park*）

你上次對著無法控制的事物大發雷霆是什麼時候？那種不愉快的經驗，很可能在下列三種時刻中出現：在水泄不通的車陣中動彈不得時，在銀行、機場、郵局或類似的地點大排長龍時，[67]以及在電話中苦等「顧客服務人員」時。

我們在三種時刻所遭遇的情境就是排隊。當然，身在第一和第三種情境時，我們或許會較爲憤怒，因爲那時我們比較可能獨自坐在車內或家中。即使如此，我們在公共場合排隊時，有時也會免不了動氣。這正是企業行號之所以花了大把鈔票、絞盡腦汁試圖縮短排隊隊伍的長度，以及讓它們顯得較短的原因。

交通世界裡隨處可見各種隊伍，其中歷史最悠久的當屬紅綠燈前的車陣。紅綠燈的角色有如「伺服器」。速度慢的伺服器，例如慢吞吞的紅綠燈，必須承擔更多不耐久候的人群所產生的壓力。除了試圖了解一般的排隊行爲之外，交通工程師也想要評估車輛抵達路口的模式。這些模式是否呈現無跡可循的隨機型態，還是和銀行櫃台前的隊伍一樣，表現出帕松程序（Poisson process，法國數學家帕松〔Siméon-Denis Poisson〕所建立的統計法則）所描述的型態？或者，這些模式既不符合帕松程序，但也非完全隨機（例如一波波旅客在機場入關櫃台前所形成的間歇性隊伍）？而交通工程師在交通尖峰時段延長紅綠燈「週期時間」（cycle time）的作法，也和星巴克在早晨上班時段增加人手的方法不謀而合。

在某些交通隊伍中，排隊者的排名次序會有所變化。例如，當你在高速公路快速車道上被一團車陣擋住時，假如車陣裡的某些車輛駛入較慢的車道之後，你便可在隊伍中前進幾名。假如某輛車擋了你的路，你或許會以閃燈示意或刻意壓縮行車間距，有如在銀行櫃台前，以輕咳幾聲或輕拍肩膀，提醒前面那位流連於白日夢而忘了向前走的老兄一樣。你或許也曾注意到，即使無法縮短等候時間，我們還是常常這麼做，彷彿隊伍裡的空隙會讓人焦躁不安。

傳統的排隊行爲邏輯，無法說明交通阻塞的現象。在車潮中動彈不得時，我們往往無從得知塞車的起點和終點。這時，我們怎麼知道自己何時能夠脫離這種折磨？不論傳統的排隊行爲是否能夠解釋塞車，後者對我們的影響，其實就和前者一模一樣，這才是眞正有趣的地方。「排隊心理學」專家大衛・梅斯特（David Maister），提出許多有關排隊行爲的主張。讓人驚訝的是，這些主張似乎全都適用於塞車。

以他的第一個主張爲例：「無所事事的等待，比有事可做的等待顯得更久。」這正是超商之所以在結帳處附近擺放雜誌，以及人們之所以在車內聆聽廣播或使用行動電話的原因。梅斯特的第三個主張認爲：「焦躁不安的心情，會讓等待時間顯得更久。」你曾在趕赴重要約會或油箱即將見底時碰上塞車嗎？他的第四個主張則指出：「不知何時結束的等待，比已知和有限的等待顯得更久。」這也是高速公路工程師之所以採用「資訊可變標誌板」（changeable message signs，簡稱ＣＭＳ），告知駕駛車陣隊伍長度的原因。許多研究顯示，當我們知道必須等候多久時，便會較不在意久候。印度德里的交通工程師之所以會在紅綠燈上設置「倒數燈號」，以便顯示紅燈的剩餘時間，其實也是出於這層考量。

梅斯特的第六個主張也値得我們一睹爲快：「不公平的等待，比公平的等待顯得更久。」以控管車輛進入高速公路的匝道儀控爲例。某些駕駛人也許會怒氣沖沖地暗忖：「高速公路上明明沒有車，爲什麼我就得在匝道上等候燈號？」某個研究發現，人們認爲在匝道上塞車，比在高速公路上塞車，還要「困擾」一點六至一點七倍。⑱不過，當人們越爲了解匝道儀控的用意（我們將在第四章討論這個問題），也就越不會對在匝道上暫停感到困擾。這一點也和梅斯特的第五個主張有關：「未經解釋的等待，比已獲說明的等待顯得更久。」這正是我們之所以會對「無緣無故」的塞車大感憤怒的原因。假如我們知道前方發生車禍或正在施工，便較能紓解塞車所引起的無奈感。第八個主張也頗有道理：「獨自等待，比和其他人一起等待顯得更久。」某個研究發現，對單獨開車的駕駛人而言，開車時最重要的事，是盡量節省行車時間。這表示和非獨自開車者比較起來，塞車對獨自開車者的影響較大。而在高乘載管制道路上，獨自開車者的情況更是悲慘，因爲非獨自開車者比較不易遭受塞車之苦。⑲

不論發生於何處，排隊行爲都會影響我們的時間感、⑳滿足感，甚至公平感。許多研究顯示，人們往往會高估自己花在排隊上的時間，並因此對他們所獲得的服務較不滿意（這正是迪士尼樂園之所以在公告上膨脹其遊樂設施排隊時間的原因）。你或許會認爲影響某人排隊行爲的最重要因素，是排在這個人前方的人數，但研究顯示，排在這個人後方的人數也同等重要。某個在香港郵局所進行的實驗發現，當越多人排在你身後時，你便越不容易「放棄」或脫隊而出，彷彿你在隊伍中的位置突然顯得越來越珍貴。另一個理論主張，當人們感到焦躁不安時——這在大排長龍的隊伍中屢見不鮮——較易「往後」比較，而非「向前」比較：換句話說，與其心想「看看那些人排得多麼前面」，人們較常暗忖「至少我比排在後頭的人好」。㉑

看著其他人不斷往前走，才是眞正激怒我們的原因。這正是許多企業行號——從銀行到連鎖速食店——之所以紛紛將多條隊伍和櫃台，改爲單一隊伍和多個櫃台的原因，麻省理工學院工程系統基礎研究中心（Center for Engineering Systems Fundamentals）主任暨頂尖排隊行爲專家理查・拉森（Richard Larson）表示。「根據佇候理論（queuing theory）中的某個定理，這兩種排隊模式的平均等候時間大致相同，」拉森說。不過，人們對單一隊伍情有獨鍾，甚至寧願在採用單一隊伍措施、但隊伍較長的溫蒂（Wendy's）漢堡店前苦等，而不願到沿用多條隊伍、且隊伍較短的麥當勞速食店裡點餐。爲什麼？這和人們心中公平感有關，拉森指出。「假如只有一條隊伍，先到的人保證能先點餐。如果同時有好幾條隊伍，情況就會像麥當勞的午餐時間一樣紊亂。每個人都有可能由於排錯隊伍，而只能眼睜睜地看著其他隊伍中的顧客搶先點餐。所有人都會因此抓狂。」⑫

這種混亂情形在塞車時屢見不鮮，但想在這種狀況下脫隊而出，往往礙難照辦。這正是我之所以決定變成「延遲匯入車道者」，以及許多人之所以痛恨這種人的原因（我們很快便會解釋這種想法爲何不對）。有時，變換車道（亦即加入另一條隊伍）其實是頗爲有用的策略，但這種作法往往不具實效。某個加拿大電視新聞節目曾安排兩位駕駛，同時將車開上同一段高速公路，並請其中一位盡可能變換車道，而另一位則被告知盡量不要變換車道。而在**歷時八十分鐘的行程**中，盡可能變換車道的駕駛人，也只節省了四分鐘的行車時間，⑬看來一點也不值得；變換車道所引發的壓力，可能就已讓那位駕駛人減少不只四分鐘的壽命。

多倫多臨床流行病學家唐諾・蘭德邁爾（Donald Redelmeier）和史丹福大學統計學家羅伯特・提博薛朗尼（Robert Tibshirani），共同設計了一個有趣的實驗，用來說明許多人不斷變換車道的原因之一。藉著用電腦簡單地模擬兩條呈現出典型塞車情境的車道，以及一段實際發生的高速公路塞車影片之助，這兩位研究人員在觀察某位受試汽車駕駛時，發現了下列這種錯覺：即使受試者超越另一車道車輛的次數，和被另一車道車輛超越的次數大致相同——亦即其整體車速和另一車道的車輛並無二致——這位受試者被其他車輛超越的總時間，卻比超越其他車輛的總時間來得**更久**。[74]

水泄不通的車陣，就像是一把手風琴。稍後我們將會說明箇中道理。當許多車輛擠在一起時，車陣便會開始壓縮；而當塞車情形獲得紓解，這把手風琴即會逐漸「擴張」，而車輛的車速也會隨著加快。塞車時停停走走的間歇行車模式，導致這些變化在不同時間於不同車道發生。當你行駛於暫時暢通無阻的車道上時，或許在短時間內便能超越許多行駛於隔壁車道的車輛，但隨後也會發現自己這條車道上的行車間距正在快速縮短當中。然後，你就得花更多時間枯坐車內，看著隔壁車道上的車輛一一呼嘯而過。更糟的是，研究人員發現當駕駛人距離前車越近時，也越常注意隔壁車道的動向，進而強化了這種錯覺。

其他因素也會引發相同的錯覺。駕駛人花費大部分時間——從百分之八十至百分之九十的行車時間——注視前方道路。[75]這當然包括了鄰近的車道；根據估計，我們每看兩眼自己所在的車道，便會看一眼隔壁車道——只爲了繼續在自己的車道上行駛。[76]這表示我們對超越自己的車輛，具有非常清楚的意識。相較之下，駕駛人只花百分之六的行車時間察看後視鏡。[77]換句話說，我們較常注意超越自己的車輛，而較不注意被自己所超越的車輛。

人們在塞車時較注意損失而非獲益的現象，完全符合「損失趨避」（loss aversion）這個廣爲人知的心理學理論。[78]許多實驗顯示，人類對損失的認知，強過對收益的認知。我們的大腦似乎對損失較爲敏感。[79]根據心理學家丹尼爾・卡尼曼（Daniel Kahneman）所謂的「稟賦效應」（endowment affect），[80]人們一旦獲得某些事物之後，便會立刻變得較不願放棄這些事物。

你是否還記得上次在擁擠不堪的停車場裡瞥見停車位時，心頭浮現出來的幼稚快感？離開這個得來不易的停車位時，你或許會感到有點不情願，尤其是當其他人正虎視眈眈地在旁等候時。許多研究顯示，當其他人在旁靜候時，駕駛人會用較多時間駛離停車位，即使他們並不如此覺得。這就有如其他人也想爭取某個空間的事實，會讓它突然變得更加珍貴一樣。嚴格說來，空間的確會因此變得更有價值，雖然對即將離開的人而言，它並無任何內在價值可言。[81]這種對損失的敏銳感受，或許能夠解釋我們在序言中提及的延遲匯入車道者兩難。駕駛人之所以決定變換車道，並非出於對未獲充分利用的交通容量所進行的冷靜理性評估，而是由於當提早匯入車道者在其車道上動彈不得時，其他人仍從隔壁車道不斷地揚長而去。換句話說，延遲匯入車道者之得，便是提前匯入車道者之失。

不過，簡單的變換車道行爲究竟會造成什麼傷害？美國國家高速公路安全管理局的一份研究發現，將近百分之十的車禍都和變換車道行爲有關。[82]在這些導致車禍的變換車道行爲中，到底有多少是必要的，而又有多少只是隨性而起的？[83]人們眞的了解影響自己決策過程的所有因素嗎？這個問題正是蘭德邁爾和提博薛朗尼的研究主題，因爲說話輕聲細語、神態嚴肅穩重的蘭德邁爾醫生，用了三分之一的時間，在多倫多桑尼布魯克衛生科學中心（Sunnybrook Health Sciences Centre）檢視各種病人，所以對駕駛決策行爲的後果也擁有獨到的見解。[84]

「我的研究對象大都是劫後餘生的嚴重車禍傷患，」他在辦公室裡對我說。「許多人的一生就此失去任何希望。許多人也因此感到悔恨不已——你知道的，假如他們當時的決定稍有不同，便絕對不會得在醫院裡終其一生。凡是經歷過嚴重車禍的傷患都會悔不當初。罹患胰腺癌的病人固然痛苦不堪，但通常不會回溯過去的生活習慣，暗忖自己是否曾有機會避免目前的不幸處境。不過，在車禍傷患身上，這卻是極為常見的想法。這也讓我開始思考起駕駛行為的複雜程度。」

駕駛車輛時，我們對自己行為的真正理由或許一無所知。在這種情況下，我們該如何抗衡某些危險的事物，例如其他車道看來總是較快的錯覺等。蘭德邁爾半開玩笑地建議，其實只要多看後視鏡幾眼，我們便會感覺寬心許多。這種作法能夠引導人們盡量「往後比較」，並可收改善心情之效，一如在香港郵局進行的研究所示。但我們也很可能因此追撞前車，而讓其他車道看來真的較快。在無盡的隊伍中持續前進，正是駕駛行為的本質，但它也會讓我們無所適從。交通世界以某種奇異的弔詭方式，搞得人人暈頭轉向：在這種世界中，太過人性，便會失去人性。

附言：為何我們都應該延遲匯入車道

「對於在洛杉磯高速公路上變換車道，人們心生畏懼。」

——布瑞特・伊斯頓・艾利斯（Bret Easton Ellis，美國作家），《零下的激情》（*Less Than Zero*）

人類創造出許多偉大的事物。我們解開複雜深奧的人類基因序列、發射太空探測器至太陽系的遙遠角落，甚至想出辦法將一束光線冷凍起來。但有件事卻總是超越科學的掌握。這件事從表面上看來平淡無奇，這卻讓它更令人迷惑：我們仍然無法引導人們以有效而安全的方式，在高速公路上匯入開放車道。

交通工程師將我們在序言所提及的問題，也就是我在紐澤西州高速公路上的遭遇，稱爲「施工區車道匯入」（work-zone merge）問題。施工區是高速公路中最複雜和最危險的地點。⑧⑤雖然施工區前經常設有警告標誌（上頭載明撞傷工作人員的巨額罰款，或寫著「請小心慢行，我爸爸在此工作」等動之以情的標語），但行經施工區的駕駛人所承受的風險，其實遠大於在此工作的人員——駕駛人或乘客佔了施工區死亡人數的百分之八十五。我們不難想像箇中原因。駕駛人原本正在暢行無阻的道路上飛馳，有時卻須在毫無預警的情況下，於極短的時間內減速，甚至完全煞車，迅速變換車道，穿過狹窄的區域，並繞過工作人員、重型機械，以及其他吸引注意力的物體。

在這之後，兩條車道又會不可避免地合併成一條（或三條車道合併爲兩條等），導致各路人馬突然全都擠在一塊，交通情況也因此紊亂起來。雖然（或者該說「因爲」）我們都被丟到同一條路上，但彼此的互動卻一點也不熱絡。德州交通研究所的一份調查顯示，高速公路上最普遍的單一壓力來源，便是和「匯入開放車道」有關的困難。⑧⑥

交通工程師已在這個問題上投注了許多時間和金錢，但它可能仍比你想的還要複雜許多。「傳統式匯入」系統，亦即我在紐澤西州所見的措施，尚可有效處理輕度的交通流量。在這種系統裡，駕駛人能預先得到匯入開放車道的警示，並在適當的距離和速度下切換車道，盡量不和其他車道的車輛發生「衝突」。但施工區的特徵之一，即在於其車流量往往非常大。當某條高速公路從雙線道縮減爲單線道，或封閉某些車道時，它便損失了一半處理車流的能力——假如駕駛人由於察看施工區而減慢車速，道路甚至會喪失更多車流處理能力。由於抵達施工區的車輛數量，在短時間內即會超過道路處理車流的能力，於是便形成了一條「隊伍」。不可避免地，這條隊伍最長的地方，就落在仍然保持開放的車道上，這可能是由於警示標誌告知駕駛人將車道變換至此所致。

這種情況會引發更多問題。當隊伍越來越長時，車陣可能開始回堵——交通工程師將之稱爲「溯流」（upstream）——甚至超過警示前方車道封閉之交通號誌的設置地點。這代表剛剛抵達這裡的汽車駕駛，會在毫無心理準備的情況下，遇上一條大排長龍的車陣。他們對這條車道之所以塞車的原由一無所悉，也不知道自己正在即將封閉的車道上行駛。等到他們終於發現這回事後，只能「強行」切入仍然保持開放的車道。而原本即在開放車道上行駛的其他駕駛人，便可能因此將前者視爲「愛佔便宜者」，不論這種想法是否公平。當接踵而來的車輛爲了匯入開放車道而開始減速，甚至完全停車時，第二條隊伍便接著出現了。在這條隊伍中等得不耐煩的駕駛人，也可能爲了切入仍然保持開放且速度較快的車道，而強迫其他人讓路。這些紊亂的情況無疑地會導致追撞事故，而這些事故事實上也是施工區最常見的交通意外之一。

爲了改善這些現象，北美洲的交通工程師提出兩種解決方案。首先，有些工人主張駕駛人應該提早匯入開放車道。這些工程師將整個施工區予以延伸，以便處理「強行匯入車道」所引發的問題。他們將告知駕駛人前方路況的警示標誌，設在車道逐漸縮減成楔形路段之前的數公里處，而非傳統作法常用的一千兩百英尺處（約三六六公尺），並在即將封閉的車道上，放置寫著「道路即將封閉」的標誌。[87] 理論上而言，這些早期警示應可引導駕駛提前匯入開放車道，減少駕駛人之間的「摩擦」（工程師婉轉地說），而駕駛人也比較不易在毫無預警的情況下，突然遇上一條大排長龍的車陣。一九九七年在印地安那州所進行的一份研究顯示，某個採用這套系統的施工區附近，極少發生強行匯入車道事件，也少有「交通摩擦」和追撞事故。

不過，提前匯入系統有個致命的缺陷。我們沒有任何證據顯示，這種系統能以比傳統作法更有效率的方式，紓解施工區周遭的車潮。某個模擬實驗發現，提前匯入系統，實際上還會減慢車輛通過施工區的速度，因爲速度較快的車輛，會在離施工區較遠處，被速度較慢的車輛擋下，引發人爲的滾動式塞車現象。這套系統也需要某些積極的執法作爲，才能確保駕駛人不會違反其精神。不過，我們都知道，高速公路上的警察其實也會對交通造成獨特的影響。

第二種解決方案，亦即延遲匯入系統，是一九九〇年代的賓州交通工程師，爲了處理車道匯入地點常見的惡意駕駛行爲而設計出來的系統。根據這套系統，工程師必須從道路封閉地點的一點五英里處（約二・四公里），開始設置一連串交通標誌。第一組標誌告知駕駛在抵達車道匯入地點之前繼續行駛所有車道，第二組載明前方正在施工，最後一組則設在車道匯入地點，上頭寫著：

「請在此依序匯入開放車道。」

延遲匯入系統的優點，在於它消除了駕駛人選擇車道時的不安全感或焦慮感，以及被其他「愛佔便宜」的人超車時的不平感。它將一般長達幾千公尺的潛在變換車道行爲，壓縮到單一地點上。理論上而言，這樣就不會出現車輛不斷變換車道的問題，因爲每條車道上的車流和車速都應大致相同——因此也降低了發生追撞事故的可能性。在雙向四線高速公路上，由於每個方向的車輛分別從兩條車道抵達車道匯入地點，所以每條車道上的車陣長度都會縮短一半。

延遲匯入系統最讓人感到驚訝之處在於，這種作法所能處理的**車流量**，比傳統匯入系統**多了百分之十五**。如此看來，堅持「不自由毋寧死」的駕駛人一點也沒錯。雖然有人將延遲匯入開放車道的作法視爲貪婪私欲的象徵，實際上它卻對每個人都有好處。正如某位延遲匯入系統的支持者所言：「最好的作法難道不是開放所有車道，再讓所有車輛於最後一刻，依序進入開放車道嗎？如此一來，不但道路容量能夠獲得充分利用，所有人也都能得到公平對待，而不會導致一小群人提早進入開放車道，而在毫無必要的情況下，形成一條人爲的單線道。」（注意：這個主張**不**適用於在出口閘道等處，突然切入隊伍前方的人，因爲他們可能會阻礙原本流暢的交通，遑論大大激怒已在車陣中等候多時的人。）

北美洲居民不是唯一深受車流匯入問題之苦的人。在某份有關施工區車流匯入系統的內部報告中，英國交通研究實驗室指出，「位於楔形路段之前的即將封閉路段並未得到充分利用」，而其部分原因在於，「駕駛人故意佔據此車道，以防止其他人『插隊』」。一九九〇年代，英國公路局開始試用新的交通標誌，德國則從一九七〇年代即採用的「拉鍊式匯入系統」(zipper merge)。與其單純地告知駕駛人前方車道即將封閉，一連串警示標誌在距離車流匯入地點頗遠之處，即開始引導駕駛人在出現擁擠的車潮時，「使用所有車道，並輪流匯入開放車道」。不過，英國交通研究實驗室在蘇格蘭公路所進行的實測發現，這套系統雖可減少排隊車潮的長度，卻無法提升通過施工區的車流量[88]（部分原因在於，駕駛人仍不太清楚該在哪裡匯入開放車道：[89]交通標誌所指示的方向和車道匯入地點，很難讓人一目瞭然）。大部分歐洲交通工程師則乾脆盡可能不使用匯入車道，以便徹底消弭這種作法所引發的問題。相反地，他們較常縮減開放車道的寬度，並在路上畫出額外的車道；這種作法不只能保持原本的車道數量，也能強迫駕駛人減速慢行，進而提升行車的安全。[90]

美式延遲匯入系統的重大限制之一⑨在於，它只能在壅塞的交通條件下——例如，當施工區周遭的交通混亂不堪時——發揮最大效用。當車流暢通無阻時，若要引導時速七十五英里（約一二〇公里）的車輛直奔車流匯入地點，再於最後一刻「依序進入開放車道」，顯然會引發許多後勤問題。這正是促使交通工程師以延遲匯入系統爲基礎，開始發展「動態延遲匯入系統」（Dynamic Late Merge）的原因。這種作法採用了「資訊可變標誌板」，以及能在車流量增大時自動啓動的閃爍燈號。當交通流量變小時，這些自動標誌便會改爲引導車輛駕駛採取傳統式匯入。

不過，正如二〇〇三年夏天，明尼蘇達州交通局在三十五號州際公路上所進行的動態延遲匯入研究所示，⑨即使是規畫最爲縝密的交通管理系統，一旦碰上難以捉摸的人類行爲，也只有束手無策的份。這次測試雖然縮短了百分之三十五的車陣長度，但也減少了通過車流匯入地點的車流量。

問題出在哪裡？交通標誌雖然引導駕駛人使用所有車道，但許多人若非不了解這些指示的意義，便是拒絕遵循這些指示。只有少數駕駛人會繼續在即將封閉的車道上行駛，直到看見簡單地寫著「在此匯入」的標誌爲止。有些駕駛人索性提前匯入開放車道。其他人則被卡車，或某些無視路旁指示、一心只想維持單線隊伍，且橫跨多個車道的「義務交通警察」擋住去路——後者甚至會爲了阻擋其他人超車，而在許多車道上迂迴前進。⑨或許是因爲卡車司機最難以在施工區加速和匯入其他車道，所以他們也是最想維持單線隊伍的人。有些在即將封閉車道上行駛的駕駛人，會以和鄰車相同的速度前進，彷彿他們不想魯莽地超越其他車輛（畢竟，這裡是以親切有禮著名的明尼蘇達州）。發生這種情形時，後頭的駕駛人只能趕緊提前匯入開放車道。當地交通局完全未能預料這些問題：「這些多重車流匯入地點，不但對交通流量產生不必要的干擾、減緩車輛的行進速度，也造成更多不必要的走走停停狀況。」

在這種狀況下，不論駕駛人是出於禮貌或正義感，都認爲自己的行車方式正確無誤。事實上，他們只會減慢所有人的車速。假如他們的作法能提升施工區的交通安全，或降低其他車輛駕駛的行車焦慮，我們或許還能接受他們所導致的時間損失，但事實並非如此；相反地，由於拒絕遵循交通指示或惡意阻擋其他車輛，這些人創造出更爲紊亂的交通狀況。明尼蘇達州交通局爲此大感困惑：「出於某些未知原因，一小群駕駛人不願改變原本的行車習慣。」隨著時間的逝去，這些問題逐漸得到改善——但該路段的工程也早就完成了。

除了簡單的交通工程概念之外，交通工程師嘗試過的各種車流匯入策略，似乎還包括了一整個世界觀。提前匯入策略假設人性本善。根據這種觀點，駕駛人渴望做出正確的行爲，並在產生最少負面作用的情況下，盡快匯入開放車道。換句話說，人們能夠爲了和其他人合作，而放棄私欲的誘惑。或許，高速公路上的車陣會因此變得長一點，但這對保障所有人的利益而言，似乎只是微不足道的代價。延遲匯入策略則假設人性不如我們想像的美好，或人性的美好會受到情境的影響。與其讓人們自由選擇該在何處、何時，以及在誰之前匯入車道，這套作法代替他們決定匯入的地點和規範。它也假設凡人無法抵擋閒置車道的誘惑，因此乾脆盡可能移除這種車道。至於多數人每天所遵循的傳統式匯入策略又如何呢？這種作法完全符合自由放任的精神。它賦予人們一組在各種情境中據以行動的約略指導原則，並把最後決定權交在他們手上。不過，這種系統也將延遲匯入者和提前匯入者，一起擲入由相互衝突的信念、期待和行動所構成的可怕風暴中。不出人意料地，這種系統的表現也最為低落。

我的建議如下：當你下次身陷擁擠的雙向四線高速公路，且發現自己必須匯入其他車道時，請保持鎮定。不要停車，也不要提前切入其他車道。請繼續在原本的車道上行駛——假如交通流量很大，所有車道的情況應該大致相同——直到抵達車流匯入地點。在開放車道上行駛的駕駛人，應該讓隔壁車道的一部車輛先行匯入，然後再接著通行（而匯入開放車道的車輛駕駛，也該依序讓開放車道上的駕駛人通過）。只要能夠互相合作、暫時忘記個人好惡，並放下對其他人的成見，我們便能靠著一套簡單的客觀規範，為所有人打造出更好的交通環境。

2 駕駛技術的傲慢與偏見

爲什麼每個人都自以爲開車技術比別人好？

假如開車如此簡單，爲什麼機器人老是學不會？

訓練機器人開車給人類的啓示

遵命，老兄。不過，我偵測到你由於疲倦而有點焦躁不安……爲了安全起見，我可否建議你切換至自動導航模式？

——霹靂車，《霹靂遊俠》（*Knight Rider*）

對我們這些不是神經外科醫生的人而言，開車大概是最複雜的每日例行公事。這種技術包含至少一千五百種「次要技術」。①開車時，我們必須通過不同的地形、掃描環境中的障礙和資訊、維持行駛方向、判斷車速、進行決策（每公里大約三十個）、②評估風險、調整儀表、預測其他人的行爲——甚至邊啜飲拿鐵咖啡，邊想著昨晚的《超級星光大道》、安撫車裡的小嬰兒，或察看手機上的簡訊。某份在馬里蘭州某個路段進行的調查指出，每兩英尺（約○·六公尺）道路包含一個單位的資訊。這代表在時速三十英里（約四十八公里）的情況下，駕駛人每分鐘會暴露在一千三百二十個單位的資訊中，約合四百四十個英文單字。③這就如同在觀看許多美麗圖片的同時，還要閱讀三倍以上的文字，並且執行上述所有動作——然後**每分鐘都得重複一次**。

由於這一切看似輕而易舉，因此我們也不常思考其複雜度。表面上看來，開車就像呼吸或反射動作般自然。我們連想也不必想，便能將車開上路。不過，爲了從新的角度審視人類這種驚人的能力，讓我們暫且忘記這一切，一起檢視非人類系統的駕駛技術。過去幾年以來，史丹福大學人工智慧實驗室主任薩巴斯提・史藍（Sebastian Thrun）和其研究團隊，在這個問題上投注了許多精力。二〇〇五年時，史藍和其同事設計的「自動載具」——一部名爲「史丹利」（Stanley）的福斯 Touareg——在只使用全球定位系統座標、攝影機，以及感應器的條件下，以不到七個鐘頭的時間，通過莫哈維沙漠（Mojave Desert）中一條長達一百三十二英里（約三一二公里）的崎嶇道路，贏得國防高等研究計畫局（Defense Advanced Research Projects Agency）的挑戰賽冠軍，而其平均時速高達每小時十九點一英里（約三十公里）。

史丹利之所以能夠先馳得點，必須歸功於史藍和其研究團隊在一連串失敗後，決定改變他們設計的駕駛指令。「我們開始用教導人類的方式，而非命令電腦的作法，來訓練史丹利開車。」史藍告訴我。「與其規定史丹利在特定情況下執行特定動作，我們改用各種範例訓練史丹利。」舉例來說，光是命令史丹利遵守特定速限是不夠的。「駕駛人會在行經凹陷路面時減速慢行，」史藍說。「但機器人沒有這麼聰明。它會一路保持三十英里（約四十八公里）的時速直到撞毀爲止。」相反地，史藍負起了開車的責任，而史丹利則在一旁觀察其駕駛方式，並仔細記錄車速和車身吸收的應力。史藍駛入狹窄道路時的反應，或史藍在車身底盤承受的應力超過某個限度時的反應，都在史丹利的觀察範圍內。

大多數人學習開車的方法，並非在教室裡死背交通規則，或觀看血淋淋的交通安全教育影片，而是坐在後座觀察父母親開車的模樣。史丹利也是如此。對史藍而言，這種學習程序開始讓他「質疑起規則到底是什麼東西」。基本的駕駛規則相當簡單：在這條路上以低於速限的速度，從這裡開到那裡。然而，過於嚴格的規則，卻會讓史丹利反應過度，有如達斯汀・霍夫曼（Dustin Hoffman）在《雨人》（*Rain Man*）中所飾演的角色，由於禁止通行的燈號突然亮起，而來不及穿越馬路，卻只懂得在路中央停下腳步一樣。當眼前的情境不同於典型的交通情境時，我們又該怎麼辦？「沒人能保證稻草團不會被吹到車道上，」史藍解釋。換句話說，路上隨時都可能發生出乎意料的事件。交通世界中充斥著各種不確定的時刻或「雜音」。正如我們在開車時必須注意許多事（例如，閃著警示燈的警車是否已經攔下其他人）一樣，史丹利也得隨時解讀曖昧不明的路況：躺在路中央的那個東西是塊石頭，還是個紙袋？前面隆起的那片東西是減速板，還是摔到地上的自行車？光是紐約市「禁止停車」標誌上密密麻麻的規定，就足以讓史丹利暈頭轉向。

如果這些動作看來已經非常複雜，試想多數人開車時行駛的道路，並非空無一人的小徑，而是車水馬龍的市區和市郊街道。我和史藍碰面時，他剛好正在思考這個問題，並準備參加國防高等研究計畫局即將舉辦的市區挑戰賽。由於這次比賽將在城市環境中進行，因此史藍決定捨棄擅長越野的史丹利，改以一部名爲「小子」（Junior）的嬌小二〇〇六年份福斯 Passat 參賽。根據國防高等研究計畫局的規定，這次比賽的條件是，「藉由安全且正確的自動駕駛方式，以時速二十英里（約三十二公里）的速度」，妥善應對「匯入車流、繞行圓環、通行繁忙的十字路口、避免障礙物等交通情境」。④

雖然我們有時也會出差錯，但大多數人每天都能毫無困難地執行許多複雜的駕駛動作。想要教會機器人開車，便得先解決這些基本問題。不過，光是分析隨機發生的交通狀況（就像我們常做的那樣），便已是非常艱巨的任務。機器人不只必須能夠辨識物體，還得懂得物體之間的關係（包括目前和未來的關係）才行。⑤史藍舉了一個例子，說明駕駛人遇見安全島和靜止車輛時的不同反應。「你對靜止車輛的反應完全不同，你會在它後頭停下來，」他說。「如果你遇上的是安全島，你則會直接繞過它。我們理所當然地認為自己一眼便可認出那是個安全島。然而，藉由影像資料辨識安全島的技術，目前根本還不存在。」史藍指出，就停在我們四十公尺外的小子，只能將逐漸接近的物體視為障礙物，而無法分辨出它究竟是什麼東西。

在某些方面，小子比人類更優秀，而這正是某些機械裝置——例如，利用雷射追蹤行車間距並據以反應的適應性巡航控制系統（adaptive cruise control）——之所以已經開始在車上出現的原因。一如適應性巡航控制系統，小子對行車間距的估算，也比我們精確許多——其誤差範圍不超過一公尺，史丹福大學研究人員麥可・蒙地梅洛（Michael Montemerlo）表示。「人們總是問小子能不能偵測其他人的煞車燈，」蒙地梅洛說。「我們的回答是，小子不需要這種能力。小子能夠非常精確地測知其他車輛的速度。這就足以讓它知道其他車輛是否正在煞車。小子得到的資訊是其他車輛的速度，而非代表『我正在減速』的訊息。這比人類所能獲得的資訊多了許多。」

開車不只牽涉到知覺的正確性，也和如何使用這些資訊有關。對史丹利而言，這項任務比較簡單。「它只不過是一具在沙漠獨自行駛的機器人，」蒙地梅洛說。「史丹利對世界的了解非常基本，它其實只有幾何知識。這種設計的目的在於，讓史丹利只選擇良好的地形，並迴避惡劣的路段。它不可能依靠這些對世界的有限了解，在市區環境中來去自如。」舉例來說，當我們接近黃燈剛剛亮起的十字路口時，便會進入一連串複雜的快速認知處理程序和決策過程：黃燈還會持續多久？我是否有時間（或空間）煞車？我能否加速通過，而又應該加速到多快？如果緊急煞車的話，會不會被緊跟在後的車輛追撞？十字路口是否設有測速器？路面是否濕滑？我會被擋在路中央並因此阻礙交通嗎？

交通工程師將這種來不及在黃燈亮起前停車、又無法在紅燈亮起前完全通過的時刻，稱為「猶豫區間」（dilemma zone）。這的確是個令人進退兩難的問題。以交通事故的發生率估計，較多駕駛人在煞車時遭到後方來車追撞，但當駕駛人繼續通行而被其他進入十字路口的來車由側面撞擊時，則會引發比較嚴重的車禍。如果一定得選擇的話，你會選擇機率較高的輕微事故，還是機率較小的嚴重事故？交通工程師也可延長黃燈的時間，但這會減低十字路口的車流量——而一旦消息傳了出去，決定加速通過的駕駛人或許便會增加。

有人甚至提議設置預先向駕駛人警示黃燈即將亮起的燈號，亦即某種延長「未決區間」（indecision zone），以及指示警告燈號即將亮起的燈號。⑥然而，某個在奧地利進行的研究，曾對綠燈會在黃燈亮起前閃爍幾下的十字路口進行分析，並得到好壞參半的結果：和未設置閃爍式綠燈的十字路口比較起來，較少駕駛人在這種十字路口闖越紅燈，但較多駕駛人在不必要的情況下**更快**停車。⑦以色列也採用這種閃爍式綠燈，而一份在該國進行的十字路口研究，則突顯出在不必要的情況下停車的危險。和未設置閃爍式綠燈的十字路口比起來，設置這種燈號的十字路口發生較多追撞事件。⑧未決區間越長，進入十字路口的車輛便越多，而必須決定應否通行或停車的駕駛人也越多，因此增加了交通事故的發生機率。⑨

這些猶豫區間在交通世界中屢見不鮮。在國防高等研究計畫局舉辦的挑戰賽中，我們見不到行人（「感謝老天，」蒙地梅洛說）；對小子而言，行人是非常棘手的問題。「我曾認眞思考小子在眞實世界中自由行駛時可能引發的後果，」蒙地梅洛說。讓小子在史丹福大學校園內行駛還算簡單，但若有人正在人行道上準備過馬路呢？由於這個人還未走到馬路上，因此不會被歸類爲障礙物。不過，他是否正等著過馬路，或只想站在那裡不動？爲了確定這個人的意向，小子必須設法詮釋他的身體語言，或分析其視線和面部表情。就算小子停下車來，這個人或許也需要更多資訊，才能決定應否通行。「行人有時會害怕從車輛前面走過，即使它們早已停了下來，」蒙地梅洛說。「他們常等駕駛人做出『你先走』的手勢。」試想你敢從無人操控的自動駕駛車輛前方經過嗎？

不過，市區道路在某些方面，卻比黃沙滾滾的沙漠路段更易行駛。「在市區行車其實非常侷限；我們可做的事並不多，」蒙地梅洛說（顯然他從未在紐約市的小羅斯福快速道路〔FDR Drive〕開過車）。「事實上，我們就是這樣開車的。我們參考交通規則和路上的標誌，建構出有關各種交通情境的假設。」

交通世界中隨處可見這些假設：我們之所以會全速通過綠燈，不外乎是因爲認定其他人會停下車來；每當其他車輛從對面車道迎頭駛來時，我們也不會誤認即將發生對撞事故；而我們之所以會高速越過小丘，則是由於認爲另一邊不會正巧停著一輛油罐車。「如果沒有這些假設，我們就不能像現在開得這麼快，」蒙地梅洛說。史丹福大學研究團隊採用的方法，便是將這些假設轉譯爲構成小子大腦的十萬多行程式碼，並設法讓小子不至於在遇見奇怪的事情時，由於轉不過腦袋而全身癱瘓。

奇怪的事情在交通世界裡的確屢見不鮮。以故障的紅綠燈爲例。大衛・賴特曼（David Letterman）有次開玩笑時曾說，紐約市的紅綠燈「僅供參考」。不過，每個人都有在故障的紅綠燈下枯等的經驗。只有經過一陣猶豫，你才會非常小心地繼續通行。或者，你也曾被擋在熄火的車輛後頭，因此必須爲了繞過它們而跨越雙黃線，但這種作法通常違反交通規則。不過，你還是這麼做了，而交通規則往往也允許特例。至於誰擁有四面停車再開路口的優先通行權這個問題，又該如何處理呢？有時，每個人都搞不清楚誰最先抵達十字路口，因而導致路口交通暫時停擺。試想有四部自動駕駛機器人同時到達十字路口。假如它們都被設定讓最先抵達十字路口者先行，這時可能發生兩件事：這些機器人會同時通過十字路口並撞成一團，或全部靜止不動，而整個十字路口就像電腦當機般地陷入癱瘓。因此，史丹福大學研究團隊決定採用複雜的演算法，爲小子的二進位式邏輯添加一點人性。「小子會評估該在什麼時候通過十字路口，並依照順序等候通過十字路口，」蒙地梅洛說。「不過，如果沒有輪到其它車通過十字路口，而且已經過了一段時間，機器人就會將本身在隊伍中的次序推進一名。」[10]

史丹福大學研究團隊發現，教導史丹利和小子開車的最佳方法，便是研究人類的駕駛方式。我們是否也能從機器人身上學到什麼？蒙地梅洛指出，在國防高等研究計畫局舉辦的第一次挑戰賽中，史藍「一直抱怨機器人在轉彎時過度減速」。然而，某位研究生在分析比賽結果後發現，機器人其實能像「法拉利一樣地過彎」，但這麼做不但只能從歷時七個鐘頭的賽事裡節省區區幾分鐘，還會將發生事故的風險提到最高。箇中原因在於，這次比賽採用的道路，多半都是筆直的路段，而在這些路段上維持最高平均時速，則比快速通過相對少數的彎道（正好也是最危險的路段）更重要。

「聰明開車，」蒙地梅洛如此稱呼這種想法。爲了準備市區挑戰賽，他深入思考這種作法的意涵。「一開始你或許會想：『我要讓小子在原本的設計下，跑得越快越好。我要讓它從一開始便能盡情加速。我要讓它在停下來時，盡量縮短等待時間。』但這種作法的幫助不大。我們從交通世界的運作方式就可看出端倪。某人先在你面前揚長而去，之後又在你眼前出現——到了下個紅燈，他只比你領先一個車身。交通世界中的隨機變化，淹沒了這些微不足道的努力。除此之外，某些對個人最有利的嘗試，例如闖越停車再開路口等，還會對所有人造成困擾，減慢所有車輛的速度。」⑪

這個由許多頂尖機器人專家所組成的研究小組，花費了好幾年的工夫，才打造出這麼一部自動載具。它雖能以聰明靈巧的方式處理某些駕駛任務，但在眞實的交通情境裡也只不過是堆破銅爛鐵。這應可突顯出人類駕駛能力的神奇之處，並提醒人們不要將這種能力視爲理所當然。具有能夠不斷改良的硬體和軟體，是機器人擁有的長期優勢。我們人類則只能善用本身的天賦。一如教導史丹利和小子開車的研究所示，人類的認知機制是非常有力的裝置。不過，它們並非完美無缺，而這些認知缺陷也不會在下次升級時獲得改善。

我的駕駛技術如何？天啊，我怎麼會知道？

爲何缺乏回饋會讓我們在路上動彈不得

男人絶對不會承認自己做不好下列兩件事：開車和做愛。

——史特林．摩斯（Stirling Moss），冠軍車手

拍賣網站電子灣（eBay）在某個引人注目的電視廣告中，以一句簡單的標語作爲結語：「人性本善。」有趣的是，這部廣告包含許多人類交通活動的畫面。在某段畫面中，許多人同心協力推動一部陷入雪地的汽車。而在另一段畫面裡，某位駕駛人則揮手示意，禮讓另一位駕駛人通行。電子灣希望能藉著喚起人們對這些互惠利他行爲的印象，強調即使我們和遠在天邊、素未謀面的陌生人進行交易，仍可確定能夠收到商品。電子灣發言人將這種感受稱爲「日常生活中的信賴感」，並指出它能「促使數以百萬計的陌生人彼此進行交易，並以毫無牽絆的方式脫離這種關係」。⑫這種信賴感也大致反映出人類交通活動的輪廓。

然而，人們有時也會爲惡。每個月，電子灣上都會出現一些新型詐騙手法，而該公司也善盡其調查職責。例如，電子灣會利用設計精巧的軟體，過濾可疑的買賣模式。不過，眞正讓電子灣得以順暢運作的，不是其反詐騙小組的本事——不論多有能耐，他們也只能監視每天數以百萬計的交易中的一小部分——而是更爲簡單的機制：回饋。每個曾在拍賣網站進行交易的人都知道，獲得正評和避免負評的欲望，在整個交易過程中扮演重要的角色。這種欲望或許和人們的善意無

關，而和（某個研究發現）風評良好的賣家收入高出百分之八有關。⑬不論如何，回饋（假設無作假之虞⑭）是讓電子灣得以凝聚人心的社會黏劑。

假如人類交通活動中也有類似電子灣的「評價管理系統」的話，又會發生什麼事?芝加哥大學法律系教授李奧·史塔西里維茲(Lior J. Strahilevitz)，在一篇聳動的論文中提出了類似的觀點。「現代的市區高速公路，就像缺少評價系統的電子灣，」他寫道。「高速公路上的大多數駕駛人，都擁有良好的駕駛技術，也願意和其他駕駛人進行有條件的合作，但有一群數量雖少但仍相當可觀的駕駛人，往往會對其他駕駛人造成嚴重損害，這些損害包括車禍、延遲、壓力、無禮言行，以及節節高升的保險費率等。」⑮

史塔西里維茲的靈感，源自常見於商務車隊的「不當駕駛申訴專線」貼紙。根據他的想法，我們應該強制所有車輛在保險桿或車牌上黏貼識別號碼，以便人們在目睹危險或違法的駕駛行為時，能夠打電話到申訴中心投訴。當然，你也可打電話回報優良的駕駛行為。每位駕駛人都有一個記錄帳戶，且每到月底便會收到一張載明正負評的單據。得到超過一定數量負評的駕駛人，應該接受某些懲罰，例如提高保險費率，或吊銷駕駛執照等。史塔西里維茲主張，這種系統比分散式執法行為更有效率，因為後者只能監控所有交通流量中的一小部分。交通警察通常只能對明顯的違規駕駛行為（例如超速）開具罰單，而幾乎無力處理較為難以察覺的粗魯或危險行徑——試想你多常希望警車前來取締某些危險駕駛人，例如緊咬著你車尾的人，或邊開車邊傳簡訊的人等?而這種作法則可協助保險公司，以更精確的方式設定保險費率，且能讓憤恨不平的駕駛人藉由安全而有效的申訴管道，表達心中的不滿，並拾回一絲公平感——而非只能以同等惡劣的駕駛行為予以回應。

至於錯誤或偏頗的回饋，又該如何處理？當鄰居爲了報復你家那隻狂吠不止的狗，而誣指你在收費高速公路上橫衝直撞時，你該怎麼辦？史塔西里維茲認爲，只要運用類似電子灣的軟體，便不難偵測出可疑的申訴模式——例如，在許多正評中的單一負評，或來自同一人的多重負評等。那麼隱私權呢？這正是重點：人們之所以敢在路上任意恐嚇其他人，不外乎是因爲覺得沒人知道自己的眞實身分。然而，道路並非私人聚會的場所，而超速也不是只關乎私德的行爲。正如史塔西里維茲的主張：「隱私權應該受到保障，若且唯若這樣做有助提升社會福祉。」

有些非官方組織，已在較小的規模上，嘗試類似的作法。[16]車牌搜尋網（Platewire.com）成立人表示，他之所以設立這個網站，目的在於「促使駕駛人在線上論壇中，對其駕駛行爲負起更多責任」。人們可在這個網站上投訴惡劣駕駛人的囂張行徑，並輸入其車牌號碼。被投訴的對象包括在加州「邊開車邊忙著梳頭的女人」，以及在紐澤西州「開著奧迪的混蛋」等。

不過，人們賦予優良駕駛人正面評價的頻率則少了很多。不論宗旨多麼崇高，這類網站都無法掩飾其短處。首先，在本書寫作的同時，車牌搜尋網擁有六萬多名會員，但這只能代表極少數駕駛人。換句話說，網站訊息的傳布範圍僅限於少數人口。再者，由於駕駛行爲的隨機性，我們極不可能再次遇見開著紐澤西州車牌 VR347N 的人——其機率甚至低於此人也在閱讀本書的機率。除此之外，我們也不太可能記得某人曾因邊開車邊讀報，而被舉報至車牌搜尋網。最後，除了來自一小群背景殊異的讀者所發出的匿名譴責之外，車牌搜尋網無法收到任何實際的遏止效果。

設置投訴中心的想法，旨在抵銷充斥於交通世界中的匿名性，以及後者所引發的各種惡行。不過，這種作法也能矯正交通世界裡的另一個問題：回饋的不足。一如之前所述，控制人類駕駛行爲的認知機制，導致我們眼中看見的都是其他人低劣的駕駛技術，而卻總是忽略自己糟糕的行車方式。一點都不令人驚訝地，某個研究顯示，當我們自問「我的駕駛技術如何？」時，答案往往極爲正面——不論實際的駕駛記錄究竟是好是壞。⑰

一份研究接著另一份，從美國到法國再到紐西蘭，當駕駛人被要求和「一般駕駛人」相比時，大多數人都會回答自己的駕駛技術比較好。⑱當然，這在統計上而言相當不可能，且看來就像一九七〇年代於英國風行一時的喜劇《蒙提·派森》（*Monty Python*）的片段所言：「我們都比一般人優秀！」心理學家將這種現象稱爲「樂觀偏誤」（optimistic bias，或「優於平均效應」〔above-average effect〕）。至於我們爲何容易犯下這種偏誤，迄今仍是未解之謎。這其中或許牽涉到某種讓人們感到比其他人更優越的「向下比較」機制。正如第一章所述，這種機制會讓隊伍中的人們，藉著瞧瞧排在後頭那些人的可憐模樣，來評估自己的處境。或者，這種偏誤其實是提升駕駛人信心的心理支柱。畢竟對多數人而言，開車是他們一生中做過最危險的事。⑲

不論眞正的理由爲何，如山一般的鐵證顯示，我們往往會自我拉抬對自己的信心，但也經常因此咎由自取。投資人總是認爲自己挑選股票的眼光，比一般投資人更爲精準。然而，至少有一份以投資經理人爲對象的研究顯示，最爲活躍的交易員（公認是最有信心的投資人之一）所獲得的投資報酬率也**最低**。⑳開車或許特別容易受到優於平均效應的影響。首先，心理學家發現，當人們處於自己有能力控制的情境時，較易受到樂觀偏誤的影響。某個研究也指出，駕駛人比乘客更相信自己不會發生交通事故。[21]

優於平均效應也可解釋人們（至少是早期）對新交通措施（從安全帶到禁止使用手機等）的抗拒感。舉例來說，民意調查顯示，大多數駕駛人希望嚴禁邊開車邊傳簡訊的行爲；但這些調查也發現，大部分人都曾如此做。[22]我們經常高估其他人可能對社會造成的危害，卻往往低估我們可能對其他人帶來的傷害。[23]**其他**人的行爲必須受到控制，而我們則可以自行其是；這種想法使社會道德和交通法規，由於科技發展所引發的問題，而陷入長期對峙的態勢。[24]我們總是認爲唯有嚴刑峻法才能有效對付惡劣行徑。

另一個有關於自我印象的問題是，當我們被告知自己正在進行的某些活動（例如開車），比其他活動（例如在手中同時耍弄好幾個球）更簡單時，我們的自我評價通常比較高。心理學家將這種現象稱爲「烏比岡湖效應」（Lake Wobegon effect）——「這裡所有的小孩都比一般小孩更聰明」——並指出當某項技能的特徵越模糊時，這種效應的影響也越大。[25]奧運撐竿跳選手只要看看眼前必須跳過的高度，便能清楚得知自己和其他選手的差距。至於毫髮無傷地回到家門口的駕駛人，又該給自己的駕駛技術打幾分？九點一或十分？

更重要的是，我們之所以誇大自己的駕駛技術，或許只是由於無法正確地對此進行判斷。我們可能缺乏所謂的「後設認知」（metacognition）能力。對康乃爾大學心理學家賈斯汀・克魯格（Justin Kruger）和大衛・達寧（David Dunning）而言，這代表我們「既無法善用這種能力，也不知其存在」。[26]就像不熟悉英文文法的人，較難判斷英文句子的正確性一樣（借用克魯格和達寧的例子），不完全明白行車間距的重要性或未徹底熟悉交通法規的駕駛人，也不是最有資格評估自己相對於其他人所承受的風險或駕駛技術的人。某個研究顯示，和技術較好（亦即行車方式較安全）的駕駛人比較起來，駕駛測驗成績低落或曾發生車禍的人，較易高估自己在某項簡單反應測驗上的表現。㉗不過，一如前述，人們往往會在評估自己的駕駛技術時，忽略本身的行車記錄。

因此，不論我們是否過於自信、企圖彌補心中的恐懼，或純粹只是毫無頭緒，大多數人（特別是男人）㉘一旦開車上路後，都會變成優於平均水準的駕駛人，並努力維持這種優越感。根據我的非科學推論，這或許能夠解釋——至少在美國——爲何每年都有越來越多的駕駛人，認爲人們的駕駛行爲越來越不文明。一九八二年的一份調查顯示，大多數駕駛人認爲大部分人都能在開車時保持「彬彬有禮」的風度。一九九八年所進行的相同調查則指出，行徑粗魯的駕駛人人數，已經超過謹遵行車禮儀的人了。㉙

這和人們膨脹的自我有何關係？心理學家認爲，和低度自信引發的不安全感比較起來，㉚自戀傾向更易引起惡劣的駕駛行爲。㉛正如某些調查性伴侶數量的研究顯示，男女的答案往往呈現出恰好相反的數學關係一樣，㉜有關惡劣駕駛行爲的調查也發現，自稱曾目睹這些行爲的人，比坦承曾做出這些行爲的人更多。㉝有人一定在拉抬對自己的信心。因此，就和惡劣的駕駛行爲一樣，自戀傾向也有逐漸升高的趨勢。過去數十年來，自戀型人格資料庫（Narcissistic Personality Inventory）藉由評估人們對「假如由我統治世界，它將成爲更美好的地方」等問題的反應，長期追蹤社會中的自戀指標。對這個資料庫進行分析的心理學家發現，在二〇〇六年的受訪者中有三分之二，比一九八二年的受訪者得分更高。如此看來，越來越多人「對自己擁有正面而膨脹的印象」。㉞就在自戀傾向不斷增加的同時，交通狀況也變得越來越糟（假設相關的調查結果值得信賴）。交通系統需要人們遵守規範和互助合作才能順暢運作，但現在卻擠滿了擁有下列相同想法的人：「假如由我管理這條路，它將成爲更美好的地方。」

當我們在開車時收到來自其他人的負面評價，往往會想盡辦法爲自己辯解，或乾脆盡快忘記這些評價。對我們而言，自己之所以會收到交通罰單，純粹是由於交通警察爲了「滿足業績」所致；[35]其他人的喇叭聲，只會引起我們的憤怒，而非羞恥心或悔意；至於車禍，則全都出於霉運。然而，大多數人並不常收到負面評價，因爲回饋在交通世界中極爲罕見。由於我們不常發生交通事故，因此每天都對自己的駕駛技術越來越有自信。愛荷華大學認知系統實驗室（Cognitive Systems Laboratory）主任李約翰（John Lee）表示，「一般水準的駕駛技術，已夠你應付常見的交通狀況。這就是問題之一。在交通世界中，回饋迴圈根本不存在。你或許一直都是個惡劣的駕駛人，卻從未發現這件事，因爲沒人有機會向你證明它。長久以來，你可能總是邊開車邊使用手機，並認爲：『手機會引起什麼危險，我每天都在車裡講上兩個鐘頭，卻什麼事也沒發生過？』我只能說，那是因爲你好狗運。」

甚至連差點發生車禍的時刻，也會成爲自己擁有高超駕駛技術的佐證，並讓我們在心中多記上這麼一筆偉大事蹟。詹姆士·瑞森（James Reason）在《人爲疏失》（*Human Error*）一書中寫道，「就避免意外這件事來說，過去的經驗既是好事，也是壞事。」[36]眞正的問題在於，我們只能藉著盡量避免意外，而非實際經歷意外，來學習如何避免意外。然而，正如瑞森所言，無人傷亡的虛驚事故，往往牽涉到某個**先前的疏失**，以及後續的**疏失復原**程序。這中間存在著許多問題：幸免於難的虛驚經驗，能否讓我們了解如何避免意外，或如何預防之前陷我們於險境的疏失？

我們又能從錯誤中學到什麼？位於加州聖地牙哥市郊辦公園區的德來坎（DriveCam）公司，也想發現我們究竟可從錯誤中學到什麼。我曾花了一整天的工夫，在該公司觀看一連串車禍、幾乎發生車禍的事故，以及展示各種令人大開眼界的魯莽駕駛行爲的影片。德來坎的作法非常簡單。該公司的工作人員會先在車輛的後視鏡旁裝置一台小型攝影機，以便持續緩衝車外和車內的影像（就像能夠緩衝電視節目的 TiVo 一樣），並使用偵測器監控車輛承受的各種應力。當駕駛人緊急煞車或突然轉彎時，攝影機便會錄下事件發生前後十秒鐘的情況，以便作爲參照資料。這些影片會再送交該公司的研究人員進行分析，以便替駕駛人撰寫報告，並在必要時給予駕駛人「行車指導」。

以「消弭行車風險」爲座右銘的德來坎，已將其設計的攝影機安裝在各種車輛上，包括時代華納（Time Warner）的有線電視工程車、拉斯維加斯的計程車，以及機場的出租廂型車等。而安裝這種攝影機的企業行號，也降低了旗下司機的事故率多達百分之三十至五十。德來坎表示，和以往試圖改善商務車隊安全記錄的方法比較起來，其作法有好幾項優點。德來坎總裁布魯斯．莫勒（Bruce Moeller）告訴我，早期的一種方法鼓勵駕駛人接受現場安全駕駛訓練。「前來受訓的駕駛人，一開始總是正襟危坐，心想『我一定要通過訓練』。不過，時間一久，你便想開始測試自己的極限。你沒有撞到任何人，也沒人對你大喊大叫。什麼意外也沒發生，你也毫髮無傷，很快地你就回到了過去的駕駛模式。」一九八〇年代開始廣爲流行的「不當駕駛申訴專線」，則爲交通世界創造出更多潛在的回饋，但這些回饋若非來得太遲，便是值得質疑，德來坎副總裁戴爾．李斯克（Del Lisk）表示。「這種回饋非常容易受到消費者主觀意識的影響，」他說。「我或許會因爲費用高得離譜的電話帳單，而打電話投訴那個恰好經過我身邊的電信公司人員。」

由於企業行號的公務車是員工最易發生危險的場所，[37]因此德來坎之所以會從海因利奇（H. W. Heinrich）的研究中汲取靈感，看來其實也頗爲理所當然。海因利奇是旅行家保險公司（Travelers Insurance Company）的保險調查員，並在一九三一年出版了一本重要著作：《工業意外預防措施：一個科學上的探討》（*Industrial Accident Prevention: A Scientific Approach*）。在調查過數以萬計的工業災害後，他估計每發生一起致死或重大工安事故，便會發生二十九起輕微工安災害，三百起無人傷亡的「虛驚」事件。他將這些事故組織成所謂的「海因利奇三角形」（Heinrich's triangle），並主張避免三角形頂端最嚴重事故的關鍵在於，盡可能地妥善處理位於三角形底部的多數小型事故。[38]

初遇莫勒時，他在一番寒暄後對我說：「如果我們在你車內安裝德來坎攝影機，且完全不認識你，我保證你一定有些非常容易導致交通事故的駕駛習慣，而你卻從沒意識到它們的存在，」他指著黑板上的海因利奇三角形說。「你已經知道第二十九號和第一號事故——車禍事故和致命事故——因爲我們都很清楚當發生這些事件，是否有人被撞或喪命，」他說。「德來坎攝影機全天監控的，則是下面這些同等不安全的行爲」——他比了一下三角形底部——「這些行爲會引發事故，且也將引發事故，除非你特別好運。」

李斯克表示，這些位於三角形底部、不引人注意，且易被遺忘的虛驚事故，才是減少所謂「可預防事故」的關鍵。「大多數看過海因利奇三角形的人，通常會以最上面兩層來評估自己的駕駛技術。事實上，下面這一層才是最準確的參考憑據。」換句話說，駕駛人往往以車禍頻率和罰單數量，作爲判斷自己行車表現的基礎。不過，和駕駛人同行的乘客則有不同的觀點。「我們所有人都會扮演乘客的角色，」李斯克說，「和駕駛人一起上路以便評估駕駛技術，並從海因利奇金字塔的底部開始，戰戰兢兢地在一旁進行觀察。」

就在我充當一連串德來坎影片的虛擬乘客時，一股不安的騷動突然向我襲來。這些影片的確顯示出許多漫不經心的駕駛行爲。在某段影片裡，某個男人將雙手由方向盤移開，並猛打懸在後視鏡上的拳擊速度球。而在許多影片中，駕駛人則想盡辦法睜開眼睛，並挺直不斷往下掉的頭部。「我們還曾看過一個滿載瓦斯的油罐車司機整整睡了八秒鐘，」莫勒說（這位司機在洛杉磯高速公路上的一個點頭動作觸發了攝影機）。

然而，最令人坐立難安的不是事件本身，而是攝影機捕捉到的其他事物。在某段影片中，一個男人開車經過某住宅區街道時，低著頭在手機上撥號。根據攝影機的記錄，他的視線離開道路長達九秒鐘，而車子也慢慢飄離道路中央。直到路邊傳來一陣震動後，他才趕緊將車開回車道。他看來一副驚恐又如釋重負的奇怪模樣。不過，仔細觀察影片後，便會發現離這起事件不到五公尺的人行道上，剛好有個騎著自行車的小孩和另一個人。「你想他有沒有看見那個小孩和另一個人？」李斯克問。「他純粹是運氣好。這就是金字塔底部會發生的事。」

這位駕駛人不但未曾警覺到他對自己和其他人可能造成的傷害，他甚至不知道自己未曾意識到這件事。「這傢伙或許是個熱愛家庭和工作的好人，」李斯克說。「他甚至不知道發生了什麼事。如果我們告訴他整個事件的經過，但沒有提出任何證據，他可能根本不相信。」假如不曾拍攝這段影片，這位駕駛人便不會發現其錯誤行爲的潛在後果。「只要沒有撞過小孩，我每天就會越來越有信心，因爲我從沒看過這種影片，」莫勒說。「我會覺得自己很行，沒有什麼事能難倒我。就算低頭查看簡訊、撥打手機，或者喝點小酒等都無所謂。我們都會以錯誤的方式，提升自己的信心。」

當然，這只能持續到我們不再這麼做，以及出現問題的那天爲止。我們常將這種時刻稱爲「意外」，亦即非出於故意或無法預見的事件。假如某位謹慎行車的駕駛人，突然間被無緣無故倒下的行道樹擊中，那麼用這個詞來形容整件事堪稱恰當。至於二〇〇七年死於車禍的聖路易紅雀隊投手賈許・漢考克（Josh Hancock），又是怎麼回事？當時他開著租來的休旅車，一頭撞上一輛停在高速公路上、閃著警示燈，且正在處理事故的拖吊車。調查人員發現，[39]漢考克（這起事故發生幾天前，他才剛撞毀自己的休旅車）那天體內的酒精濃度超過法定標準值的兩倍，發生車禍時不但超速、未繫安全帶，而且正在使用手機。

即使證據顯示出這麼多危險駕駛行爲，新聞報導還是將這起車禍形容爲「意外」。南達科他州參議員比爾・甄克洛（Bill Janklow）涉及的車禍，也受到這種待遇。甄克洛在四年內被開了十幾張交通罰單。他甚至曾在某張海報上吹噓自己「不畏風險」。二〇〇三年時，他由於闖越停車再開路口，導致一名機車騎士不幸身亡，[40]但新聞報導仍不斷將這起事故稱爲「意外」。

二〇〇一年時，《英國醫學期刊》（*British Medical Journal*）宣布不再使用這個詞。這份期刊指出，問題的根源在於，意外往往「被認爲是無法預測的」，因此也是無法預防的。漢考克和甄克洛眞的無法預測或無法預防他們造成的車禍嗎？這些車禍當然不是出於某些犯意，但有些車禍是否比其他車禍更無犯意？[41]它們只是「隨機發生」的事件，還是我們其實有能力預防它們發生，或至少大幅減低其發生機率？人非聖賢，孰能無過。我們總是會有倒楣的時候。心理學家非常清楚人們在事後誇大事物之可預測性的傾向（亦即「後見之明偏誤」〔hindsight bias〕）。㊷然而，「**意外**」一詞遭到濫用的情況卻越來越嚴重，甚至被用來粉飾最糟糕和最粗心的駕駛行爲。這個現象也顯示出，天天上演的道路屠殺事件，多半仍神祕地超出我們的控制之外，而只能藉著更多安全氣囊予以防治或減輕（不幸的是，行人並無這種安全配備）。

不論是否出於故意，大多數車禍都和違反交通規則有關。㊸不過，「故意」和「無意」之間的差別，甚至也變得模糊不清。二〇〇六年，芝加哥有位駕駛人在行車時伸手取用手機，結果其休旅車失去控制，撞死了另一部車中的乘客。死者家屬表示：「如果對方沒有喝酒或使用毒品，那就只是一樁意外。」㊹不論這種想法聽來多麼荒謬，這位肇事者仍因知法犯法，而須受到法律制裁：他總共被罰了兩百美元。「未飲酒超速者」也適用同樣奇怪的法律區分。飲酒過量致人於死者，和車速過快致人於死者，所涉及的法律刑責堪稱天壤之別。㊺

類似的偏見也悄悄滲入新聞之中。有關死亡車禍的報導，往往會提及「肇事者未飲酒或使用毒品」，以便暗示肇事者不必擔負全責——即使肇事者在眾目睽睽下超速駕駛。在廣告中強調飲酒開車之樂趣的汽車公司，會受到應得的嚴厲指責。然而，正如一份加拿大研究人員針對北美洲汽車廣告進行的調查顯示，觀眾相當能接受廣告中出現以冷靜穩重的方式在道路上疾馳的汽車，即使他們認爲其車速已達「危險」程度。這兩百多支廣告（全附有了無新意的警告聲明）中幾乎有一半，都被大多數觀眾認爲包含「不安全的駕駛方式」，而這些駕駛方式通常都和車速太快有關。休旅車廣告是最常被點名的屢犯，而所有廣告裡的駕駛人也全是男人。㊻

德來坎攝影機錄製的影片顯示，不可預見的事故多半並非事出無因，人們的駕駛習慣才是讓車禍變得「無法避免」的眞正原因。假如那位開著廂型車的駕駛人撞倒了人行道上的小孩，整件事故只有在前者並非出於故意的意義下，才能勉強以「意外」一詞輕輕帶過。這算是「走霉運」嗎？心理學家李察・韋斯曼（Richard Wiseman）的實驗證明，人們其實也能主導自己的「運氣」。舉例來說，和認識較少人的受試者比較起來，認識許多人的受試者較常和其他人幸運地不期而遇（而較少和其他人不期而遇的受試者，則較常認爲自己「運氣不好」）。㊼

我們固然無法完全阻止「厄運」降臨自家門前，但德來坎影片中那位邊開車邊撥打手機，並因此差點撞上小孩的人，幾乎無異於張開雙手歡迎厄運的到來。德來坎的影片露骨地突顯出駕駛人常犯的錯誤。眞正的問題在於，爲什麼駕駛人看不到自己的錯誤？爲什麼人們經常做出置自己和其他人於險境的行爲？他們是否心不在焉、愚昧無知、過分自信、笨得無可救藥，或只是太像人類？我們能否在造成嚴重後果前，從錯誤中學到教訓？

心理學家指出，我們的記憶較易回想起發生不久的事。我們也較易強調最後發生的事件——例如，當我們被告知一串事件，並在稍後回憶這些事件時，便會出現這種傾向。許多研究證實，交通事故的發生時間越爲久遠，人們便越難回憶起這些事故。㊽同樣地，虛驚事故或撞擊事故，或許也比導致這些事故的事物更加記憶猶新。「你會牢牢記得自己曾差點追撞其他車輛，但在心中凝固這種記憶的代價卻是遺忘之前發生的事件。」德來坎客服主任拉斯提・魏斯（Rusty Weiss）解釋。時間也會減損我們的記憶。英國諾丁罕大學研究人員彼得・查普曼（Peter Chapman）和傑夫・昂德伍（Geoff Underwood）進行的一份研究發現，當駕駛人在差點發生車禍後兩個星期被問起相關細節時，他們所能回憶起的內容，比差點發生車禍後立刻回憶起的細節，少了百分之八十。㊾

這正是德來坎一直強調的重點：它試圖強迫人們記得自己開車時的各種險象。

魏斯加入德來坎之前，曾在明尼蘇達州發起在青少年駕駛人車內裝置攝影機的計畫。他認為，這種容易遺忘引發車禍之先發事件的傾向，特別困擾新手駕駛人。諷刺的是，他們正是最常在危險邊緣徘徊的駕駛人。「這些孩子的學習速度應該很快，」他說。「他們有很多學習機會，但仍不斷犯錯。一開始他們會說不是自己的錯，看了影片後便會驚呼：『我的天哪！』這就像看你自己的高爾夫球揮桿影片一樣。它讓你發現當時沒有察覺到的事。」

問題或許在於，這些駕駛人根本記不起他們應該學習的事情。查普曼和昂德伍進行的另一份研究發現，觀看展示危險駕駛行為的影片後，新手駕駛所能回憶起的細節，比經驗老到的駕駛人來得少。㊿

其中一個理由或許是，新手駕駛人不懂得該注意哪些事情。長久以來，研究人員都知道，新手駕駛人的視覺搜尋模式，迥異於經驗豐富的駕駛人。新手駕駛人開車時，視線多半緊盯著自己的車頭和道路的邊線，而較少察看車身外的後視鏡，即使在變換車道時亦是如此。懂得該注意哪些事情——並記得自己所見的事物——是擁有深厚經驗和專門技術的特徵之一。㊿¹正如視線追蹤研究顯示，藝術家和一般人觀賞畫作的方式之間，具有相當穩定的差異（一般人較常將焦點集中在臉孔等事物，而藝術家則較常掃描整幅畫作），㊿²分析駕駛行為的研究人員，通常也能藉著駕駛人的視線活動模式，判斷其駕駛經驗的深淺程度。

青少年駕駛人是德來坎下一個完美的指導對象。正如商務車隊的司機，青少年駕駛的通常是其他人的車輛，並須接受某些權威人物的監督——亦即其父母。在愛荷華州進行的一項研究中，研究人員在二十五位高中生的車內安裝德來坎攝影機。整個研究歷時十八個星期。受試者父母會收到觸發這些攝影機的事件影像，而受試者的成績也會以匿名代號予以公布，以便受試者比較自己相對於同儕的表現。這項研究的主持人暨愛荷華大學公共政策中心（Public Policy Center）人因工程和載具安全研究計畫（Human Factors and Vehicle Safety Research Program）主任丹尼爾・麥格西（Daniel McGehee）表示，由於愛荷華州是農業大州，因此該州的青少年從十四歲即可開車上學。「這裡的交通事故率絕對驚人，」他說。愛荷華州青少年的開車頻率也相當可觀：在十三個月裡，這二十五位受試駕駛人總共開了五十八萬公里，這些里程中有許多都來自統計上最危險的道路：偏僻地區的雙向雙線高速公路。

麥格西播放的研究初期影片的確令人膽戰心驚：駕駛人無動於衷地闖越紅燈，或在凌空飛進玉米田前仍心不在焉地哼唱歌曲或東瞧西看。老實說，如此偷窺人們在最隱祕的時刻所爆發出來的不經修飾、未經過濾的情緒，讓我覺得有點坐立難安。在這個眞人實境電視節目大行其道的時代，這些青少年顯然一點也不害臊。德來坎攝影機上有個按鈕，可讓駕駛人在觸發事件發生後錄製自己的評語。有些青少年用它來寫日記，就像在車內對著鏡頭懺悔自己在外頭所犯的錯誤一樣。我們也可藉著青少年的駕駛行爲，從獨特的角度一窺青少年的社交生活，麥格西如此告訴我。「我們看得出誰交了新女友或新男友。他們會爲了炫耀而將車開得猛一點。」

不過，眞正讓研究人員感興趣的，既非青少年的影像日記或交友情況，而是其安全記錄。當我再次訪問麥格西時，他的研究已經進入第十六個星期了。「行爲最危險的駕駛人，已經減少了百分之七十六的危險駕駛行爲，」他說。「研究進行得越久，危險行爲便越來越少。」在這之前，行爲最危險的駕駛人每天可能觸發攝影機多達十次，但現在他們每星期只會觸發攝影機一或二次，麥格西表示。「相對於早期的觸發事件，這些事件的嚴重程度也變得溫和許多，」他說。「他們仍會超速過彎，但速度或許只比安全車速高出一點。」[53]

這些青少年究竟發生了什麼變化？他們是否擔心受到父母的責難？他們是否眞的看見了自己開車時所犯的錯誤？或者，他們想出了打敗這套系統的辦法，就像發現如何在學力測驗中獲得高分一樣。「我想你所看見的是，處於這種純粹行爲心理學迴圈中的駕駛人，本身也逐漸變成行爲感應器，」麥格西說。「面對著儀表板上的加速計——他們開始感受到自己的極限在哪裡。」正如魏斯所言，「某個孩子說：『我找到打敗這個系統的辦法了。只要看著前面遠遠的地方、預測快要出現的狀況，並在過彎時減速慢行，我就能一整個月都不會觸發攝影機。』」換句話說，這位青少年的行爲，就像個優良駕駛人一樣，不論他是否知道這件事。

不過，一旦拆下德來坎攝影機後，又會發生什麼事？「我不會假裝德來坎攝影機不只是外在動機系統，」莫勒曾說。他坦言，當駕駛人剛在車內安裝德來坎攝影機時，光是攝影機的存在便足以讓駕駛人更加謹慎行事。這符合有名的「霍桑效應」(Hawthorne effect)，亦即受試者會由於知道自己正處於實驗情境中而改變其行爲。然而，在缺乏後續指導或「完成回饋迴圈」的情況下，德來坎攝影機產生的作用也會一點一滴地流失。「駕駛人開始認爲：『這架攝影機一點也不惹人厭。什麼事也不會發生——它之所以在這裡，完全是爲了在發生車禍時，記下到底是誰的錯，』」莫勒說。「當你加入指導的成分後，他就知道自己的危險駕駛行爲其實帶有立即且明確的後果。大多數人並不願意失去這二十秒隱私。」

德來坎最常指導駕駛人的項目，無關乎實際的駕駛技能——例如，過彎或迴避障礙物等技術——而是矯正和過分自信有關的錯誤駕駛習慣。最令人驚訝的例子，莫過於當魏斯還在明尼蘇達州的梅約醫學中心（Mayo Clinic）工作時，試圖提升救護車公司之「乘車品質」的計畫。有人或許會認爲，德來坎攝影機一定常在緊急狀況受到觸發，因爲救護車司機必須在閃燈和汽笛聲的陪伴下，側著車身過彎，並用高速衝過紅燈，以便在最短時間內將病患送達醫院。不過，事實並非如此。[54]「事實上，當你打開閃燈和不斷鳴按汽笛時，反而能將車開得更順暢，」魏斯說。「在正常駕駛狀況下，我們較易觸發攝影機事件——或許由於過彎速度太快，或在直線行駛時搖擺不定。」曾是救護車司機和緊急救護人員的魏斯，推測自己應該知道箇中原因。「和一般駕駛方式相比，在緊急狀況下行駛救護車的最大不同在於，你的注意力非常集中。這種駕駛人能夠察覺外頭的危險事物，且能在其他人無法看見他們時更快減速。當你邊開車邊打開閃燈並持續鳴按汽笛時，越順暢的行車方式，也就是越快速的行車方式。」

由於大多數人既無汽笛也沒有閃燈，因此我們的駕駛方式並無什麼特別之處。當開車變得越來越像例行公事時，我們便會開始想要挑戰極限——看看自己究竟能距離前車多近，或能以多快的速度過彎——並受到這些新駕駛習慣的制約。我們不再記得史丹福大學研究人員在教導機器人開車時學到的事：開車並不如想像中的簡單。看了一整個早上的撞擊事故報告後，李斯克說：「大多數的肇事者，都是沒有保持足夠行車距離或開車時不夠專心的人。而缺乏良好的基本駕駛技術，則是引發交通事故的最主要原因。」

他放了一段影片，其中有位駕駛人在一條空蕩蕩的車道上，往收費站疾馳而去，兩旁則擠滿了在其他車道上排隊的車輛。「那位駕駛人心想前面一輛車也沒有。這就像是某種美式足球心態——阻擋員已經將所有人給攔下了，現在我可以長驅直入了，」李斯克說。駕駛人彷彿正在想像自己超過其他車輛和通過收費站的情景。不過，這裡有個問題：其他駕駛人也會忍不住想染指這個難得的空間。「由於他們已被前後車輛夾住，因此只能以相當大的角度，慢慢地轉出擁擠的車道，」李斯克說。「我們看過很多駕駛人，在接近這種具有高度風險的開放車道時，由於沒有適當減速，而導致許多碰撞事故。」

這或許能夠解釋，爲何研究顯示電子收費系統反而會增加交通事故的發生率。理論上而言，這種系統應能減低這些危險區域中的車禍數量，因爲駕駛人再也不必爲了零錢不足而在車內東翻西找。然而，當駕駛人以高速接近電子收費車道時，在其他車道上大排長龍的某些車輛，往往會突然竄出原本的隊伍，並跨進不同的車道，以便切入隊伍較短的電子收費車道。㊺這種行爲在傳統系統中較爲罕見，因爲每條車道上的車陣長度大致相同。

德來坎每個月都會收到超過五萬筆記錄觸發事件的影片，堪稱是全球最大的「危險駕駛行爲資料庫」，莫勒表示。這種攝影機科技讓我們得以一窺某種從汽車問世以來即存在已久的封閉世界：駕駛人的內心世界。

人們曾嘗試以模擬駕駛儀、測試跑道，或手執文件夾的隨車駕駛人員，來探索「駕駛人行爲」，但這些方法測量的行爲都和眞實的駕駛行爲有點距離。我們也可利用攝影機或站在交流道旁的研究助理，從外面觀察車輛的行進方式，但這些作法看不見車內駕駛人的動作。有關交通事故的研究，多半以警方的調查報告和目擊者的說詞爲基礎，但這兩種資料來源都易受到扭曲——尤其是後者。

研究指出，和輕微事故比較起來，人們較易在發生嚴重車禍時，將責任推給其他人。[56]在另一個研究裡，研究人員讓一群受試者觀看車禍影片。一個星期後，受試者回到實驗室，評估影片中車輛的速度。當問題中包含「衝撞」(smash) 一詞，而非「碰撞」(hit) 或「碰觸」(contacted) 等詞時，受試者所回答的車速較快。當問題中出現「衝撞」一詞時，較多受試者則會回憶起曾在影片裡看見滿地的碎玻璃，即使影片中並未出現任何碎玻璃。[57]駕駛人本身對交通事故的記憶，往往會受到想要逃避責任之欲望的蒙蔽（這可能是爲了避免自我矛盾或推卸法律刑責）。根據車禍現場重建專家史坦納德・貝克 (J. Stannard Baker) 提出的貝克法則 (Baker's law)，駕駛人「常在最大可信度範圍內，以最低自我責任的說法，解釋他們涉及的交通事故」[58]——亦即最可卸責的最可信藉口。

在德來坎攝影機問世前，最令人不解的是**差點**發生車禍的虛驚事件。我們無法判斷爲何差點（或沒有）發生車禍，也不知道這些事件多常發生。假如海因利奇三角形的頂端雲深不知處，其底部便有如深海般地晦暗不明。

現在的情況已經變得不一樣了。運用德來坎攝影機等類似科技的大規模研究，爲我們提供了一窺駕駛人行爲的新線索，更重要的是，這些研究也讓我們更了解爲何自己在路上總會遇見麻煩。問題的根源既非交通標誌警告我們的那些事——襲擊橋梁的強風或穿越道路的鹿群等——也不是洩氣的輪胎、失靈的煞車，或導致車廠召回車輛的設計缺陷（有人主張，「人爲因素」必須爲百分之九十的車禍負責），且無關乎「駕駛人能力」或我們對交通號誌的理解能力。

讓我們感到最頭痛的問題，除了過分自信和缺乏回饋外，正是史丹利和小子這兩部史丹福大學設計的笨拙機器人最擅長的兩個領域。首先是我們感覺和感知事物的方式。不論這些認知程序多麼令人驚奇，我們並非時時都能正確地詮釋事物。更重要的是，我們也不是總能意識到這個事實。第二個使我們有別於史丹利和小子的原因在於，我們並非自動駕駛機器：換句話說，我們無法隨時保持一定水準的警覺心。一旦覺得掌握了所有可能發生的事態後，我們的行爲模式便會有所改變。一如我們即將在下一章討論的，駕駛人遭遇的大多數問題，都源自人類在知覺和注意力上的限制。

3 公路催眠術與失神症

背叛駕駛人的眼睛與腦袋

邊開車邊吻漂亮女孩卻又不會發生車禍的男人，根本沒將心放在那個吻上。①

——愛因斯坦（Allbert Einstein）

專心開車

爲何開車時這麼難集中注意力

開車時常會遇上下列這種事：你或許正在空曠的高速公路上疾馳，或者正在自家附近人車冷清的街道上慢行，卻發現自己突然「恢復神智」。心中夾雜著訝異和驚恐的情緒，你記不起剛才所做的事——也不知道自己究竟「失神」了多久。你或許會發現自己已將車停在家門前，並在心中暗忖：「我是怎麼回到家的？」

人們爲這種現象取了許多名稱，從「公路催眠術」到「時間消失術」等應有盡有。雖然探討駕駛行爲的研究人員②對這種現象一直很感興趣，但他們仍未能完全了解其祕密。我們只知道它常出現於單調或熟悉的行車情境裡。某些科學家認為這種現象和讓人昏昏欲睡的生理狀況有關，有人甚至將它稱為「微睡眠」。

同樣令人不解的是，當我們邊開車邊打瞌睡時，究竟付出了多少注意力，而又遺忘了多少發生於當下的事物？你或許很驚訝自己的車子並未飄到路邊。這可能只是因為你運氣好；某個研究請受試者在駕駛模擬機中開上好幾個小時的車，並在分析其腦波圖和眼動方式後發現，大約五分之一的駕駛會「在無意識狀態下行車」，且有三分之一的時間會駛離其車道。③試想其他車輛（或自行車或小孩）突然在你注意力渙散時闖進你的車道可能發生的事。你有足夠的反應時間嗎？當時**是否**差點發生車禍，但事後你卻一點也記不得？

這令人想起駕駛人臉上受到德來坎攝影機監控的呆滯目光。為何開車時這麼難集中注意力？眼睛和心智為何而又以何種方式背叛我們？

對大多數人而言，開車是心理學家所謂的「過度習得」（overlearned）行為。我們非常熟悉開車的一切環節，不需太多有意識的思考活動，即可駕馭自如。這種行為模式不但能簡化我們的日常生活，也能使我們得以精熟各種事物。以打網球為例。發球這種複雜動作是由許多不同的分解動作構成的，但球發得越好的人，越不會想到這些分解動作。這個例子源自密西根大學心理學家暨「人因工程」專家貝利．康托維茲（Barry Kantowitz）。多年來，康托維茲鑽研最安全和最有效率的人機互動方式，並曾和美國太空總署太空人和核子發電廠工程師等人共事。「有關學習和注意力最有趣的事之一就是，一旦某個動作能夠自動進行後，它就能透過一連串快速的事件執行完畢。」他說。舉例來說，這就是最傑出的打擊手之所以不見得是最優秀的打擊教練的原因。教練必須能夠說明該怎麼做。著名的打擊教練暨《打擊率三點〇的藝術》（*The Art of Hitting .300*）作者查理．勞（Charley Lau），就從未打出三點〇的打擊率。

某個行爲越是過度習得，它對認知系統所施加的負擔便越小——雖然許多研究指出，即使是最平淡無奇的活動（例如換檔），也無法完全自動執行。④所有的活動都有其代價。從另一個方面來說，減低認知系統的負荷其實也是好事。假如我們在開車時全力注意所有潛在的危險，仔細分析每個動作和決定，並將所有動作分解至其組成要素，不出多久便會變得手忙腳亂。曾和受試者共乘駕駛模擬機的人非常清楚這一點。「我們不要求駕駛人將注意力全放在開車上，因爲這樣我們才不會帶著一身冷汗走出車外，」車禍調查員暨麻州大學研究員傑弗瑞．穆塔特（Jeffrey Muttart）說。「人們走出模擬駕駛機後所做的第一件事，多半是深深地大吸一口氣。因爲我把他們的腦子燒壞了。這個模擬駕駛測驗歷時十分鐘，而他們都想努力做好。」

不過，認知負荷太低也會造成問題。我們會感到無聊。我們會覺得疲憊。我們會陷入公路催眠術的影響。我們或許也會犯錯。凡是（和我一樣）曾穿錯襪子，或忘了在打開咖啡機前先加咖啡和水的人，對這種現象一定不陌生。這些易如反掌的活動，讓我們的心思無須固著在某些事物上。著名的心理學原理葉杜二氏法則（Yerkes-Dodson law）主張，過高和過低的激發水準（arousal）有損人們的學習能力。我們的行爲能力也會受到這些因素的影響。在杳無人煙的北達科他州開車，會導致低度激發水準。在摩肩接踵的德里開車，則會引發高度激發水準。而最好的行車條件，便位於這兩個極端之間。

然而，這兩個極端之間的平衡點在哪裡？我們很少在開車時動用全副注意力。因此，有些人習慣邊開車邊聽廣播、欣賞窗外景致，使用手機或察看簡訊（越來越多人如此做）——在某起發生於加州的死亡車禍中，駕駛人甚至可能邊開車邊使用筆記型電腦。有些人則乾脆加快車速，因爲開車似乎不費吹灰之力。⑤只要這些行爲能讓我們保持在葉杜二氏曲線中央，它們便沒什麼不妥之處。不過，眞正的問題在於，我們永遠無法確知何時路況將會突然改變，或何時看似適合使用手機聊天的平直道路將會變成崎嶇小徑。我們也可能未意識到次要活動所消耗的心理資源。「假設你正在直線道路上開車。這沒什麼特別困難之處。在這種情況下，邊開車邊做心算不會影響你的駕駛活動，」康托維茲說。「再假設你正在彎道上開車，這時你便必須付出較多注意力，以便安全地將車保持在車道上。在這種情況下，如果我要你邊開車邊心算，你的心算速度可能會變慢，而答案也較易出錯。或者，你的心算速度和正確率不受影響，但車子卻開得一團糟。」丹麥研究人員發現，和鄉間道路比較起來，駕駛人在高速公路上開車時，需要較多時間回答相同的心算問題。⑥

這還有另一個結果：研究人員在探討其他活動如何影響駕駛行爲的同時，發現這些次要活動的表現亦會受損。我們不但車開不好，連話也說不清楚。凡是聽過人們邊開車邊用手機吞吞吐吐、斷斷續續地說著話的人，一定都知道這是怎麼回事（記者最清楚和正在開車的人進行電話訪談的不良後果）。康托維茲所言不差：「天底下沒有白吃的午餐。」

「研究這些東西幾乎四十年之後，我的基本想法是人們完全不能一心多用，」康托維茲告訴我。「你所看到的只是表面現象。這就像是速讀。你或許會自認讀得非常快，但你的理解力已經消失了。如果所需處理的資訊簡單明瞭，或許我們還可製造出一心多用的假象，但一般而言，人類並非生來即可一心多用。」試想電視新聞節目上佔據螢幕底部的文字跑馬燈。我們被告知這就是現在人們處理資訊的方式，彷彿基因工程突然將人類改造成適合多工作業的物種。然而，許多研究顯示，電視螢幕上出現的資訊越多，我們能記得的資訊越少。⑦

大多數車輛駕駛行爲的相對簡單特性，讓我們以爲邊開車邊做其他事並無不妥。邊開車邊做其他事，例如聆聽廣播等，的確可紓解開車時的疲憊。不過，我們在接受多工神話的同時，卻不明白一心多用的極限在哪裡，也不知道如此一來會錯過多少資訊，就和觀賞電視新聞節目的觀眾一樣。隨著駕駛人的內在世界逐漸爲人所知，我們不只開始發現分心是駕駛人最大的問題之一，也慢慢明白我們對自己分心的程度所知有限。

在堪稱目前規模最大的駕駛行爲研究中，維吉尼亞理工交通學院（Virginia Tech Transportation Institute）和美國國家高速公路安全局（NHTSA）合作，在華盛頓特區和北維吉尼亞州的一百部車輛內，安裝攝影機、全球定位系統，以及其他監測儀器，並記錄這些車輛的「非事故自然駕駛資料」，爲期一年。在累積了超過三百二十萬公里的里程，並對四萬三千個小時的資料進行分析後，這個研究發現，幾乎百分之八十的車禍事件和百分之六十五的虛驚事故，都和事件發生前三秒未注意路況的駕駛行爲有關。

這一小段時間非常重要。「只要將注意力從前方道路轉移到其他地方兩秒鐘，人們就會開始遇上麻煩，」維吉尼亞理工交通學院研究員暨本研究計畫主持人謝拉・查理・克勞爾說（Sheila “Charlie” Klauer）。「這時他們就會開始無法掌握前面發生的事物。」這段時間和保持行車間距的「兩秒鐘法則」雖無關聯，對兩者進行比較仍可讓我們獲益匪淺。重點在於兩秒鐘內可能發生許多事情——例如，追撞前方已經停車或正在減速的車輛——但預期前方車輛不會突然停下的駕駛人，往往會在這兩秒鐘過後，誤以爲路況仍和之前相同。對這些駕駛人而言，眞實世界就像是 TiVo 上隨時可暫停的電視節目一樣——你大可離開座位一會兒，走到冰箱拿罐啤酒，再回到電視機前，而不會錯過任何精彩片段。克勞爾發現在許多車禍中，「駕駛人的視線剛好在最該死的時間轉移到其他地方。如果他們沒在那一秒轉移視線，或許就不會發生這些事故了。」

研究人員費力地記錄車內足以使駕駛人分心的事物。我們知道一般駕駛人每小時會調整收音機七點四次、被嬰兒吸引注意力八點一次，並尋找物品——太陽眼鏡、薄荷糖和零錢等——十點八次。⑧這份研究則進一步分析我們邊開車邊看其他事物的頻率和時間長度：一般而言，駕駛人每三點四秒便會將視線轉移到路面外長達〇點〇六秒。⑨「平均來說，調整收音機需要轉移視線七加減三次，」通用汽車（General Motors）公司安全研究員琳達・安捷爾（Linda Angell）在密西根州華倫（Warren）科技中心的會議室中說。「這裡指的是老式收音機。駕駛人調整新式收音機的速度較快，因爲它們能自動鎖定廣播頻道。」安捷爾指出，這些視線轉移不會將我們的注意力帶離路面超過一點五秒。不過，凡事皆有例外，例如操作帶有許多功能的顯示器，或察看某個許久未曾用過的按鈕。iPod 也帶來了改變：許多研究顯示，選取歌曲所需的時間，比單純暫停或略過歌曲多出百分之十⑩——這段時間已足夠發生許多事故。

由少於兩秒鐘的極短暫視線轉移構成的一連串視線轉移也會引起問題。根據研究人員提出的「十五秒鐘原則」，⑪駕駛人操作導航系統或收音機等車內裝置的時間不應超過十五秒，即使駕駛人（至少偶爾）並未忘記注視前方道路。「我們認爲一項作業所需的時間長短非常重要，」克勞爾說。「作業時間越長，其風險越大，而發生車禍的機率也越高。」因此，某項十五秒內即能完成的作業，或許只需動用一連串非常短暫的視線轉移，但「駕駛人每轉移視線一次，作業風險也會隨之提高，」克勞爾說。

這個研究發現，雖然撥打手機會大幅增加發生車禍的機率，但接聽手機的風險只比正常駕駛行爲高出一些。「根據我們計算出來的機率，駕駛人在接聽手機的任何一刻發生車禍的風險，只比專注開車時多一點。統計上而言，兩者之間並無差異，」克勞爾說。這是否表示接聽手機其實相當安全？或許我們只須注意**撥打手機**的危險性？不過，這份研究也發現，接聽手機引起的車禍事故數量，和撥打手機導致的車禍數量不相上下。「我們認爲事實可能就是如此，因爲邊開車邊撥打手機雖然比較危險，但這項作業所需的時間也較短，」克勞爾告訴我。「不過，駕駛人通常會花上許多時間接聽手機，而更多車禍事故和虛驚事件則可能在這段時間裡發生。接聽手機時稍微增加的風險，也在不斷累積後逐漸升高。」當更多駕駛人在開車時花費更多時間接聽手機後，「這種行爲就會變得越來越危險。」克勞爾說。

我們之所以花費許多時間邊開車邊接聽手機，和爲何每個人都自認駕駛技術高人一等，以及爲何所有人皆自認比其他人更擅長在開車時使用手機，都有一個共同的原因：缺乏回饋。手機使用者並未意識到這種風險，因爲從表面看來，他們都能將車開得很好。交通世界讓我們得以保有這些幻象——直到出現意外狀況時，一如克勞爾的研究所示。「接聽手機的危害特別深刻，因爲你不會注意到自己的錯誤駕駛行爲，尤其是和認知有關的方面，」李約翰主張。「撥打手機時，你能立刻收到回饋，因爲你必須用手指按出電話號碼，而無法安穩地在車道上行駛。」一旦撥完號碼，駕駛人便可再度注視前方，無須不斷地轉移視線，而路況也都看似在其掌握中。

駕駛人或許會有自信地假設自己能藉著減低車速或增加行車間距，來彌補接聽手機或查看簡訊時的注意力空檔，但由克勞爾的研究顯示這種作法並無實效。舉例來說，有些人或許會認爲，行車間距過短是引發追撞事件的主因。不過，克勞爾的研究卻發現，在大多數追撞事故中，前後兩車之間的距離都在兩秒鐘**以上**。「我認爲人們只彌補了一些注意力空檔，」克勞爾說。「人們開車時會想：『我得接聽這通來電，我得讀讀身邊的報紙。』他們於是加大和前車的間距，以便給予自己更多空間。然後人們會開始做其他事，因此便會在發生意外狀況時措手不及。」⑫

在這種情況下，駕駛人必須重新分配其認知系統的負荷。付出較多注意力接聽手機時，駕駛人或許必須多努力一點，才能將車保持在車道上；同樣地，車道越窄時，駕駛人也須耗費更多心理資源，以便在目前的車道繼續行駛（我自己的想法是，手機是越來越少人記得在轉彎時打方向燈的主因）。行車間距較短和車速較快時，所需動用的心理資源也較多。我們通常都能感到這種逐步增加的心理負擔，因此便會加大行車間距或減低車速。不過，我們有時顯然並未完全塡補這些注意力空缺，而證據也顯示當我們從事變換車道等駕駛行爲時，其實很少試圖彌補使用手機所引起的注意力空檔。⑬

高速公路上的新手駕駛人也會遭遇類似的問題：他們將絕大部分注意力放在保持行車方向上，卻少有餘力注意自己的車速。⑭受到這種現象影響的不只有駕駛人，還包括所有曾跟在接聽手機者後頭的行人。當心理學家請受試者邊繞著跑道行走，邊回憶先前看過的單字時，受試者的步行速度會隨著心理作業的複雜程度而減慢。⑮同樣地，芬蘭研究人員也發現，正在使用手機的行人，必須偶爾停下來「察看環境」，因此其步行速度較慢，且比較難以操作手機。⑯不過，行人在使用手機時，往往並未充分檢視其環境。在拉斯維加斯行人穿越道進行的一份研究顯示，邊走路邊使用手機的行人，比較不常在過馬路時察看四周的交通狀況，且需要較多時間才能通過馬路。⑰

有個理論主張，人類的注意力就像從三線道縮減為二線道的高速公路一樣，也會受到流量瓶頸的限制：在固定時間內，只有一定數量的資訊能夠通過這種瓶頸。⑱為了將更多「汽車」擠進心理瓶頸，我們必須減低其通行速度，並加大其間距——不然有些車輛便會衝出心理道路。在克勞爾的研究中，當駕駛人正在使用手機時，還會出現另一種狀況。他們幾乎只將視線定在正前方，而其專注程度甚至遠遠超越未使用手機的時候。從外表看來，他們的確非常專心。不過，用眼睛看路和用心看路未必是同一回事。

試想下列這個錯綜複雜的問題：「專心開車」的意義究竟是什麼？假如我們願意如此做或仍有餘力的話，開車時可注意的事物數量堪稱無限。不過，藉由不斷練習和養成習慣，我們學會如何像專家般地分析繁複的路況，只汲取必需的資訊，並忽略其他事物。一如我們之前所見，新手駕駛人經常僵直地注視車頭前方附近的區域，並依賴中央視覺，而非邊緣視覺，來保持行車方向。當駕駛人的經驗越來越豐富後，便會逐漸將視線放在遠方路面，並以若有似無的方式察覺到路面上的交通標記。這一切都在我們的意識之外發生。研究人員曾攔下正在高速公路上行駛的駕駛人，並詢問他們是否記得看見某些交通標誌。這些回憶的正確率最低只有百分之二十。駕駛人是否根本未能看見路上的事物？某個研究發現，駕駛人記得的交通標誌，不一定是最醒目的標誌，而是他們認爲最重要的標誌（例如，有關速限的標誌）。這表示駕駛人在某些潛意識層次中，不但曾看見許多交通標誌，還能辨識這些標誌的內容，並可有效率地遺忘大多數的標誌。⑲

我們無時不刻都在進行這種認知活動——且好處多多。在腦中記得曾經看過的交通標誌，對我們的日常生活並無幫助。⑳德拉瓦大學心理學家史蒂芬・莫斯特（Steven Most）將我們在日常生活中接收到的資訊流和影像，比喻爲一條在腦海中流動的小溪。除非我們能停下來「舀起」一些溪水——或使用注意力「撈起」一點河水——這條小溪將不斷在我們的心中流進流出。「有時，你充分注意到某些事物，並在當下察覺到其存在，但編碼過程不見得也會發生，」莫斯特告訴我。「你對事物的存在擁有覺察，卻不記得這份覺察的存在。當注意力受到其他事物吸引時，我們是否還擁有這種短暫的覺察，則更令人起疑。」

我們之所以能在開車時注意到交通標誌等事物的原因，並不如表面般看來的簡單。被問及自己爲何能看見停車標誌時，一般駕駛人或許會回答「因爲它就在路旁」，或「它是紅色的，而人類天生就比較容易注意紅色的東西」。不過，我們之所以能看見交通標誌，通常是因爲我們知道往哪邊尋找交通標誌。聯邦高速公路局視覺專家卡爾・安德森（Carl Andersen）對這個有趣的現象提出了說明。他的實驗室裡隨處可見塗裝著如「螢光粉紅」等鮮艷新顏色、引人目光的警告標誌樣品。「當駕駛人在熟悉的地區行車時，幾乎完全不看交通標誌，因爲他們已經知道這些標誌的位置，」安德森說。這就是所謂的「由上而下的處理歷程」（top-down processing）。在這種認知處理歷程中，我們之所以看見某些事物，是因爲我們主動尋找其所在。爲了看見我們**未曾**主動搜尋的事物，例如突然出現的停車標誌等，我們便得依賴「由下而上的處理歷程」（bottom-up processing）。在這種認知處理歷程裡，事物本身必須具備明顯的特徵，才能吸引我們的注意力。「當你正在雙向分隔公路或老式公路上開車時，人們不會預料到你可能在半途停車，」安德森說。「你最好早點示警並減低車速，好讓人們有所準備。」

事實上，駕駛人至少會察看交通標誌兩次：第一眼是為了「習得」，再看一眼則是為了「確認」。㉑奇怪的是，我們並不閱讀交通標誌上的文字。「許多研究故意誤拼 stop 這個單字，」安德森說。「人們仍將車停下來，然後再逐一開走。當研究人員稍後詢問這些駕駛人時，絕大多數人表示自己從未看見這個單字的拼法有誤。」（事實上，他們甚至可能根本沒看見這個單字；根據估計，人類有五分之一的視線，會由於眨眼或快速眼動而受到遮蔽，而在這段時間中，我們就像某位專家所言：「簡直就是瞎了眼。」）㉒其他在模擬駕駛器中進行的研究，則曾試過將「禁止停車」標誌換成「停車再開」標誌一會兒，然後再換回來等作法。當這些標誌出現在十字路口（亦即經常設有停車標誌的地點）時，駕駛人最易發現這種變化。當它們在其他地方（例如，路段中央）出現時，駕駛人則很少察覺這些改變。假如駕駛人在十字路口看見這些標誌從「禁止停車」換成「停車再開」，便不會看見它們又變回「禁止停車」。研究人員指出，在這種情境中，駕駛人已經做出了停車的決定。㉓

這一切和實際的駕駛行為有何關聯？畢竟，交通標誌不會無緣無故地改變。然而，交通狀況瞬息萬變，而我們能否察覺這些變化，不止取決於事物本身的顯著程度，更得視我們是否主動搜尋這些事物，以及是否仍有餘力處理它們所攜帶的資訊而定。在某個著名的心理學實驗中，研究人員讓受試者觀看一群人互傳籃球的影片。影片中的人有一半穿白襯衫，另一半則穿黑襯衫。研究人員指示受試者計算傳球的次數。至少半數受試者沒有看見一位身穿大猩猩裝的人，從正在傳球的人群中走過。㉔這些受試者的問題，在於他們都受到「不注意視盲」(inattentional blindness)的影響。

受試者即使緊盯螢幕也無法在人群中看見大猩猩的有趣現象，突顯出人類注意力的不穩定和選擇性特質——即使我們已經付出了「全副」注意力時亦是如此。㉕「這個世界中存在著無限多的資訊，但我們的注意力所能察覺的資訊卻相當有限，」依利諾大學心理學家暨大猩猩研究共同發表人丹尼爾·賽蒙斯(Daniel Simons)說。「如果你能同時注意的事物數量有限，且注意力是通往意識的門戶，那麼你只能察覺到外在事物中的一小部分。」

有些人主張，不注意視盲是導致某一大類車禍事件(亦即所謂的「視而不見事故」)的主因。正如大猩猩實驗中的受試者，駕駛人即使持續注視正前方的路況，有時仍會**錯過**某些重要的事物——這或許是因為他們正在搜尋其他事物，或者是由於某些出人意料的事物突然出現。舉例來說，汽車撞到機車並非新鮮事，而肇事駕駛人最常引用的理由則是「沒有看見」。㉖由於這種事故層出不窮，英國的機車騎士還將這些粗心的駕駛人稱為SMIDSYs(Sorry, Mate, I Didn't See You，的縮寫，意為「對不起，老兄，我沒看見你」)。

由於機車的車型較小或只有一個前燈，因此許多人認為「沒有看見」指的是沒有看見機車本身。不過，駕駛人通過十字路口或穿越逆向車道時，或許也較常察看其他汽車的動向。在某個意義上而言，駕駛人的視線其實「穿透」了機車，因為機車的外型和他們心中搜尋的事物並不吻合。

這正是交通安全宣導活動（例如，「請小心機車」，或英國的「多花點時間察看機車」等）之所以強調駕駛人必須對機車有所警覺的原因。㉗「一般人的直覺認爲，我們會先看見事物，然後再詮釋其意義，」莫斯特說。「這個研究則顯示，我們心中的想法可能先於知覺而存在，並改變我們看見的事物。我們對某個情境的預期心理和既有知識，會影響我們對這個情境的知覺。」

這些預期心理或許也能解釋緊急救護車輛爲何常在公路被其他車輛撞上，即使它們停在路肩時總是打開耀眼的警示燈（而大多數地區也都以法律規定，駕駛人須在看見救護車時變換至其他車道或減速慢行）。㉘有人甚至用「飛蛾效應」一語來稱呼這種屢見不鮮的交通事故，暗喻駕駛人就像飛蛾撲火般地朝燈光明亮的地方一頭撞上去。㉙

哪些因素會引發飛蛾效應？人們爲此提出了許多理論，包括駕駛人容易沿著視線的方向開去（倘若如此，我們爲何不會一看到有趣的事物，便將車開至道路之外），㉚以及人類天生即有朝光源看去的本能反應（也有相同的問題）。其他研究人員則主張，當駕駛人將注意力放在路旁的事物時，比較難以判斷自己在車道上的位置。㉛在飛蛾效應引發的車禍中，有許多都和酒醉駕駛人有關。這或許並不令人特別吃驚，因爲許多研究都顯示，酒精對人類移動時的深度知覺和方向感影響特別嚴重。㉜

最簡單的解釋或許是，大多數駕駛人在公路上看見一部車輛時，經常假設它正以無異於其他車輛的速度往前行駛——而打開警示燈的緊急救護車輛的速度通常還會**更快**。某個在模擬駕駛器中進行的研究顯示，當警車斜斜地停在路肩上，而不和車道方向平行時，駕駛人的反應會比較快。在兩部一模一樣的車中，停車角度偏斜的車之所以較快被人察覺，和它本身的顯著程度無關，而和駕駛人詮釋其視覺印象的方式有關：這部車的行進方向顯然異於車道上的其他車輛（這種詮釋能力似乎源自豐富的駕駛經驗，因爲新手駕駛人對這兩部車的反應並無不同）。[33]

即使我們已經看見意料之外的危險事物，這些事物不存在於我們的「注意力設定」（attentional set）此一事實，仍會拖累我們的反應速度。心理學經典實驗「史楚普效應」（Stroop effect）即可清楚地展示出這種現象。在這個實驗裡，研究人員讓受試者觀看一組顏色字；這些字分別被塗上和字義相符的顏色，以及不同於字義的顏色。研究發現，當這些字的顏色異於其字義時，受試者需要較多時間才能說出這些字的顏色；[34]換句話說，和塗上紅色的「紅」字比較起來，受試者較慢說出塗上黃色的「紅」字的顏色。某個理論主張，這是因爲對我們而言，閱讀文字是「自動化」的認知活動，但說出顏色的名稱則否。自動化活動干擾了自動化程度較低的活動[35]（正如第一章提及的刻板印象研究）。不過，其他理論則認爲注意力也有關係。我們既然能夠說出不符字義的顏色名稱，那就表示我們有能力將自己的注意力放在特定事物上；但我們仍然需要較多時間才能如此做，則代表我們並非時時都可濾除存在於注意力焦點之外的事物（亦即文字本身）。[36]

摩斯特和其同事羅伯·艾斯圖（Robert Astur）的研究，即突顯出這個現象對人類交通活動的影響。在這個實驗中，操作電腦模擬駕駛器的受試者，必須在人工合成的市區街道穿梭，並於抵達十字路口時依據螢幕顯示的箭頭方向轉彎。某些受試者看見黃色箭頭，其他受試者則看見藍色箭頭。當受試者行駛到某個十字路口時，一部黃色或藍色機車突然切入其車道並停下來。如果機車的顏色和箭頭不同的話，受試者踩下煞車的反應時間便會較慢，而發生車禍的機率也會增加。[37]在純粹由下而上的處理歷程中，我們或許預期機車會因其顏色差異而比較顯眼；但由於察看路況牽涉到由上而下的處理歷程，而機車的顏色又和受試者搜尋的箭頭不同，因此反而變得較不醒目。

這種注意力失序狀態，也能說明加州公共衛生顧問彼得・林登・傑可森（Peter Lyndon Jacobsen）描述的「人多勢眾」（safety in numbers）現象。[38]你或許會認爲當路上的行人或自行車騎士越多時，他們被撞的機率也越高。你的想法是正確的。命喪輪下的紐約市行人數量高居全美之冠。不過，傑可森發現兩者之間的關係並非線性。換句話說，平均車禍死亡率會隨著行人或自行車騎士數量的增加而減低。傑可森指出，這並非由於行人會在人多時以較安全的方式行走——事實上，紐約市的情況恰好相反，凡是曾在第五大道上漫步的人都知道這一點，而是因爲**駕駛人**的行車方式有所改變。突然間，駕駛人發現路上到處都是行人。一般而言，駕駛人看見越多行人，其車速便會越慢；[39]而在這種幾近完美的永續循環裡，車速越慢的駕駛人所看見的行人也越多，因爲後者會在前者的視線中停留較久。[40]

因此，只要將行人數量納入考慮，就不難明白爲何對行人而言，紐約市是美國最安全的城市（某個分析一九九七至一九九八年數據的研究發現，介於佛羅里達州坦帕—聖彼得堡—清水〔Tampa—St. Petersburg—Clearwater〕之間的三角地帶，是全美行人傷亡率最高的區域）。再以荷蘭爲例。和美國比起來，荷蘭自行車騎士的每英里傷亡率較低。荷蘭自行車騎士的外表並不顯眼；他們偏愛時髦的黑色外套，而非能夠反射光線的服飾；他們的自行車上通常載著鬱金香，而非閃閃發亮的警示燈。荷蘭人也不比美國人更常穿戴頭盔，而實際情況也恰好與此相反。荷蘭的自行車專用道或許品質較好，或者其平坦地勢比較利於駕駛人察覺自行車騎士。不過，最令人信服的解釋是，荷蘭擁有較多騎乘自行車的人口，而駕駛人也較常在路上看見人們騎乘自行車，因此該國的自行車騎士自然也比較不易發生車禍。荷蘭文化或許和美國文化相當不同，但「人多勢眾」法則仍適用於美國——舉例來說，佛羅里達州的大學城根茲維（Gainesville）擁有全美密度最高的騎乘自行車人口，而對美國自行車騎士而言，它也是最安全的城市。[41]重點在於：當你越常見到某些事物，你便能越容易**看見**它們。

在大猩猩實驗中，複雜的認知作業會降低受試者察覺大猩猩的機率。舉例來說，某些受試者不但必須計算傳球的次數，還得注意傳球的方式——例如，彈跳或空拋等。「如此一來，注意力作業便會變得更加困難，並用掉更多心理資源，」賽蒙斯說。「你也就比較不容易察覺意料之外的事物。」

你或許會抗議，我們開車時並不會做類似計算傳球次數的事。即使如此，有時你還是會由於太過專注於尋找停車位，而未能察覺路旁的停車標誌，或者差點撞上逆向行駛的自行車騎士，只因他不符合你心中預期的交通狀況。除此之外，人們也越來越常在開車時，進行一項相當類似計算傳球次數的活動：接聽手機。

暫且讓我問你兩個問題：你今天沿著哪條路線開車回家？你的第一部車是什麼顏色？剛剛發生了什麼事？事實上，你的視線可能離開了頁面一會兒。或許是爲了釋出心理資源，我們往往會在回想事情時轉移視線[42]（有些人的確認爲轉動眼睛有助於記憶）。[43]記憶作業越困難，視線轉移的時間也越久。即使你的眼睛仍盯在頁面上，你或許已暫時陷入沉思。試想你現在正邊開車邊接聽手機，而手機另一端的人請你提供某些相對複雜的資訊，例如行車方向或備份鑰匙的位置等。你的視線或許仍停留在路面上，但你的心呢？

許多研究顯示，和口語作業比較起來，所謂的視覺空間作業（visual-spatial task），例如在心中旋轉字母或形狀等，會讓我們的視線在同一個地方固著較久。根據這些研究，視線固著的時間越久，我們對正在進行的認知作業所付出的注意力也越多，而對其他事物（例如開車）所付出的注意力則越少。㊹單純地「改變」正在進行的認知作業——例如從專心開車變成邊開車邊接聽手機，或使用手機的話中插播功能轉換談話對象——都會增加我們的心理負擔。㊺聽覺資訊（手機對話）來源和視覺資訊（前方路況）來源之間的差異，讓我們更難處理這些資訊。㊻手機訊號不良時，又會發生什麼事？爲了聽得更清楚，我們只好動用更多心理資源。㊼

試想你現在面對的不是假扮大猩猩的人，而是無預警轉彎的車輛，或在路旁騎著自行車的小孩。有多少人能察覺這些事物？「光是開車就已經非常耗費注意力了——如果再加上接聽手機引發的認知負荷，那麼便會剩下極爲有限的心理資源，而你也更不容易察覺意料之外的事物，」賽蒙斯說。「你或許還能繼續在路上開車，你也可能在公路上保持相同的行車間距，但若突然發生什麼事——例如一隻鹿忽然闖進公路——你也許就會反應不及。」

我們偶爾也會察覺不到預期中的事物，而這種失誤則深刻地突顯出接聽手機和錯過突然發生的事物兩者之間的緊密關聯。猶他大學的兩位心理學家邀請許多受試者參加某項模擬駕駛測驗後發現，和邊開車邊接聽手機的受試者比較起來，未在開車時接聽手機的駕駛人，能在進行模擬駕駛測驗時回憶起更多事物。這些事物具有不同的「行車關聯性」，例如，根據研究人員的分類，速限標誌和彎道警示的重要性，就比辨視公路標誌來得高。你或許會認爲邊開車邊接聽手機的受試者濾除了無關緊要的資訊，但這個研究發現這些受試者記得的事物不一定重要。更令人驚訝的是，

邊開車邊接聽手機的受試者所**看見**的事物，和未在開車時接聽手機的受試者一樣多——但前者記得的事物仍然較少。㊽

正如克勞爾的研究所示，邊開車邊接聽手機的駕駛人，往往會僵直地注視前方，並擺出一副非常專注的模樣。不過，他們的眼神卻是空洞的。在一個樣本數稍嫌不足的研究中，我前往位在阿默斯特（Amherst）的麻州大學人類行爲實驗室（Human Performance Laboratory），並進入該實驗室中一部一九九五年份的Saturn，準備進行虛擬駕駛。當我正在某條四線道公路上行駛時，研究人員透過免持式手機對我讀出一串句子。我必須判斷這些句子是否有意義（例如，「那隻牛跳過月亮」），並複述（或稱「接述」〔shadow〕）每個句子裡的最後一個字。我的視線方向（以及其他活動），則受到一副裝有眼動追蹤攝影機的太陽眼鏡的監控。

這部攝影機記錄下來的眼動影片，顯示出一個令人驚訝的觀看模式。在正常的駕駛情境中，我的視線在螢幕上不斷地跳動，不停地察看交通標誌、車速計、施工區的工作人員，以及有如電玩遊戲般的景致等。而當我透過手機傳來的語音，試圖判斷某個句子是否有意義時，我的眼睛則會盯住某個非常接近車頭前方的定點——且幾乎不會移動。從技術上而言，我正注視著前方——我的眼睛正看著路面——但它們凝視的位置無法幫助我察覺來自側面的危險事物，甚至不能協助我判斷前方幾百公尺外的卡車是否開始減速。這正是我之所以撞上這部卡車的原因。「你的駕駛方式就像十六歲大的小孩一樣，」穆塔特如此評論。

我們的眼睛和注意力是一對不可靠的夥伴。它們需要對方的協助，才能正常運作，但兩者的工作負擔並不平均。有時眼睛先馳得點，注意力則隨之而至；有時注意力已在某處久候多時，眼睛則姍姍來遲。注意力偶爾會不屑一顧眼睛所見的一切；而當注意力正興致盎然地觀照某些事物時，眼睛偶爾也會粗魯地打斷其活動。可以肯定的是，我們看見的事物，或我們認為自己看見的事物，不一定等同於我們察覺的事物。「這就是『眼看四面、手放方向盤、使用免持式手機』此一觀念的錯誤之處，」賽蒙斯說。「光是以眼睛察看路況其實沒什麼用，除非你的注意力也在路上。」

正如大猩猩實驗的受試者一樣，駕駛人（特別是邊開車邊接聽手機的人）看過車內攝影機拍攝的影片後，對自己竟會錯過如此多事物一事，也是一副不可置信的模樣。「令人驚訝的是，人們不知道會發生這種事，」賽蒙斯說。「在某些層面上，我們的直覺所犯的錯誤更是令人匪夷所思。大多數人堅信自己一定能在出現突發狀況時，立刻察覺到這些事物，但這種想法根本大錯特錯。」

即使是在最有利的條件下，人類的注意力仍是一種流動不止且脆弱不堪的事物，非常容易被打斷、扭曲和干擾。一旦超過某個臨界值後，注意力的負荷越大，其表現便越低落。當這種狀況出現在心理學實驗中時，或許看來相當有趣。但當它發生在人類的交通活動中時，卻可置人於死地。

路上的物體比其外表看來更複雜

眼睛如何在開車時背叛我們

請在心裡想像公路上分隔車道的白色車道線。這些車道線有多長？前後車道線之間的距離有多大？第一次被問及這些問題時，㊾我的回答分別是一．五和四．五公尺。你的估計也許是一．八公尺或甚至二．一公尺。雖然車道線的實際長度不一，且在速限較高的道路上甚至可長達三．

六公尺或四・二公尺，標準的美國車道線長度其實約為三公尺。仔細瞧瞧任何一張俯視拍攝的公路相片：在大多數公路上，車道線的長度應等同或大於車身的長度（一般汽車的長度約為三・九公尺）。前後車道線之間的距離也該符合三比一的比例，因此，如果車道線長度為三・六公尺，前後車道線之間的距離便是十・九公尺。

我用上述例子來說明，當我們在路上以高速不自然地移動時，我們所見的事物，不一定等同於我們察覺的事物。你或許會對人類為何能以其演化史上前所未見的速度，駕駛車輛或飛機四處移動而驚嘆不已。博物學家羅伯・文克勒（Robert Winkler）指出，老鷹等生物之所以能邊從高空用一百六十公里的時速俯衝而下，邊追蹤小型地面獵物的動向，是因為牠們的眼睛擁有高於人類眼睛的閃爍融合率（flicker fusion rate）。㊿至於你的問題，最簡單的答案是人類會作弊。我們盡其可能地簡化行車環境的複雜度，鋪設寬廣平坦的道路，設置巨大無比的交通標誌，並在地面塗布細瘦修長的車道線，以便讓駕駛人誤以為自己的車速並不快。這就像是嬰兒眼中的世界一樣，隨處可見鮮艷的龐然大物和不停閃爍的警示燈，而安全帶和安全柵欄則可在人們不慎失足時提供保護。

我們開車時所見的世界，是一個在視覺上堪稱貧乏的世界。英國艾克斯特大學（University of Exeter）研究員史蒂芬・李亞（Stephen Lea）表示，要緊的不是我們或其他事物的移動速度，而是影像在我們的視網膜上擴張的速率。因此，對我們而言，追蹤在二十七公尺外以九十六公里時速行駛的車輛，其難度事實上和追蹤三公尺外以九・六公里時速慢跑的人一模一樣。在這兩種情境中，物體在視網膜上的移動速度並無不同。

我們開車時所見的視野，是一片波動緩慢的景觀。路上的事物若非距離遙遠，便是以相同的速度前進，因此它們的影像通常會在視網膜上慢慢放大，直到前方車輛突兀地在我們的眼裡「放大」爲止(此時你或許會瞥見其保險桿貼紙上寫著：如果你看得見這行字，那表示你靠得太近了)。但請試想你在高速行駛時低頭看正下方的道路。想當然耳，你只能模糊地看著路面飛逝而過。不論怎麼說，腳下的道路也都是實際行車環境的一小部分，但人類的生理結構卻無法讓我們將它看得一清二楚。幸運的是，即使如此，我們還是能夠安全地開車——雖然，正如我們即將見到的，人類的交通活動對其視覺系統的嚴厲測試不止於此。

這些錯覺對我們的影響，早在我們進入駕駛座前即已發生。你或許曾在電影或電視中看過輪框上的輻條有時會往反方向轉動。這種馬車車輪效應（wagon-wheel effect）的起因在於，電影的連續畫面其實是由一組不斷閃爍的靜止影像（每秒約有二十四格靜止影像）所構成的，即使在我們看來這些畫面相當流暢且不間斷。就像是迪斯可舞廳裡一閃一閃打在舞者身上的閃光燈一樣，電影中的每一格靜止畫面也捕捉到一幅輻條的影像。假如車輪轉動的速率完全吻合電影的閃爍速率，車輪看起來便會像是靜止不動一樣。(「我把車燈換成了閃光燈，」喜劇演員史蒂芬·萊特〔Steven Wright〕有次開玩笑地說，「所以看起來只有我的車會動。」）當車輪越轉越快時，每根輻條在每格靜止畫面上的位置都會有所不同(例如，某根輻條在前一格畫面中位於十二點鐘方向，到了下一格畫面則位於十一點四十五分方向)。因此，車輪上的輻條看起來就會開始往反方向轉動。

不過，認知心理學家戴爾·普維斯（Dale Purves）和提姆·安德魯斯（Tim Andrews）指出，即使在令電影的「閃頻」效應失去作用的大太陽底下，馬車車輪效應仍會在日常生活中出現。這兩位心理學家認爲我們之所以仍會看見這種錯覺，是因爲我們覺知這個世界的方式其實就和電影一樣，不是將其視爲不斷流動的連續畫面，而是一連串彼此有別但接續出現的靜止畫面。㊿當車輪轉動的速率超過大腦的處理能力，而大腦正努力迎頭趕上時，我們便會開始混淆發生於實際時間中的視覺刺激(亦即輻條)，以及出現在腦中前一畫面的心理刺激。車輪並非眞的朝反方向轉動，就像迪斯可舞廳中的舞者也不是眞的用慢動作跳舞一樣。不過，這種效應能讓我們以視覺提早察覺某些奇怪的路況。

「運動視差」(Motion parallax) 是最爲人所知的公路幻覺之一，而早在汽車問世之前，心理學家即一直爲它感到困惑不已。這種現象最常發生於人們從正在行駛的車內往外看時（雖然其出現時機不僅如此）。在這種情境裡，車頭前方的事物不斷地呼嘯而過，稍遠一點的樹木和其他事物則緩慢地往後移動，而最遠處的事物，例如山脈等，看起來卻像是朝著和我們相同的方向前進。顯而易見地，不論車速多快，我們都無法移動山脈。這種錯覺的起因在於，當我們將視線固定在前方的某個物體上時，爲了維持這種視線固著狀態，眼睛的運動方向必須和我們的行進方向相反。不論我們將視線固定在哪一點上，位於這一點之後的所有物體，會朝著和我們的行進方向相反的方向，以較快的速度在視網膜上移動，而位於這一點之前的任何物體，則會**順著**我們的行進方向，以較慢的速度在視網膜上移動（有關運動視差的進一步說明，請參見註釋）。㊼

這些眼動模式和物體的相對運動雖然令人困惑，但它們卻能協助我們判斷事物的距離。北達科他大學心理學家暨運動視差專家馬克・納羅 (Mark Nawrot) 指出，這正是彼得・傑克森 (Peter

Jackson）等電影導演之所以喜歡到處移動攝影機的原因。由於電影院裡的觀眾必須靜靜地坐在椅子上，因此缺乏移動時眼睛所提供的深度線索，所以傑克森會藉著移動攝影機，讓電影看來更具眞實感。[53]不過，爲了獲得運動視差所產生的深度線索，我們必須忍受偶爾出現而不一定能被意識所知的錯覺。開車時，運動視差或許會讓我們誤以爲某個物體距離遙遠且靜止不動，但實際上這個物體**可能距離不遠，同時也正在移動中**。

我們的心智能改變我們所見的事物，但運動視差此一現象則提醒了我們，我們開車時看見的事物也會誤導我們的心智。感覺和知覺是由一條相當忙碌的雙向道連結起來的。公路上的白色車道線，以及前後車道線之間的偌大距離，原本即是用來誘發錯覺，以便讓高速行駛顯得較爲安全。假如我們決定縮減車道線的長度和前後車道線之間的距離，人們的行車經驗或許便會變得較不愉快。事實上，交通工程師早已嘗試過這一點，並利用「錯覺式道路標記」[54]讓駕駛人誤以爲其車速比實際車速更快。在某個實驗裡，研究人員在公路出口的彎道路面上塗布一串間距逐漸縮小的V字圖形。根據研究人員的假設，當駕駛人行經這些圖形時，會誤認爲自己的車速比實際車速還快，因此便會減慢車速。進行第一次測試時，駕駛人的確如預期般地降低車速，[55]但其他測試的結果卻不盡相同。[56]駕駛人之所以減速一或兩次，或許是因爲他們在一開始時尚不熟悉這些道路標記，但他們也可能很快便習慣了這些標記的存在。

這些實驗之所以都將焦點集中在出口彎道的原因在於，從統計上而言，這些路段是公路上最危險的部分。造成如此事實的最關鍵理由之一，和我們開車時常見的某種錯覺有關：「速度適應」（speed adaptation）。你是否曾發現當你從速限較高的公路進入速限較低的小徑時，車速明顯地減慢了許多？而當你駛離小徑再度開上公路時，前後車速的差異是否仍同樣顯著？事實上，高速行駛越久，便會越難減速。許多研究顯示，當駕駛人在一一二公里的時速下行駛至少幾分鐘後，進入速限四十八公里的路段時，其車速會比先前時速低於一一二公里的駕駛人高出二十四公里。[57]

亞利桑納大學認知心理學家羅伯・葛瑞（Robert Gray）指出，這種錯覺源自所謂的「跑步機效應」（treadmill effect）。在跑步機上跑了一會兒後，你或許會在停下腳步的那一瞬間，覺得自己正在往後退。[58]同樣地，當駕駛人以等速向前行駛一陣子後，大腦中追蹤前進運動的神經細胞也會逐漸疲勞起來，並逐漸產生負面「輸出」。當駕駛人停下車（或減低車速）時，追蹤後退運動的神經細胞仍處於靜止狀態，但追蹤前進運動的細胞卻會讓駕駛人誤以爲自己正在往後退——或者，當駕駛人從高速行駛狀態進入低速行駛狀態時，追蹤前進運動的細胞也會使駕駛人誤以爲自己的車速比實際車速更慢。許多研究顯示這種錯覺具有兩個面向：我們會在減速時**低估**車速，並在加速時**高估**車速。[59]這不但能解釋爲何我們常以過快的車速離開公路（因此我們需要在公路出口的路面上設置V字圖形），也可說明爲何剛剛開上公路的駕駛人，往往無法在抵達車道合併地點時，取得夠快的車速（並導致右方車道的車輛必須減速慢行）。

人們誤判車速的方式不計其數。一般認爲，我們對自己的移動速度和移動方向——假如我們的確正在移動的話——的知覺，[60]主要源自所謂的「整體光流」（global optical flow）。[61]當我們開車（或走路）時，必須參考水平線上的某個固定點，亦即「標定」，[62]來引導我們的行進方向。我們必須隨時校正這個標定的位置，以便讓它成爲所謂的擴展焦點（focus of expansion），亦即本身靜止不動，但所有視覺影像以其爲源頭，依著輻射擴散的模式，[63]朝我們不斷湧來的定點——

請想像《星際大戰》（*Star Wars*）中的千年鷹號進入曲速後，周遭的星星變成一條條自其飛行軌跡中央往後迅速退去的線條時的情景。「位移流線」（locomotor flow line）——或者你我所謂的道路——是光場中對駕駛車輛而言最關鍵的一個部分，而往後掠去的事物所具有的「質地密度」（textural density），則會影響我們的速度感。⑭路旁的行道樹或牆壁等事物，也會改變道路的質地密度，而這正是駕駛人之所以常在高聳著行道樹的道路上高估其車速，⑮或車速之所以在隔音牆形成的隧道之間特別慢的原因。道路的質地密度越高，車速便顯得越快。

道路的質地密度，會受到駕駛人俯視道路時的高度的影響。越靠近路面，我們從道路上接收到的視流也越多。心理學家克里斯多福．維肯斯（Christopher Wickens）指出，波音七四七飛機剛問世時，飛行員常在地面上超速滑行，甚至還發生了幾樁起落架損壞事件。箇中原因在於，新型飛機駕駛艙的位置是舊型飛機的兩倍高，而這表示在相同的滑行速度下，波音七四七飛行員只能從跑道上獲得一半視流。⑯這些飛行員的滑行速度，比他們想像的還要快。這種現象也會發生在一般道路上。許多研究發現，在缺乏車速計提供參考指標的情況下，座位位置較高的駕駛人的車速，會比座位位置較低的駕駛人來得慢。⑰休旅車和小貨車的翻車機率原本便比較高，現在則又可能由於較易讓駕駛人誤以為自己的車速比實際車速來得慢，而變得更加危險。⑱雖然這或許一點也不令人驚訝，但許多研究仍顯示，休旅車和小貨車司機比其他駕駛人更常超速。⑲

車速計之所以存在，而我們為何最好隨時注意其指示，不外乎是因為駕駛人往往不知道自己的車速究竟有多快——即使他們認為自己對此並非毫無頭緒。某個在紐西蘭進行的研究，曾經測量駕駛人行經在路邊玩球或等著過馬路的小孩時的車速。當這些駕駛人被問及其車速時，他們回答的車速比其實際車速少了十九公里（亦即他們認爲自己的時速約在三十至四十公里之間，但其實際車速卻介於四十九至六十公里之間）。⑦⓪有時我們就像是需要有人站在路邊，耳提面命地向我們提醒實際車速一樣。這正是我們之所以常在路上看見顯示車速的電子看板的原因。這種訴諸良心的作法，通常都能讓駕駛人至少在看板前後，稍微減慢車速⑦①——但駕駛人是否願意日復一日地減速慢行，卻又是另一個問題。這些電子看板之所以有用，是因爲它們能提供重要的回饋——而正如第二章所述，我們開車時往往缺少回饋。爲了減少持續攀升的致命追撞事故，某些公路管理機關曾在路面上塗布圓點，並以此作爲提醒駕駛人適當行車間距的回饋訊息（有人則在某個路段上畫了一個吃圓點的小精靈以資回報）。⑦②設置這些圓點後，駕駛人的行車間距果然有所增加。噪音也能提供回饋：當輪胎的聲音和風聲越來越大時，我們便能得知自己的車速越來越快。聲音越大，車速越快。不過，你是否曾在聆聽高音量的廣播時，突然發現自己超速行駛？許多不同類型的研究顯示，當駕駛人失去聽覺線索時，他們也會無從得知自己的車速究竟有多快。⑦③

第二章提及的自動駕駛機器人小子，不需要「看見」前方車輛的煞車燈，因爲它知道前方車輛距離多遠，其誤差範圍僅有幾公尺。不過，對人類而言，距離就和速度一樣，都只能予以大致估計（因此才需要在路面上塗布圓點）。很不幸的是，距離和速度正好是影響駕駛行爲的最關鍵因素。試想下列這個常見而危險的行車方式：在雙向雙線公路上，趁著對面來車尚在遠處時，跨越車道超車。當物體距離我們約六或九公尺內時，雙目視覺（以及大腦從每隻眼睛提供的二維影像，建構出單一三維影像的能力）讓我們得以準確地估計其距離。超過這個距離後，每隻眼睛看見的影像**並無差異**，連帶地也會影響我們的距離感。距離越遠，距離感越不精確。當某輛車離我們六公尺時，我們對距離的判斷誤差不會超過幾公尺，但當它離我們九十公尺時，判斷誤差便可能達到九公尺。以時速八十八公里行駛的汽車，需要八十五公尺的煞車距離，才能完全停下來（假設理想的平均反應時間是一點五秒）。[74]這應能讓你體會高估對面來車的距離——尤其是當**你**車速高於八十八公里時——所可能引發的問題。

由於我們無法精確判斷對面來車的距離，因此必須根據空間線索進行臆測，例如對方來車相對於路旁建築物或前方車輛的位置等。對面來車的大小，也可提供有用的線索。如果對面來車的影像在我們的視網膜上逐漸擴張，我們便知道它的距離越來越近。

不過，這些空間線索會引發一些問題。首先，正面注視對面來車所能提供的資訊有限。試想外野手接高飛球時的情景——這個動作看似簡單，但科學家（以及業餘外野手）仍摸不清其機制。密蘇里大學心理學教授麥克·史塔德勒（Mike Stadler）指出，一般認為，最難接的球便是正對著外野手飛來的球。[75]對外野手而言，估算高飛球的距離和路徑是相當困難的認知作業，但他們發現前後跑動的確有助於解決這個問題；許多研究發現當外野手靜止不動時，比較難以判斷是否能將球接住。我們幾乎都會正面注視對面來車或前方車輛，但這就像看著棒球朝自己直直飛來一樣，只能提供相當有限的距離線索。

再者，當對面來車的影像在我們的視網膜上逐漸擴張時，並未呈現出線性或連續的模式。《駕駛人知覺和反應的鑑識面向》（*Forensic Aspects of Driver Perception and Response*）舉了下列這個例子：假設某位駕駛人正朝著一輛靜止不動的汽車的方向行進。當前者距離後者一五〇公尺遠時，後者的影像在前者視網膜上的大小，是前者距離後者三百公尺遠時的兩倍大。聽來一點也沒錯。不過，當前者距離後者七十五公尺遠時，後者的影像大小會再度加倍。然後，當前者又往前開七十五公尺並抵達後者的位置時，後者的影像大小又會再次加倍。這是個非線性的模式。換句話說，我們知道自己距離這輛靜止不動的汽車越來越近——雖然這也得花上幾秒鐘的工夫⑯——但不知道其接近速率究竟多快。⑰無法精確判斷接近距離的問題，也會影響我們的超車行爲；許多研究顯示，百分之十的超車車禍事故，都和錯誤的距離判斷有關。⑱跳傘員也會遭遇相同的問題。從高空往下跳時，跳傘員大部分時間都無法判斷其墜落速度——甚至感覺不到自己正在墜落。只有當他們和地面之間的距離，已經進入人類知覺的範圍後，跳傘員才會突然發現地面在自己的視野中急速擴張。

假如這些問題還不足以令人憂心，請再看看和對面來車**車速**有關的問題。當對面來車的時速只有三十公里時，跨線超車並非難事。但當其時速高達一二〇公里時，又會發生什麼事？問題在於：我們無法分辨兩者之間的差異，⑲直到對面來車已經非常接近爲止——但這時也來不及反應了。某個針對雙向雙線道路上的跨超車行爲進行分析的研究發現，不論對面來車的車速是五十公里或一百公里，駕駛人嘗試跨線超車的機率都無差異。箇中原因在於，駕駛人通常在和對面來車距離約三百公尺遠時，開始進行跨線超車，但這個距離仍遠得無法讓駕駛人正確判斷對面來車的車速。⑳在這種距離下，駕駛人甚至不能確定其他車輛是否正朝著自己而來，而只能參考其他車道的車流方向，以及是否看見來車車燈等線索，來判斷其他車輛的行進方向。

因此，當駕駛人必須在關鍵距離進行決策時，往往缺少一項重要資訊：其他車輛的「接近速率」。這正是我們之所以經常被迫中止跨線超車，並退回原先車道的原因。[81]我們習慣性地以這些方式「作弊」，並在無法估計其他車輛車速的情況下，只依賴我們所覺知的距離感，對路況進行各種判斷。某個針對駕駛人的跨線左轉行爲進行分析的研究發現，當對面來車的車速加倍時，駕駛人估計的安全通行「空檔」，並不如預計般地加倍，而只增加了百分之三十。[82]這些微不足道的差距，正是引發車禍事故的導火線。

證據顯示，我們偶爾會誤以爲事物不如表面般看來的遠（且不只有後視鏡中的事物會如此！）。許多研究發現，人們認爲小型車的位置比其實際位置更遠，這或許是由於人們看慣了較大型的汽車，或因爲小型車的能見部分較少。[83]然而，龐然大物也會引起問題。長久以來，研究人員一直對平交道事故——這些事故經常發生於可見度高且設有警示燈號的地點——的相對眾多數量感到不解。這種現象引發一個明顯的問題：駕駛人爲何看不見火車等巨大無比（且嘈雜不堪）的事物呢？箇中原因之一或許是，即使警示燈號已經亮起，火車也從未在駕駛人行經平交道時出現過。而當駕駛人下次經過此地時，是否根本沒有預料到火車竟會突然出現？他們是否對火車「視若無睹」？深具影響力的心理學家暨視覺專家雷波維茲（H. W. Leibowitz）提出的「雷波維茲假說」（Leibowitz hypothesis），則訴諸駕駛人視覺系統的偏誤，來解釋這種現象。大型物體的速度，看來常比小型物體來得慢。正在跑道上滑行的小型私人噴射機，看來似乎比龐大的波音七六七飛機來得快，即使兩者的速度並無差異。縱使知道飛機的實際速度，資深飛行員也會受到這種錯覺的誤導。雷波維茲主張，這是因爲人類眼睛的運動方式，會受到兩種次系統的影響。第一種系統是不需意識思考，且能在看見物體輪廓時自動觸發的「反射」系統。這個系統能協助我們在移動時不斷地看見事物。

第二種系統是較爲主動的「追尋」系統。這個系統能幫助我們在靜止時追蹤移動的物體。雷波維茲認爲，我們能夠根據這個「追尋」系統的負荷和物體可見部位的大小，來判斷某個物體的速度。物體越大，這個系統的負荷越小，而物體的速度看來也越慢。[84]

慢到什麼程度呢？加州大學柏克萊分校研究人員對雷波維茲假說進行的測試顯示，大型物體的速度看起來會比其實際速度慢上許多。在這個研究中，受試者必須在電腦螢幕上，估計許多大大小小的圓球朝著自己接近的速度。雖然受試者可參考畫面中的靜止直桿和地面直線，來判斷這些圓球的速度，大多數受試者仍認爲小球的速度較快——即使大球的速度比小球高出每小時三十二公里。只有當大球的速度比小球快上**兩倍**時，受試者才會坦然接受小球的速度其實並未較快。[85]

視錯覺的最大問題——有些人主張人類的視覺其實全是錯覺[86]——在於，我們明知它們是錯覺，卻仍無法阻止它們出現。請想像你對自己的視覺缺陷毫無警覺時的情景。這正是我們在夜裡開車時的遭遇。我們認爲自己的視覺比其實際狀況來得好——然後安心地上路。我們的車速，往往超過能在車燈範圍內及時煞車的速度。我們爲什麼如此開車？根據雷波維茲的理論，這是因爲當周遭光線變暗時，某些視覺功能會以快於其他視覺功能的速率開始衰退，這即是所謂的「選擇性衰退」(selective degradation)。主要發生於視網膜邊緣的「邊緣視覺」(ambient vision)，能夠協助我們沿著人行道行走，或保持正確的行車方向等。這種視覺功能較不易在夜裡衰退。再加上路面塗布的邊線和中線都能獲得車燈的照明（許多研究顯示我們在夜裡開車時，較常察看這些標記），[87]因此我們往往認爲自己的眼睛不會錯過任何事物。

不過，雷波維茲主張，人類視網膜中央的焦點視覺在夜間的表現較差。焦點視覺能協助我們辨識物體，而且也是視覺系統中擁有較多意識的部分。夜間的道路上，通常沒有什麼有趣的事物可看，除了前方車輛的紅色尾燈、交通標誌（我們不但能在夜裡看見這些標誌，也比較容易記得它們）、[88]反射光線的道路標記，以及前方車流形成的明亮光海之外。

然而，由於我們已經習慣了觀看明亮的物體，因此當未受光線照射的物體——動物、故障車輛、障礙物，或行人——突然進入道路時，我們便無法以同樣清楚的方式看見這些物體。換句話說，我們並不知道自己看不見這些物體。[89]下次在路上漫步時，請務必記住這一點。許多研究顯示，和駕駛人的實際表現比較起來，行人認爲駕駛人能在**兩倍**遠的距離外看見他們。[90]某位專家表示，假如我們想在夜間開車時清楚地看見任何潛在危險並及時煞車——亦即保持交通法規中所謂的「安全淨空距離」（assured clear distance）——我們便得將時速維持在三十公里以下。[91]

另一種錯覺則讓我們在霧裡迷失方向。當濃霧逐漸瀰漫公路後，其結果通常是一場規模龐大的連環車禍。在一九九八年發生於義大利帕多瓦（Padua）的一場連環車禍中，共有二百五十部車輛受到波及（並導致四人不幸喪生）。但這場車禍其實只是某種常見事故的極端個案。導致這些事故的原因，想必和能見度低落有關，不是嗎？濃霧顯然會大幅降低道路的能見度。但眞正的肇事原因或許在於，**霧中道路的能見度甚至比我們想像的還低**，因爲我們的速度感會受到對比的影響。心理學家史都爾・安提斯（Stuart Anstis）清楚地展示了這個現象：當兩個箱子——一個塗成淺色，另一個塗成深色——在交雜著黑白色帶的背景上移動時，深色箱子經過白色色帶時的速度看起來比較快，而淺色箱子經過黑色色帶時的速度也顯得較快。對比越明顯，物體的速度看起來也越快。

因此，即使這兩個箱子的實際速度完全相同，看起來卻像是在各個色帶之間輪流前進。

在漫天大霧的道路上，車輛之間（以及周遭環境之間）的對比，會變得比較低。不僅周遭事物的移動速度看起來會比實際速度來得慢，我們也會覺得自己移動的速度變慢了許多。[92]許多研究顯示，我們可能無法意識到這種變化。根據這些研究，雖然駕駛人會在起霧時稍微降低車速，但其車速仍然過快，因而無法保持足夠的行車間距——即使路上已經設置了特別的暫時性警示標誌。[93]諷刺的是，駕駛人比較習於縮減自己和前方車輛的距離——以防在霧中「失去」其蹤影——但這種作法易於導致視覺混淆，因此根本完全錯誤。相同的問題也會發生在大雪紛飛的道路上，並經常造成駕駛人追撞打開警示燈的橘色剷雪卡車。這些車禍的元凶不是滑溜的路面，而是不足的對比。駕駛人或許能「及時」發現卡車的車尾，但由於他們經常誤以爲卡車的速度比其實際速度來得快，因此往往無法及時煞車。[94]

車側後視鏡這個簡單的汽車必備裝置，反映出介於我們所見的事物，以及我們認爲自己所見的事物之間的複雜關係。這個裝置不但奇特，也常受到忽視。我們或許將它視爲某種安全裝置，但沒有人知道它究竟爲我們避免了多少車禍。許多研究顯示，許多駕駛人變換車道時，根本不看車側後視鏡，而只轉頭察看後方路況，但這卻是車側後視鏡最能派上用場的時刻。[95]除此之外，車側後視鏡呈現的影像也是一大問題。車側後視鏡的鏡面形狀，取決於你所在的國家：兩個車側後視鏡可能都是凸面鏡，或者只有副駕駛座外的車側後視鏡是凸面鏡。爲了減少位於後視鏡視野外的盲點，相關單位從一九八〇年代起，便決定以犧牲駕駛人判斷距離的能力爲代價，盡可能地擴大後視鏡的可見範圍。與其完全看不見後方路況，不如能夠勉強察覺其變化。這正是凸面鏡上之所以都寫著下列警語的原因：「物體的實際距離比鏡中影像更近。」

不過，密西根大學交通研究所（Transportation Research Institute）研究員麥可・佛蘭納根（Michael Flannagan）指出，當我們往車側後視鏡中看時，會發生非常奇怪的事。事實上，所有的鏡子都很容易令人感到困惑。請試著在浴室裡的朦朧鏡面上畫出你的頭部輪廓。你或許會以為自己畫的是等同於眞實尺寸的頭部輪廓，事實上你畫的輪廓只及頭部實際大小的**一半**。⑯凸面車側後視鏡中的影像，不但經過嚴重的扭曲，且其內容也由於流失了許多我們經常用來進行視覺判斷的線索，而變得非常「貧乏」。佛蘭納根表示，車輛在視網膜上投影的大小，是我們據以判斷距離的唯一可靠依據。但凸面鏡會縮小車輛的尺寸。車側後視鏡的凸面特性，代表所有東西都會被拉近駕駛人，而這正是人們之所以無法了解鏡中物體爲何看起來比其實際距離來得**遠**的原因。

然而，問題的複雜度不只如此。研究人員能藉著測量駕駛人的視角，並依據鏡面的幾何性質，計算鏡中影像的扭曲度（佛蘭納根指出，對駕駛人而言，副駕駛座外的後視鏡扭曲影像的程度，比正駕駛座外的後視鏡來得大。如此看來，美國禁止在正駕駛座外設置凸面後視鏡的作法，眞是有點令人不解）。不過，佛蘭納根和其同事在許多研究中發現，人們對物體實際距離的估計誤差，比理論所預測的來得小。「對駕駛人而言，後方車輛看起來的距離，比我們根據其視網膜成像大小計算出來的距離來得近，就好像駕駛人懂得稍微修正自己的距離判斷一樣，」他說。「他們所參考的不止是視網膜成像的尺寸，他們知道某些事物能讓自己不像原本一樣地容易受到這些扭曲影像的影響。」⑰

佛蘭納根和其同事從這些問題中得出一個結論：「鏡中物體比其表面看來更複雜。」或許我們該在車側後視鏡上改用這則警語。同樣地，開車這回事也比其表面看來更複雜，而我們的駕駛行爲，甚至我們本身也是如此。所有的事物都比其表面看來更複雜。下次開車時，請務必記住這一點。

4 塞車經濟學

爲什麼螞蟻從不塞車，人卻老是會

如果連昆蟲都能遵守單行道規則，我們人類爲何不能？

——印度班加羅爾的路標

遇見完美的通勤族

螞蟻、蝗蟲和蟋蟀教我們的事

你或許認爲自己是全天下最不幸的通勤者：每天都在難以忍受的單調車陣中，不斷地輪流踩踏煞車和油門，有如在實驗室中努力乞求餅乾的無聊猴子；其他人則低能地擋住你的去路；而提早四十五分鐘出門的結果卻仍是遲到十分鐘；這一切都讓你原本活躍的靈魂逐漸銷聲匿跡。

然而，即使通勤對心理和生理都是一大煎熬，你至少還能在結束漫長的一天後，慶幸自己沒被其他通勤族吃掉。

請看看摩門蟋蟀（Mormon cricket，學名爲 Anabrus simplex）既短暫又野蠻的一生。這種生物曾在一八四八年的「蟋蟀戰爭」中，對猶他州的摩門教徒造成重大傷害，因此得名。①時至今日，這種被稱爲「席捲沙漠的黑色地毯」、②長達數公里的蟋蟀遷徙群，仍是美國西部令人深感震懾的景象。牠們行經方圓數十公里之地，貪婪地啃食作物和腐肉，毫無忌憚地佔據道路，並在導致自身的敗亡之餘，也讓另一種生物頭痛不已。這種生物就是人類，因爲他們駕駛的車輛常在滿布蟋蟀的道路上打滑。愛達荷州甚至在公路上設置「小心蟋蟀」的標誌。雖然這些惱人的小東西其實是紡織娘，但這並不妨礙我們了解這種作法背後的苦心。

當摩門蟋蟀形成一團迅速移動的群體時，牠們便像是一支組織良好、合作無間，且能確保自身存在的完美覓食大軍。不過，二〇〇五年春天，研究人員仔細觀察一群在愛達荷州四處遷徙的摩門蟋蟀後卻發現，事情比人們原本想像的更複雜。「這看來像是某種龐大的合作行爲，」牛津大學動物學系動物集體行爲實驗室（Collective Animal Behaviour Laboratory）研究員暨本州研究成員依恩・考辛（Iain Couzin）表示。「你幾乎可把它想像成一群外出覓食的螞蟻雄兵。但事實上，我們發現同類之間的相殘，才是這種行爲的起因。」表面上看來有如互助合作的行爲，其實是極端的生存競爭。

蟋蟀會根據當下的營養需求，仔細地挑選食物，而蛋白質和鹽分是牠們最需要的營養成分。對蟋蟀而言，最好的蛋白質和鹽分來源，便是其同類。「牠們越來越餓，並開始捕食其他蟋蟀，」考辛這位友善的蘇格蘭人，穿著一件褪色的「皮克斯之死」（Death to the Pixies）短袖圓領汗衫，在他的小辦公室對我說。「如果你快被吃掉了，你最好趕快跑掉。不過，如果你也餓了，而且想找東西吃，那麼你最好遠離那些想吃你的蟋蟀，並靠近其他蟋蟀，準備把牠們吃進肚子裡。」對身處蟲群後端的蟋蟀而言，既然可食的作物和腐肉都被前面的蟋蟀吃光了，因此其他蟋蟀當然也就變成了唯一的食物來源。

這看來比較像無政府狀態的開端，而非合作行爲的前奏。這種現象其實就是所謂的「突現行爲」(emergent behavior)，並展示了複雜系統的形成過程，例如蟋蟀群常以出乎意料和無法預測的方式，從蟋蟀個體之間的簡單互動中「突現」出來。當我們將蟋蟀群視爲一個整體時，或許不太容易看出驅動其行爲的力量。而研究蟋蟀個體的行爲法則——亦即其捕食同類和避免被同類捕食的行爲——也不一定能讓我們正確預測蟋蟀群的形成時機。③

爲了讓複雜系統以其特殊方式運作，組成這些系統的所有或大多數個體，必須根據一定的規則彼此互動。④以足球場邊的「波浪舞」爲例。許多研究顯示，這種大規模行爲，只需一小撮人的力量即可發起；不過，沒有人知道究竟有多少啓動波浪舞的嘗試，由於缺乏其他人的參與，或因爲方向不對而胎死腹中。⑤當某些蟋蟀受夠了同類咄咄逼人的威脅，因此決定脫隊而去時，又會發生什麼事？考辛的同事在一些蟋蟀身上安裝小型無線電發射器，並將其中一些蟋蟀移至蟋蟀群之外。幾天之內，大約半數離群索居的蟋蟀，全被其他獵食者吞進肚裡，而留在蟋蟀大軍中的蟋蟀，則無一成爲同類的晚餐。⑥如此看來，不論被同類吃掉的風險到底有多高，也不管隨時受到同類威脅的經驗究竟有多痛苦，留在蟋蟀群裡仍是比較保險的作法。

這些複雜系統的特徵之一在於，其形成規則——以及其系統型態——會在短時間內快速變化。沙漠蝗蟲（desert locust，學名爲 *Schistocerca gregaria*），是考辛在牛津的實驗室和茅利塔尼亞的野外所研究的另一種昆蟲。這些蝗蟲擁有兩種不同的性格。處於「孤立」狀態時，牠們不會對人類造成危害，而只在小型的零散族群中安靜活動。「牠們是遠離人群、形跡隱匿的綠色蝗蟲，」考辛說。但在某些情況下，例如旱災之後，這些昆蟲世界裡的變身怪醫，會為了覓食而被迫和同類頻繁接觸，並形成一個無比龐大、四處劫掠的棕色大軍。這是一支令人聞風喪膽的軍隊：在各地成群結隊的蝗蟲，能同時肆虐高達百分之二十的地球地表，影響無數人口的生計，考辛說。了解這些蝗蟲為何以及如何形成蟲群，或許能夠協助科學家預測蟲群的形成地點和時機。因此，考辛的研究團隊將一大群在牛津長大的蝗蟲關在密閉空間裡，並用特製的追蹤軟體觀察牠們的行為。

當蝗蟲數目不多時，牠們常會各行其是，往不同的方向行進，「有如氣體中的分子，」考辛說。但當牠們被迫靠近彼此時，不論是在實驗室中，或是在缺乏糧食的野外，便會發生有趣的事情。「其他蝗蟲的存在和氣味，或後腿之間的摩擦，會改變牠們的行為，」考辛說。「與其繼續躲避其他蝗蟲，牠們會開始受到彼此的吸引，並引發某種連鎖反應。」一旦蝗蟲的數量到達某個「臨界密度」後，牠們便會突然朝同一個方向前進。

你或許會問，這一切和人類的交通活動有何關聯？最明顯的答案是，這些昆蟲的集體行為看來和我們在路上開車時的舉動非常類似，而且反之亦然。在這兩種情況裡，簡單的規則掌控了社會活動的方向，而違反這些規則的代價則非常高（請將警車或車禍想像成凶狠的獵食者）。正如人類一樣，昆蟲也會為了生存而被迫四處移動。同樣地，假如我們不必養家餬口，許多人或許便不會在交通最擁擠的時候，和其他人同時開車上路。而就像昆蟲一樣，我們也覺得成群結隊地移動——雖然大多數人都孤單地坐在自己的車內——才是最合理的行為。自從人類開始塞車以來，人們便提出各種改革計畫，試圖錯開我們的工作時間，避免所有人在同一時間湧進公路。但時至今日，進步的通訊科技和彈性的工作時間，仍無法紓解水泄不通的車潮，因爲方便人們進行互動的同步工作時間，似乎還是最有效率的工作型態。

昆蟲的群聚活動和人類的交通活動等集體行爲模式，包含了各種隱而不見的個體互動模式。稍微改變這些個體互動模式，便會大幅影響整體系統的行爲模式。請想想第一章提及的車流匯入策略。假如所有駕駛人都遵守相同的車流匯入規則——例如，直到最後一刻才匯入保持開放的車道——整個車流匯入系統的型態即會大爲改觀。正如蝗蟲的移動模式，人類的交通活動也會在到達臨界密度時，出現巨大的改變。一小撮蝗蟲的加入，即能讓整個蟲群的行爲，從無跡可循變成井然有序。但一小撮車輛的加入，卻會使運作順暢的交通變得混亂不堪。⑦

考辛指出，留在蟲群中的蝗蟲或蟋蟀，雖得面對同類相食的威脅，但這卻是兩害相權取其輕後的最佳決定。而我們的行爲在許多方面，都和蝗蟲非常相似。人類的合作意願，能在瞬間變成極端的競爭意識。有時，我們與世無爭且嚴以律己地和前方車輛保持安全的行車間距。但有些時候，路況有所變化，而我們的性格也會隨之轉換，狂暴地咬住前方車輛的車尾不放（我要將你生吞活剝），或憤怒地甩掉後方車輛（趕快逃之夭夭），並向老天祈求能盡快脫離水泄不通的道路，心中卻明知這是回家唯一的路。某個在加州公路上進行的研究顯示，人們撥打路況投訴專線的頻率，會在交通尖峰時刻呈現出規律且可預測的遞增模式。另一個在同個路段上進行的研究則發現，人們在週末鳴按喇叭的次數，比平日來得少（即使將車輛數目的差異這項變數納入考慮，結果仍然相同）。⑧

另一種生物的移動方式則大相逕庭且非常明確。新大陸行軍蟻（New World arm ant，學名叫Eciton burchellii），或許是世上最優秀的通勤者。行軍蟻的蟻窩就像一座會移動的城市，其中的居民數量可超過一百萬名。行軍蟻每天一早便開始外出覓食。清晨的交通尖峰時刻，行軍蟻的腳步難免有點踉蹌，但不久後一切便顯得井然有序了起來。「你在早上時會看見一團活生生的蟻球，吊在高達一公尺半的半空中，牠們或許就住在樹幹上的縫隙裡，」曾在巴拿馬研究螞蟻的考辛說。「然後螞蟻便從蟻窩裡蜂擁而出。一開始，牠們看來就像一隻變形蟲，到處都可看到一團團的螞蟻。過了一陣子，牠們就會朝同一個方向推進。我們還不清楚牠們是怎麼決定方向的。」

正當蟻群逐漸散開時，最早出發的螞蟻可能已經發現食物，並立刻將其帶回蟻窩了。其他螞蟻則會繼續往森林深處邁進，創造出許多複雜的路徑。這些路徑就像樹幹上的枝節一樣，全都通往蟻窩。由於這些螞蟻幾近全盲，因此牠們會在路徑上留下費洛蒙，充當交通標誌和道路標記。[9]這些又長又寬的路徑，最後會變成超級高速公路，擠滿了一道道快速移動的蟻流。問題在於：這些蟻流的方向恰好相反，而回巢的螞蟻還得背著食物往前走，而其速度通常較慢，且須使用更多空間。這些螞蟻怎麼知道自己該順著哪條蟻流走，而誰又有優先通行權？

考辛對螞蟻或許已經演化出「最佳行進規則」這個想法感到很有興趣，因此便和同事在巴拿馬錄製了一段行軍蟻路徑的細節影片。[10]這段影片顯示，行軍蟻不但創造了一條三線道公路，而且還能遵守一個定義明確的行進規則：離開蟻窩的螞蟻使用兩條外側線道，回巢的螞蟻則走中央線道。考辛指出，行軍蟻並非無緣無故地走在布滿其化學物質的路徑上（畢竟，其他種類的螞蟻不會造出三線道）。螞蟻容易受到高濃度費洛蒙的吸引，且螞蟻密度最高的地方，通常也是費洛蒙濃度最高的地方，而中央線道正好是最多螞蟻行經的路徑。

在這種情況下，行軍蟻便會進入持續出現的膽小鬼賽局（game of chicken），面對洶湧而至的回巢蟻流時，往外行進的螞蟻會盡可能地守護其路徑，直到最後一刻才迅速地採取閃避動作。螞蟻之間的對撞事件仍時有可聞，但考辛指出三線道的路徑結構能盡量減少後續的延誤時間。當然，螞蟻不喜歡浪費時間。等到過了傍晚的尖峰時刻，而蟻群也全回到家後，整個蟻窩便會在夜色的庇護下，慢慢地移動到新地點。隔天一早，蟻群再次重複這個循環。「這些物種在這種密度極高的交通環境中，已經演化了長達數千年之久，」考辛說，「牠們的確發明了真實世界中最頂尖的交通組織。」⑪

行軍蟻以離譜的有效率的方式四處移動，而其祕密則在於：不同於遷徙中的蝗蟲——以及開著車的人類——牠們的合作行爲毫無虛假的成分。「牠們全心全意地爲蟻群著想，」考辛說。由於工蟻無法繁殖下一代，因此牠們的一切努力都是爲了協助蟻后。「在某個意義上，蟻群本身就是一個繁殖單位，」考辛如此解釋。「舉個大概的類比，牠們就像是你身上的細胞，爲了促進你的福祉而共同合作，以便增殖你的基因。」每隻螞蟻的工作進度，關係著整體蟻群的健康，而這正是螞蟻的移動模式之所以如此順暢的原因。牠們不會在路徑上彼此殘殺，不會認爲自己的時間比較寶貴，不會阻止其他螞蟻超過自己，也不會讓其他螞蟻苦苦等候。當牠們必須糾集眾力才能舉起某塊食物時，便會義不容辭地加入浩大的行列，並調整自己的腳步以配合其他螞蟻的步伐。牠們甚至會用自己的身體築橋，並視交通流量的大小，隨時改變橋梁的寬度。

螞蟻又會如何處理匯流？我稍後在牛津大學巴立歐學院（Balliol College）的餐廳，向考辛問起這個問題。螞蟻如何解決這種複雜的任務？「螞蟻絕對懂得如何匯入其他蟻流，」他笑著說。「蟻流交會的地方似乎常發生一些有趣的事情。這也是我們想深入研究的問題。」

決定洛杉磯交通狀況的上帝

不論什麼時間都一樣。路上若非塞車，便是尖峰時段，不然便會讓你咬牙切齒。

——《偷天換日》（*The Italian Job*, 2003）

「對不起，交通糟透了」這句話，已經取代了「你好嗎」，成為洛杉磯市民最常掛在嘴邊的寒暄用語。有時，交通狀況甚至差到有如一半的洛杉磯正等著另一半抵達目的地。

但每年全世界——或至少其數億居民——都會期待所有人皆能在某個晚上準時到達某個地方。這個絕不容許遲到的夜晚，就是奧斯卡頒獎之夜。在這個隆重的夜裡，八百部載著巨星名流的加長型禮車，陸續抵達好萊塢高地娛樂中心轉角的柯達戲院，而媒體則在紅地毯兩旁連番追問「你的心情如何」和「你穿了什麼」等問題。不過，沒有人曾在奧斯卡之夜問過一個更重要的問題：這八百部車如何在洛杉磯依序抵達同一個地點？

我們可在洛杉磯市區的市政廳有如迷宮般的地下室，發現這個問題的答案。這個空調良好的陰暗地下室，有著一面閃閃發亮的電視牆，而每個螢幕上都顯示出市區不同路口的重要畫面。這裡就是洛杉磯交通局的自動交通控管中心（Automated Traffic Surveillance and Control，簡稱ATSAC）。這種交通控管中心，是許多現代化城市不可或缺的構成要素。從多倫多到倫敦，我們都可見到類似的機構（墨西哥市的交通工程師，曾大方地讓我看一段超速駕駛人，對著自動測速攝影機比畫手指的影片）。

星期天時，洛杉磯的自動交通控管中心通常空無一人，只剩下嗡嗡作響的電腦，安靜地控制著全市的交通號誌——這些電腦甚至會在交通號誌故障時，通知維修人員前往排除問題。不過，由於當晚正逢奧斯卡之夜，因此一位名叫卡提克・帕特爾（Kartik Patel）的交通工程師，從早上九點開始，便一直待在這座「碉堡」裡，負責執行交通局的奧斯卡特別計畫。另外還有個男人靜靜地伏在桌前。其他交通工程師則在重要路口分組實地駐守。一尊小小的呆伯特塑像立在某台電腦上，電腦上貼了一張標籤：「史上最偉大的交通工程師」。

由於洛杉磯市不可能爲了奧斯卡頒獎典禮封閉所有道路系統，這些加長型禮車便須依據交通流量的複雜供需關係，在市區街道上穿梭行進。在正常情況下，這項任務都可交由交通控管中心強而有力的電腦來執行，而這些電腦則參考即時回饋迴路提供的數據來計算交通流量的需求。多虧埋在街道底下的金屬「感應線圈」（induction loops，亦即柏油路面上的黑色薄形圓圈），這個系統能夠測知正在重要路口等候通行的車輛數目。假如下午三點半的車流，突然變得和尖峰時刻一樣多，電腦便會立刻執行「尖峰時段控管措施」。這些影響整個區域的措施，能在五分鐘內實施完畢（爲了取得更快的反應，這些措施能在交通號誌的單次循環週期內實施完畢，但這種作法可能會引發反效果，打亂整個系統的節奏）。當自動交通控管系統改變某個路口的燈號時，它也會開始規畫接下來的動作，有如IBM的西洋棋程式深藍（Big Blue）一樣。「它會自動計算交通流量需求，」帕特爾說。「但它也必須計畫未來並問：『下個燈號應該需要多少時間？』」

經過一段時間後，洛杉磯自動交通控管中心已對該市所有路口任何時段的交通狀況瞭若指掌。帕特爾指著一台電腦螢幕，螢幕上顯示出燈號和街道的位置，但是沒有行人，就像是簡化的模擬城市電玩遊戲。這時，螢幕上的某個路口，出現了不停閃爍的警示燈號。「這個線圈記錄了去年一整年，這個路段在星期天下午三點半的交通流量，」帕特爾表示。「今天的情況有點異常，因爲現在的交通流量通常不會這麼大。因此，電腦特別將它標示出來，並指出那裡可能會發生交通事故。」自動交通控管系統會在不違反「交通燈號循環週期」的條件下，試圖排除問題狀況，帕特爾說。

不過，交通工程師偶爾需要讓某些特定的車流——例如搭載巨星名流的加長型禮車——以優於自動交通控管系統所能控制的方式行進，且不會因此導致交通癱瘓。到了傍晚時分，奧斯卡頒獎典禮即將揭幕之際，這項任務明顯地變得困難許多。駐守重要路口的交通工程師，開始發出混亂的要求。「控管中心，你能讓維爾考斯街（Wilcox）上的車輛優先通行嗎？」帕特爾手中的無線電對講機，傳來一陣撕裂的聲音。帕特爾則對著手機大喊：「老兄，你聽見高地大道和日落大道的問題了嗎？那裡排了一長串等著往北走的車子。」帕特爾有時一手拿著手機，一手握著無線電對講機，然後桌上的室內電話也響了起來。「禮車已經快回堵到聖塔莫尼卡（Santa Monica）了，」某人在雜音中嘶喊。

正當帕特爾忙亂地敲打著鍵盤，一邊加長這個燈號的循環時間，一邊取消那個路口的左轉燈號時，我突然覺得洛杉磯的交通工程師，彷彿就是決定該市交通狀況的上帝。當某人按下某個按鈕後，受影響的不止是一小群人，而是整個城市，因爲這種衝擊會擴散至系統各處。這就是洛杉磯版的渾沌理論：聖塔莫尼卡某個等候時間過久的紅燈，會引發瓦茲區（Watts）的塞車。

這時，事情開始變得有點不太對勁。帕特爾似乎特別關心拉布利亞大道（La Brea Avenue）和日落大道之間的路況。「喂，彼特，那邊情況如何？」他對著電話大喊。「有多少人在那裡？聽來不錯。」帕特爾隨後坦承他的工作單位正好有點小小的「勞資糾紛」。禮車逐漸抵達奧斯卡會場的同時，大約三百名以病假之名行罷工之實的交通工程師也在街上抗議。還有誰比他們更清楚該在哪些地方示威？帕特爾接到的電話，有些來自詢問禮車爲何被擋下的值班工程師，有些則來自想要得知該通過哪些路口的罷工工程師。「叫他們走慢一點，他們走得太快了，」帕特爾對著電話說。警察努力地將罷工工程師趕過路口，以免他們癱瘓交通。「天啊，他們怎麼能把你們踢出去？你們有通行路口的權利。所有未設置交通標誌的十字路口，你們都可走過去……繼續走過路口，不要急。」

帕特爾同時試著讓禮車順利抵達目的地，並引導抗議人潮以最有效率的方式阻礙交通。這是否代表他會協助高舉抗議標語的群眾，給他們多一點時間通過路口？一抹詭異的微笑掠過帕特爾的臉頰，但他什麼也沒說。不久後，他離開座位，走進後頭的一個辦公室，在裡頭打了幾通電話。他是罷工工程師的同路人嗎？沒有人能確定，但有趣的是，帕特爾和另一位工程師後來遭到起訴，罪名是在罷工行動中破壞四個重要路口的交通號誌。[12]這個案件也受到美國國土安全部的注意，目前正在法院審理當中，而假如最後判刑確定的話，他們兩人可能得面對好幾年的牢獄之災。

不論如何，禮車仍然準時到達奧斯卡會場。諷刺的是，以真實和暗喻手法描寫洛杉磯交通狀況的《衝擊效應》（*Crash*），獲得了該屆奧斯卡最佳影片的殊榮。頒獎晚會結束後，禮車逐一離開柯達戲院，再度加入市區車流，朝著奧斯卡之夜後的派對而去。

這個完美的小例子，反映出人類的交通活動比螞蟻的移動模式更爲複雜。經過無數世代的演化後，螞蟻已能以合作無間的方式，協同其移動模式，以便造福蟻群。人類則直到最近才開始以人工方式推動自己。我們不會爲了朝著同樣的目標而齊步邁進，反而只懂得爲了自己的目的不斷前行（例如，參加奧斯卡頒獎典禮，或參與路旁的示威遊行）。螞蟻的移動速度大致相同，但人類卻喜歡設定自己的行進速度，不論如此做是否會違反速限規定。更重要的是，移動中的螞蟻，總能感覺到其他螞蟻的存在。⑬人類不但將彼此隔離在不同的空間中，而且還會將人們分成駕駛人和行人，並以有如對待不同物種的方式，分別和這兩者進行互動。

正如所有城市一樣，洛杉磯也是一個非合作網絡。這個城市的交通系統，充斥著不顧其他人死活，執意按照自己的意願、目的地和時間需求等，不斷移動的人潮。面對這些問題，交通工程師只能藉由科技、交通標誌和法律規定之助，模擬出一個合作系統，盡其所能地引導我們放棄有如蝗蟲般的行爲模式，並學習螞蟻的移動方式。

以交通號誌爲例。和其他地方的駕駛人一樣，洛杉磯的駕駛人也經常抱怨：「爲什麼他們不會算準時間，讓所有燈號都是綠燈？」同步化燈號最明顯的問題在於，從其他方向接近這些燈號的駕駛人，也會由於一模一樣的原因而心懷不滿。在這種情況下，人們不得不爭奪相同的資源。十字路口，不但是交通問題的根源地，也是人類欲望的競技場。洛杉磯交通局長約翰·費雪（John Fisher）以高樓大廈中的電梯打了一個比方。「你走進一座電梯，但每層樓都有人按鈕，因此電梯在每層樓都得停下來。每層樓都有人想進出電梯，所以電梯在每層樓都會停頓一會兒——請問這樣算是同步化，還是非同步化？假如電梯在每層樓都得停下來，你就必須多花一點時間才能抵達目的地。同樣的道理也適用於交通號誌。」

交通工程師可以參考精密的理論模型，盡可能地從交通網絡中擠出更多「續進號誌」（signal progression），以便製造出波浪式號誌循環。費雪表示，當他在一九七〇年代加入交通局時，他們「曾試圖讓四百公尺內的燈號保持一致。」再加上將燈號循環週期（亦即燈號從綠燈、黃燈到紅燈所需的時間）設定為六十秒，這種作法可讓時速四十八公里的車輛，「在合理的等候時間內等到綠燈」。

不過，洛杉磯的規模與時俱增，因此增設交通號誌的壓力也越來越大。在某些區域中，所有的路口都已設置紅綠燈，這表示車輛可能得在這些地點走走停停。交通工程師被迫將燈號循環時間延長至九十秒——這是城市燈號循環時間的一般上限。「假設我們將循環時間設為九十秒，」費雪說。「並讓四百公尺內的燈號保持一致，這表示你的時速已經無法達到四十八公里，而只有三十二公里。如果你讓情況變得更加複雜，只求將一百公尺或一個街廓的燈號保持一致，那麼你根本不能一路暢通到底。所有方向的車輛都得走走停停，這是最好的情況了。」當小型巷道的流量需求不高時，續進燈號能夠協助舒緩主要幹道的車潮。但費雪解釋，洛杉磯的「街道四通八達，而每個方向的來車數量大致相同」。某些路口的流量需求過度飽和，甚至連自動交通控管中心的電腦也愛莫能助。⑭

除了車輛之外，洛杉磯的街道上還有行人。雖然《愛就是那麼奇妙》（*L.A. Story*）裡的史帝夫・馬丁（Steve Martin）連到鄰居家用餐都要開車，但洛杉磯市民除了走向或離開停在路邊的車子外，偶爾還是會在街道上步行。出於職業習慣，交通工程師常將行人視爲擾亂交通的討厭障礙物，並以帶著優越感的同情口吻，把行人稱爲「脆弱的道路使用者」（雖然美國每年死於車內的人數更多，因而不得不讓人深思究竟何者比較脆弱）。⑮交通工程師掛在嘴邊的「行人阻抗」和「行人干擾」⑯等，聽來有如齷齪的勾當，事實上指的卻是人們有時會鼓起勇氣，以雙腿通過街道的行爲而已，雖然這種行爲偶爾會對路口車輛的「飽和流量率」造成不良影響。

交通工程師從未分析過車輛對路口行人的飽和流量率所產生的干擾，而這明白地顯示出這種專業對行人的偏見。在紐約等城市中，即使行人的數量大幅超越車輛的數量，交通號誌的時間設定，都是爲了加快少數車輛的行進速度，而非多數行人的通行速度⑰——第五大道可曾設置能讓行人一路暢行無阻的續進燈號？⑱由於行人數量眾多，紐約市的行人通行鈕多半處於故障狀態（雖然沒耐心的紐約市民還是會使勁按鈕）。反觀洛杉磯的行人通行鈕，則拜行人數量較少之故，而得以運作正常。行人謙卑地向交通之神乞求通行街道的恩賜，神明則在稍作考慮後恩准其訴願。假如你沒有按下按鈕，你便得一直等在路旁，直到因爲流浪街頭而被開具罰單爲止。

有時交通之神也得聽從更神聖的權威。⑲洛杉磯街頭交通的一個有趣現象是，從世紀城（Century City）至漢考克公園（Hancock Park）之間，約有七十五個行人**不**須按鈕也能通行的交通號誌。這些交通號誌會在安息日時自動改變。謹遵猶太教安息日戒律的猶太人，在星期五太陽下山後至星期六太陽下山這段時間，以及某些宗教節日期間，不可操作任何機械或電子裝置，包括按鈕通過街道。與其放任行人隨意橫越馬路，洛杉磯在某些路口安裝自動變換的通行號誌（費雪開玩笑地說，這下被犧牲的可就是車流量了）。「我們在控制器上輸進了希伯來年曆，」費雪告訴我。

洛杉磯交通局曾建議設置能在行人穿越馬路時自動啓動的閃光號誌，但加州拉比委員會（Rabbinical Council of California）委婉地拒絕了這項提議，並表示即使以信號被動地啓動燈光，仍會違反安息日戒律。這個委員會指出，假如行人不會察覺自己的行爲觸發了燈光，這種自動號誌便無不妥之處，但「人們很快就會發現這些號誌的存在，並因此避免在安息日通過馬路」。⑳

和洛杉磯過度飽和的交通壓力比較起來，這些棘手問題相形失色。「許多主要幹道，例如拉史亞內加大道（La Cienega）和拉布利亞大道，目前的車流量是每天六萬輛，」費雪說。「根據原本的設計，這些幹道只能負荷每天三萬輛的車流量。」許多年前，交通工程師曾在威爾雪爾大道（Wilshire Boulevard）和其他幹道實施彈性調撥車道，機動改變一條車道的遵行方向，以便在早晚尖峰時刻分別迎送上下高速公路的車流。但這種作法現在已經行不通了。「當你能將反方向的車流，各自分成百分之六十五和百分之三十五時，彈性調撥車道的效率非常好，」費雪說。「但現在我們已經很難在市區街道上，見到這麼有效率的車流模式。」高速公路上的情況也是如此。I四○五號聖地牙哥高速公路（San Diego Freeway）在一九六○年代完工時，預計足以乘載每天十六萬輛的車流量。時至今日，這條高速公路每天的車流量高達四十萬輛，而它和聖塔莫尼卡高速公路（Santa Monica Freeway）之間的交流道，則是全美最擁擠的交流道。過去，聖塔莫尼卡高速公路只是一條市區公路，車潮在早上湧進市區，到了下午則往郊區疏散。「現在，早上往郊區行駛的車輛，常比朝市區方向行進的車多更多，」費雪說。

「以前，我們在平日時還算遊刃有餘，」加州交通局的工程師唐恩・荷蘿（Dawn Helou）指出。「平日指的是當月和當週都沒有國定假日的星期二、星期三，以及星期四。最好不要下雨，不要遇上暑假，也不要發生交通事故。這種平日已經越來越少了。」

交通系統之所以還能免於崩潰，多虧了人類勝過螞蟻的一項特質：同時觀察和引導交通系統的能力。藉著替駕駛人做出各種決定，並協調交通供需之間的複雜互動，交通工程師不斷改善洛杉磯的交通流量。該市交通局幾年前所進行的一份研究顯示，在設置即時交通號誌的地區，行車時間減少了近百分之十三，行車速度增加了百分之十二，塞車狀況降低了百分之二十一，而走走停停的次數也減少了百分之三十一。[21]光是藉著盡快向控管中心通報故障的交通號誌，即能提升更多效率。交通工程師的貢獻，是在無法新增任何車道的市區街道中，加入了更多「虛擬」流量。

資訊的傳遞，是維持交通流量的關鍵因素之一。在缺乏轉圜空間的情況下，異常的交通模式必須盡快得到分析和處理。加州交通局的工程師常說，公路上的一條車道被封閉一分鐘，便會引發四或五分鐘的塞車狀況。公路路面下埋設的感應線圈，能夠測知交通模式是否有所變化。但這些線圈蒐集的資訊，往往未能得到即時處理，而延遲的時間可能長達數分鐘至十五分鐘，且經常需要根據監控攝影機的影像進行確認。這段時間已可引發大規模塞車。有時，某些路段上的感應線圈可能已經停止運作（加州交通局指出，在該州長達四萬多公里的線圈中，每天大約只有百分之六十五至七十五的線圈運作正常），而其他路段或許根本未曾埋設感應線圈。

這正是洛杉磯市民之所以每天瘋狂追蹤路況報導的原因。路況報導是洛杉磯日常生活的背景音樂，無時不刻地在每個人的意識邊緣徘徊。哥倫比亞廣播公司（CBS）洛杉磯分公司KCAL的晨間路況報導主持人薇拉．吉美尼茲（Vera Jimenez）指出，有時候，沒有新聞才是真正的新聞。「路況偶爾會出人意料地有趣，」某天早上她在加州交通局裡說。「當天的新聞焦點不是路況有多差，而是路上爲何出奇地平靜。那天不是假日，也沒有舉辦任何活動，交通眞的非常順暢。大家都按照規矩開車，並依序匯入車流，不管你信不信，一切都好極了。」

洛杉磯的交通記者數量堪稱舉世無雙，而能夠觀察他們的工作情形，也讓我對這個城市及其路況，有了不同的認識。某天一大清早，我開車到橘郡（Orange County）郊區的圖斯汀（Tustin）。這裡是媒體集團克立爾（Clear Channel）旗下、全美最大路況資訊中心空中監看（Airwatch）的所在地。克里斯・休斯（Chris Hughes）在滿是電視牆、電腦螢幕和警用頻率掃描器的房間裡，已經監看了好幾個小時的清晨尖峰時刻路況。手中緊握著馬錶，臉上帶著咖啡因引起的緊繃情緒，休斯以急促而響亮的聲音報導：「長灘（Long Beach）地區，從北四〇五號公路經伍德洛夫（Woodruff）到七一〇號公路，再從一一〇號高速公路直到英格伍德（Inglewood）爲止，車流負荷較大……」

爲了滿足各家廣播電台的不同需求，休斯必須改變報導的長度和方式。某家電台或許比較喜歡「活潑且聊天式」的報導，另一家電台則可能鍾情有如機器人口音般中規中矩的交通報導。有些電台在報導中穿插賭場廣告，基督教電台則不如此做。還有些電台乾脆要休斯假扮其他人。「**早安**，我是AM一一五〇的傑森・甘迺迪（Jason Kennedy），爲您帶來紐西蘭航空公司贊助的路況報導，」我突然聽到他如此說。「這兩家電台彼此競爭，」他有點不好意思地解釋，「雖然他們都是我們旗下的子公司。」

休斯對洛杉磯公路的了解有如本能般地準確。他能根據公路車流即時地圖提供的資訊，判斷暴雨的行進路徑。他知道每星期五由東邊離開市區的車流量特別龐大。「大家都要到拉斯維加斯——車潮直到晚上十點都還在回堵當中。」他知道駕駛人在任一側設有隔音牆的公路路段上會減慢車速。他知道早上的傾盆大雨常會減少下午的車流量。「許多人可能被滂沱大雨嚇壞了，所以全都躲了起來，」他說。他也指出，雖然大眾不難取得路況資訊，但重點在於如何解讀這些資訊。「這有點像是《駭客任務》（*The Matrix*），」他說。「你可以在地圖上看出哪些地方沒問題，而哪些區域又不太對勁。我現在就能看著地圖說，『一〇一號公路上看來出了點事，或許是某輛貨櫃車燒了起來』。」

干擾洛杉磯公路車流的事物數目，可說是無止無盡。「你知道某些東西掉在高速公路上的數量嗎？」另一位空中監看記者克萊爾・席格曼（Claire Sigman）如此問。「最常見的東西是梯子。」而一如《比佛利山莊警探》（*Beverly Hills Cop*）的劇情，酪梨和柳橙也常從卡車上沿路掉下來。還有人曾將移動式廁所丟在公路中央。二〇〇七年時，一棟滿是塗鴉並貼著「吉屋出租」標示的房子，在好萊塢高速公路（Hollywood Freeway）上停留了數星期，因為其主人在搬運房屋的過程中，繞經某條未經許可的路線，結果撞上了高架橋且動彈不得。有些人在高架橋上高舉「末世即將降臨」的標語，其他人則試圖從橋上往下跳。燎原大火也會影響交通。風滾草則是沙漠地區最令人頭痛的問題。「人們試著繞過風滾草，而非直接輾過去，」休斯說。在空中監看的辦公室裡，一台電腦螢幕顯示出加州公路巡邏隊(California Highway Patrol)回報的各類交通事故統計數字。他們使用代碼稱呼在路上拋錨的女性駕駛人，以免正在監聽警用無線電的不肖之徒趁機而入。最常見的代表之一是〇五五〇，代表「正在高速公路上小解」、身著方格外套的白種男性。這個代碼還有個顯眼的附註：「目視所及範圍內沒有來車。」（那個掉在公路中央的移動式廁所怎麼沒在這裡出現？）

加州公路巡邏隊每天都在最前線對抗足以讓洛杉磯交通爲之崩潰的邪惡力量。對於半路拋錨的車輛而言，自動交通控管中心裡的精密電腦模型和光纖電纜，根本一無是處。這是某天下午我和喬依・利力（Joe Zizi）警官一同執行巡邏勤務時學到的事。利力曾經當過州警，目前在加州公路巡邏隊負責公關業務。加州公路巡邏隊員每天必做的第一件事，就是清除公路上的廢棄車輛或障礙物。「如此一來，人們開車時就沒什麼好看了，」利力邊在一〇一號公路上巡邏邊說。即使是被棄置於邊溝中的沙發，也會讓人們忍不住在經過時多看一眼。巡邏車的前座中間放著一把制式散彈槍。爲了提供駕駛人一個順暢的行車環境，巡邏車上安裝了強化保險桿，以便將廢棄車輛推出路面外，節省等待拖吊車所需的時間。加州公路巡邏隊的卡車上載滿了排除各種交通狀況的道具，從嬰兒運送器具（「絕對能讓伸長脖子的旁觀者大開眼界」）到捕狗網等應有盡有。

「由於某些未知原因，高速公路很對野狗的味，」利力說。「牠們常常跑到路上，然後被來往車輛嚇得不知所措，最後開始往路中央狂奔。根據加州公路巡邏隊的統計，每年的七月五日，是這些代號一一二五A的事故（『動物引起的交通狀況』）最常出現的日子，這可能是由於野狗受到前一晚煙火的驚嚇而四處亂竄所致。㉒當人們上路之後，加州公路巡邏隊員便開始查緝失竊車輛（插進鑰匙孔中的螺絲起子是最明顯的線索），並對違規駕駛人開具交通罰單。利力是否知道任何避免罰單的訣竅？「很多員警說不吝施展哭功的女性駕駛人往往能躲過罰單，但其他員警則說如果眞有人哭了出來，那麼他們一定會收到罰單，」他說。「當然，我們也經常見到男性駕駛人試圖訴諸眼淚，但這招根本不能引發員警的同情心。」

即使加州公路局在路上裝設了如此多攝影機和感應線圈，即使加州公路巡邏隊孜孜不倦地排除交通狀況，有時我們只有站在更高的角度上，才能眞正了解洛杉磯公路系統的規模和祕密。這正是KFI廣播電台「空中之眼」的麥克‧諾藍（Mike Nolan），每天之所以都得從河濱郡（Riverside County）可樂娜機場（Corona Airport）駕駛西斯納一八二型直升機，在空中報導帕沙第那（Pasadena）和橘郡之間廣大區域的路況。

「最重要的事是學著解讀公路的路況，」他邊解釋，邊將直升機降落在青翠山丘旁挖出的停機坪上。「我看得出什麼是正常路況。我知道哪些路段的車流應該較慢，而哪些區域的車流應該較快。當我發現不尋常的狀況時，便得開始調查其成因。」諾藍的飛行座右銘是「靠著公路右側飛行」，他對加州公路交通模式的了解，就像白髮斑斑的釣魚導遊對最佳鱸魚魚場的知識一樣深入。東洛杉磯的一部拋錨福斯汽車，比拉加拿大（La Cañada）的一輛翻覆油罐車，更可能引發嚴重的交通事件（「引人注目的事故，不一定是嚴重的事故，」他說）。星期一的交通流量通常較少，而舉行美式足球大戰的星期一更是如此。從交通擁擠的程度而言，星期四越來越像人人急著趕赴周末的忙碌星期五。這些交通模式裡還會出現某些奇異的中斷現象，例如夕陽時分的減速行車模式。「每年標準時間開始實施的第一天，夏令節約時間結束之後，大家的作息全被打亂了，」他說。「路況從糟糕變成恐怖。」雨天的路況也不太好，但長期乾旱後的第一個雨天的情況則更差。「久旱不雨會讓路面積滿油垢和橡膠碎屑。在這種路面上行車，簡直就和在雪地上開車一模一樣。」[23]

諾藍表示，很早之前便有人預測能夠偵測車流速度的地面感應器和車內探測器，將會取代空中交通報導的地位。諾藍也在直升機的儀表板上，安裝了有如手持式個人數位助理大小般的交通流量計，以便接收加州交通局傳送的資料，即時追蹤洛杉磯高速公路系統的壅塞程度。但諾藍說這些資料不常代表完整或正確的資訊。「在我的心目中，沒有任何事物能夠取代將頭探出直升機外察看，並將所見路況告知聽眾的工作，」他說。「路上的感應器會有所延遲，且缺乏效率。有時運作正常，但有時故障連連。沒什麼比大喊『拖吊車就在右線車道，我看見了，就在高架橋上』，或『拖吊車正在車陣中動彈不得』更過癮了。感應器不能告訴你拖吊車的距離多遠，或者是否已經完成拖吊且正準備離去。它不能告訴你任何只能從空中親眼看見的實際資訊。」

那天下午我和某位接收地面路況資料的空中監看記者，一同在洛杉磯市區上飛行的經驗，的確就像是在半空中追逐著地上的海市蜃樓一樣。七一〇號公路上並無斷成兩截的曳引機拖車，而四〇五號公路上的塞車也只是謠傳。諾藍正是試圖證實各種奇怪路況的那個人，這些狀況包括一隻死狗「導致四條車道塞車」等。諾藍在一九九二年的洛杉磯暴動中，看見了最讓他印象深刻的交通事件。「我記得看見人們在好萊塢大道的紅燈前停下車來，然後走進店裡翻箱倒櫃。綠燈亮起後，他們則逐一回到車上，再依序通過路口。這是我見過最不可思議的事。」

在洛杉磯上空盤旋時，只要一不小心就會將在地面上形成一條條車流的人們比作螞蟻。倘若事情眞的如此簡單，那該有多好？

慢即是快，以少制多

交通流量和人性

你踩了一下煞車，只在高速公路上輕輕踩了一下，整個效應便會傳遍長達三百公里的公路，因爲道路也有記憶。它非常神奇，彷彿就是活生生的生物。

——《不可能的任務3》(*Mission: Impossible III*)

你或許有過在進入高速公路匝道時被紅燈擋下的經驗。這種阻止你繼續前進的裝置叫作匝道儀控。從洛杉磯到南非再到澳洲雪梨，我們都見得到它的蹤跡。

匝道儀控往往令人感到厭煩，因爲高速公路上的車流看似順暢無比。「人們常問我：『你爲什麼把我擋在匝道儀控外？高速公路明明沒有塞車，』」加州交通局的工程師荷蘿說。「高速公路之所以沒有塞車，是因爲你把車停了下來。」

這正是人類交通活動最基本，但也最常被忽略的事實之一：個人的最佳選擇，不一定對整體利益有利。交通工程師的職責，即在於尋找「使用者最佳化」和「系統最佳化」之間的平衡點。這些問題會在許多不同的層面上發生，而且都和塞車有關。第一個問題是，車輛如何在道路上移動；第二個問題則是，大型交通網絡如何運作（我們將在稍後的章節裡回到這個問題）。

表面上看來，只要我們了解一些有關車流模式的基本事實，便不難明白高速公路匝道儀控的作用。過去數十年來，交通工程師不斷嘗試了解和模擬車流模式，㉔但它卻有如一隻體型龐大的凶猛野獸。「有些謎題還沒得到答案，」加州大學柏克萊分校工程師卡洛斯‧達根佐（Carlos Daganzo）說。[25]交通工程師一開始嘗試模擬的，是所謂的「跟車」（car following）理論。這個理論的基礎在於，我們的駕駛行爲會因爲前方是否有其他車輛，以及其他車輛的距離遠近而變化。正如一路對路徑上的費洛蒙做出回應的螞蟻，我們也會受到前方車輛的影響，不斷地在靠對方太近和離對方太遠之間取得平衡。請想像各種十字路口、車道變換和其他行車動作、以不同時速行駛的大小車輛、各式各樣的駕駛風格和目的地，以及五花八門的燈光、天氣和路況；然後再將這些因素擴大數千倍，你便不難想像交通模擬理論的高度複雜性。

即使是最精密的理論模型，也無法完全解釋人類的怪異行爲，以及交通系統中的「噪音」和「零散事物」。對於這些例外，交通工程師不吝於大開方便之門，正如我在某個交通會議上所見的警語：「本理論模型不試圖說明駕駛人的多樣化行爲模式。」[26]你開車時是否不太喜歡和其他人並駕齊驅，因此決定稍微加速或減速？你是否有時會無緣無故地緊跟著前車，然後再逐漸加大行車間距？各種奇怪的現象都在道路感應器的偵測範圍之外。舉例來說，光是跟車行爲便可令人百思不解。某個研究發現，轎車跟在休旅車後方的距離，比跟在其他轎車後方的距離來得近，雖然轎車駕駛人本身的說法正好與此相反，而休旅車又較易擋住後方轎車的視野。[27]

或以達根佐所謂的洛斯加托斯效應（Los Gatos effect，洛斯加托斯是加州某條公路的上坡路段）爲例。[28]你或許曾有這種經驗：即使面對來自其他駕駛人的壓力，而慢車道的車速其實也不慢，人們似乎仍不願意放棄超車車道，變換至行駛著卡車的慢車道上。這是怎麼回事？駕駛人或許不想白費力氣轉換車道。他們可能不確定後方車輛是否眞想超車，或者只想縮短行車間距以防其他車輛插隊。一團行車間距狹小的車陣於焉成形，但它能持續多久呢？我們都曾見過這些奇怪的交通模式。我在路上見過的有趣現象之一，是我所謂的「被動式主動超車」（passive-aggressive passing）。假設你正在快車道上，後方車輛突然向你示意，要你變換至位於右線的慢車道。當你變換至慢車道後，這部車隨即在超過你後，也變換至慢車道，且擋在你的正前方，導致**你**不得不切回快車道並超過**它**。

影響公路交通的基本因素已逐漸為人所了解。其中的關鍵因素之一，正是車流量，亦即通過埋在路面的偵測器或某些定點的車輛數量。上午四點，就在尖峰時段來臨之前，在高速公路上行駛的車輛，或許能達到一百二十公里的時速。此時的車流量，約為每小時一千七百部車輛。尖峰時段開始後，車流量曲線自然會往上攀升，到達每小時二千四百部車輛，而車輛的平均時速約為八十八公里。㉙對高速公路系統而言，這是最理想的狀態。不久後，更多車輛湧進高速公路，車流量曲線也突然降回每小時一千七百部車輛，這時的平均時速約為五十六公里。「因此，這兩種時段的車流量都是每小時一千七百部車輛，」荷蘿說。「車流量一模一樣，路況卻有如天壤之別。」

由於車輛在時間和空間中移動，因此車流量等測量數據，就和高速公路本身一樣難以捉摸。正在擁擠的車道上動彈不得的孤單駕駛人，或許會看著隔壁的高乘載管制車道，並覺得上面根本沒有任何車輛——這種常見的心態甚至被取名為「空曠車道症候群」（empty lane syndrome）。這些車道之所以看似空曠的原因，在於其車速通常比鄰近車道還要快上許多。這些車道的車流量，或許並不亞於你所在的車道，但其車速比你所在車道的車速快上每小時八十公里此一事實，卻會營造出這些車道尚未得到充分利用的錯覺。㉚當然，這些正面或負面的個人行為——以一百二十公里的時速揚長而去的駕駛人，或在水泄不通的車道上以三十公里的時速龜步前行的駕駛人——都不是最有利於整體系統的行爲。理想的高速公路，應能讓最多數量的車輛，以其恰到好處的車速，在最有效率的情況下，順暢地通過每個路段。

即使是在車速和車流曲線逐漸降低的尖峰時段，我們仍可藉由各種微調手段，達成「同步化車流」(synchronized flow)，創造出龐大但穩定的車流模式。但當更多車輛從匝道湧進高速公路時，由每公里車輛總數（而非行經某一定點的車輛總數）計算出來的車流「密度」(density) 便會越來越高。一旦到達某種臨界密度後（相當於蝗蟲開始往同一方向齊步行進的時刻），原本順暢的車流模式便會隨之崩潰。各種移動或靜止的交通瓶頸，就像口徑逐漸縮小的水管一樣，不斷壓擠無處可去的車流。在這種情況下，車輛的數量根本早已超過高速公路的容量。

匝道儀控的目的，即在於阻止匝道上的車輛源源不絕地進入高速公路，以便將高速公路上的「主線車流量」(main-line flow) 維持在臨界密度之下。「如果不限制進入高速公路的車輛數目，一隊隊車團便會湧入高速公路主線車道，」荷蘿說。這不只會帶來更多車潮，也會使更多爲了匯入車流的車輛不得不跨線行駛。許多研究顯示，這種匯流現象既無法預測，有時也未呈現出合作行爲的特徵。「匯流最後會導致右線車道癱瘓，」她說。「車潮於是溢入隔壁車道，因爲人們試圖在抵達匯流地點時，提前切入左線車道。原本在第二車道的駕駛人，也會提前匯入另一條車道，然後整條高速公路都會變得動彈不得。」某個研究顯示，由出口匝道離開高速公路的車輛，也會引發相同的連鎖反應，即使其他車道的車流密度尚未到達臨界密度。[31]

假如實施方式正確的話，[32]匝道儀控即可將整個系統維持在臨界密度之下，並找出足以讓多數車輛以最快速度通過某些路段的最佳平衡點。交通工程師將這種作法稱爲「流量最大化」(throughput maximization)。

我們可用米粒說明這種現象。請取一公升米粒，然後經過漏斗將它一股腦地倒進燒杯裡，並記下米粒通過漏斗所需的時間。再拿一公升米粒，同樣也是經過漏斗，但以盡可能順暢的方式，將其倒入燒杯中。請問哪一種方式所需的時間較少？根據美國交通部所進行的簡單實驗，第一種方法需要四十秒，才能讓米粒全部倒進燒杯中，而第二種方法只需二十七秒，即可完成相同的任務，足足減少了將近三分之一的時間。㉝看起來較慢的方法其實比較快。

米粒和人類交通活動之間的關係，或許比你想像的更爲密切。許多人喜歡用水來說明人類的交通活動，因爲它能輕而易舉地描述車流量和道路容量等概念。專門研究交通的俄亥俄州立大學工程學教授班哲明・考夫曼（Benjamin Coifman）舉了一個例子。假設有個裝滿水的桶子，而其底部開了一個直徑一英寸的小洞。當注入桶中的水柱直徑只有半英寸時，這個桶子不會裝滿水。然而，假如注入桶中的水柱直徑多達兩英寸時，這個桶子裡的水位便會逐漸升高，雖然它的底部仍不斷地漏出水來。我們是否會遇上塞車，必須取決於路上的「水位」——亦即通過交通瓶頸的車流量——是否正在升高或降低。「對身爲駕駛人的你而言，最先映入眼簾的景象，一定是車陣的最末端，」考夫曼告訴我。「你最先看見的必定是當天交通水位的位置。」這個類比也透露出另一個有關人類交通活動的祕密：不論桶子裡（或道路上）還剩下多少容量，漏洞（或交通瓶頸）的大小，才是決定水位（或車流量）是否會增加的關鍵。

不過，在交通瓶頸等地方，車流模式比較不像水（例如，道路面積變小時，車流速度不會隨之增加），而和米粒比較類似。車輛就和米粒一樣，都是以特殊方式移動的分離物體。米粒其實是所謂的「顆粒介質」（granular media），亦即呈現出液體流動特性的固體。芝加哥大學物理學家暨顆粒介質專家席尼・納格爾（Sidney Nagel）舉了一個例子。假設你想將砂糖倒在湯匙上。倒得太多，小小的糖山便會逐漸傾倒，而其流動方式幾乎就和液體一樣。不過，這座糖山其實只是一堆不易彼此互動的固體，而它之所以會從湯匙邊緣開始溢出，則是因爲這些固體正在互動當中。「它們不會受到彼此的吸引，」納格爾說。「它們只會彼此推擠。」我們很難預測一堆顆粒介質的互動模式。這正是圓形穀倉之所以是最易倒塌的建築物型態，以及早餐玉米片經常從滿滿的圓缽上往下滑落的原因。

爲什麼米粒會從漏斗裡溢出來？因爲米粒進入漏斗的速度，超過了漏斗出口的流溢容量。整個系統的密度變得越來越高，顆粒也變得更常彼此接觸。越來越多的米粒開始互相摩擦，最後全被漏斗牆壁的摩擦力擋住了。這種現象聽起來很耳熟嗎？「這就像是高速公路上的車輛，」㉞納格爾說。「當交通瓶頸越變越窄時，要通過這些瓶頸的車流壓力也會越來越大。」㉟

每次只傾倒一些米粒——或移動一些車輛——能在這些顆粒之間，保持更多空間，並減少其互動機率，㊱而其流動速度也會因此加快。不過，這種觀念就和「慢即是快」一樣，很難讓時常在車陣中動彈不得的駕駛人接受。一九九九年時，某位明尼蘇達州州議院參議員，主張雙子星市所設置的匝道儀控有弊無利，並提出「保障行車自由」法案，建議廢止所有的匝道儀控。最後，這項法案胎死腹中，但另一項獲得議會支持的法案，則宣布暫時關閉匝道儀控兩個月。在這段期間，駕駛人能隨心所欲地進入高速公路，行駛高乘載管制車道，而不會受到匝道儀控的干擾。結果發生了什麼事？高速公路的路況變得更糟了。車速變慢，而行車時間也拉長了。某份研究顯示，設有匝道儀控路段的車流量，是未設置匝道儀控路段的兩倍。㊲不久後，雙子星市的匝道儀控也回到原本的工作崗位上了。

「慢即是快」是人類交通活動的四字眞言。這種現象的最經典範例非圓環莫屬。許多人往往誤以爲圓環會引起塞車。但和設置交通號誌或停車再開標誌的路口比較起來，設計良好的圓環最多能減少百分之六十五的延遲時間。當然，正好遇上綠燈的駕駛人，或許能以快於行經圓環的速度，通過設有交通號誌的路口。不過，駕駛人約有一半時間不會遇上綠燈；而即使恰好趕上綠燈，前方往往也已形成一團等著通過路口的車潮。除此之外，左轉號誌也會擋下多數車輛，更別提四方來車在**清一色**紅燈的「淨空時相」（clearance phase）啓動時，不得進入路口的窘境。駕駛人的確得在接近圓環時減速，但只有在很罕見的情況下才須完全停車。㊳

一九六〇年代時，交通工程師在荷蘭隧道（Holland Tunnel）進行了許多實驗。這個隧道是進出紐約市的交通動脈之一。當車輛在毫無限制的狀況下進入荷蘭隧道，這個擁有兩個車道的隧道每小時能容納一千一百七十六部車輛，而車輛的最佳平均時速約爲三十公里。但在某個實驗裡，隧道主管機關將每兩分鐘進入隧道的車輛數目上限設爲四十四輛。一旦在兩分鐘內進入隧道的車輛數目已經達到這個上限，交通警察便會在隧道入口攔下其餘車輛長達十秒鐘。結果如何？在這種條件下，荷蘭隧道每小時能容納一千三百二十部車輛㊴（我稍後即會說明箇中原因）。

在設有交通號誌的街道上，交通工程師以特殊的方式設定號誌的續進速度，好讓駕駛人得以沿路遇見綠燈。當駕駛人以快於設定速度的車速行進時，一定會在下個紅燈底下被迫停車。每次停車都得減速，並再度加速，白白浪費了駕駛人的時間和汽油。等著通過紅燈的車潮，會引發交通工程師所謂的「起步損失時間」(start-up lost time)。和車輛以「飽和車流率」(saturation-flow rate) 順暢地通過路口所需的時間比較起來，在交通號誌由紅轉綠時起步的第一部車，平均會浪費掉兩秒鐘。排名第一的駕駛人由於必須率先做出反應、確定路口已無其他方向來車，並從靜止狀態加速啓動，因此往往會產生最多「損失時間」。交通號誌已經變成綠燈了，但一開始路口仍無車輛通行。排名第二的駕駛人浪費的時間較少，而排名第三的駕駛人消耗的時間則更少，以此類推（假設每位駕駛人的反應時間都一樣快，但這並非實際情況）。休旅車由於車型較長（平均而言約比轎車長百分之十四），且加速較慢，因此其損失時間最多會比其他車輛高出百分之二十。[40]

假如駕駛人能以較慢且一致的速度，在無須停車的狀況下接近路口，他們便可彌補部分損失時間（不過，車速太慢也會浪費時間，因爲綠燈時通過路口的車流量會因此減少）。「淨空損失時間」(clearance lost time) 是目前浪費最多起步時間的時段。在這段期間，四方來車都暫時無法通行路口，因爲交通工程師不斷延長「全紅時相」(all-red phase)，亦即當某個方向的交通號誌已經轉紅後，另個方向的交通號誌還得多等幾乎兩秒才會變綠。而交通工程師之所以必須如此做的原因，在於越來越多人似乎無法及時在紅燈即將亮起前停車。[41]

請想像你正在一條停停走走的高速公路上開車。正如停在交通號誌前的駕駛人，每次我們在高速公路上停停走走時，也會產生損失時間。在這種情況下，我們往往無從得知前方車輛的決定，因此只能以不穩定的方式前進。我們可能因爲暫時分心而忘了加速，或由於緊急煞車而浪費更多時間。邊開車邊接聽手機的駕駛人所損失的時間或許更多，因爲他們的反應和車速都比較慢。[42]車輛之間的距離越近，它們對彼此的影響也越大。路上的所有事物都變得更不穩定。「這個系統用來緩衝各種干擾的多餘容量，也已全數消失殆盡，」考夫曼說。他用槌球打了一個比方。「如果你每隔一英呎放一個槌球，那麼當你輕輕敲一下第一個球時，你的動作不會影響其他四個球。但如果你將五個球全部擺在一起，然後敲一下第一個球，最後一個球就會彈出去。同樣地，當道路的容量越來越飽和時，任何小事故都會影響許多車輛。」

在隊形緊密的車潮中，假如最前面的車輛減速或停車，它便會引發一股向後傳遞的「震波」，導致後方車輛逐一跟著減速或停車。這股震波的時速約達二十公里，[43]且就理論上而言，只要車流密度夠高，它即可不受距離限制地繼續往後運動。在雙線高速公路上，即使是一部以毫無節奏感的方式，或無緣無故地改變車速的車輛（人們經常如此做，而我將之稱爲「車速注意力不足症」〔speed-attention-deficit disorder〕），也會引發這種影響後方車輛的震波。除此之外，縱使這部車輛的平均車速相當快，其車速波動仍會造成連鎖破壞效應。[44]這正是荷蘭隧道實驗背後隱藏的祕密：當每團車陣裡的車輛數目上限爲四十四輛時，每道震波最多也只會影響這麼多車。正如分隔遙遠的槌球一樣，互相隔離的車陣也不會彼此干擾。

有多少次我們陷入看似莫名其妙的壅塞車陣裡？有多少次我們在經歷一波塞車後又遇上另一波塞車？這種名爲「虛幻塞車」（Phantom jam）的現象，讓許多人感到非常頭痛。「在真實世界中，虛幻塞車並不存在，」被德國媒體封爲「塞車教授」的杜依斯堡埃森大學（University of Duisburg-

Essen）物理學教授麥可・施瑞肯柏格（Michael Schreckenberg）以宏亮的聲音說。塞車必定事出有因，雖然這些原因可能並不明顯，他表示。看來有如局部干擾的小型塞車，或許只是大規模移動式塞車中某個不斷往後傳遞的波浪。施瑞肯柏格指出，我們不能光以走走停停來描述這整個現象：「走走停停的行車模式，只是塞車現象中的一個過程而已。」

我們之所以會產生塞車錯覺，是因爲交通活動同時在空間和時間當中發生。你也許會將車開進某個已經開始塞車的空間。或者，你並未將車開進車潮裡，反而是車潮正向你步步逼近。「在我所舉的水桶類比中，」考夫曼說，「駕駛人就有如水分子一樣。當桶子裡的水位不斷上升時，車潮也開始湧向我們。」除此之外，我們也會將車開進過去裡——或者更精確地說，我們也會將車開回過去中。當我們終於抵達某道震波的發源地時，原先觸發這道震波的事件可能早已成爲過去。假如該地曾發生車禍，現場也應早就清理完畢。「即使交通事故已被排除了，車潮仍會持續好一陣子，」考夫曼說。「這就像是桶子裡剩下的水一樣。就算你把洞挖大一點，這些水也不會立刻流光。」

傳到你身上的震波，也可能是前方駕駛人在過去做出如變換車道等簡單駕駛動作後所產生的餘震。這部變換車道的車輛，改變且消耗了新車道的容量，導致後方車輛必須降低車速；它也釋出了舊車道的容量，因此加快了這條車道的車速。這些影響像翹翹板一樣地向後傳送。這正是你若以隔壁車道的某部車輛作爲指標，那麼它看起來便會不斷地超過你，接著又被你超過的原因。這是一種能夠自我維持的均衡狀態，車流會以有如手風琴的方式持續延伸和壓縮，而人們則容易認爲自己的行車運氣時好時壞。

由於一旦超過臨界密度後，車流便需相當長的時間，才能恢復原本的流暢度，因此避免塞車的最佳方法，或許就是不要將車開進車潮，或讓車潮向你而來。這正是幾年前的某天下午，任職於華盛頓大學物理實驗室且自封「業餘交通物理學家」的比爾·比提（Bill Beatty）心中所浮現的想法。當時他剛從華盛頓州博覽會回來，且正在二〇二號州道上開車。這是一條「小小的四線道公路」，擠滿了正要離開州博覽會的車輛。「當時的路況眞可說是時好時壞，」他如此描述。「在兩分鐘內，你的時速可從近一百公里陡降三十多公里，反之亦然，」他說。

因此，他決定做個小實驗，盡可能地將時速保持在近六十公里左右。與其被走走停停的波浪呑沒，他乾脆將「這些波浪吃個精光」，或馴服這些在兩個極端中狂亂變化的震盪。爲了避免咬住前方車輛車尾，以及持續不斷的緊急煞車，比提嘗試維持相同的車速，並和前方車輛保持遙遠的行車間距。當他從後視鏡中往後看時，他看見了一幅令人恍然大悟的景象：跟在他後頭的車輛呈現出正常的車流模式，而其他車道則仍擠滿了走走停停的車潮。他已經撫平了這些波浪，也鏟平了這些極端。「這種作法用高密度車流塡補低密度車流，」他說。「因此，與其得以短暫地到達一百公里的時速，還不如強制以近六十公里的時速行進，這樣做也省下了走走停停的麻煩。」

在尙未分析高速公路整體車流模式之前，我們無從得知比提的實驗是否眞的成功。其他駕駛人可能會搶走他的前方車道，不斷地將比提往後推擠（假如他想保持相同的行車間距的話），而在他後方的車輛或許也會由於覺得車速太慢，而乾脆變換至其他車道，結果導致更多行車干擾。但即使比提的作法只能消除一小段塞車路況，且並未減少車輛通過此一路段的行車時間，它仍擁有降低油耗和減少追撞事故的優點，眞可說是一石兩鳥的妙計。但問題在於你應如何讓人們願意合作？你該如何防止人們搶佔你所創造的行車間距？換句話說，我們應如何在高速公路上效法螞蟻？

或許，我們可以採用「變動速限」（variable speed limit）系統。這種系統已在許多道路上獲得應用，包括英國的M二五控制公路（controlled motorway）、德國高速公路的某些區段，以及澳洲墨爾本的西區環形高速公路（Western Ring Road）等。這種系統將埋在路面下的感應線圈，連結至可變式速限號誌上。當它偵測到車流速度變慢時，便會往系統上游傳送警示訊息。逐漸接近這些路段的駕駛人，則必須遵守新的車速限制（超速攝影機會確保這一點）。從理論上而言，這種作法應能舒緩交通震波所引發的效應。㊺即使許多駕駛人懷疑塞車的**起因**，在於這個系統將速限降至每小時六十公里，但一份以英國M二五控制公路爲分析對象的研究則發現，這個系統能減少走走停停的車流模式，並因此降低了百分之二十的肇事率（這也能改善交通狀況），以及百分之十的廢氣排放率。而當駕駛人開始適應這套系統後，其行車時間也變短了。㊻這再次證明了慢即是快的道理。㊼

智慧型高速公路，也需要有智慧的駕駛人，才能完全發揮其功用。不幸的是，我們的行車方式卻是引發大多數交通問題的主因。我們若非太晚起步，便是太早煞車，不然就是恰好與此相反；㊽由於我們往往未能保持足夠的行車間距，因此這些不良效應經常會在往後回傳的同時，不斷地增加強度。交通系統是一種非線性系統，而這種系統的最簡單特性，即在於我們無法依據其輸入，可靠地預測其輸出。當位於某團車潮最前端的車輛突然停下來時，我們不能準確地預知有多少後方車輛，得在多短的時間內，也跟著停下來（假如它們必須完全停下來的話）。㊾而當影響範圍越大時，預測的準確度也越低。㊿

反應過度（或反應不足）的駕駛人，也會加劇交通震波的強度，並導致這些震波以有如鞭擊的方式，逐一影響許多後方車輛，因而在第一位駕駛人所遺留的空間中引發追撞事故。某個研究曾對發生於明尼亞波利斯高速公路上的一樁連環車禍進行分析。在這起事故中，七部車輛被迫緊急煞車，而最後一輛車，則撞上了第六輛車。一般人通常會認爲，保持適當的行車間距的車輛，應能在所有情況下及時停車，因此這樁車禍看來似乎並無特別之處。

但經過仔細檢視這些車輛的煞車軌跡後，研究人員發現**第三**輛車必須爲這起事故負起最多責任。爲何如此？因爲這輛車的反應速度明顯過慢，「吞噬」了所有車輛「共同分享」的煞車距離中的絕大部分距離，進而縮減了後方車輛的反應時間和空間，並導致最後一輛車在煞車不及的情況下追撞第六輛車，雖然最後一輛車的反應速度，甚至快過第三輛車。假如第三輛車的反應速度能夠加快一些，這起事故或許便不會發生。由於這些原因，研究人員指出緊跟著前方車輛的駕駛人——亦即並未保持最佳行車間距的駕駛人——不但增加了追撞其他車輛的機率，也提高了**被其他車輛追撞的風險**。[51]

假如我們能夠精確地預測駕駛人的反應時間，情況是否會有所改善？最徹底的解決之道，或許在於結合智慧型公路和智慧型車輛。人們往往將無須人爲操控的裝置稱爲智慧型裝置，而這或許並非出於偶然。在福特汽車（Ford Motor）公司研究實驗室服務多年而現已退休的物理學家克瑞格・戴維斯（L. Craig Davis）曾以模擬實驗證明，配有適應性巡航控制系統（adaptive cruise control, ACC）的車輛，能在各種車速下，以最精確的方式，和其他車輛保持最佳行車間距，並藉此改善高速公路上的車流模式。我們在某些高級車款上，已可見到這種系統的蹤影。戴維斯指出，這種系統無法完全消除交通波動。即使一整排靜止不動的車輛或許能夠同時起步，但「如果你想讓它們在近一百公里的時速下保持正常的行車間距，你還是會引起這種波動現象」。

令人吃驚的是，這些模擬實驗顯示，假如百分之十的駕駛人擁有適應性巡航控制系統，塞車現象即會大幅減少；而只要百分之二十的車輛配備這種系統，我們便可避免塞車。在某個實驗中，戴維斯發現只要在某些情況下，再增加一部配有適應性巡航控制系統的手排車輛，便可完全防止塞車。52這讓人不禁想起蝗蟲。當蝗蟲族群的密度到達某個臨界點時，只要再增加一隻蝗蟲，整個蝗蟲族群的行爲便會驟然改變。

戴維斯的模擬實驗只有一個問題。由於配備適應性巡航控制系統的車輛，彼此之間的行車間距非常窄小，因此未裝設這種系統的車輛可能不易找到空檔，從高速公路的入口匝道進入其主要車道。除此之外，適應性巡航控制系統或許就和人類一樣，也不會讓路給其他駕駛人。當然，這些技術問題終將獲得解決，但就在我們由於缺乏合作而常在高速公路上動彈不得的同時，我們仍可慶幸即使是機器也不知道該如何匯入車流。

5 交通性別論

爲什麼女人比男人更常引起塞車？

你沒有陷入車潮裡。你就是車潮。

——德國廣告

打哪來的這麼多人？

通勤行爲的心理學

一個有趣的交通現象是，世界各地的人們，每天花在通勤上的時間大致相同。不論是非洲村莊村民，或在美國城市市民，每天用在來回通勤的時間大約都是一點一個小時。①

一九七〇年代，服務於世界銀行（World Bank）的以色列經濟學家雅柯夫・查哈維（Yacov Zahavi）提出了一個他稱爲「通勤時間預算」（travel-time budget）的理論，主張人們每天願意撥出一點時間四處移動。有趣的是，查哈維發現人們樂意接受的通勤時間，不論其所在地點，「幾乎完全相同」。英國小城赫爾河畔京斯頓（Kingston-upon-Hull）的實際面積，是倫敦的百分之四點四；但兩地的駕駛人，每天平均都花費四十五分鐘開車。唯一的差別在於，倫敦駕駛人的開車次數較少，但每次的行車距離較長，而赫爾河畔京斯頓駕駛人的開車次數較多，且每次的行車距離較短。②不過，兩者的行車時間仍大致相同。

著名的義大利物理學家西薩爾・馬奇蒂（Cesare Marchetti）則更進一步指出，早在汽車問世之前，古今中外的人們都試圖將通勤時間維持在一個小時左右。這種「洞穴本能」（cave instinct）反映出人類在雲遊四海（以便尋求更多領土、資源和伴侶）和深居簡出（以便擁有更多安全感）之間所取得的平衡。他指出，即使是終身監禁的犯人，每天也有一小時的「放封時間」。當步行仍是唯一的通勤方式時，平均時速八公里的步行速度所能涵蓋的通勤範圍，大約是以洞穴爲圓心往外擴散大約二十平方公里的區域。馬奇蒂表示，這正好是自古以來希臘村莊主要部分的大小。除此之外，馬奇蒂指出，從羅馬到珀瑟波利（Persepolis）等古代城市，其城牆所包圍的空間直徑，都不會超過八公里——換句話說，人們可在一小時內，從城市邊緣的任一點，走到城市中央，再走回原點。③時至今日，威尼斯等行人城市的舊市區直徑仍爲八公里左右。

人類通勤方式的革新，在城市的發展軌跡上，畫出了有如樹木年輪般的記號。馬奇蒂表示，一八〇〇年的柏林所涵蓋的面積，仍在人類步行所能及的範圍內。但隨著馬車、電車、地下鐵和汽車的出現，柏林的面積也以大致相對於人們運輸速度的增長比例不斷擴張——但其擴張範圍總能讓大多數人在半小時內抵達市中心。④

古羅馬的「一小時法則」，仍適用於現代的美國（以及其他地方），即使我們已用汽車或地下鐵取代涼鞋了。「事實是，半數美國人仍得花幾乎二十分鐘，或二十分鐘以下的時間，抵達工作場所，」美國頂尖的「通勤行為」專家亞倫・皮薩斯基（Alan Pisarski）說。數十年來，皮薩斯基為美國人口普查局（U.S. Census Bureau）統整各種有關人們的通勤方式和通勤時間的資料。從這些資料看來，人們天生所能接受的通勤時間似乎有其上限——這其實相當合理，畢竟，假如我們每天睡覺八小時、工作八小時、吃飯幾小時（且不是在車上吃）、休閒或陪小孩幾小時，那麼剩下的時間便不多了。許多研究顯示，單程通勤時間一旦超過半小時，人們對其通勤方式的滿意度便會逐漸降低。

都市計畫研究員大衛・雷文森（David Levinson）和埃傑・古瑪（Ajay Kumar）合撰的一篇論文，顯示出一小時法則不受人類社會變遷之影響的特性。對一九五〇至一九八〇年代華盛頓特區的都會通勤模式進行分析後，他們發現該地的平均單向通勤時間，在這數十年之間幾乎毫無變化，大致都保持在三十二分鐘左右。**只有**兩個因素有所變化：通勤距離和通勤時速。這兩個數字都增加了。雷文森和古瑪主張，人們的行為就如「理性定位器」（rational locator）一樣。由於人們不想花太多時間通勤，因此便會搬到較遠的郊區。如此一來，他們雖得開上更遠的車，但也能利用速度較快的郊區道路，而非擁擠的市區街道，準時到達上班地點⑤（而住在市區的民眾，則只能藉著步行或搭乘大眾運輸工具上班，而這意味著其通勤時間其實並未較短）。

你也許會問：「交通狀況不是越來越糟嗎？」對許多人而言，事實當然如此。德州交通研究所（Texas Transportation Institute）估計，美國駕駛人每年浪費在塞車上的時間，從一九八二年的七億小時，一路竄升至二〇〇三年的三十七億小時。而全美前二十六大都會區民眾耗費在塞車上的時間，則在同一期間內增加了六點五五倍。人口普查局指出，對大多數大型城市來說，二〇

○○年的通勤時間，都比一九九○年來得高。重新檢視這些數據之後，雷文森和古瑪認爲通勤時間或許並**不**穩定。他們主張，看似長期不變的通勤時間，可能只是「統計誤差」(statistical artifact)。城市的規模每年都會持續擴張，並將鄰近地區不斷併入其「都會區域」中，因此原本住在郊區、且未被過去的人口普查資料計算在內的駕駛人，可能會被納進後來的人口普查資料中。⑥或者，這些原本並不擁擠的郊區，現在也變成了壅塞的市區。如此一來，理性定位的結果，其實一點也不理性。

但究竟是什麼因素讓交通狀況變得越來越糟？或者，正和我不期然地遇見大塞車時的反應一樣，我們都該問：「哪裡來的這麼多人？」你或許已經猜到了最明顯的理由，例如監理機關發行駕駛執照的速率，比戶政機構出具死亡證明書的速度快上許多等。以位於華盛頓特區外的馬里蘭州蒙哥馬利郡（Montgomery County）爲例。一九七六至一九八五年之間，這個地區的人口成長了大約百分之七，工作機會也增加了大約百分之二十，但登記有案的車輛數目則暴增兩倍。這個幾乎未曾增設任何道路的區域，突然擠滿了各式各樣的車輛。許多研究顯示，當一戶家庭所擁有的車輛越多時，不但全家的整體行車里程會隨之增加，每位家庭成員的**個人**行車里程也會隨著提高，彷彿這些多出來的車輛會引發人們開車的欲望一樣。⑦

財富是交通惡化之母。或者，根據皮薩斯基的說法，塞車其實是「經濟能力許可的人們，爲了保護其社會和經濟利益，而彼此干擾的行爲」。當人們越有錢時，他們擁有的汽車越多，且開車的機會也越多（除了少數曼哈頓億萬富翁之外）。當經濟狀況越好時，人們的行車里程越長，而交通狀況也越糟。⑧研究人類交通活動的樂趣之一，在於發現皮薩斯基所謂的「人類欲望的自然軌跡」（lines of desire）。美國人口普查資料所呈現的，是這個國家的集體靜止肖像。它告訴我們每戶美國家庭平均擁有二點三間浴室和一點三隻貓，但卻未告訴我們這些家庭是如何發展成現在這般模樣的。有關美國人通勤行為的普查資料，就有如一張模糊而狂亂的快照，將這個不斷移動的國家，凝固成一幅靜止的影像。它在真實生活中捕捉我們為了擁有二點三間浴室而奮鬥不懈的模樣。它揭露了許多有關我們的祕密，而其數量或許比我們所想像的還多上許多。

在這些資料所透露的祕密中，有一件事特別令人驚訝：女性駕駛人是目前最易引發塞車的族群（從另一個角度而言，她們也是最易遭遇塞車困擾的駕駛人）。這是個爭議性不小的主張，而某位公路管理機關官員也曾由於提出類似的看法，而在某個會議上遭到杯葛。這些數據並未指明責任歸屬，也不曾暗示女性不應該工作。但它們的確顯示，交通模式不只是人造交通模型中的單純車流，而更反映出活生生的社會發展過程。

過去，所謂的典型通勤模式，指的通常是爸爸開車上班，媽媽則在家中照顧小孩或處理家務的生活方式。或者，由於過去多數美國家庭只有一部車，因此媽媽早上必須載爸爸去搭火車，傍晚再到車站接爸爸回家。不過，這並非美國人工作模式的全貌，亞利桑納州立大學都市計畫教授暨女性通勤行為專家珊卓・羅森布魯（Sandra Rosenbloom）如此主張。「這是個以中產階級為核心的模型，」她說。「下層階級的女性一直都得工作。她們若非在店裡幫忙丈夫，便是在家裡做點零碎的工作。女人一直都在工作。」

即使如此，這種以男性為主要通勤人口的交通模式並非毫無根據的幻想，畢竟一九五〇年時女性只佔了勞動人口中的百分之二十八。時至今日，這個數字已經躍增為百分之四十八。⑨在這種情況下，交通狀況怎麼可能不變糟呢？「數量不斷攀升的車輛、駕駛執照，以及行車里程等，完全反映出女性持續進入職場的社會變遷軌跡，」羅森布魯說。「這不是說男性絕對不會更常開車，但如果女性不必爲了上班而開車的話，交通狀況的惡化程度就不會這麼驚人。」

不過，持續進入職場的女性只是導致道路更加壅塞的原因之一。畢竟，她們仍是勞動人口中的少數族群，而許多研究也顯示男性爲了上班而耗費的行車里程還是較多。但爲了上班而花費的行車里程所佔的比例卻逐年減少。一九五〇年代時，許多研究顯示，每人每天約有百分之四十的行車里程，是用在來回工作場所上。時至今日，這個數字已經降至百分之十六左右。⑩這並非由於人們較少來回工作場所，而是因爲他們更常出於其他原因開車上路，例如送小孩上學、外出用餐，或逛街購物等。一九六〇年時，美國人每天的平均行車里程是三十三．二公里，到了二〇〇一年時，這個數字已經超過了五一．四公里。⑪

這些多出來的里程，大都是女性駕駛人開的。而這正是交通模式中所隱藏的社會現況：雖然女性已經佔了快半數的勞動人口，且其通勤時間和距離也和男性越來越接近，但她們仍得抽空處理大多數的家務，而在過去，她們或許還有一整天的時間可以用來處理這些瑣碎的事情⑫（除此之外，羅森布魯也指出，百分八十五的單親父母都是女性）。「假如你想比較男女的通勤頻率，並將家庭成員的數量考慮在內，」皮薩斯基說，「你會發現女性的通勤頻率，會隨著家庭成員數量的變化而大幅升高，但你在男性的通勤頻率中，卻看不出他們是否擁有家庭。換句話說，男性的通勤頻率，幾乎和家庭成員的數量無關。最明顯的解釋是，媽媽是在家裡忙進忙出地接送大家的那個人。」

事實上，女性駕駛人開車接送其他人的頻率，是男性駕駛人的兩倍。這些上下班途中的接送旅程，往往會被壓擠成一串不斷沿路接送的「鏈狀旅次」(trip chaining)。同時，由於整體女性駕駛人通常比男性駕駛人晚一點出發，因此她們也較常碰上交通尖峰時段（特別是下午的交通尖峰時段，所以這個時段的塞車情況也較爲嚴重）。除此之外，這些旅程多半必須行經地區性的小型街道，而這些街道不但沿途設置交通號誌，而且還得不時左彎右轉，根本無法消化大量車流。

鏈狀旅次也不利於共乘制的推動，進而加重塞車的情況。試想有誰願意和某個必須沿途停靠托兒所、乾洗店、錄影帶店，以及親戚家（「只要一下下就好」）的人共乘一部車？美國人的共乘比例呈現逐漸下滑的趨勢（除了某些移民族群之外），但主要由家庭成員所構成的家庭共乘比例則慢慢上升（而幾乎全部的家庭共乘都**只**包含家庭成員）。根據估計，家庭共乘佔了所有共乘車輛的百分之八十三。⑬

這個現象引發了一個問題，那就是共乘管制車道是否已遭濫用？假如大多數人之所以願意共乘一部車，純粹是爲了四處接送家人，這不但無助於減少車流數量，而且只會徒增更多行車里程⑭（並因此增加更多車流），那麼他們爲何應該享有優先通行的權利？原本意在減少車流量的政策，是否由於減少了鏈狀旅次的行車時間，而變相鼓勵人們多多採取這種行車模式？（有些懷孕婦女甚至主張，我們應將尚未出世的小孩，視爲還未發育完全的共乘乘客。）⑮

塞車（甚至是女性駕駛人所引發的塞車）對女性駕駛人所造成的影響較爲嚴重此一事實，可在丹佛等城市的高乘載收費車道（high-occupancy toll lane）上一覽無遺。在這些地方，駕駛人必須負擔較高的通行費，才能行駛較不擁擠的車道。羅森布魯指出，許多研究顯示，女性駕駛人比男性駕駛人更常付費使用這些車道，⑯雖然她們的平均所得較低。「而這些人不全是高所得婦女，」她說。「即使你賺的錢不多，你仍得把小孩從托兒所接回來。每晚一分鐘，你就得多付托兒所一點錢。這些婦女也可能得趕著上第二個班。」

女性駕駛人不應該由於增加交通壅塞的程度而受到**責難**，羅森布魯如此主張。「問題的根源在於現代的家庭生活模式。雙薪家庭必須仰賴汽車，才能平衡他們必須處理的事情。」過去，小孩多半能在家中受到妥善照顧，但現在則大都得被送去托兒所。過去，大部分小孩習慣走路上學，但現在卻只剩百分之十五的小孩如此做。⑰有人認爲，接送小孩上下學的父母，足足增加了百分之三十的車流量。⑱

然而，父母接送小孩的時機並不限於上下學，因爲越來越緊湊的課後活動行程，例如運動比賽、才藝活動，以及遊戲聚會等，全都需要更爲精密的路線規畫和後勤支援，其複雜程度甚至能令機場的空中交通管制員一夜白髮。根據估計，從一九八一年至一九九七年之間，美國小孩參與團體運動的時間**增加了一倍**。⑲這些比賽和練習的地點，逐漸往遙遠的郊區移動，而且需要父母接送。一個新的人口統計族群，亦即所謂的「足球母親」，開始成爲重要的通勤人口。「我的父母從未看過我打籃球，」六十歲的皮薩斯基如此回憶。「我從未覺得被忽略，因爲其他小孩的父母也不會在球場邊出現。現在，你得陪小孩參加球賽，整個地方擠滿了一百五十多個人，而每個人都能分到一個獎盃。」

皮薩斯基強調，交通活動是人類欲望的外顯表現。與日俱增的財富，是導致這些欲望之所以改變的另一個重要因素。美國家庭不但擁有越來越多車輛，它們也得尋找更多停車空間。一旦花錢購置新車之後，開車上路的花費便會顯得微不足道——換句話說，人們缺乏**不**開車出門的誘因。

由於美國人越來越喜歡花錢，因此他們也越來越常開車在購物商場之間來來往往。從一九八三年至二〇〇一年之間，每戶美國家庭的年度採購行程**成長了幾乎一倍**——而這些行程的距離也變長了。⑳美國人每年耗費在逛街購物上的行車里程，幾乎足夠人們橫跨美國來回一次。統計數據顯示，星期六下午一點的車流量，甚至比平日尖峰時段的車流量來得更大。㉑當我們越有錢時，我們的選擇也越多，因此美國家庭開車上超級市場時，幾乎有一半時候並非前往離家最近的超級市場此一事實，其實一點也不令人驚訝。㉒皮薩斯基指出，他就和一般美國人一樣，都不缺乏挑選食物的選擇，而他自己的行車模式便眞實地呈現出這種現象。「我喜歡到老喬超市（Trader Joe's）買四季豆。至於海鮮，我則會到哈利斯提特超市（Harris Teeter），而不會到巨人超市（Giant），因爲前者的海鮮比較新鮮。事實上，我們都變得更加挑剔。」許多研究證實，和數十年前比較起來，人們較常在超級市場購物。㉓

你或許會認爲，好市多（Costco）和沃爾瑪（Wal-Mart）等大型賣場的興起，可能減少了人們開車購物的次數。但大型賣場必須服務的人數更多，而這表示它們不得不離住宅區更遠（類似的趨勢也發生在學校上，而這也是小孩之所以越來越少步行上學的原因之一）。一份針對西雅圖超級市場進行分析的研究發現，一九四〇年時超級市場和住家之間的平均距離約爲〇・七四公里，一九九〇時這個數字則增加爲一・二七公里。㉔這種距離上的小小成長，或許便是導致人們不願放棄開車的關鍵原因；城市規畫專家相信，一般人每次頂多只願意走一公里路。除此之外，即使超級市場的規模變大了，我們仍更常外出逛街購物——從一九七〇年代至一九九〇年代之間，美國人每週開車上超級市場的次數增加了幾乎一倍。

路上之所以會有這麼多人擋住我們的去路，是因爲許多人在外頭進行過去在家裡即可完成的事。這也是財富增加的結果之一，但兩者之間的關聯更爲複雜。我們之所以習慣開車到餐廳打包食物，是因爲我們有錢這麼做，或者由於我們忙著工作而沒有選擇？不論如何，這些社會變遷都會改變人們的交通模式——而其變化速度往往超越交通工程師所能掌握的範圍。當星巴克在幾年前開始實施得來速車道時，交通研究人員完全無法因應這些車道帶來的變化。他們口中所謂的「旅次發生模型」(trip generation model)——亦即用來估算新商店所創造的車流量的理論模型——包括來自「附設得來速車道的速食餐廳」和「咖啡／麵包／三明治店」的數據，但並未包含「附設得來速車道的咖啡廳」這個範疇。[25]爲了開發更多客源，以及免除駕駛人在路口迴轉的麻煩，[26]星巴克甚至可在街道兩側都設置店面。對星巴克而言，得來速車道的設置，代表了該集團逐步切入人們日常通勤活動的自然發展歷程。

「你能想像有人會在三十年前主張大家將不再在家裡煮咖啡嗎？」住在華盛頓特區的通勤行爲研究員南西・麥古金 (Nancy McGuckin)，在一場年度交通會議的休息時間時如此問我。麥古金的同事稱她爲「鏈狀旅次之后」。她在研究報告中指出，咖啡是引發某種新型態交通模式的罪魁禍首。突然之間，男人似乎越來越常從事鏈狀旅次。當然，某些男人也會負起接送小孩的責任，但大多數男人只是爲了買杯拿鐵咖啡。麥古金將這種現象稱爲「星巴克效應」(Starbucks effect)。中年男子是這個族群的主要成員。「誰想得到他們也需要一些和自己獨處的時間？」她如此問。「我們反而較常聽見女人說：『我們忙死了，我們需要單獨靜一靜。』但會在早上開車到星巴克的多半是中年男人。他們之中有些人告訴我，他們想在路上擠滿行人和學童之前出門。事實上，他們只是想在上班前先到星巴克，感受一下有人能脫口叫出他們的名字，且知道他們最愛的飲料的感覺，以便準備好面對自己的工作環境。我不覺得這種心理需求已經得到充分的研究。」

通勤行為的心理學也是如此。假如交通狀況越來越糟，為什麼越來越多人仍願意開上越來越久的車？這看來並非完全不合理的問題，但它卻難倒了所有人，包括經濟學家、心理學家和交通工程師等。

一個相當重要的因素在於，對許多美國人而言，交通狀況其實尚未糟到寸步難行的程度。他們仍可在不違反一小時法則的情況下，在住處和工作地點之間來去自如。皮薩斯基主張，美國人的相對通勤時間，會讓「大多數世人既羨慕又嫉妒」。巴西聖保羅市民每天的平均通勤時間最多可達兩個小時，而該市甚至必須設置「救護摩托車隊」，才能在動彈不得的車陣中，將病患及時送至醫院。㉗歐洲人的平均通勤時間，比美國人多出了三分之一（而這或許解釋了為何歐洲人較少開車）。平均而言，獨自開車上班，仍可比其他通勤方式節省大約一分半鐘，㉘而幾乎百分之九十的美國人也採取這種通勤模式。一份以低所得勞動人口為分析對象的研究發現，擁有汽車的人口，能比未擁有汽車的人口，節省三倍的通勤時間。㉙即使是未擁有汽車的人口，也較常捨棄大眾運輸工具，而藉由汽車通勤。㉚

試圖破解通勤者的心態是相當棘手的工作。從某個方面而言，人們似乎痛恨通勤。普林斯頓大學心理學教授卡尼曼和其同事，曾以一群女性受訪者為對象，探詢她們的日常生活經驗，以及她們對這些經驗的感受。卡尼曼發現，這群受訪者不太重視每日的通勤過程（但最重視「親密關係」和「與朋友分享感受」）。㉛不過，加州大學戴維斯分校土木工程學教授派翠西亞・莫克塔里安（Patricia Mokhtarian）則發現，當人們被問及自己心目中的「理想通勤時間」時，其回答並非一般人預期的「完全不須通勤」，而是十六分鐘。㉜

在另一份研究中，莫克塔里安和兩位同事發現了一個他們稱爲「顯而易見的弔詭」（an apparent paradox）的問題。當被問及自己是否太常開車時，受訪者全都回答「是」。而當這些受訪者又被問及自己是否常在無須開車的情況下開車時，他們的回答也是如此。人們爲什麼會做出這種看似有損自己利益的事？他們爲什麼一方面想少開一點車，另一方面卻又經常開車？研究人員推論，人們不想開車的時候，或許正是他們**不得不**開車的時候。或許，人們只是想要免除促使他們不得不開車的那些理由，而不是開車這回事。或者，與其傷透腦筋設想其他通勤方式，直接開車上路其實簡單得多。㉝

兩位瑞士心理學家也發現了另一種有關通勤的弔詭現象。根據他們的假設，人們在決定其居住和工作地點時，會將時間、壓力和車禍機率等有關通勤的因素納入其理性考慮中。通勤時間越長，你的薪水應該越高，或者你的居住品質應該越好。這些事物的好處，應能彌補長時間通勤的缺點；換句話說，較長的通勤時間應該不會讓你較不快樂。但這正好是經濟學家在一份有關德國通勤者的研究中看到的現象；這些研究人員發現，從理性計算的角度而言，平均通勤時間只有二十三分鐘的通勤者，甚至需要加薪百分之十九，才會覺得值回浪費在通勤上的時間。㉞

當然，通勤者往往沒有什麼選擇。工作地點附近的房價或許過高，因此通勤者只能被迫住在郊區，遠在「如果你住在這裡，你早就到家了」等廣告看板之外。經濟學家羅伯・法蘭克（Robert H. Frank）對一九九〇年至二〇〇〇年間的美國人口普查資料進行分析後發現，通勤時間成長最多的地區，也是收入差距增加最多的地方。㉟他將這種現象稱爲「阿斯本效應」（Aspen effect）。阿斯本位於科羅拉多州，是當地的富有城市，其規模在過去不斷擴張，導致中產階級必須從市區移居郊區，以便尋找負擔得起的住宅。但這種現象也有其弔詭之處：統計數據顯示，通勤里程不但不會隨著收入的增加而減少，反而還會**增加**。換句話說，能夠負擔市區房價的人似乎更常開車。或許，這些人之所以搬離阿斯本市區，正是**因爲**他們的財力能夠負擔更大的房子，雖然這代表他們的通勤時間也會變長。

但許多心理學家主張，這正是問題的開端。某位通勤者決定搬到位於郊區的大房子，並因此增加了二十分鐘的通勤時間。一開始，大房子所帶來的優良生活品質，似乎遠遠勝過長途通勤的痛苦。但時間逐漸逝去，大房子的美麗光環也慢慢褪去。不久後，這位通勤者便經歷了心理學家所謂的「享樂適應」（hedonic adaptation）過程。㊱突然間，這棟又新又大的房子，似乎並無特別可取之處，因爲每個人的房子都又新又大。即使如此，這位通勤者每天仍得損失更多通勤時間（不同於金錢，時間是無法彌補的），而這表示他更沒空從事眞正能爲他帶來快樂的事情，只得被困在日復一日的長途通勤中。許多研究顯示，通勤時間越長，其變化也越大㊲——有時久一點，有時快一些。其他研究則發現，和實際的通勤時間比較起來，**變化不定**的通勤時間，更易令人心煩氣躁。㊳哈佛大學心理學家丹尼爾・吉伯特（Daniel Gilbert）主張：「你永遠無法適應通勤，因爲它完全不可預測。開車上班的人每天都會掉進不同的地獄裡。」㊴

公車司機是天天都得在這些地獄中出生入死的人之一。很少有人和他們一樣，每天都得面對如此繁多的交通狀況和變化。公車司機必須承受無以計數的騷擾，從怪罪他們堵塞市區街道的汽車駕駛（眞是滑天下之大稽），到大罵他們姍姍來遲的路邊行人。公車的車型雖然龐大，但它們被其他車輛撞上的機率，甚至高於汽車被其他車輛撞上的機率。㊵而公車司機的處境又如何呢？許多國家的研究顯示，公車司機體內的壓力荷爾蒙濃度，不但高於其他人，也比他們還未從事這項工作之前來得高。交通狀況越糟，壓力荷爾蒙濃度也越高，且近半數的公車司機，也都因爲健康因素，而被迫提早退休。㊶難怪許多公車司機不易在工作時控制自己的情緒。

瑞士研究人員所提出的理論模型有個問題，那就是他們的數據完全來自受訪者的主觀報告。這些數據的可靠性不佳，且經常受到各種偏見影響。舉例來說，心理學家發現，當大學生被問及上個月的約會次數和對人生的滿意度這兩個問題時，他們的回答會隨著問題次序的不同而不同。當這些受試者先被問及對人生的滿意度時，這並不會影響他們對另一個問題的答案。但假如先被問及上個月的約會次數時，這些受試者對人生的滿意度，便會隨著其約會次數的高低而有所變化。㊷這種現象就是所謂的「聚焦錯覺」（focusing illusion）。㊸事物的重要性，會隨著我們的注意力焦點而增減。先問人們其通勤時間長短，再問其快樂程度的結果，或許和先問其快樂程度，再問其通勤時間長短的結果大相逕庭。這種調查方法可能會讓通勤對生活品質所造成的影響隱而不見。或者，通勤對生活品質所帶來的干擾其實並不大——直到研究人員的問卷，突然讓受訪者覺得它的角色舉足輕重爲止。㊹

這是交通活動中混沌不清的人性面向。交通工程師能夠觀察並測量高速公路處理車流的能力，或模擬出某個路段每小時的車流量。這些從數學上看似獨立的交通活動，卻是由出於不同理由而上路的人們所構成的。他們之中有些人或許毫無其他選擇，其他人則可能有。

除此之外，加州大學洛杉磯分校都市計畫教授布萊恩・泰勒（Brian Taylor）也指出，我們可將人們開車上路的整個通勤過程，區分為好幾個部分。人們必須走到車旁，將車開出住宅區的街廓，進入較大的幹道，接上高速公路，駛離高速公路，進入另一條幹道，轉進小型街道，開上停車場匝道，步入電梯裡，最後才能抵達辦公室。在這種通勤過程中，高速公路或許佔了超過整體通勤距離的二分之一，但只佔了不到整體**通勤時間**的二分之一（且對我們而言，高速公路上的一分鐘，感覺起來比步行到車旁時的一分鐘來得短）。泰勒指出，即使駕駛人在高速公路上的時速能快上一倍，整體通勤時間也只能減少百分之十五。㊺由於種種原因，即使高速公路的確擁擠不堪，我們也不能光憑這點，便認定每個人都深受其害，或每個人被影響的程度都一樣。

停車的難題

為什麼我們都是導致塞車的無效率停車者

紐約客都知道車子的數量一定比停車位多上許多，因為他們整晚都能看見車子在路上跑來跑去。這就像是大風吹一樣，唯一的不同是每個人都在好幾十年前就把位子全佔走了。

——傑瑞・塞菲爾德（Jerry Seinfeld，美國喜劇演員）

下次你到購物廣場或大型賣場時，請看看被大門分成兩半的停車場上的汽車停放模式。除非停車場座無虛席，否則你一眼便能看出端倪。最靠近大門的那一橫列停車格早已停滿車，而在這之後的每一橫列停車格上的車輛數量，則會隨著大門距離的增加而減少。如果你能從空中俯瞰（用Google衛星地圖便可做到這一點），這些汽車的停放模式，看來若不像耶誕樹，便有如大鐘一樣（這得視停車場上的車輛數量而定）。㊻

更進一步觀察這種鐘形曲線分布後，㊼你或許還會發現，和距離大門較遠的那幾橫列停車格上的某些閒置停車位比較起來，停在距離大門較近的那幾橫列停車格最左側和最右側的汽車，其實距離大門更遠。為何如此？為什麼人們不會先將距離大門較近的停車位全部停滿？人們或許不擅長幾何推理。人們或許認為即使最左側和最右側停車位的距離較遠，但距離大門最近的那幾橫列停車格的位置仍然比較好記。人們或許覺得即使在光天化日下，將車停在中央車道附近仍然比較安全。或者，人們可能常想碰碰運氣，於是便帶著樂觀的期望，在最靠近大門的那幾橫列停車格旁梭巡，並停進第一個映入眼簾的閒置停車位上。

不論如何，這種在停車場上發生的怪事都令人不解。和毫不挑剔停車位位置的駕駛人比較起來，主動尋找「最佳」停車位的駕駛人，似乎無可避免地得花上更多時間，才能將車停妥。維吉尼亞州克里斯多福紐波特大學（Christopher Newport University）心理學教授安德魯．維爾基（Andrew Velkey）對密西西比州某家沃爾瑪超市的顧客停車行為進行分析後，也得出類似的結論。維爾基和其研究小組仔細追蹤每一輛進入這家超市停車場的汽車，而當這些汽車找到停車位後，他們便立刻測量這些汽車和超市大門之間的距離，以及駕駛人走到超市大門所需的時間。他們觀察到兩種截然不同的停車策略，亦即「精挑細選」和「隨遇而安」，並對這兩種策略的結果進行比較。「有趣的是，」維爾基告訴我，「精挑細選的駕駛人雖然花費較多時間尋找停車位，但平均而言，他們和大門之間的距離，不論在空間或時間上，都沒有比隨遇而安的駕駛人來得近。」而這正是人們的停車模式所透露的祕密：節省最多搜尋時間和步行距離的理想停車位，不一定是人們所選擇的停車位。㊽

人們是否過於懶散怠惰，或者他們只是受到某些認知偏誤的影響？下次出門逛街時，記得帶個馬錶，並仔細觀察。許多研究顯示，人們容易低估開車抵達某地所需的時間，且容易高估走路到達某地所需的時間。㊾在車上尋找停車位的時間，感覺起來或許比實際花費的時間來得短，而步行至超級市場大門的時間，感覺起來則可能比實際耗費的時間來得長——而這些感覺將會影響人們的停車行爲。

在更早之前的一項研究中，維爾基向受訪學生詢問他們通常得花多少時間，才能在校園停車場裡找到停車位。這個校園停車場經常擠滿了車子，但後面幾列停車格通常都是空的。「他們的答案大約是四分半鐘，」維爾基告訴我。「事實上，根據我的觀察，他們只用了半分鐘左右。於是我問：『那額外的四分鐘是打哪來的？』」維爾基認爲，這個現象和所謂的「可得性捷思」（availability heuristic）有關。㊿這些學生比較容易記得少數幾次很難找到停車位的時刻，但不易記起平時的停車經驗。換句話說，他們比較容易回想印象較爲深刻的事情。

沃爾瑪的停車場上還有另一種有趣的現象。女性駕駛人似乎較常採取「精挑細選」的停車策略，而男性駕駛人則較常使用「隨遇而安」策略。維爾基懷疑兩性對行車距離和行車時間的知覺也存有「性別差異」（有關這個問題的早期研究結果並不明確）。㉛因此，他請一群受試者估計某個物體在不同位置上的距離，以及他們走到這些位置所需的時間。男性受試者似乎較易低估走到這些地方所需的時間，而女性受試者則較易高估所需的步行時間。這個發現或許能夠解釋停車策略上的性別差異。除此之外，不論男女，這些受試者都會低估物體所在位置的距離，且其誤差會隨著距離的增加而增加。52

維爾基爲什麼對人們的停車行爲深深著迷？有趣的是，這個興趣是從他的主要研究領域發展出來的，而這個研究領域便是動物的覓食行爲，亦即動物爲了取得食物或地盤等有限資源而發展出來的行爲策略。當時，他正在不乏野生動物的蒙大拿大學鑽研這個問題。他沒有料到的是，心理學系窗外的擁擠停車場，正好是動物覓食行爲的理想範例。這種資源的價值顯而易見——某位教授不久前才因破壞停在其停車位上的其他車輛，而在看守所裡過了一夜。（這令人不禁想起美國大學的治校格言：「學生要啤酒，教授要車位，校友要足球。」）

在這個停車場中，維爾基觀察到兩種逐漸浮現的行爲，亦即主動和被動的搜尋策略。有些人習慣在停車場中繞來繞去尋找閒置的停車位，其他人則較常在車道上靜候其他車輛離開停車位。相對於維爾基所研究的鳥類覓食行爲而言，主動搜尋者就像是在高空中邊滑翔邊尋找獵物的禿鷹，而被動搜尋者則較像靜靜站在樹上耐心等候的貓頭鷹。

大多數人都是主動搜尋者，其搜尋時間甚至已經足夠他們將車開抵其他停車場，而只有少數人願意花上好幾分鐘等候其他車輛駛離停車位。維爾基指出，大多數被動搜尋者都能在這個停車場上等到停車位，但主動搜尋者則往往得到其他停車場才能找到停車位（這個研究並未測量駕駛人將車停妥後的步行時間，因此無法比較這兩種策略所需花費的整體時間）。一組「演化穩定策略」

(evolutionarily stable strategy) 也會逐漸成形：假如每個駕駛人都和禿鷹一樣，那麼他們便都得在停車場中不斷繞行；反之，如果所有駕駛人都像貓頭鷹一般，那麼他們全都會在同一個地點忍耐苦候。維爾基指出，由於情境的不同（例如，下課時間是否即將來到），取得較多「局部」成功的策略也會有所不同，但每個人最後都能找到停車位。

人類搜尋停車位的方式，和動物尋找食物的方式之間的差異，或許不如你所想像的那麼大。許多科學家相信，所謂的「最適覓食」（optimal foraging）模型，能夠解釋動物的覓食行爲。[53]根據這個理論模型，動物會試圖以最少的心力，取得最多的食物（以便保留較多時間或能量從事繁殖等其他活動）。這些策略是生物爲了回應各種生死交關的決定，而在綿延不絕的世代中逐漸演化出來的行爲模式：獵食者較常捕捉容易取得的低蛋白質獵物，或是較愛獵捕行蹤隱匿的高蛋白質獵物？動物常在同一個地點停留多久之後，才會遷徙至可能擁有更多食物的地區？動物較常成群結隊覓食，或是較常離群單獨覓食？

你家花園裡的大黃蜂和毛地黃，便不斷地上演著這些戲碼。蜜蜂會從花穗底部由下往上採集花蜜。爲什麼？因爲這正好也是毛地黃花朵的生長次序。蜜蜂也懂得忽略自己已經拜訪過的花朵，而當牠們落在其他蜜蜂早已到過的花朵時，通常也會立刻飛走。對蜜蜂而言，花費心血搜尋這些僅存不多的花蜜，似乎並不值得。[54]

請再想想人類的停車行爲。有如貓頭鷹一般地靜候停車位的駕駛人，在蒙大拿大學的停車場上，發展出一種設計精密的最佳策略：他們知道整點下課後，停車位便會空出來，但與其搜尋這些停車位，還不如尋找即將離開停車場的駕駛人。然而，新訪客或來得太遲的訪客，往往得在這個停車場中無功而返地繞行數圈後，才會決定不再將資源浪費在這裡。

駕駛人每天都得面對類似的覓食難題。他們必須在禿鷹和貓頭鷹的覓食模式中擇一而行。不過，我們偶爾也會成爲獵物：你一定曾在假日瘋狂採購後，覺得停車場上有人正以注視垂死獵物的眼神，虎視眈眈地看著你，並冷不防地發現自己已被某部鬼鬼祟祟的汽車跟蹤許久。哪一種方式較快？跟蹤即將離開停車場的駕駛人？或是主動尋找閒置的停車位？我們是否會放棄位置較差的停車位（亦即唾手可得的獵物），以便繼續尋找位置較好的停車位？在動物世界中，有時成群結隊覓食是較好的選擇，但有時離群獨自尋找食物的成果則較爲豐厚。55 你或許也曾在市區街道上搜尋車位時，遭遇類似的兩難情境：前面那輛閃著暫時停車燈號的汽車，**其實也和你一樣**，正在尋找可能的路邊停車位（但那個位置上若非有個消防栓，便是早已停了一輛小型轎車）。如此一來，繼續在同一個區域搜尋停車位，便失去了任何意義，因爲前方車輛會比你先取得這些資源——最好趕緊放棄此地，並到其他地方繼續尋覓。

不過，動物和人類有時都會做出違反最佳策略的決定。這種現象的原因之一在於，我們所擁有的資訊並不充分。爲了解決這個問題，交通工程師嘗試經由即時號誌或車上導航裝置，向駕駛人提供有關（付費）停車空間的資訊。我們之前提及的幾種認知錯覺，也可能引發相同的現象。城市規畫人員指出，人們所能接受的停車場步行距離約爲一公里。56 但人們似乎比較願意從大型停車場，走上如此長的距離，到達正在舉辦賽事的體育場，而非市區的小型街道。這種現象有個有趣的解釋：地理學家所進行的許多研究顯示，和目的地顯而易見的路徑比較起來，人們較常高估被區隔成許多路段的路徑。57 因此，距離大型停車場一公里遠的足球場，**感覺起來**會比市區中曲折蜿蜒的一公里街道**來得近**。

諾貝爾經濟學獎得主賀伯・賽門（Herbert Simon）在他提出的「充分滿足化」（satisficing，這個字結合了 satisfying〔滿足〕和 suffice〔充分〕兩字）這個重要概念中指出，由於人類無法總是以最完美的方式行動，因此與其選擇能夠達成「最佳」（best）結果的行爲，還不如選擇可以實現「恰到好處」（good enough）的結果的行爲。⑱以上述的鐘形曲線停車模式爲例，駕駛人剛剛進入停車場時，他們心中的目標或許是取得「最佳」停車位，亦即最靠近超級市場入口的停車位。一旦他們到達距離入口最近的那一排停車位後，其目標可能變成取得這排停車位中的最佳停車格。假如他們能夠找到期待中的最佳停車格，他們便可心滿意足地步出停車場。但若尋找最佳停車格的嘗試遲遲無法成功，這種策略可就失去了吸引力。賽門將人類的有限決策能力稱爲「有限理性」（bounded rationality）。在維爾基的研究中，人們專注於搜尋距離上的「最佳」停車位，卻忽略了尋找停車位時所花費的時間——而最後也未能減短抵達超級市場入口的整體時間。我們不知道他們對自己費盡千辛萬苦後所找到的停車位是否滿意。維爾基曾試圖訪問他們，但卻無功而返。諷刺的是，許多人表示「他們沒有時間接受訪談」。

我們尋覓停車位的各種策略，不論其生物基礎爲何，都是人類交通活動中隱而不顯，且近乎神祕的行爲模式。它們的意義或許比你想像的更爲重要。

奇怪的是，停車行爲在交通研究中的地位並不顯著。交通工程師的注意力焦點不是有關停車的理論模型，而是有關車流的理論模型。我們也不會在收音機裡聽見晨間「停車資訊報導」。我們通常認為所謂的交通活動，指的只是行駛中的車輛；停車位反而比較像是某種不動產（的確，停車格的售價已和一般住宅並駕齊驅，紐約和波士頓的停車格成交價即高達二十五萬美元）。但一個簡單但常受忽視的事實是，沒有停車位，便沒有交通活動。路上的所有車輛，都需要一個起點和終點，而大多數車輛多半也都停著不動：汽車即有高達百分之九十五的時間都處於停車狀態下。59

停車格是整治交通亂象的無用藥方。某個調查顯示，進入曼哈頓下城區的三分之一車輛，都是為了搶佔該區免費或公款補助的停車位。60假如這些停車格並非免費或擁有公款補助，早晨尖峰時段的車流量便會降低不少。諷刺的是，紐約市交通局周遭的街道上，也停滿了貼著特許停車證的交通局公務車。這些公務車為尖峰時段增加了多少車流量？（這令人不禁想起美國小報《洋蔥報》〔*Onion*〕的某則新聞標題：交通計畫官員親嘗交通亂象苦果。）

服務於哥本哈根交通計畫局的史帝芬・拉斯姆森（Steffen Rasmussen）指出，為了減少進入市中心的車輛，以便鼓勵自行車或其他運輸方式，該市實施了一個巧妙計畫，亦即在不引起人們注意的情況下，悄悄地減少停車格。一九九四年至二〇〇五年間，哥本哈根將市中心的停車位數量，從一萬四千格降低至一萬一千五百格。並把這些空間改建為公園或自行車道。在這段期間，自行車車流量也成長了百分之四十——目前三分之一的市民皆已改騎自行車上班——而哥本哈根也成為全球少數幾個擁有「過度活躍的自行車交通活動，因而引發棘手的自行車塞車和停車問題」的地方。61這種報導如果出現在其他地方，一定會被視為愚人節玩笑。

你或許從未發現，當你正在擁擠的市區街道開車時，同樣在這些街道上行駛的其他駕駛人，其實只是在搜尋路邊閒置的停車位。問題不在於路邊停車位供不應求，而在於街上有太多免費或費率低廉的停車格。這種現象引起了加州大學洛杉磯分校經濟學教授唐諾・蕭普（Donald Shoup）的憤慨。留著鬍子、愛打領結，且常騎自行車的蕭普，曾出版一本厚達七百頁且引發討論熱潮的著作，而這本書的書名就叫作《免費停車的高昂成本》（*The High Cost of Free Parking*）。

蕭普和其數目與日俱增的支持者（亦即「蕭普幫」）支持所謂的「百分之八十五方案」(85 percent solution)。根據這個方案，市區停車費率的設定標準，應能讓市區任何時間的停車量，都低於百分之八十五的市區停車格數量。蕭普指出，最合理的停車費率，是「得以避免停車位供不應求的最低費率」。[62] 紐約等城市中的免費停車格，完全牴觸蕭普的主張。「想要停車的人，不應免費將車停在全世界最貴的土地上，」他在辦公室裡告訴我，桌上還擺著一具骨董計時收費表。「免費的事物總是會遭到濫用。」而這正是想在紐約市觀賞免費莎士比亞舞台劇的民眾之所以在前一天便開始排隊（或請人幫他們排隊）、提供免費無線上網服務的咖啡廳之所以必須限制顧客的上網時間，以及市區街道之所以停滿了車輛的共同原因。

人們經常開著車在路上梭巡的理由很簡單：他們都想找到物超所值的停車位。在大多數城市中，路邊計時停車格和街道外圍停車場的費率差距之大，足以令人咋舌。以全美前二十大城市爲例，蕭普發現，停車場的平均費率是路邊停車格的**五倍**。[63] 而停車場之所以能夠設定高費率的原因，就在於路邊停車格的費率太過便宜。當市區街道設有免費停車格時，兩者之間的費率差距更是明顯，尤其是這些停車格容許人們一連停上好幾個鐘頭時更是如此。因此，強烈的動機驅使人們在路上孜孜不倦地搜尋停車位，而非立刻掉頭駛進第一個映入眼簾的停車場。

對個人而言，這種行爲相當明智。但問題在於，有利於個體的聰明行動，一旦在人類的交通活動中出現，往往即會變成有損整體利益的愚蠢行爲。沿街尋找停車位的行爲所增加的車流量，遠遠超過一般人的想像。仔細追蹤在加州大學洛杉磯分校周遭尋找路邊停車位的車輛後，蕭普和其研究小組發現，在某個包含十五個街廓的區域中，駕駛人每天大約耗費五七九二公里的里程搜尋路邊停車格——這個距離甚至比美國本土的寬度更長。

交通工程師曾試圖估計行駛中的車輛有多少其實正在尋找路邊停車位，而其結果從百分之八至百分之七十四不等。平均搜尋時間則大致介於三分鐘至十三分鐘之間。[64]你或許會問，區區三分鐘會帶來多大影響？但蕭普指出，光是這幾分鐘便足已造成重大後果。假設人們平均花費三分鐘尋找停車位，且這些停車位每天平均易手十次，那麼它們每天即會產生半小時的搜尋時間。再假設人們搜尋停車位時的時速爲十六公里，如此一來，這些停車位每天便會製造出八公里的梭巡里程，這不但夠你在一年內穿越半個美國本土，而其所引發的汙染更是無可計數。

但人們不只是單純地在路上梭巡，反而會以特定的方式尋找停車位。不可避免地，他們必須減速查看所有可能停車的空間、停下來判斷某個空位是否可以停車、慢慢將車駛入停車位，或者在發現某個停車格即將出缺時，趕緊停在一旁等候（蕭普將之稱爲「停車前戲」）。這種行爲看來沒什麼不對，但正如我們之前所述，將車停在雙線道上，無異於創造出一個減少了**半數**車流容量的交通瓶頸。

更糟的是，其他駕駛人爲了繞過這些正在車道中央等候停車位的車輛，也不得不佔用另一條車道，導致交通狀況更加惡化。一個人的無心之過，常會損及許多人的利益。著名的城市規畫學者威廉・懷特（William H. Whyte）曾在研究曼哈頓的交通活動時，一睹這種現象的祕密。他原本以爲某條街上總是「塞滿」了並排停車的車輛（根據蕭普的理論，這也是低廉停車費率的遺毒之一）。但當懷特實際計算這條街上的並排停車數量後，他很震驚地發現，每次其實只有「一或二輛」汽車並排停車。「少數幾部車輛看似不應導致如此巨大的不良後果，」他如此寫。「但我們發現數量並非關鍵。某條車道由於並排停車而失去功用的時間長短，才是最重要的因素。每個街廓中，只要有一輛並排停車的汽車，便足以引起這些交通亂象。」[65]

當然，當人們花越多時間尋找停車位時，他們發生車禍的機率也越高，因此也會越常導致塞車。有趣的是，某些研究顯示，停車所引發的車禍，幾乎佔了全部市區車禍的五分之一。[66] 雖然有些交通工程師認爲，爲了增加行車安全和交通流量，我們應該完全廢止路邊停車，但其他人卻主張成排停放在路邊的車輛，具有保護行人的作用，因爲除了充當物理屏障之外，這些車輛也可像行道樹一樣，提供某種「摩擦力」，並降低大約每小時十二公里的車速。[67]

沃爾瑪的巨大方格形停車場，看似和擁擠的市區街道沒有什麼關聯。但即使是在免費的大型停車場，我們也不難見到人們在其中不斷梭巡。唯一的差異在於，人們所尋找的已經不是便宜的停車位，而是距離超級市場入口最近的停車位（理論上而言，這些停車位應可節省最多時間，雖然事實未必如此）。事實上，沃爾瑪的停車場**永遠**都有空位，甚至可讓露營車在此露營。蕭普指出，爲沃爾瑪等大型賣場設計停車場的規畫人員，認爲這些停車場必須足以容納「尖峰需求」——亦即在耶誕節前夕前來採購的龐大人潮——因此在大多數日子裡，這些地點其實不乏停車空間。而這些尖峰需求的數據，則源自交通工程師所提出的停車量發生模型（parking-generation model）。但蕭普指出，這些模型充滿了各種不合理的現象，例如和未設置車上服務窗口的銀行比較起來，設有車上服務窗口的銀行，依規定必須鋪設更多停車空間。

蕭普主張，停車量發生模型就和其他交通理論模型一樣，都涉及某種循環邏輯。這套理論模型將停車需求視爲既存現象。首先，停車場規畫人員根據免費停車場上的平均停車量，估算某些缺乏大眾運輸系統的地區的停車需求。等到新的沃爾瑪超級市場開幕後，這些地方又吸引了更多車輛。蕭普如此寫：「於是新地點後來急速增加的免費停車需求，證實了該地的確『需要』這麼多停車空間的預測。」停車場規畫人員似乎不知道，他們在提供更多停車空間之餘，也創造了更多停車需求。因此，免費的停車空間，才是導致停車場數量和停車需求不斷成長的推手。

不過，蕭普提醒我們，沃爾瑪停車場和市區停車位，其實都不是免費的，而所謂的「免費停車」，也只是自我矛盾的說法。這些停車場可說是所費不貲——而我們所須付出的，也不只是更高的購物成本。停車場不只是交通堵塞的根源之一，更是提升地面溫度的島嶼，同時也會在風雨交加後，將路面殘留的機油和道路封層(sealcoat)中的多環芳香烴(polycyclic aromatic hydrocarbon)等致癌毒物，[68]沖刷至周遭環境和下水道系統裡。這些地點不但浪費資源，而且無法妥善利用土地。在一份有關印地安那州某個地區的研究中，普度大學地理學家布萊恩・彼贊諾斯基（Bryan Pijanowski）發現，該區的停車位數量，是當地駕駛人數量的**三倍**。[69]停車對整體交通狀況所帶來的問題，就像是加大版的超級市場停車場現象一樣：人們爲了節省時間和力氣，而永無止境地搜尋「更好」的停車位，但卻未體認這種作法反而只會浪費更多時間和力氣。

交通活動的各種模式，反映了人們日常生活中的各種欲望。這些模式透露出我們的本性，以及我們的目標。仔細檢視之後，我們不難發現，這種活動就和人類所有的欲望一樣，並不總是合乎理性或效率的要求。人類的交通活動是一條機會之河，但由於各種錯誤的停車場規畫，我們往往被迫在路上盲目空轉。在下一章裡，我們將更進一步討論這些問題的解決之道。

6 自私的通勤者

爲什麼路變多了以後車子也會變多

道路一旦建好後，交通便會莫名其妙地擁擠起來。

——羅伯特・路易斯・史帝文生（Robert Louis Stevenson，英國文學家）

自私的通勤者

二〇〇二年夏天，洛杉磯和長灘地區港口的一起勞資糾紛，阻斷了該地的貨運活動長達十天。船隻大排長龍，球鞋和汽車貨櫃無人處理，而五軸大卡車——亦即將貨櫃從港口運送至目的地的卡車——也沒有工作可做。這對大多數卡車行經的I七一〇號州際公路造成了顯而易見的衝擊：在港口關閉的前七天，行經這條公路的卡車數量少了九千輛。

加州交通局的地區副主任法蘭克・昆昂（Frank Quon）注意到某個奇怪的現象。這條公路上的**整體**交通流量只減少了五千輛。「九千輛卡車從這個交通系統中消失，」昆昂在位於洛杉磯市區的辦公室裡對我說。整體交通流量爲什麼只降低大約一半？「汽車填補了卡車留下來的空缺。路上多出了四千輛汽車。」

港口關閉期間，七一〇號州際公路的平均時速可達一〇八公里。①駕駛人幾乎立刻發現這條路比其他道路來得順暢。他們或者聽見相關的路況報導，或者從朋友口中得知這件事。他們也有可能不經意地開上這條路，發現它一點也不塞車，並決定改天再來碰碰運氣。奇怪的是，這條路並未吸引其他道路上的擁擠車流。「如果你看看其他走向相同的道路，例如一一〇號高速公路，」昆昂說，「便會發覺這些道路上的交通流量仍未減少。」

這些汽車就有如憑空出現一樣，在南加州難得一見的順暢道路上呼嘯而過。一個星期之後，港口恢復開放，趕著載貨的卡車也蜂擁而至，當地的交通狀況甚至比港口關閉之前更糟——卡車交通流量的成長幅度，甚至超越了整體交通流量的增加比例。這些不知打哪來的汽車，也從七一〇號州際公路上逐漸銷聲匿跡。

交通工程師將這種現象稱爲「潛在需求」(latent demand)。「這種需求會由於系統的限制而無法顯現出來，」昆昂如此解釋。「但系統容量增加之後，這些需求便會浮現，並塡滿多餘的容量。」簡而言之，原本由於七一〇號公路太過擁擠而從未行駛這條路的駕駛人，突然之間全部湧進這條路。我們不知道這些駕駛人之前的通勤模式爲何。他們或許較常行駛區域性街道，或是習慣搭乘大眾運輸工具，或者乾脆盡量少出門。

重點在於，人們對交通條件的變化極爲敏感（有時甚至**太**過敏感，正如我們將在稍後所見），而即使面對交通網絡中最劇烈的變動，他們也都能快速適應。交通工程師常說：「一切到了星期五便會恢復正常。」②根據這個經驗法則，假如平常的交通模式，由於道路封閉或施工改道等，在星期一被打斷，到了下個星期五左右，大多數人即可適應這些改變，並讓交通系統回到幾乎正常的狀態。「交通模式有所變化時，路況會暫時陷入變化不定的狀況，」昆昂說。「我們通常要人們預估兩個星期的變化期。交通狀況會在這段期間逐漸恢復平穩。行車狀況時好時壞，而兩個星期之後，整個系統就能從這些變動中取得平衡。」③

洛杉磯七一〇號公路所釋放的這種潛在需求，也常被形容為「誘發旅次」（induced travel）。這個名詞其實只是對相同現象的不同描述，而它所說的不外乎是這條路上出現了新的行車動機。假設卡車並未從七一〇號公路上消失，但這條路上新增了兩個車道。這種作法也會導致相同的結果。一開始，交通狀況會有所改善，但過了一陣子，交通流量或許會變得更高。想必你對這種「路變多了之後車也會變多」的主張一定不陌生。這種想法其實早在汽車問世之前便已出現。一九〇〇年，紐約市地鐵局局長威廉·巴克雷·帕森斯（William Barclay Parsons）曾寫道：「對紐約而言，所謂的快速運輸解決方案並不存在。鐵路一旦完工，原本遍布石礫和山羊的地區，將會成為密集的住宅區，因此需要屬於自己的交通要道。而這條交通要道興建完成之後，還會創造出更多對其他交通要道的需求。」④

超過一個世紀之後，人們仍為這個問題爭論不休。相關文獻的數量已多如牛毛，我不敢推薦任何人埋首苦讀。我們之所以不斷新增道路，是不是為了容納更多的人口和交通流量？或者道路本身也會創造出「特殊的交通需求」？事實上，兩者同時為真。爭議的焦點在於這些現象的政治和社會意涵：我們應該採取哪些生活和工作型態？我們應該如何採行那些通勤方式？誰應該付錢，而又應該付多少錢？這些通勤方式對環境會產生什麼影響？

但許多研究都指出，誘發旅次所描述的現象確實存在：當我們鋪設越多道路時，我們的行車里程也會隨之遞增，而其成長幅度**甚至超越**交通流量的「自然」增加速率，例如人口成長率等。⑤換句話說，這些新增車道除了紓解原有的交通壅塞狀況之外，也會鼓勵人們更常開車上路——例如，促使「理性定位者」遷移至更遠的地方——而其提供的多餘交通容量，也會吸引更多新駕駛人。格拉丁傑克森城市規畫公司（Glatting Jackson）工程師華特·庫拉許（Walter Kulash）主張，和其他公共服務比較起來，這種回饋迴圈對道路交通的影響之大，幾乎不成比例。「當我們興建越多道路時，便會產生越多使用道路的需求。假如我們不斷增加下水道容量，人們難道也會更常上廁所？」

假如你不相信新道路會創造新交通需求，試想某條道路突然消失後，可能會發生什麼事？原本的交通流量都會轉移至其他道路上，不是嗎？一開始或許如此，但時間一久，整體交通流量便會開始**減少**。在某個有關「流失的交通流量」（disappearing traffic）這種現象的研究中，英國研究人員對英格蘭和其他地區，由於施工或設計因素而被關閉的道路，進行仔細的分析。他們發現，道路封閉地區的交通流量呈現逐步減少的趨勢。這個結果或許和一般人的預測相符。但替代道路所增加的交通流量，多半遠低於封閉道路所損失的交通流量。⑥

根據珍·雅各（Jane Jacobs）在其經典著作《偉大城市的誕生與衰亡：美國都市街道生活的啓發》（*The Death and Life of Great American Cities*）的描述，一小群紐約市民（包括她自己）在一九六〇年代發起一項反對運動，主張將行經格林威治村華盛頓廣場公園裡的一條街道予以封閉。他們認爲公園不是應該見到汽車的地方。他們也反對當局爲了容納繞道行駛的車輛，而拓寬這座公園周遭街道的計畫。交通規畫人員預測該地的交通狀況將會急轉直下。但事實正好相反：既然無法直接通過這座公園，駕駛人便也不把此地視爲行車捷徑。整體交通流量於是逐漸降低——而這座公園和其鄰近地區的交通狀況也未受到任何影響。

我們已經討論過交通工程師所提出的理論模型，爲何無法完全預測人們在「較安全」的道路上的駕駛行爲。同樣的，交通壅塞的眞實狀況，往往也非這些理論模型所能正確預測的。純就數學而言，假如交通網絡中少了一條道路，其他道路的交通流量應該會隨之增加。如果你封閉了一根水管，其他水管便必須接手這根水管的水流量。但人類比水還要複雜許多，而交通模型也未能掌握這些複雜的人性。交通流量或許會和工程師的預測一樣增加，但這也會促使駕駛人遠離交通流量與日俱增的道路。

不過，有時情況正好相反。洛杉磯現有的高速公路系統，大都完工於一九五〇和一九六〇年代。當初設計這個系統的工程師，從未預見該市的交通流量會暴增至今日的程度。洛杉磯交通局長費雪表示：「人們常說：『路變多了之後車也會變多』。但不增建道路，並不代表人口就不會越來越多。即使不再興建高速公路，車輛仍會蜂擁而至。交通流量只會越來越大。不論我們是否繼續興建高速公路，洛杉磯地區仍會是一塊大磁鐵，不斷地吸引更多人潮。」

這令人不禁想問，假如洛杉磯打從一開始便擁有它所需要的全部高速公路，或者人們不出幾分鐘，即可神奇地從市中心抵達聖塔莫尼卡，那麼這個城市是否會比現在更有成就？但話說回來，倘若爲了「拯救」洛杉磯交通，而興建一條貫穿比佛利山莊中央的高速公路，那麼這個高級住宅區的繁華景象還可維持多久？更爲順暢的交通，會不會吸引人口？交通亂象究竟是阻礙洛杉磯繼續發展的毒瘤，或是該市不斷發展所帶來的後遺症？加州大學洛杉磯分校都市計畫教授泰勒主張，⑦人們常將交通亂象視為壞事，即使暫且不論交通活動對環境所造成的負面影響，這種觀點仍忽略了一個事實：有哪個偉大城市是不擁擠的？「如果你的公司需要電影後製剪接師或衛星導引工程師，」泰勒指出，「洛杉磯的壅塞高速公路，而非其他地方較不擁擠的道路，仍是你和這些人才面對面接觸的最快方式。」⑧經濟學家主張，人口密度能夠促進生產力。⑨交通工程師則常用餐廳打比方：和空無一人的餐廳比較起來，你是否寧願到人潮洶湧的餐廳用餐，即使這代表你得等久一點？

華盛頓特區等地區的交友網站使用者，據說經常指定他們只願意和住在十六公里內的人交往，有些人認為這種作法是為了避免擁擠的交通。⑩還有些人甚至主張這種現象無異於某種社會問題：交通亂象**謀殺**了愛情！愛神也因塞車而瘋狂！但這些想法其實都未切中要點：事實上，人們之所以搬到華盛頓特區等地方，不外乎是因為附近的人口較多。而這正是快速約會活動之所以總是選在城市舉辦的原因。在這類活動中，參與者不得不加速過濾所有可能的選擇，以便紓解大量人際互動所引起的「壅塞」狀況。相反地，在愛達荷州等地廣人稀之處，你即便開了十六公里車赴約，也不會在路上碰到太多人車；而事實上，你的選擇或許也不多。不論如何，所有曾談過遠距戀愛的人都知道，遙遠的距離其實也是考驗彼此是否真心的最好方式之一。

至於人們浪費在塞車上的時間又如何？這種損失想必極為驚人——根據某項估計，光是二〇〇〇年，美國即因塞車而損失了一千零八十億美元。但一些經濟學家，特別是布魯金斯研究所的安東尼・唐恩斯（Anthony Downs），即曾指出這些數據的潛在錯誤。⑪首先，與其付費減少這些塞車時間，人們似乎比較樂意忍受擁擠的交通狀況（這代表塞車所產生的「眞正」損失約爲一百二十億美元）。⑫再者，某些理論模型所使用的對照樣本，是通勤者能在交通尖峰時段中來去自如的大型城市——但打從羅馬的屋大維時代以來，世上便從未出現過這種理想城市。⑬除此之外，這些理論模型根據某種假想的薪資比例，估算人們浪費在壅塞交通中的金錢，但這種作法假設人們會由於減少塞車時間而獲得金錢報酬——或人們會利用這些時間，從事有用的生產活動，而非只是**更常**開車（正如上一章所述，許多人似乎相當喜歡開車兜風）。最後，沒有人眞的知道我們的通勤方式讓我們**賺進**了多少錢，因此它們所導致的損失也有可能小得不成比例。我們可用網際網路打個比方。網際網路上的各種發明，讓我們損失了不少生產力——例如，網路影片、垃圾郵件和線上遊戲等——但有人會認爲和網際網路的好處相比，這些發明的代價更高嗎？

新道路還會以另一種比較不易察覺而複雜的方式引發更多交通活動，這就是所謂的「布列斯悖論」（Braess paradox）。這種現象的名字聽來有如羅勃・路德倫（Robert Ludlum）的跨國驚悚小說，但它其實源自德國數學家戴崔克・布列斯（Dietrich Braess）發表於一九六八年的一篇論文。⑭簡而言之，這個悖論指出，在原有的運輸網絡中新增道路的作法，反而可能減慢所有駕駛人的車速（即使，不同於上述的「潛在需求」例子，我們並**未**在這個運輸系統中引進任何更多駕駛人）。布列斯的靈感來自於一連串曾對類似問題進行深入思考的學者，包括著名的二十世紀初期英國經濟學家亞瑟・塞希爾・庇古（Arthur Cecil Pigou），和一九五〇年代的運籌研究人員（例如沃查普〔J. G. Wardrop〕）等。⑮

你得擁有高深的數學知識，才有辦法徹底了解布列斯等人的理論，但你仍可藉由思考簡單的交通情境，掌握他們所欲解決的基本問題。首先，假設某兩個城市之間有兩條道路。其中一條是只有兩個車道的地方道路，而你總是得花一個小時，才能經由這條道路，抵達另一個城市。另外一條則是擁有較多車道的高速公路，且當交通不擁擠時，你只**需要**半小時便能經由這條道路到達另一個城市，但當交通較爲擁擠時，單程行車時間則會增加爲一個小時。由於大多數人都想碰碰運氣，因此他們都會選擇高速公路，結果全都花了一個小時才抵達目的地。從單一駕駛人的角度而言，這種選擇相當合理。畢竟，假如某位駕駛人決定行駛地方道路，這位駕駛人絕對無法節省任何時間。只有當其他駕駛人選擇高速公路時，這位駕駛人才有可能節省時間——但其他駕駛人爲什麼應該這麼做？

在這種情況下，所有駕駛人都被困在所謂的「納許均衡」（Nash equilibrium）狀態中。諾貝爾數學獎得主約翰・納許（John Nash），提出並普及了這個出現於冷戰時期巔峰的策略概念。當進行賽局式互動的任一方，都無法藉由其片面行動改變其處境時，這種賽局情境即陷入納許均衡狀態。假如你不能縮短自己的行車時間，那麼又何必費心選擇其他道路？諷刺的是，如果每個人都選擇對自己最有利的決定，這些決定反而會損及所有人的利益。不過，倘若某位交通警察站在路中央引導半數車輛行駛地方道路，並指揮另一半車輛行駛高速公路，那麼前者雖然仍未節省任何時間，後者卻只需半小時即可到達目的地。整體而言，全部車輛的合計行車時間仍會**降低**。⑯

布列斯的發現比上述情境更令人暈頭轉向。⑰請假設某兩個城市之間有兩條包含兩種路段的道路。其中一條道路在等距於兩個城市的地點，從高速公路路段（不論交通流量大小，單程行車時間皆小於一小時）變成了地方道路路段。另一條道路則在等距於兩個城市的地點，從地方道路

（不論交通流量大小，單程行車時間皆爲一小時）變成了高速公路。由於這兩條包含兩種路段的道路擁有相同的單程行車時間，因此駕駛人會平均地分布在這兩條道路上，而所有人的行車時間也都會保持在一個小時的均衡狀態中。

請再假設一座陸橋從這兩條道路中央，亦即第一條道路的高速公路路段變成地方道路路段，以及第二條道路的地方道路路段變成高速公路路段的地點，將這兩條路連接起來。原本在第一條道路的高速公路上行駛的駕駛人，一旦來到路段變換地點之後，便會發現前方路段變小了，因此即會改走陸橋，以便接上另一條道路的高速公路路段。但原本在第二條道路的地方路段行駛的駕駛人，卻不會改走陸橋，因爲他們前方的路段，已經變成高速公路路段了（他們當然也想碰碰運氣）。

問題在於，假如每個人都只爲自己的利益著想，所有駕駛人的行車時間都會變長！這座設計來紓解交通流量的陸橋，反倒會讓交通狀況變得更糟，而其原因在於電腦科學家提姆・羅夫葛登（Tim Roughgarden）所謂的「自私式路線設定」（selfish routing）現象。[18]對我們而言，我們在交通網絡中移動的方式看似有利於自己（「使用者最佳化」〔user optimal〕），但我們的整體行爲不一定有利於交通網絡的運作（「系統最佳化」〔system optimal〕）。

這才是人類交通活動的核心問題。我們都是在非合作性網絡中行駛車輛的「自私通勤者」。當人們在早上開車出門時，他們從未停下來想想，自己應該走哪條路，或在什麼時候走某條路，才能造福所有駕駛人。相反地，他們只能在開上同一條路後，暗自希望其他人不要走這條路。

駕駛人不斷地創造出經濟學家以拗口語言指稱的「未被內化的外部效應」（uninternalized

externalities)。這表示我們並未察覺自己對其他人所造成的痛苦。舉例來說，兩位加州大學柏克萊分校法律學者估計，加州每增加一位新駕駛人，所有駕駛人必須分擔的保險成本便會增加超過兩千美元。⑲我們也不必負擔車輛廢氣所產生的損失——例如，籠罩洛杉磯的廢氣，每公里大約會令我們折損三點六角美元。⑳除此之外，我們也不必負擔車輛噪音所帶來的損失，而根據加州大學戴維斯分校研究人員的估計，這個數字大約介於每年五十億至一百億美元之間。㉑我們怎麼知道應該如何估算噪音所造成的損失？房地產數據爲我們提供了可以參考的資料之一。許多研究顯示，我們可以從交通流量和車速的成長幅度，估計房價的貶值幅度，㉒而當街道實行交通減噪措施之後，房價也常隨之提升。㉓有些人或許會主張，交通密集區域的低廉房價，已經將這些成本納入考慮。倘若如此，房價怎麼還會由於持續增加的交通流量而降低？主要幹道附近的居住環境，也會讓居民暴露在更多車輛排放出來的碳氫化合物和汙染粉塵中，而許多研究也已指出這些居住環境和呼吸與心臟等相關疾病之間的關聯。㉔

除此之外，駕駛人也會對其他人產生某些更難測量的損失。都市計畫學家唐諾·阿柏雅德(Donald Appleyard) 在一九七〇年代對舊金山進行調查後發現，當居住地點周遭的交通流量越大時，當地居民所擁有的朋友數量越少，而其出門次數也越少。如此看來，人類的高密度交通活動，不但切割了野生生物的棲地，導致許多生物不得不遠離其覓食場所，或降低鳥類的繁殖力，㉕同時也阻礙了街頭巷尾中的人類互動（或許**這**才是愛情之所以遭到交通亂象謀殺的真正原因）。有點弔詭的是，阿柏雅德發現輕度交通流量地區的居民（這些人比較有錢，也比較可能擁有自用住宅），實際上**創造了更多交通流量**，而高度交通流量地區的居民，卻比較買不起汽車。㉖換句話說，

富人增加了窮人的負擔。㉗

不過，最根本的外部效應，則是壅塞的交通狀況本身。你的出現，會導致其他人的通勤時間變長，而其他人的存在，也會反過頭來增加你的通勤時間。但所有駕駛人各自的收穫，都比其他駕駛人的整體損失來得少。在經濟學裡，「公共財」(public good) 指的是多人可共用而不會減損其效用，或多人可共用且無法排除他人使用的事物，例如陽光。深夜的空曠道路或許可被視爲公共財，但擁擠的道路立刻便會變成「無法共享」——當越多人使用這些道路時，它們的效用即會越低落。

這就是葛瑞特‧哈定 (Garret Hardin) 所提出的「共有地悲劇」(tragedy of the commons)。㉘在這個著名的現象裡，每位牧人都想在所有人皆可使用的共有牧地上，放牧最多可能數量的牛隻。當某位牧人在這片牧地上多養一隻牛時，他便能提高一點收益。不久後，這片牧地上的牧草逐漸被牛群啃食殆盡，但這位牧人仍會繼續增加牛隻數量，因爲他仍可從中取得較多報酬，即使這些報酬已開始遞減 (而總有一天將永遠消失)，而其他牧人則須爲此付出代價 (過度捕撈魚類〔overfishing〕也是常見的「共有地悲劇」之一)。㉙

我們或許也可將車輛在交通尖峰時段紛紛湧進高速公路的現象稱爲「高速公路悲劇」。高速公路上每增加一部車輛，整體交通狀況即會變得更糟，但對單一駕駛人而言，在高速公路上忍受塞車之苦所得到的效益，仍比不開車的代價來得高，而由於每個人都得平均分擔塞車所產生的損失，因此開上高速公路的人也會越來越多。

米老鼠的交通問題解決方案

百分之九十八的美國通勤者贊成其他人改用大眾運輸工具

——《洋蔥報》(*Onion*)新聞標題

我們應該如何解決交通堵塞這個年代久遠的兩難問題?最常見的回答是:「興建更多道路!」對此,最常見的回應是:「但興建更多道路只會引發更多交通需求!」「那就再興建更多道路!」「但那只會再引發更多交通需求!」我們應該跳脫這些僵持不下的論戰,並從不同的角度思考問題。不斷新增道路的最明顯問題在於,我們,至少對美國人而言,根本負擔不起這麼多道路。隨便問問任何一位交通工程師,㉚你便會發現他們的回答都和數據所顯示的一樣:我們已經缺乏維護**現有**道路的財力,更不用提要從哪裡擠出鋪設新路的財源。㉛那我們上繳的燃料稅稅金呢?㉜美國的燃料稅費率是加拿大的一半,日本的四分之一,以及英國的**十分之一**。將通貨膨脹的幅度納入考慮後,美國國庫目前的燃料稅收入,比一九六〇年代還少。㉝

但即使我們還有餘力興建更多道路,這或許仍非花錢的最好方法。交通學者馬丁・華克斯(Martin Wachs)指出,「百分之九十的道路,有百分之九十的時間,都處於不擁擠的狀態中。」㉞許多容易堵塞的道路,每天的塞車時間其實只有幾個小時,而這令人不禁想起上一章所提及的沃爾瑪停車場。你是否應該爲了容納耶誕夜的尖峰購物人潮,而興建一座全年三百六十四天都無法得到充分利用的巨型停車場?從某個角度而言,要求某些洛杉磯市民每天早上五點出門上班,或放任高速公路每天都得塞車好幾個小時，可能對整體社會帶來不良影響。但從另一個角度來說，這或許也是好事，因爲如此一來，我們的交通網絡便能得到充分利用。空蕩蕩的道路可能是開車兜風的好去處，但這些道路也是最浪費資源的地方。

在原有道路上新增車道，並非解決交通問題的仙丹妙藥。假設你正好來到某條極爲擁擠的雙向六車道道路路口。你心中可能出現一個疑問：「爲什麼不把這條路拓寬一點？」你看著一堆等著左轉的車輛並暗忖：「爲什麼不多加一條左轉車道？」兩位加拿大研究人員指出，問題在於增加車道的作法，往往只能產生逐漸遞減的效益。㉟

當十字路口的規模越大時，其效益也會越低。舉例來說，某個十字路口一旦新增第二條左轉車道後，爲了維持行車安全，這個路口便不能再實施允許式左轉（permissive left turn，或一般綠燈時向左轉），而須改採保護式左轉（protected left turn，或左轉專用綠燈左轉）。由於左轉車輛無法在綠燈時穿越對面車流，因此左轉專用綠燈時相的時間必須增加。這代表十字路口的其他活動大都得暫時中止。更多車道也會引發更多「摩擦」，舉例來說，和只須穿越一條車道的左轉車輛比較起來，必須穿越三條車道的左轉車輛，顯然比較難以順利左轉，而當它成功左轉之後，也會對整體車流造成較大影響。除此之外，由於規模較大的十字路口，需要較多通行時間，因此其淨空時間——亦即交通工程師用來確保所有人車皆已離開路口所需的時間——也會相對較長。在這些因素的影響下，假如只有一條車道的十字路口，每小時能處理六百二十五部車輛，那麼兩車道路口每小時的處理容量只有四百八十三部車輛，而三車道路口和四車道路口每小時的處理容量，則分別只剩下四百六十三和三百八十五部車輛。㊱如此看來，當我們增加越多車道時，這些車道所產生的效益也越少——而十字路口也越容易水泄不通。

另一個問題在於，大多數交通堵塞都是交通工程師所謂的「非重現性壅塞」（nonrecurring congestion）。在一般狀態下運作正常的高速公路，或許會由於施工或天氣因素，而暫時形成交通堵塞，但最常引發塞車狀況的原因卻是車禍。因此，與其增加更多車道，預防交通堵塞的最好方法，其實便是減少人們發生交通事故的機率——而正如第三章所述，駕駛人只要能夠在開車時專心一點，即不難辦到這件事。

不論是否導致車道壅塞，交通事故本身當然只是問題的一小部分。根據估計，高速公路會由於駕駛人減慢車速察看車禍現場——高速公路兩側的駕駛人常會同時這麼做——而減少大約百分之十二點七的處理容量。[37]這正是人性的弱點之一。我們不只會爲了滿足永無止境的好奇心而駐足旁觀，更會受到圍觀人潮的吸引而忍不住想湊上一腳。經濟學家托瑪斯・謝林（Thomas Schelling）指出，當駕駛人花十秒鐘停車察看交通事故現場時，通常不覺得這是什麼天大的壞事，因爲他們已經在車潮裡等了十分鐘。但這十分鐘卻源自每位駕駛人停下車來的那十秒鐘。由於單一駕駛人對其他人所造成的損害，不會回過頭來影響到他自己，因此所有人的速度都會被拖累。謝林表示：「這是很沒效率的互動模式。」[38]照相手機的普及也讓情況雪上加霜，因爲駕駛人除了旁觀之外，還得另外花時間拍攝車禍現場。[39]更嚴重的是，駕駛人也常因旁觀而發生交通事故。維吉尼亞邦聯大學（Virginia Commonwealth University）研究人員所進行的一份研究發現，「察看交通事故、其他路邊事故、交通狀況，以及其他車輛」的行爲，是僅次於精神不濟，最易導致駕駛人由於注意力不集中而發生車禍的主要原因之一。[40]

這代表擁擠的車潮本身即具有創造更多交通堵塞狀況的傾向：減慢車速查看車禍現場的駕駛人較易發生車禍，而這些車禍又會波及其他駕駛人，以此類推。謝林指出，假如人類的交通活動是一種合作性網絡，且所有駕駛人都不會駐足圍觀車禍現場，那麼每個人都能節省時間。由於這種期望永遠無法實現，交通工程師只得在車禍現場設置帆布圍板，以便阻擋駕駛人的視線。理論上而言，這種作法應該有所幫助，但其功效並不容易發揮。光是要經過重重車陣，將帆布圍板送抵車禍現場，便已是難上加難。緊急救護人員還得在處理傷患之餘，在強風或大雪之中，使勁架設有如巨型裝置藝術品般的帆布圍板。諷刺的是，這些帆布圍板本身也會吸引駕駛人的注意力。英國交通研究實驗室研究員珍妮·甘洒迪（Janet Kennedy）告訴我，交通工程師曾在興建M二五高速公路的過程中使用帆布圍板。「一開始，這些圍板沒有太大用處，因爲大家仍會盯著它們看，」她說。「但不久後，我們便發現人們已經不再注意這些圍板了。他們已經習慣這些東西的存在了。」這種作法或許對人們每天經過的施工路段確實有用。不幸的是，這也代表對人們最感好奇的交通事故而言，這些圍板的用處並不明顯——早在駕駛人對路邊的圍板感到習以爲常之前，車禍現場早已清除完畢了。

至於某些固定路段每天都會發生的重現性塞車又應該如何處理？假如財力許可的話，我們或許能夠多建幾條車道。只不過這種作法仍無法讓我們解決共有地悲劇所引發的問題：創造更多牧地，只會導致人們畜養更多牛隻。擁擠的交通狀況就像是一把雙刃劍。由於開車通勤是個划算的選擇（駕駛人不必負擔全額行車成本），因此它會吸引更多人利用道路，但這些道路並未得到充分的財力支援；這種現象不只會讓既有道路更加擁擠，也會損及新增道路所需的財源。

假如大型賣場在電視廣告中，以低於成本的價格促銷商品，你想可能發生什麼事？凌晨五點時，賣場門口應該早就擠滿了人潮。倘若城市對其交通系統所提供的補貼，會讓不開車上路的市民有所損失，你想可能發生什麼事？凌晨五點時，高速公路上應該早就塞滿了車潮。價格會改變行爲。這當然不是什麼新鮮的想法，但親眼目睹這種現象的經驗，仍相當令人驚訝。我曾在北京的一家必勝客（Pizza Hut）裡，目瞪口呆地看著當地顧客小心翼翼地在餐盤上推起高聳的沙拉，並戒慎恐懼地走回自己的座位上。他們爲什麼要這麼做？北京必勝客依據顧客取用沙拉的次數計算用餐金額，因此顧客當然也會想辦法確保自己不吃虧，並以最有效率的方式取用餐點。假如顧客能夠無限取用沙拉的話，情況又會如何？這時，人們應會每次取用一點食物，但來回走上好幾趟路。如此一來，餐廳裡來回取用餐點的人潮流量便會扶搖直上。[41]

長久以來，最基本的交通活動模型，即是由國家補助且允許使用者任意利用的免費系統。在這種系統中，人們可以出於任何理由，在任何時刻，不限次數地開車上路。這種作法或許有利於整體社會——就像削價競爭的大型賣場有利於消費者一樣——但正因其免費特性，所以每個人都想分一杯羹。但近年來，由於我們越來越難以支應新增道路所需的金錢和空間，人們的問題已從「如何增加交通系統所能容納的人數」，轉變成「如何減少使用交通系統的人數」。這個問題的答案當然就是，提高駕駛人的行車成本。這個想法本身並不新鮮。我們在庇古等經濟學家的理論中，便可見到主張人們必須負擔自己所引起的各種「外部效應」（例如交通堵塞）的觀點。庇古本人在其出版於一九二〇年的《福利經濟學》（*The Economics of Welfare*）裡，即曾討論道路使用者對其他道路使用者所帶來的問題。

在這之後，諾貝爾經濟學獎得主威廉・維克律（William Vickrey）獨自長期致力於推廣下列觀念：市區道路是稀有資源，且須依其稀有程度制定使用費率。畢竟，維克律在一九六三年指出，旅館也常在旅遊旺季提高住宿費用，鐵路和航空公司則會在旅遊熱門時段增加票價，而電話公司也會於通話高峰時間收取較高費率——我們有什麼理由不在交通尖峰時段提高使用道路的費用？㊷（維克律的腳步比他的時代更快：根據傳聞，一九六〇年代早期有人反應，我們缺乏得知駕駛人的目的地或行車里程的方法，維克律於是打造了一部簡陋的無線電發報機，並將之安裝在自己的車上，以便向友人展示其想法的可行性。）㊸

徵收交通壅塞費用的作法，在倫敦和斯德哥爾摩等城市的實施成效良好，因爲它向駕駛人提供了一個明確的收費標準，並藉此強迫他們決定某趟旅次是否「値得」一行。過去，駕駛人只須付出時間上的代價——這種代價無法維持我們的交通系統——但人類心智對待時間和金錢的方式卻不盡相同。我們似乎對時間的價值較不敏感，即使不同於金錢，時間一去不復返。人們很容易合理化時間上的損失。㊹當高速公路塞車時，每個人所損失的時間並無不同，雖然有些人使用高速公路的理由不但較有意義，也較有價值——舉個極端的例子，和某個單純不想待在家裡而開車兜風的人相比，某位趕著到醫院生小孩的婦女，是否更有理由使用高速公路？兩者或許都認爲自己有權使用高速公路，但我們眞的應該如此分配這種有限的資源嗎？

當人們必須根據道路使用成本，考慮自己使用道路的時機、地點和方式時，便會發生有趣的事情。你或許會認爲交通尖峰時段，駕駛人必定是由於無法經由其他道路抵達工作地點——或無法在其他時間通勤上班——才會取道高速公路，但許多研究指出這並非事實。當研究人員巨細靡遺地記錄所有在尖峰時段行駛於高速公路上的車輛牌照號碼，並對不同日子的資料進行比較後發現，大約只有百分之五十的駕駛人，每天都會使用高速公路。有時，只有當我們更進一步分析看似隨機的行爲後，才會察覺駕駛人的行車模式。在英國交通學家理查・克雷格（Richard Clegg）所謂的「下星期三見」（See you next Wednesday effect）現象中，當駕駛人在某個星期三的交通尖峰時段使用高速公路後，這些駕駛人也較常在下個星期三，而非其他日子中，再度將車開上高速公路。㊺

不過，人們的行車習慣並非全都如此規律。二〇〇三年，研究人員在一群西雅圖駕駛人的車上，安裝能夠追蹤車輛行經地點和行駛時間的電子裝置。研究人員先收集這些受試者的行車習慣基線資料，然後給予每位受試者一個虛擬現金帳戶，並告知所有受試者，當他們在越擁擠的時刻，在越擁擠的街道上行車，他們的現金帳戶便會被扣除越多金額。這項研究計畫的名稱叫作「交通抉擇」（Traffic Choices）。贊助這項計畫的普峽理事會(Puget Sound Regional Council)主席馬修・奇均（Matthew Kitchen）表示，他對受試者在帳戶尚未被扣除任何金額之前，每天變化不定的行車習慣，感到非常驚訝。

一旦研究人員開始從受試者的帳戶中扣除行車費用之後，情況開始有所轉變：有些受試者提早開車上路，有些使用其他道路，有些搭乘公車，有些則將許多旅次「濃縮」成一趟旅程。「逐漸浮現的事實，讓我相信人類是非常有智慧的個體，完全明白如何增進自己的利益，」他說。「他們了解自己必須在時間和金錢之間取得獨特的平衡點。而這個平衡點的所在範圍極爲廣大。舉例來說，我今天或許願意爲了節省十分鐘而付錢，但明天可就不一定如此。」

這種作法對人們的行車習慣會帶來多少改變？套句交通規畫術語，這些受試者的整體「旅次」（tour），減少了百分之十三。㊻這個數字看來或許不多，但對交通瓶頸而言，些微的變化也會引發巨大的效應（有些人主張，交通流量只要減少百分之五，車速即可增加百分之五十，㊼雖然這代表假如原本的車速是每小時八公里，現在也只會提高至每小時十六公里）。奇均在談到塞車時表示：「一旦你開始從峭壁上滾下來，你的墜落速度就會越來越快。這正是爲何只要減少百分之五或十的交通流量，我們就能在現有的交通網絡上，取得更多速度的原因。我們不必藉由任何懲罰手段，強迫人們改變其行爲。只要創造一些足以引導人們稍微改變其行爲的動機，我們便可得到有效的結果。」

藉著改變某些人的行爲，徵收交通擁擠費的作法即可逆轉一種交通惡性循環，提升人們搭乘大眾運輸工具的意願。越多人選擇開車上班，交通狀況便會越糟糕。這會增加公車的行車時間，進而增加公車公司的行車成本，並導致高昂的公車票價——公車乘客則會被迫負擔交通堵塞所造成的社會損失，雖然他們才是眞正有助於減少交通流量的族群。而當搭乘公車的成本越來越高時，開車人口也會逐步增加，使得交通環境對公車乘客更爲不利，並降低了這個族群繼續搭乘公車的意願。

這種滾雪球效應的發生條件相當寬鬆。歷史學家菲立普・貝格威爾（Philip Bagwell）指出，一九五九年時，進入倫敦市區的車輛中，只有百分之七是自用汽車。但假如百分之一的人口，放棄大眾運輸工具，改搭自用汽車，那麼人們搭乘汽車的旅次便會成長百分之十二，而交通流量中的汽車數量也會增加百分之五。[48]而這正是後來出現的狀況，倫敦也在不久後進入了「交通栓塞期」。交通工程師爲了紓解車流所做的各種努力，似乎只會讓問題變得更爲嚴重。

但徵收交通擁擠費的作法，則能反轉這種惡性循環。昂貴的行車成本，足以減少交通流量。交通擁擠費可以用來補貼公車系統，[49]而緩和的交通流量，不論在時間或財務上，也都對公車系統有利。這些條件都能讓公車提供更爲低廉的費率，進而促使更多人願意搭乘公車。[50]即使是稍微降低的交通流量，也能讓許多事不再只是天方夜譚。倫敦市民不時對特拉法加廣場（Trafalgar Square）的沒落發出惋惜之聲。這個見證過無數示威遊行、納爾遜紀念碑高聳其中的廣場，是倫敦的城市之心。但大多數日子裡，它似乎只是位於某個忙碌圓環中央的精緻裝飾品，某個保護餵鴿旅人的嘈雜和骯髒圍欄。突然之間，人們計畫關閉介於這座廣場和倫敦國家藝廊之間的街道，以便將這兩片區域合成一片廣大的市民空間。有些人認爲，從交通觀點而言，這是不可能達成的任務。倫敦交通擁擠費徵收計畫主任馬侃・莫瑞克拉克（Malcolm Murray-Clark）在他的辦公室告訴我，交通擁擠費改變了一切。藉由減低倫敦的「背景」交通流量，都市規畫人員便能在避免引發交通災難的情況下，移除特拉法加廣場旁的道路。「行經特拉法加廣場的交通流量中，有百分之十八的目的地並非倫敦市區，」他說。「這些交通流量只是穿越旅次。它們是首先遭到裁減的交通流量，如果我們可以這麼說的話。」

徵收交通擁擠費的作法，其實只是讓交通系統最佳化，或者讓人們免受其本能不良影響的方法之一。最基本的問題仍在於，我們應該如何說服人們避免在相同的時間前往相同的地點。事實上，倫敦等大城市能從迪士尼樂園（Disneyland）學到許多管理交通的祕訣。這聽來有點牽強，但請想想迪士尼旗下的主題公園每天都得迎接大量人潮，而園中最熱門的景點往往也是許多人最先湧入的地方。同樣地，大城市每天也得「迎接」同時湧進相同「景點」的龐大車潮。迪士尼的管理人員不只得精通娛樂事業的經營方式，也得熟知交通事業的運作模式，以最有效率的方式，在引發最少顧客投訴的狀況下，在不同的娛樂設施（以及商店街和餐廳）之間，不斷移動洶湧的人潮。爲了達成這些目標，迪士尼樂園聘請了布魯斯．拉維爾（Bruce Laval）等天才交通工程師，協助他們管理人潮和人潮所形成的隊伍。

現已退休的拉維爾，在一九七一年加入迪士尼的工業工程部門。他的碩士論文主題和交通號誌協調控制有關，而他在迪士尼的第一項任務，則是降低遊客等候園中單軌電車所需的時間。「管理階層希望證明他們有必要購買第六輛單軌電車，」他告訴我。「他們認爲他們需要更多容量，才能載運更多遊客。」但拉維爾的模擬測試卻得出有違直覺的結果：與其增加更多電車，迪士尼只要**移除**一輛電車，便能以更快的速度運送遊客。箇中原因在於，每輛電車前方都設有一個安全緩衝區，而當某輛電車逐漸接近其他電車時，這輛電車便會減速或停車。減少電車數量之後，其餘電車的速度即可加快（這正好符合常見於交通網絡中的「慢即是快」效應）。[51]

很早以前，越來越受遊客青睞的迪士尼便已發現，管理大排長龍的人潮並非易事，而這對太空山脈等室內景點更是如此。如果是你的話，你會怎麼辦？當然，迪士尼樂園或許可以採用一般交通網絡的處理方式，直接以效率低落的均衡狀態，處理正在排隊的隊伍。根據這種作法，遊客只能在隊伍中枯等，或者決定脫離大排長龍的隊伍（有如駛離高速公路一樣），改排其他人數較少的隊伍（猶如使用地方道路一樣）。這些長短不一的隊伍本身即具有管理人潮的功能。你也可以利用某些特殊設計，讓隊伍顯得短一點（例如，讓遊客誤以爲排隊時間比實際所需時間來得久，或讓隊伍繞經其他小型景點等）。即使如此，遊客仍得在隊伍中等候（有如陷入車潮中一樣），而無法從事其他活動，例如購物或用餐等（有如上班工作或在家休閒一樣）。迪士尼有時會增加景點的容量。但這種作法也有其限制。「增加景點容量所費不貲，」拉維爾說。「即使你能藉此減低旅遊尖峰日期的遊客等候時間，但一年中有百分之九十五的時間，我們其實都用不著這些容量。沒有人會在設計教堂時，以容納復活節週日的人潮爲目標。」㉜

因此，迪士尼也採行了某種形式的交通擁擠費，依據各種遊戲設施的熱門程度，在遊樂券小簿子上制定不同的票價。太空山脈等熱門景點只收取E票，而其票價也比大街上的無馬馬車等冷門遊樂設施所收取的A票貴上許多。這種作法的用意，不只在於避免人們在熱門景點前大排長龍，也在於將人潮分散至整個園區，以便紓解太空山脈等地點周遭的壅塞狀況。「增加容量的辦法之一，即是將需求引導至其他地方，」拉維爾說。這種作法能達到一定的效果，但票價所釋出的訊息，可能會引發不同的影響。拉維爾表示，來到迪士尼世界（Disney World）的遊客，有百分之八十是第一次來訪的旅客（整體看來，迪士尼樂園的再訪遊客其實較多），其中許多人並未預先設定自己的遊園路線，而昂貴的E票理所當然地就成了眾人的頭號目標。每個人都想玩得物超所值，因此全都一股腦地湧進票價最昂貴的遊樂設施。這些遊樂設施不是因爲人潮擁擠而票價昂貴，而是由於票價昂貴而炙手可熱。

人類的交通活動中也可見到這些現象：南加州的高乘載管制車道，會在車流量增加時，收取較高的費用（以避免出現交通堵塞），但有時人們正是由於付費車道的費用較貴，因此才進入這些車道⑬——他們認為付費車道之所以所費不貲，必定是因為免費車道的擁擠程度令人卻步（這種行為推翻了適用於一般情況的經濟學原理「價格彈性」〔price elasticity〕。根據這個原理，當費用提高時，使用者人數應會隨之下降）。㉔

一九九九年，迪士尼終於找到了最有效的解決方案，設計出「快通卡」（FastPass）系統，讓遊客可從手中的遊樂券上，得知輪到自己搭乘遊樂設施的正確時間。這套系統的設計基礎，在於體認到交通網絡必須在空間和時間中運作。與其在熱門的遊樂設施前大排長龍，遊客也可在「虛擬隊伍」中等候，而這些隊伍並不存在於空間中，卻只存在於時間裡。如此一來，遊客便能趁這段等候時間，搭乘較不擁擠的遊樂設施（或逛街購物）。遊客可以在實際隊伍中碰碰運氣，也能在指定時間來臨時，才前往搭乘某些遊樂設施。很明顯地，這套系統並不適用於高速公路。我們不能在收費站前攔下駕駛人，並告訴他們下午兩點半時再回來。但原則上而言，徵收交通擁擠費的作法，也有異曲同工之妙，因為它也能在時間中重新引導交通網絡的交通需求。

當然，假如交通工程師能夠得知交通網絡在任一時間點上的供需消長——而且有辦法將這些資訊傳遞給駕駛人——那麼我們也可在空間中重新引導交通需求。過去，由於資訊收送上的延誤，以及偵測車流上的困難，這種處理程序的精密程度極為有限。你必定曾在動彈不得的車陣中，聆聽語氣急促的交通報導，希望能夠得知一丁點有用的訊息，卻往往白費力氣（且根據某些法律規定，你永遠不可能得知某些路況）。而在洛杉磯等地區，我們收到的交通資訊若非早已過時，便是根本不準確。

與其採取精確轟炸，我們當然也可利用地毯式轟炸來對付交通堵塞。前任紐約市交通局局長山姆・舒華茲（Sam Schwartz，又名「塞車山姆」）表示，只要事先宣布「交通堵塞警示」日期，交通報導便會自動散布這些令人卻步的消息，而他也可以成功地「減少五或六萬輛車流」。「海森堡原理（Heisenberg principle）也適用於交通網絡。如果你看看眼前的交通狀況，再宣布並告知人們這些狀況，這種作法便會產生效用。」有次舒華茲為了減低某條大馬路的交通流量，好讓工作人員放心在懸空的鐵軌上施工，他甚至發出更多令人止步的謠言。「我嚇走了那個地區百分之四十的車輛，」他說。「我們測量了這些車流量。我對我們的效率感到非常驚訝。有時你會在廣播中聽到大家都在談論交通狀況有多糟——那其實是我的傑作，我才是這些壞消息的幕後推手。」

但人類心智的複雜程度更甚於此。問題之一在於，我們永遠無法確定人們的回應方式究竟為何。在某個研究中，研究人員集合了一群經常行駛於加州矽谷一〇一號公路的駕駛人。某天，這條路上發生了一起連環車禍，緊急救護人員花了超過半小時，才將事故現場清理完畢，導致影響深遠的交通堵塞狀況。研究人員在事後對這群駕駛人進行訪談。他們發現，只有半數駕駛人聽說這樁車禍，而其中大多數人仍在正常時間以正常方式，在上班途中開車行經這條公路。許多人似乎不相信，他們能夠藉由改變自己的行車規畫，減少任何行車時間。[55]

我們都有過這些經驗。前方道路發生車禍時，你是否應該改走替代道路？你是否應該在星期日早上提前回到城裡，或者每個人的想法都一樣？你是否應該切入空蕩蕩的右側車道，或者這一切其實事出有因？這些問題的答案，取決於我們在資訊不足的情況中，進行決策的方式。在這種條件下，我們必須依賴捷思法則，亦即每個人都擁有的簡單策略和心理捷徑，才能做出適當的判斷：例如，這條路通常只會塞車幾分鐘，因此你最好在此等一下。或者，因為天氣預報表示大風雪即將來臨，所以超級市場裡一定不會有太多人。我們懂得如何參考過去的經驗，以便預測未來。

這令人不禁想起經濟學家布萊恩・亞瑟（W. Brian Arthur）所描述的「艾爾法洛爾問題」（El Farol problem）。這個問題源自新墨西哥州阿布奎基的一家同名酒吧。假設有一百位顧客想到某家酒吧欣賞現場音樂，但這家酒吧最多只能容納六十位顧客。在這種情況下，顧客應該如何決定自己是否前往這家酒吧？假如某位顧客在某晚前往這家酒吧，但發現此地早已人滿爲患，那麼這位顧客是否應該假設其他顧客已經不想再光顧這家酒吧，並因此決定改天再試一次，或者其他顧客的想法也都如出一轍。亞瑟在模擬實驗中發現，這家酒店的平均顧客人數大約保持在六十左右，但在等同於一百個星期的模擬時間裡，每晚的顧客人數卻會持續上下震盪。這表示某位顧客挑對時機前往這家酒吧的機率呈現隨機分布，因爲所有的顧客都會不斷試圖調適其行爲。

這種均衡狀態所引發的問題，也常見於人類的交通活動之中；而即使人們對交通狀況並非毫無頭緒，他們仍會遭遇類似的問題。[56]舉例來說，二〇〇六年，芝加哥正在大舉翻修當地的丹萊恩高速公路（Dan Ryan Expressway）。當該市第一天封閉這條高速公路上的八條快速車道時，該區的交通狀況出奇地順暢，但替代道路的時速卻比高速公路慢上許多。當天的新聞報導了這些消息。我們不難想像第二天會發生什麼事：湧進高速公路的車潮變多了。[57]我們可以合理地推測，第三天高速公路的交通流量將會減少，雖然隔天的車潮可能又會增加。

假如我們再也不必盲目地猜測路況，問題是否便可得到改善？目前，越來越多的導航裝置，逐漸具備收發即時交通資訊的功能，並開啓了新一波交通革命的萌發階段。導航裝置本身即能對我們的交通活動帶來影響深遠的改變。許多研究顯示，當駕駛人在陌生道路上開車時，其行車效率會減低百分之二十五——換句話說，他們迷路了——而假如駕駛人總是知道最好的路線，其總計行車里程則可降低百分之二。[58]藉著盡可能避免在雙向道路上進行費時的左轉，後勤支援軟體能夠協助優必速（UPS）和其他物流公司，減少運送時程和燃油消耗。[59]但若駕駛人不必盲目猜測路況，而能經由正確的即時資料，清楚得知哪些道路已經過度擁擠，以及該改走哪些道路，那麼這些交通科技將能帶來最爲明顯的改變。

理論上而言，這種作法將能消弭交通系統中缺乏效率的部分。駕駛人將可事先得知前方道路發生車禍，而其車上導航裝置則會立刻指出另一條可以節省十分鐘車程的替代道路。但我們的交通系統沒有如此簡單。

第一個問題在於，所謂的即時資料仍有名不副實之嫌。舉例來說，位於西雅圖的重要交通資訊供應商英瑞斯（Inrix）公司，經由各式各樣的來源——從道路感應線圈，到商用車輛上的偵測器，再到拉斯維加斯的會議活動時程等，大約五十億個「資料點」——收集現在和過去的交通模式資料，並根據這些資料的精確度和壽命予以加權計算。「因此，十三分鐘前從位於洛杉磯市場的加州交通局偵測器傳來的車速資料，會在我們的即時路況評估過程中，配得負百分之五的加權分數，」英瑞斯首席研究科學家奧利佛·唐恩斯（Oliver Downs）如此解釋。英瑞斯每隔一分鐘都會對現有路況進行一次評估，但唐恩斯指出：「這其實是對三點七分鐘前的現有路況所進行的分析。」英瑞斯的客戶則每隔五分鐘即可收到一次更新資料。「所謂的『即時』，」唐恩斯表示，指的其實是「少於五分鐘」。這個時間看來或許不長，但唐恩斯坦承：「相對於路況的變化速度，這個時間的確有點長。」

另一個問題在於，人們會如何使用這些資訊，或我們應該如何根據這些資料，告知人們應該採取哪些行動。有「塞車教授」之稱的德國物理學家施瑞肯柏格，曾和德國北萊茵—西伐利亞（North Rhine Westphalia）合作，提供即時交通資訊，以及「事前」交通預報。這項計畫的規模或許小於英瑞斯公司的資料網，但也收集了大約三十六萬筆「基礎圖示」，亦即有關各高速公路路段交通流量的精確統計模型。這些研究人員不只對「平日」的交通模式瞭若指掌，也非常熟悉各種不規律日子裡的怪異交通狀況：例如，星期三放假的那幾週、路面結冰的第一天（他指出，大多數人都來不及換上冬季輪胎），以及實施夏令時間的第一天（駕駛人必須在尚未天亮的早晨摸黑出門）等。

這些統計資料，以及各式道路感應線圈和偵測器所收集的資料，不但能夠精確預測「平日」的交通流量，也可以準確估計發生車禍或其他交通事故時的交通模式。不過，這些資料有個問題：交通預測本身是否會改變人們的行爲，並導致人們的行爲又回過頭來改變交通預測？經濟學家提姆・哈佛特（Tim Harford）即指出，假如大家都知道明天某檔股票將會上漲，那麼所有人今天都會買進這檔股票，使得其股價水漲船高，直到它不可能在明天繼續漲價爲止。[60]

施瑞肯柏格將這種現象稱爲「自我毀滅的預測」（self-destroying prognosis）。他在杜依斯堡埃森大學的辦公室裡，用手指著一幅高速公路地圖：這幅地圖分別以綠色和紅色，標識出通行無阻和大排長龍的道路。「假如交通預報表示某條道路的交通狀況，將在一小時內變糟，」他說。「那麼許多人心裡便會想：『哦，那最好不要走這條路。』然後改走其他道路。但由於大家都改走其他道路，因此這條路並不會發生塞車。這正是問題所在。」即使是稍微延遲的資訊，也會引發這種交通震盪現象，或者施瑞肯柏格所謂的「乒乓球效應」（ping-pong effect）。假設有兩條道路，且駕駛人被告知第一條路能夠節省五分鐘車程。於是，人們全都擠上第一條路。等到這個資訊獲得更新之後，第一條路的車程已比第二條路**多了**五分鐘。第二條路的速度或許暫時較快，但不久後它也會遭遇相同的問題。61

這種現象引起了一個問題：這些交通資訊是否眞的有利於駕駛人或整體交通系統——或者它們其實只觸發了之前提及的「自私式路線設定」。麻省理工學院智慧運輸系統計畫主任莫許・班亞奇瓦（Moshe Ben-Akiva），過去數十年來孜孜不倦地研究這些旅次行為。他認為交通預測其實也是某種「雞生蛋，蛋生雞」問題。「正確的交通預測，必定也得將人們對這些預測的回應，納入考慮之內，」他說。「你不能單純地預測明天將會發生什麼事，而不考量人們得知這些預測之後的反應。」62

因此，研究人員試圖根據人們過去的回應模式，建構出能夠預期人們將會如何回應某些預測的理論模型。施瑞肯柏格推測，這是否代表我們不應該讓人們擁有完整的資訊。「你必須統整這些資料。你的目的在於引導人們以特定方式行動。而告知他們完整的事實，並非最好的辦法。」這正是大型交通資訊供應商正在思考的方向。納夫鐵克（NAVTEQ）副總裁霍華・黑斯（Howard Hayes）在該公司芝加哥總部的辦公室表示：「假如人人都可取得精確的交通預測資訊，導致所有人都改用另一條道路，那將會發生什麼事？最理想的狀況是採用更精細的作法，引導一部分人使用某條道路，並指揮其他人行駛另一條路。」

由於目前的交通資訊數量極爲有限，且只有少數人得以取得這些資料，因此我們仍無法得知，一旦每個人都能得知所有道路的交通狀況，人類的交通活動將會變成何種模樣。大多數模擬實驗都顯示，當越多駕駛人擁有越多即時交通資訊時——而這些資訊也越切近眞實時間時[63]——我們也越能減少行車時間和交通堵塞的程度。[64]有些人主張，這種情況對缺乏交通資訊的駕駛人也有好處，因爲擁有充分資訊的駕駛人會盡快離開擁擠的道路，讓出更多行車空間給留在這些道路上的不知情駕駛人。但你或許已經猜到，即時交通資訊對單一駕駛人所帶來的好處，會由於擁有這些資訊的人數逐漸增加，而慢慢遞減。[65]這正是捷徑之所以不斷消失的原因。當越多人知道哪裡有捷徑時，這些捷徑便越可能被車潮所淹沒。對所有駕駛人（亦即整體交通系統）而言，這是好事一樁，但對精明的計程車司機來說卻非如此。[66]

有些人主張，即時交通資訊和即時路線規畫，最適合解決非重現性壅塞問題。當平常不易塞車的道路，突然由於交通事故而大排長龍時，能夠立刻得知更好的替代行車方案，當然非常有用。不過，對重現性壅塞問題而言，交通尖峰時段的堵塞現象，往往導因於太多人必須在相同的時間前往相同的地點，即時交通資訊的效用，會在車流壅塞程度超過臨界密度時，逐步下滑[67]（替代道路的容量即將枯竭之際，也是即時交通資訊達到其最高效益的時刻）。在不斷堵塞的交通系統中，所有可資利用的替代道路，遲早都會被其他駕駛人發現。

即時路線規畫的另一個問題，和市區道路系統的某個奇怪特性有關。一群研究人員對德國前二十大城市的交通模式和道路網絡進行分析後發現，市區道路的交通模式似乎符合所謂的「冪次法則」（power law）——亦即極少數的道路必須乘載大多數的交通流量。[68]舉例來說，在德勒斯登一地，百分之五十的路段上，幾乎見不到任何交通流量（大約只有百分之零點二），但低於百分之十的路段，卻須承擔高達百分之八十的交通流量。[69]這種現象的原因顯而易見：大多數駕駛人較常使用規模較大的道路，因爲這些道路的速度往往也最快。[70]設計這些快速道路的交通工程師，通常也知道這種現象，且希望駕駛人留在這些用來容納大量車流的道路上，而非分散到遍布市區各角落的狹窄巷道中。[71]

我曾在康乃狄克州的九十五號州際公路上，試用特雷納夫（TeleNav）公司經由摩托羅拉（Motorola）手機所提供的即時交通資訊，親身體驗這些科技的前景和侷限。這支手機以愉悅的聲音引導我的行車方向，甚至還會提供不斷更新的預計抵達時間。突然間，手機響起了一聲警告：前有車禍。我在這個系統上查詢最佳替代路線，而手機也迅速畫出一條新路線，然後告知我一個壞消息：這條新路線所需的行車時間，比我目前所在的路線**更久**。不論是否塞車，我所在的道路仍是最好的選擇。[72]

即時交通資訊和即時路線規畫，與徵收交通擁擠費的作法，其實是同一件事的兩個不同面向。前者告知駕駛人如何迴避交通堵塞，後者則**促使**駕駛人避免引發交通堵塞。當道路已經擁擠不堪時，即時交通資訊所能做的並不多，除了告知駕駛人必須在車陣中等候多久之外，就像迪士尼世界告知遊客得在隊伍中排上多久一樣。對整體社會而言，這其實已經提供了不少助益。但在車陣中動彈不得的車輛所提供的即時交通資訊，還有其他用處。我們可以參考這些資訊，計算任何路段在任何時間點上的精確交通需求。再配合徵收交通擁擠費的作法，道路上的交通活動，總有一天將會有如市集中的交易活動一樣，[73]藉由價格的自由變動，來形塑供需之間的關係。

7 爲什麼越危險的道路越安全
寬容的道路設計 vs. 放縱的行車許可

前車之覆，後車之鑑
——中國諺語

高速公路之謎
駕駛人如何適應道路

一九六七年九月三日星期日破曉時分，斯德哥爾摩街頭充滿了罕見的節慶氣息。汽車鳴按喇叭，路人歡呼致意，人們送上鮮花給警察，路旁的漂亮女孩臉上帶著微笑。街道上擠滿了汽車，其中許多已經等了好幾個小時，都是爲了參加一場深具歷史意義的塞車。爲了參與這場塞車盛會，人們甚至偷起了自行車。鐘聲在六點響起之後，瑞典人正式開始靠右行車。

瑞典全國上下爭論了數年，並花了許多準備工夫，才達成這個目標。過去數十年，靠右行車法案曾經送交國會表決多次，但全部鎩羽而歸。一九五五年時，瑞典也曾爲此進行公投，但受到大多數人的反對。一九六三年時，意志堅定的靠右行車法案支持者，終於說服政府通過一項相關的法案。

這項法案的支持者主張，斯堪地那維亞半島其他國家，和歐洲大多數國家，全都實施靠右行車，因此在瑞典國內採行相同措施，將有助於減少越來越多和外國旅客有關的交通事故。當時，大多數仍在使用中的汽車，其方向盤都位於左前方的座位上。反對者，亦即大多數瑞典民眾，認爲要求全國變換行車方向的作法所費不貲，並主張交通事故率必定只會有增無減。

隨著H日（源自瑞典語中意指「右」的höger）越來越近，人們對後續交通亂象的預言也變得越加危言聳聽。「九月即將在此地實施的措施，將會爲瑞典全國丟下震撼彈，」《紐約時報》帶著不祥的口吻如此報導。①即使瑞典當局已經準備了四年，並在正式施行前一年積極地宣導這項措施，也無法改變人們的悲觀預測。②甚至還有一首流行歌，其曲名正是《讓我們全都靠右行車吧，史文森！》（Håll dej till Höger, Svensson!，史文森是瑞典最常見的姓氏之一）。

當瑞典民眾開始靠右行車之後（對許多人而言，這是他們生平頭一次靠右行車），發生了什麼事？道路竟然變得更安全了。新制度上路後的第一個星期一，瑞典交通部部長宣布，最近幾天的交通事故率低於平均數字。當然，有些人或許早已預見這種情形，雖然其他人的預測充滿悲觀意味。首先，許多瑞典民眾根本不知道應該如何迎接這種劇變，因此乾脆放棄開車上路的念頭，或盡可能減少開車次數。再者，瑞典當局在新制度實施前好幾個月，也已事先推行一套特別的速限規定：市區道路、郊區道路和高速公路的速限，分別是四十、六十和九十公里。最後，斯堪地那維亞獨有的高超效率和守法精神，也有助於這項新制度的順利推行。畢竟，瑞典是富豪汽車

（Volvo）的故鄉，哪有不安全的道理？

驚人的是，新制度爲瑞典道路所帶來的安全效應，不只維持了幾天或幾個星期。直到新制度實施滿一年後，瑞典的交通事故率才又回復到先前的水準。這不禁令人懷疑，靠右行車是否具有長期安全效益，但從短期而言，當某些人認爲瑞典民眾仍在努力適應這項新措施時，該國的交通事故率將會不斷增加，但瑞典的交通卻變得更爲安全。面對在一夜之間突然變得可能更加危險的道路，瑞典民眾的行爲也隨之改變。許多研究顯示，當對面車道的來車逐漸逼近，或路人在車流中尋找空檔穿越馬路時，駕駛人較不會超越其他車輛。

瑞典的道路是否眞的變得比較危險？畢竟，它們仍是一模一樣的路，即使駕駛人已從靠左行車，改爲靠右行車。眞正有所改變的，是瑞典駕駛人**覺得**這些道路突然顯得較不安全，因此紛紛在開車時提高警覺。

大多數人或許都有過類似的經驗。以無號誌圓環爲例。無號誌圓環在歐洲並不罕見，但在美國卻不多見。許多美國人將無號誌圓環視爲恐怖的地方，而《歐洲假期也瘋狂》（*National Lampoon's European Vacation*）這部電影中，主角一家人無法從交通圓環脫身的窘境，或許便是這種恐懼感的最佳描寫：這家人被困在有如煉獄的交通圓環中，不斷地在原地打轉，直到夜晚來臨之後，才筋疲力盡地睡著，而父親則在夢魘中胡言亂語。不論這些劇情是否眞實，我們都得指出聲名狼藉的交通圓環和無號誌圓環之間的不同。交通圓環最明顯的特徵在於，已進入圓環的車輛，往往必須讓路給正要進入圓環的車輛。交通圓環的規模較大，而進入圓環的車速也較快，因此降低了匯入車流的效率。除此之外，交通圓環也得依賴交通號誌才能運作。無號誌圓環並未設置交通號誌，而正要進入這些道路的車輛，則須讓路給已經進入這些道路的車輛。我們曾經提及無號誌圓環較有效率，但你或許會很驚訝得知，這些路口其實也比設有交通號誌的傳統式交叉路口來得安全許多。

第一個理由和無號誌圓環的設計方式有關。交叉路口是交通事故率最高的地點之一——在美國，百分之五十的車禍都發生於交叉路口。每個十字路口附近，都具有五十六個交通工程師所謂的「衝突點」，亦即可能發生車禍的地點——其中三十二個是車輛容易互撞的地點，其餘二十四個則是車輛容易撞到行人的地點。

無號誌圓環將這些衝突點的總數大幅減至十六個，並藉著各種具有「引流」(deflection，或譯「變位」)作用的安全島，完全消除了兩種最危險的路口行車方式：以高速直接穿越路口（大多數無號誌圓環的車速，是傳統式交叉路口的一半，③這有助於提升周遭行人的安全），以及左轉。爲了在路口進行左轉，駕駛人必須在對面車流中尋找空檔——但其視線也常遭到正在對面等待左轉的其他車輛所遮蔽——而當駕駛人的注意力仍分散在幾個不同的地方時，還得小心迴避正在通過馬路的行人。某個研究在分析過二十四個由傳統式交通號誌路口改建而成的無號誌圓環之後發現，這些路口的整體交通事故率、受傷率和死亡率，分別降低了將近百分之四十、百分之七十六，以及大約百分之九十。④

這裡有個弔詭：大多數人覺得比較安全的道路，其實比較危險，而大部分人認爲比較危險的道路，其實比較安全。這種現象指向使得無號誌圓環之所以比較安全的第二個且較不常爲人察覺的因素。交叉路口是相當複雜的環境，駕駛人必須耗費大量的心理資源，才能處理路口周遭的交通號誌、其他車輛和轉彎程序等事物。逐漸接近綠燈的駕駛人，往往會認爲有了綠燈的保障之後，自己大可放心通行。但住在華盛頓特區的退休交通工程師肯尼斯・泰德（Kenneth Todd）指出，交通號誌本身便具有傷害性。正在加速「趕上」綠燈的駕駛人，正是最需要注意對面左轉來車或紅燈右轉車輛的人。而高懸在上的交通號誌，也會將駕駛人的視線引離街道或前方車輛。⑤除此之外，分不清紅綠之別的色盲患者，以及覆蓋交通燈號的陽光等，都可能對綠燈時的路況造成影響。

不過，只有笨蛋才會以全速盲目地衝過無號誌圓環。駕駛人必須調整車速、掃描車流空檔，並趁機匯入車流。這些程序需要使用更多心理資源，因此會對駕駛人造成更多壓力，進而提升其危機意識。這種效應本身並非壞事，因爲交叉路口原本即非安全之地。較能讓我們察覺到這一點的設計，事實上也是較爲安全的系統。

有次，我在西班牙鄉間開車旅行，半途決定改走捷徑。從地圖上看來，這似乎是個好主意。但這條路其實是一條有如迴紋針般曲折的陡峭碎柏油路。一路上只有幾處護欄，而護欄外就是令人頭暈目眩的深谷。屈指可數的交通標誌，了無新意地寫著我早已發現的事：危險。我是如何開過這條路的呢？我雙手緊握方向盤，眼睛緊緊盯著前方路面，在每個急轉彎前鳴按喇叭，以慢到不能再慢的速度，小心翼翼地緩緩前進。我的妻子不但患有懼高症，更被可能發生的對撞事故嚇出一身冷汗，而且再也不相信我對西班牙交通地圖的詮釋。

這條路究竟危不危險？從某個角度而言，它眞的非常危險。這條路的「視距」（sight distances），亦即駕駛人（在特定的時速下）從發現問題到做出安全反應之間所需的距離，相當短促。

它的車道不但狹窄，而且往往並不明確。警告標示的數量也非常稀少。假如真的發生車禍，我們很可能會直接翻落山崖。因此，我當然得以性命做擔保，戒慎恐懼地小心行車。請想像另一條西班牙道路，例如我們從機場到依克崔瑪杜拉（Extremadura）時行經的高級四線道高速公路。這條路上的車流量不大，也見不到警察的蹤跡，而我們都迫不及待地想快點到達下榻的旅館。我的車速保持正常，因爲一切感覺起來都相當安全：視線良好且帶有溫和彎道的路面既平坦又順暢。陽光灑滿大地，隨處可見提醒路況的交通標誌。你猜接下來發生了什麼事？在單調景致（駕駛人較易在車流量低的道路，以及沒有交叉路口的分隔式高速公路上，感到昏昏欲睡）⑥和耀眼陽光的催眠下，我打了一下瞌睡，並偏離了路中央。這條路到底安不安全？

客觀而言，這條高速公路當然是兩者中比較安全的道路。不可任意進出的高速公路，是我們所知最安全的道路之一。這些道路極少發生對撞事故，車輛的時速大約保持一致，中央分隔島將方向相反的車流區分開來，彎道的角度緩和，並設有「邊坡」（superelevation，或譯「超高」）修正駕駛人所犯的錯誤，沒有自行車或行人，而即使你不小心睡著了，也會立刻被所謂的「音波瞌睡警示模式」（sonic nap alert pattern），或我們所說的齒棱標誌線（rumble strip）喚醒。發生車禍時，路邊的護欄還可防止你衝出路面，或越過中央分隔島。而假如這些護欄上裝有高張力纜繩，例如越來越常見的布里芬鋼索安全護欄（Brifen wire-rope safety fence），它們甚至能夠防止你被彈回車流中。

齒棱標誌線是「容錯道路」（forgiving road）設計中的常見元素。根據這種交通設計理念，道路必須具有吸納駕駛人錯誤的能力。「駕駛人不應該因爲在路上犯了錯就被判死刑，」歐洲道路評估委員會主席約翰・道森（John Dawson）表示。「你不會允許工廠裡發生這種事，你不會允許飛機上發生這種事，而你也不會允許任何商品發生這種事。但我們卻允許在路上發生這種事。」⑦

乍聽之下，這個想法聽來的確相當合理，但我仍隱約地覺得哪裡不太對勁：畢竟，在上述兩條路中，客觀上較安全的高速公路，差點就要了我這條小命。我的安全感，竟成了引發危險駕駛行爲的原因。這種想法看似簡單且符合直覺，但它事實上極具爭議性——對有些人而言，它甚至稱得上是異端。多年以來，經濟學家、心理學家、道路安全專家，以及其他人提出了各種類似的理論，其名稱包括「皮爾茲曼效應」（Peltzman effect）、「風險均衡」（risk homeostasis）、「風險補償」（risk compensation），以及「彌補假說」（offset hypothesis）等不一而足。粗略地說，這些理論都主張，我們的行爲會隨著我們對風險的評估而改變（我們將在第九章中深入討論這個想法），而這種變化過程有時甚至會在我們的意識之外進行。

正如我在西班牙所學到的一樣，這個問題比單純的「這條路是否安全？」來得更微妙且複雜。道路的危險程度，會隨著我們的評估而改變。而這正是聯邦高速公路管理局透納費爾班克高速公路研究中心（Turner-Fairbank Highway Research Center）的交通工程師所努力了解的現象。這所研究中心位於維吉尼亞州蘭利，就在中央情報局隔壁。

第一個値得深思的問題是，道路以什麼方式傳遞哪些訊息給你？我在西班牙行經的那條山路，不需要任何速限標誌，因爲超速行駛顯然不是聰明的作法。這正是所謂「不解自明的道路」（self-explaining road），亦即不必依賴過度警示，即能向駕駛人展示其危險程度的道路。不過，你或許會抗議，在這條山路上設置彎道警示或反射鏡，難道不能改善路況嗎？或許可以，但一份芬蘭研究發現，在彎道上設置反射鏡，會比尚未設置反射鏡之前，導致更快的車速，並引發更多交通事故。⑧其他研究也發現，和未設置速限標誌的彎道比較起來，駕駛人往往會以較快的車速，行經設有速限標誌的彎道。⑨

事實上，道路本身傳遞給我們的訊息，遠比交通標誌來得多。「如果你建了一條路面寬廣、視距遼闊，且擁有大型中央分隔島和路肩的道路，那麼駕駛人就會有恃無恐地在上面疾駛，」聯邦高速公路管理局所聘請的心理學家湯姆・葛蘭達（Tom Granda）說。「駕駛人不會受到速限規定和交通標誌的影響。事實上，設計這些道路的交通工程師，有意或無意地誘惑駕駛人在這些道路上提高車速。」

但這些誘惑駕駛人提高車速的措施——寬廣的路面、寬敞的車道、遼闊的視距、大型的中央分隔島和路肩等——正好也是用來評估道路安全程度的理論標準。這就有如給正在瘦身的人吃一大堆低脂冰淇淋和餅乾一樣，引誘駕駛人「享用」這些道路所提供的各種好處。以道路的「設計速率」（design speed）這個交通安全工程理論中的關鍵概念爲例。這是個模稜兩可的觀念，且不只因爲交通工程師往往無法向一般人清楚地說明其內涵。美國高速公路工程奉爲圭臬的綠皮書（Green Book），將設計速率定義爲：「當路況允許高速公路完全發揮其設計功能時，特定路段所能維持的最大安全速率。」懂了嗎？不懂？沒關係——這個定義也讓交通工程師一頭霧水。⑩我們大致可把設計速率，詮釋爲大多數人——亦即百分之八十五的駕駛人——慣常行駛的車速（因此扣除了具有自殺傾向的超速者，和安步當車的老頑固）。但正如我們前幾章的討論所示，讓駕駛人自己決定何謂安全車速，其實一點也不安全。

更令人感到混淆的是，有時設計速率和道路速限一致，但有時兩者卻又不吻合。交通工程師一旦找出了百分之八十五的駕駛人慣常行駛的車速之後，便會在條件允許的狀況下，盡可能地以這個設計速率，作爲高速公路各項設施（例如，路肩、彎道，以及路邊的「淨空區域」等）的設計標準。這是否代表每個人都會依據「安全」的設計速率行駛車輛？不一定。聯邦高速公路局安全研究發展辦公室主任雷・克瑞姆斯（Ray Krammes）指出，駕駛人的車速往往會超過道路的設計速率。「我們知道自己能夠開得比設計速率更快，」他說。「我們每天都這麼做。我們將設計速率訂爲時速一百公里，而人們的時速便會達到一百一十公里。如果道路的設計允許一百一十公里的時速，那麼就會有人想開到時速一百二十公里或一百三十公里。」事實上，駕駛人就像每天都在容量二十人的電梯裡擠進二十一個人一樣，不斷地測試所有道路的安全極限。

正如我們所見，交通工程師所面對的任務既奇特又艱難，因爲他們的分析對象是人類。結構工程師建造橋梁時，不必考慮橋梁的壓力係數和載重限制，是否會影響風或水的行爲。風和水不會由於某座橋梁比較安全，便決定吹或流得快一點。但交通工程師所處理的問題則完全不同。「當交通工程師開始建築道路時，」葛蘭大說，「每個人都應該問：『這些道路對駕駛人將會有何影響？駕駛人看見這些交通標誌或標線一陣子後，會有何反應？他們是否會適應這些事物？』」

爲了回答這些問題，任職於聯邦高速公路管理局人本系統實驗室（Human Centered Systems Laboratory）的葛蘭達，整天都在觀察受試者進行模擬駕駛時的狀況。「我們很難預測人類的反應模式，」他指出。「我們或許能夠做些嘗試，並相信我們可以預測他們將會如何反應。但事實上，我們並不知道人們可能會怎麼反應。」該機構的資深高速公路設計工程師比爾・普羅瑟（Bill Prosser）告訴我：「有三個因素能夠影響高速公路的運作：道路設計、車輛和駕駛人。身為道路設計工程師，我們只能控制其中一項因素。我們無法掌握駕駛人，不論他們是好是壞，或不好也不壞。」

根據這種觀點，交通工程師最多只能試著讓事情變得簡單一點。「你絕對不要違反駕駛人的預期，」葛蘭達說。研究人員所謂的「預期心理」（expectancy）測驗往往顯示，駕駛人需要較久的時間，才能對他們並未意料到的事物，做出反應。請回想第一章提及的心理模型：當人名和人格特質符合受試者的預期時（例如，「強壯的約翰」相對於「強壯的珍妮」），受試者的反應速度較快。相同的現象也會在人類的交通活動中出現。在雙向雙車道高速公路上，當某輛汽車在**你的**車道上朝著你而來時（違反你的預期），你的反應速度會比某輛汽車在另一條車道上朝著你而來時（符合你的預期）來得慢。緬因州的駕駛人在路上看見麋鹿時的煞車速度，會比他們看見企鵝時來得快。以色列交通學者大衛‧許拿（David Shinar）即指出：「當我們說自己不可置信地『再看一眼』時，這一眼往往得消耗許多心力和時間。」⑪

這種現象在高速公路上以各種微妙的方式呈現出來。長久以來，高速公路工程師便知道，看似危險的一連串彎道，其實比長距離直線路段之後的彎道來得安全。棒球選手對這種現象也不陌生：和一連串快速直球之後的變化球比較起來，打擊手比較容易在獲得一連串變化球之後，擊中另一顆變化球。因此，交通工程師無不致力於達成所謂的「設計一致性」（design consistency），亦即告知駕駛人應該在心中存有哪些預期，並為他們實現這些預期。

但反過來說，**過度**符合駕駛人預期的道路，也會讓他們覺得無聊。舉例來說，你或許會覺得交流道，亦即進出高速公路的蜿蜒匝道，一定是高速公路上最危險的區域之一。這些匝道當然是高速公路上引發最多壓力的地方，而且也是最容易發生交通事故的地點，但它們卻不是人們最常命喪黃泉之處。「以死亡率而言，」透納費爾班克中心主任麥可‧崔塔寇斯特（Michael Trentacoste）說，「最高的數字來自『衝出路外單一車輛事故』（single-vehicle run-off road）。」這讓我不禁想起我在西班牙高速公路上的虛驚事件。「以懷俄明州爲例，」他接著說，「那裡的衝出路外單一車輛事故數量驚人。幾年前，該州的州際公路曾經擁有全美最高比例的衝出路外單一車輛事故。當你鋪設了許多平直的道路，而駕駛人也常在夜裡開車時，他們便會忍不住打瞌睡。」

這正是即使沒有地形上的需要，交通工程師之所以仍會引進微幅彎道的原因。高速公路的設計法則之一即是，盡可能讓駕駛人在每分鐘內都得行經一點彎道。但高速公路上的大多數彎道，行駛起來和其他高速公路路段並無巨大差異，所以仍不足以讓疲倦的駕駛人保持警覺。因此，從一九八〇年代起，交通工程師開始採用齒棱標誌線。這個作法的成效相當驚人。賓州付費高速公路（Pennsylvania Turnpike）裝設齒棱標誌線之後，這條道路上的衝出路外事故，在某段研究進行期間，降低了百分之七十。⑫

這些齒棱標誌線當然不會引誘駕駛人進入夢鄉，因爲它們的功用正在於將駛離道路的駕駛人震醒。但高速公路本身是否具有特殊的催眠能力？安全和危險的界線，不但難以清楚劃分，而且也不易定義。⑬

美國剛開始興建州際高速公路系統時，交通工程師尚無能力預測，假如所有人一起湧上高速公路，可能會發生什麼事。「我們剛開始興建州際公路時，其實從未有過明確的藍圖，」普羅瑟告訴我。交通工程師仍在學習哪些措施有用，而哪些方法又毫無用處。早期公路設計的遺緒之一，亦即經由道路左側離開州際公路的作法，已經逐漸遭到淘汰——而其部分原因在於，這種罕見的作法會減慢我們的反應速度。另一種作法，亦即由空中俯視有如四片葉子的四葉形交流道（clover-leaf interchange），也已漸漸失寵。「我們一開始興建州際公路時，這種交流道是理所當然的選擇，」普羅瑟說。四葉形交流道原本是個聰明而節省空間的作法，並被用來解決某個重大的問題，亦即如何在不必中斷車流的情況下，引導車流通過兩條互相連接的道路。四葉形交流道的特殊設計，使得這種交流道非常適合用來連接兩條彼此交會的高速公路（並能有效防止人們從錯誤的方向進入高速公路。根據估計，這種問題光在美國每年即會奪走三百五十條人命）。⑭

但四葉形交流道有個嚴重的缺點，亦即進入高速公路的入口匝道，即位於離開高速公路的出口匝道之前。換句話說，這兩條車流必定會混雜在一塊。交通工程師將這種路段稱爲「交織區段」（weaving section）。交織區段就像是翻攪高速公路車流的風暴一樣，充斥著交通工程師所謂的「亂流」（turbulence）和「摩擦」，並導致上下高速公路的駕駛人不得不阻擋彼此的去路。在這種路段上，時速參差不齊的駕駛人，必須檢視方向指標，尋找車流中的空檔（亦即決定「可接受車隙」〔gap acceptance〕），有時甚至得突然跨越數條車道。交流道是高速公路上發生最多車禍的地方——許多研究顯示，交織區段越短，交通事故率越高。交通流量不大時，四葉形交流道尚不至於引發太多問題，但當進出高速公路的兩個匝道上的「交織流量」（weaving volume），超過每小時一千部車輛時（這種狀況現在並不罕見），問題便會開始浮現。由於交通系統的特殊非線性特質，當交通流量加倍時，交織路段的長度必須增加至原本長度的**三倍**，才能保持順暢的車流。⑮爲了解決這個問題，交通工程師逐漸將交織路段，移位於主要車流之外的特殊「集散道」(collector lane)上，以提升道路的安全和效率。[16]

高速公路仍在不斷地發展中。最近，由於交通流量持續成長，而興建新高速公路的作法若非缺乏財源，便是不符實際需求，因此有些公路管理機構開始藉由取消路肩，或縮減既有車道寬度等方法，在高速公路上增設車道。理論上而言，當車道寬度變窄時，車輛較易在車道之間飄移。因此，駕駛人犯錯的空間也減少了。從另一個角度而言，比較寬敞的車道，由於感覺起來較爲安全，則具有鼓勵駕駛人提高車速和從事大膽駕駛行爲的作用。有些研究甚至主張，比美國標準三點六公尺車道更寬的車道，事實上**較不安全**。[17]目前爲止，許多研究尚未對高速公路縮減車道的安全效應得到共識。某些研究發現，這種作法的安全效應，在統計上並不明顯。[18]這代表人們的駕駛行爲和道路本身的設計一樣重要。正如加拿大工程師暨交通安全專家伊茲拉·豪爾（Ezra Hauer）所言：「駕駛人會適應他們所看見的道路。」[19]

下次當你開車上路時，請謹記下列這個座右銘：當路況看來有點危險時，它或許比你想像的更爲安全；而假如路況感覺起來並無異樣，這時你務必得提高警覺。畢竟，在萬里無雲的日子中行駛於乾燥道路上的清醒駕駛人，其實是最常發生車禍的。

交通標誌及其問題

爲什麼移除交通標誌對所有人都有好處

請回想上次你在開車時見到「當心學童」或「小心行人」等交通標誌，大約是什麼時候？我幾乎能夠肯定你想不起來，但假如你可以的話，請再回想你看見這些交通標誌之後的反應。你是否驟然減慢車速？如果你和大多數人一樣，那麼你應該什麼也沒做。你或許不明白這些交通標誌到底要你做些什麼，而這種現象其實相當常見——在某個研究中，一群受試者看過一幅「小心落石」標誌之後，其中半數受試者認爲他們應該注意山坡上是否有落石滾下，並趕緊加速通過，另一半受試者則認爲他們應該注意路面上是否有落石阻擋，並減速小心通行。⑳或許，我們應該乾脆將這幅交通標誌改爲「小心四面八方的石頭」。

更有可能的是，你看見交通標誌後之所以什麼都沒做，是因爲路邊根本沒有學童或行人。假如路邊眞有學童或行人，你或許早在看見交通標誌之前，便已先看見他們了。沒有任何證據顯示，「當心學童」和「小心行人」等交通標誌能夠減慢車速或降低交通事故率，而大多數交通管理單位也不會設置這些交通標誌。㉑但我們爲什麼仍不時看見這些交通標誌？相關單位之所以設置這些交通標誌，通常只是爲了平息居民對住家附近嘈雜車流的不滿，或因爲車輛常在這些地點造成學童或行人的傷亡。假如是後一個原因的話，那麼直接在交通標誌上載明這些傷亡事故，或許還會比較有效。

同樣地，全球各地的駕駛人也常見到有關動物的交通標誌，例如「小心鹿群」（美國）、「小心大象」（斯里蘭卡），以及「小心駱駝」（突尼西亞）等。我們不知道駕駛人看見這些交通標誌時，心中都在想些什麼，但許多研究顯示，大多數駕駛人並不會因此而減低車速。科羅拉多州曾實驗過一種動態鹿群警示標誌（不過，標誌上畫的不是小鹿斑比）。根據研究人員的假設，動態交通標誌應能吸引並提高駕駛人的注意力。在爲期數個星期的實驗期間，研究人員有時打開這個警示標誌，有時將它關上。和警示標誌關閉時比較起來，更多鹿群在警示標誌開啓時被車輛撞死，即使警示標誌開啓時通過馬路的鹿群數量較少。㉒最後，研究人員甚至在動態警示標誌旁放置麋鹿屍體——而駕駛人也終於願意減慢車速了。

交通工程師曾嘗試只在動物遷徙季節時豎立警示標誌，或設置裝有鹿群偵測器的閃爍警示標誌，但這些動態警示標誌不但所費不貲，而且經常出現誤報情況或需要頻繁保養維修，有時甚至會被鹿彈擊中，尤其是在偏僻的郊區更是如此（獵鹿人平時或許常用鹿群警示標誌練習打靶）。懷俄明州的研究人員，曾在試用裝有特殊鹿群偵測器的閃爍警示系統失敗之後，終於藉著在系統上安裝一隻假鹿，成功地引導駕駛人減慢車速。但他們最後還是放棄了這套系統，因爲「車輛所降低的車速，仍不足以減少鹿群被撞的機率」。㉓或許，我們應該讓鹿群穿上鮮艷的橘色連身外衣，如此一來，牠們就會和獵鹿人一樣容易辨識！

全世界最荒謬的警示標誌，或許就屬加拿大紐芬蘭（Newfoundland）的麋鹿警示標誌。當地某個常被雲霧籠罩的路段，不但經常發生車輛撞上鹿群的意外，停下來拍攝鹿群的車輛也不時撞成一團。因此，交通主管機關決定在這個路段上設置許多符合實物大小的麋鹿形反光標誌。不幸的是，遊客對這些反光標誌也極有興趣，時常爲了攝影留念而減慢車速或停下車來，而這些地方自然也變成了發生車禍的熱門地點。這個問題應該如何解決？設置更多警示標誌，並在上頭寫著「請小心駕駛，前方設有麋鹿形反光標誌」。㉔

許多交通標誌最後若非有如安慰劑一般，只能爲飽受病痛之苦的人提供一絲虛幻的慰藉，便是淪落爲推卸法律責任的樣板警語，就像食物包裝盒上寫的一樣：「內容物加熱後將會燙口。」

不過，爲了避免交通主管機關受到法律責難，交通工程師仍堅持這些交通標誌有其必要性。

但交通標誌究竟向駕駛人傳遞了哪些訊息？聯邦高速公路管理局卡爾・安德森（Carl Andersen）指出，相同的交通標誌，在不同的地方，可能具有不同的意義。以長得有如「大於」或「小於」數學符號的警示標誌爲例。「當你在佛蒙特州看見這種警示標誌時，你最好趕緊開始煞車，並準備進入彎道，」安德森說。「假如你在康乃狄克州遇見這種交通標誌，你最好不要理睬它。他們根據不同的道路曲率，設置這些警示標誌，以便提供警告資訊。因此，即使相關的指導原則，對這種警示標誌的設置方式，訂有固定標準，他們也仍能隨時進行調整。」除此之外，交通標誌的意義也並非固定不變：「道路前方橋梁凍結」這個標誌，並未告知橋梁是否已經結凍，而在炎熱的七月時，它根本未向駕駛人傳遞任何訊息。暴雨來襲時，「速限一百公里」此一標誌的意義，是否也會有所改變？爲了解決這些問題，交通工程師創造出無數所費不貲的動態警示標誌，但眞正的問題或許是，我們應在哪些情況下，以常識取代交通標誌？

假如「當心學童」和「小心鹿群」等交通標誌缺乏明顯的效用，那麼當我們質問它們是否具有任何用處或必要性時，應該不會顯得太過突兀。這正是漢斯・蒙德曼（Hans Monderman）所提出的問題。蒙德曼在二〇〇八年一月辭世，生前一直是世上最著名的交通工程師。蒙德曼推翻了數十年來的交通設計理念，而他所創造的交通系統——例如，未設置任何交通號誌或標誌的大型交叉路口——即使在其祖國荷蘭也常被視爲前衛之作。「荷蘭人與眾不同，」德國聯邦高速公路研究所克斯汀・藍克（Kerstin Lemke）指出，彷彿他所評論的是阿姆斯特丹市民對性愛和毒品所抱持的開放態度。「他們會在高速公路上實施我們絕對不會採行的措施。」但話又說回來，荷蘭的交通安全記錄比德國來得好，因此或許確有我們可以借鏡之處。

對曾經耳聞蒙德曼大名的人而言，他最著名的身分應是「厭惡交通標誌的荷蘭人」。但事實上，有個交通標誌深得蒙德曼的喜愛。這個交通標誌位於荷蘭菲士蘭省（Friesland）一個小村莊瑪金加（Makkinga）的邊界，上頭載明三十公里的速限，然後用荷蘭文寫著WELKOM，最後再寫著VERKEERSBORDVRIJ!!，而其大意則爲「除此之外，別無其他交通標誌」。

告知駕駛人前方道路未設置任何交通標誌的交通標誌，或許是個有趣的笑話，但它也完整地展現出蒙德曼的理念。這個標誌無異於畫蛇添足，因爲駕駛人自己即可看出這個村莊中沒有其他交通標誌。畢竟，蒙德曼指出，交通標誌究竟能告訴我們什麼？某天，蒙德曼開著他的富豪汽車行經菲士蘭時，用手指了一下立在橋頭的交通標誌。這個標誌上畫了一座橋。「你想眞的沒有人知道這是一座橋嗎？」他如此問。「有什麼需要解釋的？我們一定是蠢到極點，才會總想告訴人們怎麼做。當我們把人們當成笨蛋時，他們的行爲就會像笨蛋一樣。」[25]

蒙德曼的想法比單純地厭惡交通標誌還要複雜許多，其根據在於某個區分兩種空間的核心理論，而這兩種空間分別是「交通空間」和「社會空間」。高速公路是典型的交通空間之一。它是個缺乏人性而只有車輛的標準化世界。它是個強調速度、效率和同質性的空間。身爲德國高速公路的仰慕者，蒙德曼也對這個世界癡迷不已。反過來說，荷蘭的小型村莊則是常見的社會空間之一。在這些地方，車輛只是過客，而非其唯一居民。社會空間中的街道，除了讓車輛快速經過之外，尚有其他用途。而街道使用者的行爲，不只受到抽象規則的規範，更得遵守當地的風俗習慣和人際互動模式。蒙德曼也喜歡這種世界，但他不希望它和德國高速公路有任何相似之處。

但蒙德曼認爲，交通工程師往往藉著標準化的交通標誌和標線，將交通空間強加到社會空間上。「過去當我們村莊裡建好一條街道之後，這條街道就有如一本好書，」他說。「它就和好書一般地明白易讀。村莊的入口在那裡，學校在這裡，而你或許可將車停在那個商店前面。再前面一點則有個大農場，曳引機可能從那裡冒出來。但交通工程師來了之後，便將這一切改爲整齊劃一的絕對空間。」他認爲，在這種空間裡，駕駛人失去了從村莊的社會生活中汲取行車線索的能力，反而必須借助交通標誌的指引，而這些標誌也逐漸變成日常生活的一小部分，最後導致我們對它們「視而不見」。村裡的主要幹道，突然淪爲鄰近高速公路的延伸路段，而人們只有藉著寥寥可數的不起眼標誌，才有可能區別兩者的差異。這或許正是世界各地的人們，之所以常在開車行經小鎮入口時，收到超速罰單的原因。除了得以滿足當地交通主管機關的貪婪胃口之外，村莊內外看似毫無差別的道路——例如，一模一樣的路寬，以及完全相同的路肩等——也是造成這種現象的原因之一。鄉鎮道路的速限只及高速公路的一半，但駕駛人卻常覺得自己仍行駛在同一條路上。難怪人們收到超速罰單時，往往顯露出一副大惑不解的模樣。㉖

一九八〇年代中期，蒙德曼在偶然的機緣下，領悟了至今仍讓世界震撼不已的洞見。當時，他受邀重新設計奧丹亞斯科（Oudehaske）這個小村莊的主要街道。當地村民對經由一條寬敞柏油路穿過村裡的快速車流感到相當不滿。來到奧丹亞斯科之前，蒙德曼的作法和其他優秀的荷蘭交通工程師並無差別，都習慣採用所謂的「交通寧靜」（traffic calming）措施，來解決類似的問題。

簡單地說，交通寧靜措施是一門引導駕駛人減慢車速的藝術。你一定曾開車經過裝有交通寧靜設施的街道，即使你或許並不熟悉這些設施的實際用途。最著名的交通寧靜設施，當屬歷史和汽車一樣悠久的減速丘（speed bump）。[27]減速丘的坡度陡峭，且能引發車身激烈震動。除了墨西哥市等地方之外，減速丘通常只會在校園停車場等地點出現。我們目前較常在街道上看到的，是所謂的「減速標線」（speed hump）。減速標線較爲緩和的坡度，能夠防止車輛的懸吊系統遭到損傷，因此也省下了一筆可觀的國家賠償經費。和賞鳥手冊中的鳥類種類比較起來，減速標線的種類數量毫不遜色，從「拋物線形」，到「正弦曲線形」，再到常見的英國「瓦茲型」（Watts profile）減速標線等應有盡有。而所謂的「減速標板」（speed table），則是頂部平面面積寬敞的減速標板。除了各式各樣的減速標線之外，還有所謂的波紋路型（chicane），亦即強迫駕駛人減速行駛的小型S形人工彎道。「路口寬度縮減設施」（Neck-down）指的則是外延式路緣，其功用在於引導駕駛人減速，並縮短行人通過馬路時必須步行的距離，以便提高其安全。

交通寧靜措施的種類繁多——這應能讓你稍稍體會減慢車流的困難程度——除了上述各種設施之外，還包括五花八門的「路口對角線封閉設施」（diagonal diverter）、「路段寬度縮減設施」（median choker），以及「強迫轉彎安全島」（forced-turn island，也因其形狀而被稱爲「豬排」）等。假如你想讓朋友對你淵博的學識敬佩不已，請記得交通工程師將減速丘等設施稱爲「垂直變位」（vertical deflection），而把所有縮減路寬的作法叫作「水平變位」（horizontal deflection）。

證據顯示，交通寧靜措施的確具有降低車速，以及減少過境交通流量的功效。但正如懸壺濟世的醫師一樣，交通工程師當然也得對症下藥，而其劑量也須恰到好處。許多人認爲，「停車再開」標誌能夠有效減緩住宅區的車速。這種作法的問題在於，這些標誌的效用會隨著其使用頻率而遞減：設置越多「停車再開」標誌，駕駛人便越可能對其無動於衷。[28]許多研究也顯示，這些標誌其實無助於降低車速——為了彌補停車時所損失的時間，駕駛人往往會在街廓中段，以更快的速度行駛。[29]減速標線也有相同的問題，因此交通工程師通常會將減速標線的間隔保持在九十公尺之內，避免駕駛人擁有足夠的加速時間。[30]但任何解決方案難免都有副作用：減速標線所引起的車輛減速和加速行為會增加噪音和廢氣，而許多研究也指出，位於上一個街廓的減速標線，則會提升其他街廓的車速或交通流量。交通寧靜措施的反對者主張，這些設施會延誤緊急救護人員的反應時間，但奧瑞岡州波特蘭的研究人員發現，交通寧靜措施最多只會增加十秒鐘的車程[31]——這個時間並不比任何隨機發生的延誤事件來得高。你希望住在消防車偶爾能夠提前十秒鐘到達，但其他車輛整日呼嘯而過的危險街道旁嗎？

事實上，許多交通寧靜措施，都在荷蘭首次獲得普遍應用。一開始，這些措施就像是某種即席演出的前衛街頭戲劇，其訴求即在於對抗逐漸竊據城市空間的龐大車流。一九六〇年代後期曾任職於荷蘭代爾夫特市（Delft）政府的改革派交通工程師裘斯特·瓦爾（Joost Váhl），正是這些措施的幕後推手。某天下午，他在位於庫藍柏格（Culemborg）的井然有序家中，回想過去自己所進行的一連串大膽交通實驗，從「減速丘到府服務」（民眾只要打一通電話，便可在自宅前設置減速丘），到導演自行車事故（「我們想知道駕駛人是否會停下來提供協助，或者只會視若無睹」），再到設置虛假的施工區（「我們發現當道路正在施工時，交通狀況仍可在空間減半的情況下保持正常」）等。這些實驗原本的目的在於研究如何讓車輛與行人和平共存，但最後卻逐步發展成得以實現的交通措施。這些措施中最著名的，當屬一九七〇年代早期，開始在歐洲城市有如雨後春筍般出現的「生活庭園」（woonerven）。

數十年來，交通規畫人員一直主張，我們應將行人和車流隔離開來，讓車輛在市區的快速道路上奔馳，並讓行人在架高的天橋網絡中穿梭。許多人認爲這種作法無異於將整座城市讓渡給車輛，而狄更斯（Charles Dickens）也早就明白，我們無法強迫習於在地面行走的人們改走天橋。（「大多數人寧願面對街道的危險，」他如此寫，「也不願承受走上樓梯的疲憊。」）[32]

「生活庭園」顛覆了這種觀念，並主張行人才是城市的主人，而車輛只是過客。住宅區的街道是車輛行經的「房間」，因此這些區域的時速不應超過八至十六公里的行人步行速度，同時駕駛人也得隨時留意這些區域的家具和裝潢——戶外的座椅、花盆，以及美麗的鵝卵石等，而非只注意減速標線——而最應受尊重的，當然是住在這些地方的居民。時至今日，主張在道路旁邊設置兒童遊戲區，或在車流中央廣植行道樹的「生活庭園」設計，仍顯得相當前衛。然而，接續而來的研究報告卻指出，兒童在戶外玩耍的時間增加了，而且經常不需成人的陪伴。[33]最後，人們也爲「生活庭園」設計了一個交通標誌（上頭畫著一個站在房子旁的小孩）。這個交通標誌象徵著「生活庭園」的成就。但在蒙德曼的眼中，這個交通標誌其實充滿了自我矛盾，因爲它除了暗示駕駛人減速行經「生活庭園」之外，也鼓勵他們在其他區域加速行駛。

到了蒙德曼受邀重新打造奧丹亞斯科的街道時，影響交通規畫的政治風向已經改變了，而減速丘等設施也在一夕之間退出潮流。不論如何，蒙德曼也缺乏設置交通寧靜措施所需的預算。他於是提出一個替代方案，建議讓這條道路顯得更具「鄉村氣息」。蒙德曼認爲，假如我們能讓這條道路看來更像鄉間道路，而比較不像高速公路的延伸路段，人們的駕駛行爲便會隨著改變。當時，奧丹亞斯科正好爲了改造村莊本身，而聘請了一些顧問。何不將改造工程擴展至這條道路呢？蒙德曼和這些顧問並肩工作，最後終於提出了一份設計。「我當時想，這個設計一定會出問題。路上既未設置花盆，也沒有波紋路型。這只是一條簡單的鄉間道路，別無他物。」道路完工後一個月，蒙德曼拿了一把雷達槍，到路邊測量車輛行經這個村莊的速度。過去，藉由花盆和波紋路型等設施之助，他最多只能降低百分之十的車速。這一次，車速降幅之大，連他手中的雷達槍也測不出來。「這把雷達槍只能測到時速五十公里以上的車速，」他如此回憶。

發生了什麼事？簡而言之，蒙德曼將車輛、自行車和行人各自的領域混合起來，創造出令人困惑的交通設計。以往設有明確區隔標線的寬敞道路，現在突然變成了複雜許多。「這條路的路寬是六公尺，」蒙德曼站在奧丹亞斯科的街頭告訴我。「這個寬度無法讓兩部汽車和一部自行車同時通行，因此駕駛人必須被迫和其他人互動，共同協調彼此的行爲。」爲了讓這條道路帶有濃厚的「鄉村氣息」，蒙德曼於是改用石塊鋪設路面，並以雙色調路面增添其複雜度：道路中央是紅色的，而兩旁的小型平行「路溝」則是灰色的。雖然爲了疏通路面積水，這兩條路溝必須稍微傾斜，但這完全不會妨礙它們的功能。「如此一來，這條路看來就像是只有五公尺寬的住宅區街道，」蒙德曼如此解釋。「但它仍保有六公尺道路的所有功能，足以應付各種交通狀況。」除此之外，這條道路的路緣高度也相當低矮。「路緣高度之所以非常低，是因爲路緣和路面都屬於同一個設計模式，」他說。「我們覺得自己和其他人息息相關。當你用高聳的路緣，將人們區隔開來時，駕駛人便容易把道路視爲其專屬空間，並且將車開得更快。當駕駛人覺得小孩隨時都有可能走到路上，他們便會減速慢行。」

蒙德曼的實驗開啓了日後所謂的「心理交通寧靜」(psychological traffic calming) 設計。與其採用人們痛恨的減速丘，以及常受忽視的交通標誌，強迫駕駛人改變其駕駛行爲，還不如試圖讓駕駛人在不知不覺中自動減慢車速。數年來，四處旅行宣揚理念的澳洲交通改革者大衛・安格威治（David Engwicht），也在較小的規模上，深入思考和蒙德曼的觀點相當類似的想法——雖然當時兩者並不認識對方。

安格威治主張，有趣的事物和不確定性——亦即活躍城市最充足的元素——而非引導駕駛人在中途盡可能加速的減速丘，才是解決交通問題的良藥。剷除減速丘，改在路邊擺上一部兒童自行車；拆掉速限標誌，換上造型奇特的雕塑。安格威治的代表作之一，便是在地方道路中央設置色彩鮮豔的「收復街道寶座」，並請行人戴上五顏六色的巨大皇冠，和開車行經這些路段的駕駛人聊天，而這些駕駛人的車速當然也就降低了。幾年前，丹麥交通安全委員會也受到這種想法的啓發，並在其宣導影片中展示一種嶄新的交通安寧措施：站在路邊手持速限標誌的上空女模特兒。傳統式動態交通標誌的成效雖然不好，但這兩種「動態」標誌的效果，倒是不得不令人刮目相看。

奧丹亞斯科計畫完工後二十五年，過境車輛仍以同樣緩慢的車速，行經這座村莊——而且沒有人得在路邊脫掉上衣。「這個經驗翻轉了我對如何改變人類行爲這個問題的想法，」蒙德曼告訴我。「它證明了當你將村莊的環境脈絡，轉化爲交通資訊來源的一部分時，人們絕對願意改變他們的行爲。」簡而言之，蒙德曼的作法，無異是在過去由工程師所獨佔的領域中，注入建築師的思維模式。工程師必須確保建築物的各種功能能夠順利運作，而建築師則必須決定建築物應該具備哪些功用，並依據這些功用組織空間。「大家都知道廚房和浴室是兩種用途完全不同的房間，」蒙德曼說。「你根本不必說明兩者之間的差異。」因此，我們何不把鄉間道路和高速公路也明確地區隔開來呢？

蒙德曼仍逐漸被世人遺忘，而其非傳統設計理念，也只有在小地方才得以實現。之後，他受邀改造荷蘭城市德拉赫滕（Drachten）一個名為拉維普蘭（Laweiplein）的十字路口。相對而言，拉維普蘭的交通流量比較高——每天約有兩萬部車輛行經此地，再加上無數的自行車騎士和行人——而交通堵塞的狀況也越來越嚴重。「那裡的交通號誌非常沒有效率，」蒙德曼如此回憶。但對他而言，眞正的挑戰不在於盡快讓車流通過此地；拉維普蘭不只是十字路口，「也是這個村莊的中心。它應該是人們聚集的場所，但實際上卻是個充斥著電線桿、油漆和圍牆的可怕地點。」

將原先的交通號誌十字路口，改爲無號誌圓環，頂多只能解決一半的問題。「無號誌圓環能夠有效地處理龐大的車流，但它們會摧毀城市的空間質感，」蒙德曼說。「無號誌圓環是圓形的，而大多數城市的街道則呈棋盤狀。它不符合城市的空間；它和城市不搭調。」蒙德曼心中的理想設計，比較像是包含著一個無號誌圓環的傳統方形廣場，或者說「方形無號誌圓環」（squareabout）。經過七年的規畫和施工之後，嶄新的拉維普蘭終於在全世界的矚目下落成啓用。頭一次看見拉維普蘭的人，一定會立刻被它的乾淨和寬敞空間所震懾，然後再逐漸回過神來，並察覺引發這種經驗的原因。拉維普蘭上沒有交通標誌、交通號誌、漆著警示條紋的電線桿、突起的路緣，或任何我們習以爲常的、醜陋粗糙的垃圾道路設施。那裡只有四條道路，分別從不同的方向，進入位於龐大方形廣場中央的小型圓環。主宰這個空間的元素，不是這四條道路，而是隨處可見的人行道和噴泉；進入路口的交通流量越多，這些噴泉湧出的水柱也會越高。

當你在此地駐足越久，你便越能體會這裡的車流爲何如此順暢。不論是汽車或自行車，都不會被迫停下車來。「有時某輛汽車會逐漸減慢車速，使你誤以爲它即將完全停下來——但不對，它仍在行駛中，且不斷往前開去。事實上，你可以親眼看見人們的腦子，正以更爲有機和順暢的方式，彼此合作，」蒙德曼說。然後他表演了他最愛的花招之一。他一邊繼續我們的對話，一邊閉起眼睛並轉身倒著走進路口。荷蘭人的耐心或許舉世有名，但行經路口的駕駛人，其實早已習慣隨時注意其他車輛和自行車騎士的動向，因此並不難將蒙德曼視爲另一個擋住其去路的互動對象，然後逐一慢慢地從他身旁繞過。「最可喜的事情是，」他指出，「即使是在最重視交通流量的交叉路口，我們仍可利用脈絡來引導行爲。」

這看來就像是貝斯大學心理學家沃克所進行的交通實驗的擴大版本。人們必須考慮其他人的動向、進行決策，並根據這些決策立即行動。㉞英國交通規畫師班・漢米爾頓貝利（Ben Hamilton-Baillie），曾在「空間分享」（Shared Space）這個運動中，和蒙德曼並肩奮鬥。他在德拉赫滕街頭看過無數令人驚奇的時刻，例如一位騎著自行車、載著小孩的母親，竟然可以只靠著短暫的目光接觸，以及輕微的手指示意，便能讓大卡車減慢車速，並順利地匯入車流。對許多人而言，這種舉動眞是令人心驚膽戰，甚至有點瘋狂。只有**荷蘭人**才敢這麼做。

漢米爾頓貝利指出，人類在移動時速超過三十公里後，便會失去和其他人進行目光接觸的能力此一事實，會引發一個奇特的現象。「是否能和其他人快速交換有關地位和其他人格特質的訊息，對身爲社會性動物的人類而言事關重大，」他說。「我花了很多時間觀察交叉路口。這些地點的交通活動是否有任何規則可循？很明顯地，交叉路口是一個講求社會階層的地方。如果你是一位意氣風發、身穿套裝的商場女強人，你便會頭也不回地直接穿越馬路；而你若是人生地不熟的遊客，那麼你就會再三猶豫是否應該跨越馬路。不到一秒鐘，其他人一眼就能看出你在這個社會階層中的地位。」但這一切只有在**人類速度**下，才有可能發生。當我們的移動速度越快時，我們所能察覺的事物也越少。[35]當汽車的時速超過三十公里之後，駕駛人便會失去和其他人進行視覺接觸的能力，而行人慘死汽車輪下的機率也會急速攀升。漢米爾頓貝利認爲，這兩件事之間的關係，一點也不偶然。人類是漫長演化過程的產物，按理說，我們不應以快過雙腿跑步的速度在空間中移動，而這個速度最多只有每小時三十公里左右。[36]漢米爾頓貝利指出，這或許也能解釋爲何一旦超過這個速度後，交通事故的嚴重程度也會大幅增加。

蒙德曼堅信，他的交通設計理念，絕對不在於提倡交通無政府主義。相反地，他認爲這些理念的用意，在於以社會空間取代交通空間。「我總是向人們說，我不在乎你是穿著雨衣的行人，還是開著福斯汽車的駕駛人，你就只是個活生生的人，而我也把你視爲一個活生生的人。我希望你的行爲，能夠人模人樣。我不管你開的是什麼車。」蒙德曼主張，人們認得無號誌圓環的模樣，也明白這些地方的行車規則，因此，我們幹嘛還要再對他們耳提面命？假如你不確定應該怎麼做或缺乏安全感，你大可學習人們在任何不確定或不安全環境（例如，陌生的雞尾酒會，或剛開學的新學校等）中的典型行爲：模仿其他人的行爲，並謹慎行事。

這讓我們來到交通安全爭議的核心問題。並非所有人都懂得小心開車的道理，而有些人開起車來**簡直**就像笨蛋。正如我們在第一章所見，我們很難在開車時保持人性。全球各地的駕駛人，安穩地坐在保護其眞實身分的蛹中，掌握著重達三千英磅的優勢，每天都會奪走數以百計行人的生命。盡可能地將行人、車輛和自行車隔離開來，難道不是比較好的作法嗎？盡可能地設置交通標誌、交通號誌、安全島，以及斑馬線等，難道不能提高道路的安全嗎？

漢米爾頓貝利不認為駕駛人真的不明白社會規範和規約，且必須隨時受到機械裝置和信號的控制。「你很快就可以在小孩心中建立起對適當行為的認識：何時可以大聲說話，何時應該輕聲細語，或如何加入其他人的對話；何時可以放屁，而何時又不可以如此做，」某晚他在荷蘭城市格羅寧根（Groningen）的一家餐廳裡向我如此解釋。「當你將重點從控制系統轉移到文化或社會規範之後，你就已經賦予人們處理這些問題的能力了。假如現在有人在這裡破壞秩序，到了某個時候一定會有人挺身出來說：『夠了吧，老兄，該是你滾出去的時候了。』」即使如此，我們仍常在路上看見許多人任意違反社會規範，甚至視法律為無物。「一定會有人不在乎這些規約，」他說。「這些行為必須在法律脈絡中受到處罰。但你不應該以法律來管理開車兜風的青少年。」

社會規約管理了日常生活中的大多數事物。紐約市第五大道上的蒂芬妮（Tiffany）珠寶店中，見不到任何「請勿吐痰」標誌的蹤影，但也沒有什麼人會在這裡做出這種不雅之舉（而且不只是因為擔心警衛會將他們攆到街上）。麥當勞即使未在牆上貼著「請勿插隊」標誌，人們也不至於在點餐時爭先恐後（當然，他們在某些地方的確會如此做。我們將在第八章回來討論這個問題）。我能夠聽見你正在抗議：人們每天都在違反社會規範。即使交通標誌禁止邊開車邊使用手機，他們還是改不了這種壞習慣。而道路也的確是非常危險的地方。你怎麼可能在不引發交通紊亂的狀況下，移除無號誌圓環上的「請讓路」標誌？取消交叉路口的交通號誌之後，人們怎麼知道自己應該如何通過馬路？如果真想改善交通的話，我們需要的正是更多更多的標誌和號誌！

對於標誌和號誌的力量，我們似乎有種奇特且近乎迷戀的信念。假如從未見過汽車的外星人來到地球，他一定會被路上的怪異圖案和空中的閃爍箭頭，搞得一頭霧水。你是否還記得小時候常玩的「紅燈綠燈」遊戲。充當紅綠燈的小孩，必須先背對其他人並大喊「綠燈」，然後大家便可往前移動。等到他再大喊「紅燈」並回過頭來時，假如你未能及時停下腳步，那麼你便「出局」了。這個遊戲的有趣之處在於，小孩不一定每次都來得及停下來。在眞實生活中的成人也是如此，但他們的處境更加複雜，因爲他們還得面對黃燈等事物——我應繼續往前走，或應該趕緊停下來？路上的線條和空中的燈光，或許能夠防止民眾要求國家賠償（只要它們不故障的話），但它們無法阻止駕駛人違規行車，甚至奪取其他人的生命。交通號誌或許可以決定優先通行權，但它們不能提高道路的安全。擅闖紅燈的駕駛人所奪走的可觀性命㊲——這也是美觀的無號誌圓環所欲消弭的不幸事件——已足以證明這一切。

或以市區街道的行人穿越燈號爲例。這種看似文明的交通設施，想必對行人安全極具保障效果？㊳事實的確如此，但美中不足的是，在大多數交叉路口上，這種燈號也允許駕駛人轉彎。因此，許多正確地相信自己擁有優先通行權的行人，也會在通過行人穿越道時，被神智清明但只注意前方綠燈的駕駛人撞死㊴（有時，這些駕駛人視線會受到車頂支架的阻礙。這個問題在駕駛人左轉時最爲明顯，因爲這時車頂支架正好擋住駕駛人的視線中央）。當紅燈右轉也被許可時，情況甚至會變得更糟。伍迪·艾倫（Woody Allen）曾開玩笑地說，對駕駛人而言，紅燈右轉或許是洛杉磯唯一的「文化優勢」。但許多研究顯示，這種交通措施對行人的健康明顯有害。㊵悲哀的是，和闖越紅燈的行人比較起來，合法通過行人穿越道的行人，反而容易慘死輪下。當然，守法的行人數量，比闖紅燈的行人來得多，但這仍無法磨滅紐約市行人，較常在遵守法律的狀況下，失去

其實貴生命的事實。㊶

謹愼的行人闖越紅燈行爲，特別是在單行道上，也比合法通過行人穿越道的行爲來得安全（因爲行人可能必須注意不同方向的來車）。類似的現象也會在未設置交通號誌的行人穿越道上出現。令人混淆的是，無號誌行人穿越道其實可分成兩種，亦即有標線行人穿越道和無標線行人穿越道。這兩種無號誌行人穿越道看似不同，但其法律效力卻完全一樣。有標線行人穿越道相當容易辨認，因爲它們是由兩條穿越路面的直線所構成的。在美國和其他國家的大多數地區，凡是道路兩側都可見到人行道的地點，例如交叉路口等，路面上都設有無標線行人穿越道。即使路面上並未劃設連接道路兩側人行道的直線，但就法律而言，這些地點仍具有無標線行人穿越道。因此，駕駛人必須讓路給行人，即便這些交叉路口並未受到「控制」（亦即沒有設置「停車再開」標誌）。你或許會認爲有標線行人穿越道比較安全，因爲它們能以比較淸楚的方式傳遞訊息。但事實上，有標線行人穿越道，並不比無標線行人穿越道來得安全，而在某些情況下，前者甚至更加危險，尤其是當行人必須像「青蛙過馬路」這個電玩遊戲中的青蛙一樣，穿越數條行車方向互不相同的車道時更是如此。㊷

許多研究的確顯示，和無標線行人穿越道比較起來，駕駛人較常在有標線行人穿越道上禮讓行人。但加州大學柏克萊分校研究人員大衛・瑞格蘭（David Ragland）和梅根・菲利格・米特曼（Meghan Fehlig Mitman）指出，這未必代表有標線行人穿越道較爲安全。㊸當他們對人們通過這兩種行人穿越道的行爲模式進行分析後發現，人們通過無標線穿越道時，較常察看左右來車的動向、花費較多時間尋找車流中的空檔，並以較快的速度穿越馬路。這兩位研究人員懷疑，駕駛人和行人都較常明白駕駛人必須在有標線行人穿越道上禮讓行人（雖然百分之三十五的受訪駕駛人不知道這項規定），但兩者並不知道即使在無標線行人穿越道上，駕駛人也有義務讓行人優先通過馬路。如此看來，對交通規則的無知，其實對行人有利。㊹在不知道——甚至知道——車輛是否應該停下的狀況下，行人在通過馬路時會較爲小心。相反地，有標線行人穿越道，或許會讓行人對自己的安全，擁有不切實際的期望。㊺

假如交通標誌和號誌往往無法發揮其功用，那麼移除道路標線應該也會產生意想不到的效果。路面上的白線，常被視爲安全道路不可或缺的重要元素之一。而在高速公路上，這些標線的確也扮演著吃重的角色。駕駛人必須能夠持續維持其位置感，才不會在高速行駛時撞上其他車輛或衝出路面。假如就在你正逐漸接近收費站的同時，路上的車道線突然消失得無影無蹤，而整條路也顯得有如一座遼闊的沖積扇，那將會是多麼可怕的情景（更不用提你駛離收費站後，必須在車流中努力擠出一席之地的混亂場景）。

至於速限只有五十公里的道路又如何呢？這些道路難道不需使用標線，以便保持人們在車道上的位置，並防止他們互撞嗎？某份研究曾對英國威特夏郡（Wiltshire）的兩條道路進行深入分析。其中一條道路設有中央車道線，另一條較窄的道路則未設置任何車道線。這份研究發現，駕駛人較易在未劃設車道線的道路上保持其位置。和設有中央車道線的道路比較起來，即使未設置車道線的道路比較狹窄，在這個車道上行駛的車輛，仍可和對面來車保持較多間隔（最高可多上百分之四十），而且更常在接近對面來車時減速慢行。㊻爲什麼會出現這種現象？很明顯地，這些駕駛人所依賴的，並不是路面的標線，而是他們的大腦——而這種作法也未引發更多混亂，反而帶來了更多秩序。白色標線的主要用途，在於讓駕駛人得以高速行駛，㊼以及讓行車方向彼此相反的車輛靠得更近。同樣地，來自不同國家的許多研究也顯示，當駕駛人在未劃設自行車專用道的道路上開車超過自行車騎士時，他們通常會和自行車騎士保持較多距離。白色標線似乎向駕駛人暗示他們大可安心開車，因爲他們只需注意標線邊緣，而不必留意自行車騎士（這表示對自行車騎士而言，和寬度不足的自行車專用道比較起來，未設置自行車專用道的道路，其實較爲安全）。㊽

蒙德曼非常清楚當交通標誌和道路標線被移除之後，行經拉維普蘭的人們也會感受到威脅。但這其實是好事。「我們覺得這個路口不安全，」當地居民告訴他。「我認爲這眞是太棒了！」他告訴我。「若非如此，我一定會立刻重建拉維普蘭。」他認爲，某些交通事故其實也能帶來好處。「我希望那裡會發生一些小車禍，它們也是整個社會學習過程的一小部分。」當他兒子在車上發生第一次小車禍時，蒙德曼心裡其實相當高興。事實上，他說他甚至願意付錢讓兒子經歷這種車禍。「這樣，他就會明白自己並非刀槍不入，而且必須爲自己的行爲負起責任。所有的駕駛課程，都應該讓學生親身體驗車禍的滋味。我認爲這些小車禍有助於避免嚴重的交通事故。」

有趣的是，根據當地某所技術學院的初步分析，自從拉維普蘭被改造成一座「方形無號誌圓環」後，其交通事故率便降低了。二〇〇五年一整年，這個路口完全未發生任何車禍。這必定是因爲大家的車速都減慢了，不是嗎？或許吧。除此之外還有一些有趣的現象。拉維普蘭重建之後，穿越路口的平均時間降低了百分之四十，即使交通流量也有所增加。公車通過路口的時間，則減少了將近一半。這份研究也發現，即使在交通尖峰時段，行經路口的車流仍能以緩慢但穩定的速度持續前進——交通工程師無一不明白讓駕駛人不斷前進的重要性。這份報告還指出另一件有趣的事情：自行車騎士也較常在進入無號誌圓環時，以手勢指示自己的行進方向，而這種行爲在荷蘭並不常見。運用手勢的駕駛人也變多了。由於道路使用者現在必須自己想辦法通過路口，因此他們開始和彼此進行溝通。整個系統的安全度於是大幅提升，雖然當地民調顯示，大多數道路使用者覺得這個路口變得更加危險！㊾

在重新設計德拉赫滕的過程中，蒙德曼所提出的問題是：這條道路的用途是什麼？而城市的功能又是什麼？蒙德曼表示，他絕對不會考慮拓寬連接至拉維普蘭的道路。人們是爲了這座城市，而非路口的交通，才來到這裡的。以裘斯特・瓦爾的話來說：「城市不是道路。」一旦駕駛人覺得自己只是在一般道路上，而非城市或村莊中開車，他們的反應便會變得一模一樣。在這種情況下，他們無法從環境脈絡裡汲取任何訊息，而只能依賴標準化交通標誌所提供的指引。「當你將人們藉以得知其所在環境的線索全部移開之後，你便得向他們解釋很多事情，」蒙德曼說。

不必多做解釋，也可以是非常有力的作法。某天，瓦爾、漢米爾頓貝利和我，踩著自行車到位於庫藍柏格外圍的一個交叉路口。一條筆直的高速公路，就從這裡進入村子裡。路旁有兩盞從地面竄起的黃色路燈，清楚地標示出路口的位置。這兩盞路燈其實是燈籠，長得就像是荷蘭烏得勒茲（Utrecht）運河旁的燈籠，只是被倒過來掛而已。它們並非標準的交通設施。瓦爾之所以在這裡安裝路燈，是爲了引導駕駛人在離開高速公路時減速慢行。「這些燈清楚地指出這裡的路況並不尋常，」他告訴我。「人們很少見到這種燈。」但大家不會很快便習慣這些燈籠的存在嗎？這正是瓦爾之所以將它們擺得這麼近的原因。表面上看來，這個路口似乎無法同時容納兩輛汽車。但瓦爾以詭異的口吻解釋：「這兩盞黃色路燈之間的距離是四公尺二十公分。這個空間允許兩輛車在交錯而過時，不會撞壞彼此的車側後視鏡。」時常行經此地的駕駛人，或許很快便會熟悉這裡的路況——但他們怎麼確定迎面而來的其他車輛，也時常往來這個路口呢？如此看來，減速慢行仍是上上之策。

假如駕駛人逐漸接近路口時看見的，不是造形奇特的燈籠，而是常見的速限標誌時，又會發生什麼事情？首先，他們可能連一眼都懶得瞧。再者，他們或許的確會擔心收到罰單，但過去的經驗也可能告訴他們，交通警察不常在這種地點出現。最後，速限標誌上頭只寫了一個數字。它並未指出你是否正在村莊中開車，或前方是否常有小孩或自行車。它也未傳達任何有關行車風險的訊息。強迫駕駛人爲了保護其烤漆而減速慢行，或許是保護其他人的最佳方法。

這些瘋狂的交通措施，或許適用於荷蘭的地方城市或英國的小型鄉村，因爲相對而言，這些地方的交通流量較小，且其車速也較慢。除此之外，荷蘭的自行車旅次，大約佔了每日地區旅次的百分之二十七，㊿這也讓荷蘭駕駛人更懂得如何和自行車騎士互動。因此，你或許會認爲，其他國家的大型城市，想必不是上述各種交通措施能夠一展長才的最佳處所。眞是如此嗎？

以位於倫敦最時髦地區中的精品商店街肯辛頓大道（Kensington High Street）爲例。皇家肯辛頓暨雀兒喜地區交通局（Traffic Section of the Royal Borough of Kensington and Chelsea）資深工程師彼得・維登（Peter Weeden）回憶，一九九〇年代時，這條街道的處境堪虞，而商家也擔心顧客會轉移至附近正在興建的新購物中心。當時，這條街上毫無美感可言，街道和人行道似乎是由一團混亂雜多的材料所構成的。「到處都是交通標誌和混亂的街景，」維登說。「這些交通標誌的立意良好，但它們都是在毫無計畫的情況下，臨時拼湊出來的產物。某天來了個人在路上設置減速標線，隔天又來了另一個人在路旁豎起其他標誌。久而久之，這裡就成了一片交通標誌叢林，其中許多標誌其實根本沒有必要。」

當地相關單位想讓這條街道顯得整齊美觀一點，但又不希望犧牲其交通流量或安全性。「這裡不但是高級商圈和住宅區，也是進出西倫敦的主要幹道，」維登說。交通尖峰時段來臨時，這條路上的車流量可達每小時約二千五百輛，而主要地鐵站也會湧出多達三千名行人。這一次，改造肯辛頓大街的規畫人員，捨棄在交通工程師的可靠「工具箱」中，尋找解決方案的傳統作法，反而決定將過去丟在腦後。「我們的作法，其實就是將肯辛頓大道上百分之九十五的交通標誌，全部剷除乾淨，」維登說。

他們想知道哪些交通標誌具有必要性，而哪些又只是出於某些工程師的空洞假設。倫敦街頭常見的護欄，也從這條街道的兩側被移除，以便減少視覺障礙。「我們有很好的理由，可以支持移除護欄的作法，」維登指出。「輪椅使用者不喜歡護欄，因爲它們會擋住視線。自行車騎士也討厭護欄，因爲汽車超車時，自行車騎士會被夾在汽車和護欄之間。而將不同運輸模式予以隔離的作法，也會增加車輛的速度——駕駛人會認爲他們擁有這片空間。」這項計畫並非毫無爭議——倫敦市交通工程局也對它表達反對之意。「倫敦市交通工程局認爲我們的計畫太危險，」維登說。不過，這些工程師的作法，並非毫無計畫地大舉拆除所有的交通標誌。相反地，他們先在某個小路段進行測試，並視其結果決定未來的計畫。

沿著經過改造的街頭走著，我發現這條街道就像德拉赫滕一樣，沒有多餘的標線、標誌和護欄，而且顯得比以前乾淨和美觀許多。嶄新的肯辛頓大道感覺起來更像是市區街道，而非車輛爭相通過的障礙賽跑道，或行人彼此推擠的狹隘羊圈。人行道和道路一氣呵成。路上保留了幾座交通號誌，而雖然有些行人仍習慣在號誌附近通過馬路，路面上卻未劃設斑馬線行人穿越道。無論如何，大多數行人已經學會如何隨心所欲地通過馬路。由於人行道上的護欄已被拆除，因此行人必須在缺乏導引的狀況下，自行選擇應該在何處通過馬路，並小心翼翼地在緩慢但穩定的車流中尋找空檔，快步走到道路中央的安全島，然後繼續伺機而動。

當這群交通工程師將多年來專爲車輛和行人所設計的交通安全措施，全數拋諸腦後之後，肯辛頓大道的交通狀況會變成何種模樣？更多混亂和災難？事實正好相反。嚴重傷亡的行人數量減少了百分之六十，而輕微受傷的行人數目降幅也不遑多讓。⑤¹這個結果不但出乎許多人的預期，維登和他的同事也大吃一驚。「這個計畫的目標，從來都不在於降低交通事故率，」他告訴我。「我們原先的目的，只是對這條街道進行美化，以便鼓勵人們到附近逛街購物，沒想到也連帶減少了這裡的車禍率。」

肯辛頓大道不但變得更美麗，而且也變得更安全。這或許並非偶然。城市的功能在於融合來自各地的人群，以及從人性尺度來觀察各種社會細節（漢米爾頓貝利指出，他所訪談的倫敦計程車司機表示，他們相當喜歡肯辛頓大道的新設計，但又說不上來爲什麼，雖然他們肯定街上的「漂亮女孩」必定是原因之一）。「標準化管理工具——安全島、道路標線、安全圍欄、交通標誌，以及交通號誌等——所構成的世界，完全隔離了在城市背景中發生的一切事物，」漢米爾頓貝利說。

「這是個疏離的世界，我們學著適應它並以政策支持它。你必須按下按鈕，才能得到在這個世界中通行的許可。」在交通世界的一聲令下，駕駛人紛紛卸下了他們對社會的責任，並做出各種反社會行爲。厭倦了只爲通過眼前的馬路而大費周章地繞行遠路，或厭煩了屢屢得在強勢車流之前低聲下氣而還延誤再三的行人，逐一反抗起原本用來促進其利益的安全措施。到頭來，這些安全措施反而導致駕駛人和行人，以更危險的方式使用道路。

漢米爾頓貝利最喜歡的例子之一，是倫敦的七晷廣場（Seven Dials）。這個位於科芬園（Covent Garden）的圓形交叉路口，是七條街道匯集的中心。七晷廣場中央立著一座日晷，你不難看見人們在這裡享用午餐，或漫步通過無號誌圓環，而車輛就在一旁緩緩繞行。廣場邊緣並未設置保護行人的護欄，路面上也未安裝減速丘，更沒有「注意前方用餐行人」等警示標誌。相反地，整個空間的不確定性和其人性尺度，才是主宰行爲的要素。空氣中還帶有一絲神祕和驚喜的氣息。一個多世紀之前，狄更斯即在《博茲札記》（*Sketches by Boz*）寫道：「第一次來到七晷廣場的陌生人……站在七條古老街道的入口，卻不知道應該往哪一條路走，其清醒的好奇心必定會對周遭的各種事物久久無法釋懷。」[52]

時至今日，這種清醒的好奇心仍在此地縈繞不去，而對駕駛人和行人來說，它則轉變成了隨時注意路況的警覺心。某天，我在這裡踱步時，忽然失去了方向感，弄不清楚哪條路能通往地鐵站。這時，假如路旁有個指標，那該有多好。但我停下腳步，環顧四周，然後決定往人潮最多的街道走去。這是一個由社會互動搭建起來的社會，而我所依賴的則是人類的本能。我的決定是正確的，我找到了地鐵站。

寬容的道路設計或放縱的行車許可？

交通工程理論的致命傷

蒙德曼提出的有趣觀念之一，是交通網絡不只在空間中運作，也在時間中轉動。這代表當我們開車到越遠的地方，我們希望自己的速度能夠更快。「當我從家裡開車出門時，我的車速非常慢，」他告訴我。「鄰居們都認識我，他們是我的世界中的一小部分，而我也是他們的世界裡的一小部分，因此我絕對不能在住處附近的街道上開快車。但過了幾分鐘後，我的身分開始變得比較隱祕，而當我的身分越隱祕時，我的腿便會越用力地踩下加速板，於是我的速度也會越來越快。」換句話說，剛出門時，蒙德曼還身在社會世界中，而等他抵達另一個村莊後，他則進入了另一個社會世界。但介於兩地之間的是哪種世界呢？這正是他對充滿各種標誌、標線和安全措施，且容許速度的交通世界，之所以念念不忘的原因。「假如你想要可愛的村莊，」他說，「你便需要高速公路。」(53)

但這種介於兩地之間的世界有個問題。有時人們習於將某些地方道路，視爲有如位於交通空間中的高速公路，並常在這些道路上快速行駛，但這些道路其實仍具有某些社會空間的成分。人們住在這些道路附近、在這些道路旁逛街購物，甚至步行橫越這些道路。「我一直認爲，兩地之間的連接道路，是最危險的道路，」蒙德曼如此評論。「它們既不是高速公路，也不是住宅區街道，但卻擁有最嚴重的交通事故率。它們讓你以爲自己已經進入了純粹的交通空間：這裡的一切，看似都已依照你的需求，妥善地規畫完畢。但這些道路卻又有如利刃一樣，鋒利地切過社會空間。

這兩種空間互相叫陣，彼此都想掩蓋對方的聲音。」

這種情況最明顯的例子，不在荷蘭，而在佛羅里達州奧蘭多（Orlando）。著名的交通規畫大師丹・波登（Dan Burden），現在任職於奧蘭多運輸規畫公司格拉丁傑克森。某天，波登和我一起開車沿著五十號公路奧蘭多路段，亦即東殖民大道（East Colonial Drive），往包德溫公園（Baldwin Park）的方向前進。波登迫不及待地想向我介紹這個由前海軍基地改建而成的新市鎮。波登之前留著有如海象般的鬍鬚，但當時他已將這些讓他聲名大噪的鬍鬚剃光（「它們是用來做公益的，」他如此解釋）。我們一邊開車，波登一邊評論這條道路：某份研究發現它是全美危險排名第十二名的路段㊹（根據另一項調查，美國最致命的道路，是同樣位於佛羅里達州境內的十九號公路）。

剛開始，我們的位置在東殖民大道的市區路段，這個路段貫穿北奧蘭多的心臟地帶。這裡看起來有點像洛杉磯，沿路都是成排的商店，稀疏的行人在人行道上漫步。建築物離路面不遠，而道路邊緣則被水泥電線桿或其他障礙物包圍起來。我看了一眼路邊的速限標誌，上頭寫著「六十公里」。這讓我感到不解。表面上看來，我們所在的道路，速限最高應該不會超過五十五公里。但波登表示，這種狀況在佛羅里達州並不罕見。「如果你比較過不同的城市和不同的地區，你便會發現這裡的時速，比美國許多州高出十一到二十四公里。」

當我們沿著殖民大道，進入才開發不久的郊區時，這條路的模樣逐漸發生變化。車道變得較為寬敞，速限提升至七十二公里，而人行道（假如有的話）也離道路多達數十公尺之遙。「看看那些人行道有多遠，」波登大聲地說。「它們一定有十五公尺那麼遠，簡直就像是另一個世界。四處都看不見樹木，他們想盡可能地將淨空區域往後推。」將車停妥在便利商店的停車場後，我們看見一座白色的小紀念碑，豎立在道路和加油幫浦之間的一列草叢中。佛羅里達州是美國少數幾個允許人們在死亡車禍地點設置紀念碑的地方（不允許這項爭議作法的州別，提出許多理由支持其決策，包括紀念碑本身即會對交通造成不良影響，和紀念碑有礙高速公路景觀等）。這不是我第一次見到交通事故紀念碑。但在殖民大道的市區路段上，我卻沒看見任何紀念碑。我是不是不夠仔細，或者另有其他原因？

殖民大道包含了兩種路段。在傳統交通工程師眼中，殖民大道的市區路段由於車道寬度較窄、隨處可見行人穿越道、交通堵塞狀況較爲嚴重，且到處都是電線桿、停在路邊的車輛和其他障礙物等原因，因此顯得危險許多。越多人被壓縮在越小的空間當中時，出錯的機率也會越大。相反地，殖民大道的郊區路段由於車道寬度較寬、淨空區域（亦即沒有障礙物的路緣）較爲寬敞、交通堵塞情形輕微，以及行人數量較少等原因，因此常被認爲比較安全。

但當德州農工大學都市計畫學系助理教授艾瑞克・丹包（Eric Dumbaugh），對東殖民大道過去五年的車禍統計資料進行深入分析後，卻發現了意想不到的結果。丹包比較了東殖民大道的兩個路段：其中一個他稱爲「適合人居」的路段，擁有比較狹窄的車道，並缺乏足夠的淨空區域，而另一個路段的車道則較爲寬敞，且其淨空區域也比較充足。除此之外，這兩個路段在許多方面都非常相似，因此是理想的比較對象：它們擁有相同的每日平均車流量、相同的車道數量，以及相差不遠的車速限制（分別是每小時六十和七十公里）。這兩個路段都在道路中央劃設面積相當的分隔區，以便區分相反方向的車流，而它們的長度也一模一樣。這兩個路段甚至擁有相同的路口事故率，而肇事駕駛人的年齡居然也毫無差別。

按理說，街廓中央的道路區段，應該是寬敞車道和充足淨空空間最能發揮其安全效益的地點。但丹包檢視這些區段的車禍數量後卻發現，東殖民大道的「適合人居」路段，不論從哪個角度而言，都比另一個路段來得安全。過去五年裡，「適合人居」的路段從未發生死亡車禍（因此沒有白色的紀念標誌）。在另一個路段上，則有六個人因車禍喪命，而其中有三人是行人。雖然「適合人居」路段擁有較多「固定障礙物」，但在這個路段撞上這些障礙物的駕駛人數量，卻比另一個路段來得少。至於車輛互撞事故的情形又如何呢？由於到處都是正在尋找停車位的車輛，或是剛從停車場裡冒出來的車輛，或是停得密密麻麻的車輛，「適合人居」路段想必較常發生車輛互撞事故。但不論是追撞事故、對撞事故、擦撞事故，還是轉彎相撞事故，都較常在一般人認爲比較安全的路段上發生。55

爲什麼會這樣？在無法仔細重建每一起交通事故的狀況下，我們無從得知確切的答案，但這並不妨礙我們提出一些可能的假設。超速行駛是頭號嫌犯。對駕駛人而言，擁有寬敞車道和充足淨空空間的路段，似乎會讓每小時七十公里的速限顯得有點不合時宜。當其他駕駛人逐漸減速轉入路旁的超級市場或速食餐廳時，某些駕駛人正以接近高速公路速限的時速疾駛而過。道路中央劃設的車流分隔區（又稱爲「自殺車道」），提供駕駛人任意迴轉的機會。但這些迴轉行爲往往必須穿越好幾條迎面而來的快速車流，但正如我們在第三章所見，在接踵而來的車流中尋找空檔，對人類來說並非易事。

對行人而言，看似不起眼的車速差異，其實攸關生死之別。一份佛羅里達研究發現，被時速五十八至七十二公里的汽車撞上的行人，其死亡率幾乎是被時速五十至五十六公里的汽車撞上的行人的兩倍，且幾乎是被時速四十一至四十八公里的汽車撞上的行人的**四倍**。[56]東殖民大道的「適合人居」路段，擁有許多集中在一起的行人穿越道。而在較新的路段上，行人穿越道的數量則寥寥可數，且全都位於多條轉彎車流交會的大型交叉路口。這條道路的「曲率半徑」(curb radii)既長又大，往往會誘導駕駛人在高速下轉彎，且鮮少向駕駛人警示行人正在綠燈的指引下通過路口。在「適合人居」路段上，駕駛人必須減速進行曲率半徑較小的轉彎動作，而停在路邊的車輛，也能保護行人不會被駛離路面的車輛撞上。除此之外，停在路邊的車輛本身，即可減低附近車流的時速多達百分之十左右。[57]

丹包的研究對交通工程學中某個幾乎從未受到質疑的權威理論構成嚴重挑戰。根據一九六〇年代在美國出現的「被動安全」(passive safety)理論，高速公路工程師(以及汽車公司)與其竭盡心力防止交通事故，還不如盡力減低交通事故的嚴重性，或如某高速公路手冊所言：「盡可能彌補無法避免的行車失誤。」在試車跑道上進行測試的工程師發現，汽車一旦駛離路面，平均約需滑行十公尺之後，才能完全靜止下來——因此，這段距離便成了「淨空區域」的最低標準長度，亦即介於路緣標線和任何障礙物之間，不得設置任何交通設施的法定空間。通用汽車公司打造了一條淨空區域長達三十公尺的「防撞高速公路」。該公司的工程師對這條高速公路的表現非常滿意，並宣稱：「我們必須依照我們改造高速公路的方法，動手改建百分之九十或更多地面街道……並將地面公路和街道網絡，轉換成具備高速公路或試車跑道品質的道路系統。」[58]

在許多個案中，東殖民大道即是其中之一，這正是交通工程師採行的作法。交通空間被引進了社會空間。這種設計理念完全符合目前流行的交通工程理念：「淨空區域越寬敞，交通狀況越安全」。但東殖民大道上的新建路段，根本無法提供任何安全保障，反而比看起來較像傳統市區街道的老舊路段，更常引發交通事故，即使兩者的車流量相差不多。究竟是哪裡出了錯？

這些新建路段的問題，有部分或許和它們介於兩地之間的特殊地理位置有關。格拉丁傑克森公司的另一位著名交通工程師華特・庫拉許（Walter Kulash）指出，交通工程師不應該承擔所有的責任。他告訴我，人們使用五十號公路等道路的方式，並不符合交通工程師對這些道路的設計目的。這些道路原本是用來在不同的城市區塊中移動人群的主要幹道，但卻逐漸變成雜亂市郊的「大街」，沿路淨是忙碌的購物中心和商店街。「這些發展導致車輛在主要幹道上為了停車而大排長龍，就和你在東殖民大道上看見的一樣，但交通工程師和這些發展一點關係也沒有，」庫拉許說。「這會對道路的功能造成嚴重的傷害。假如每天都有五萬人開車行經某地，使得當地商業活動蓬勃發展，但也引發棘手的交通問題，你或許有權質問哪些人必須負起責任？但你仍不能不分青紅皂白地，將大多數責任推給交通工程師。」

從嚴格的工程學角度而言，這種「試車跑道」作法的確有其道理。在英國中部工作的交通工程師菲爾・瓊斯（Phil Jones）主張，工程師在學校裡常被要求依據「失效模式」（failure mode）進行思考。為高速公路設計橋梁時，工程師必須先計算這座橋梁所需負載的重量，並找出其載重失效點，最後再增強其結構，以便提高其安全性。然而，假如工程師不但必須計算負載和壓力等因素的影響，而且也得考慮駕駛人的複雜心態，那麼情況是否也會有所改變？

在設計丁字形交叉路口的接近路線時，工程師會將駕駛人的反應時間納入考量，以便決定適當的視距——亦即駕駛人應該見到的交叉路口面積。為了順應某些駕駛人（例如老人）較慢的反應時間，這個視距的長度，通常比實際所需的視距來得長。正如高速公路的橋梁，交通工程師在設計道路時，也須加進額外的安全係數，以便確保道路在發生極端狀況時仍可正常運作。這種作法看似考慮周詳。但以較慢的反應時間作爲道路設計的基準，瓊斯解釋，會創造出「非常遠的視距，但年紀較輕且反應速度較快的駕駛人，卻會將這種設計帶來的好處消耗殆盡。這個安全模型雖然體認到老年人的反應速度較慢，但它忽略了年紀較大的駕駛人，並非開車速度較快的族群。這種作法無異於允許人們開快車。」這或許正是視距較狹窄的鐵路平交道——亦即駕駛人較難看見鐵軌和火車的平交道——的交通事故率，並未高於視距較佳的鐵路平交道的原因。當駕駛人覺得越安全時，他們便會以越快的速度接近鐵路平交道。59

丹包認爲，這種作法會讓駕駛人誤將「寬容」的道路設計，視爲「放縱」的行車許可。用來減低駕駛失誤後果的安全措施，變相鼓勵駕駛人以需要這些安全措施的方式行車。有時，支持被動安全理論的工程師，也會讓這種情況變得更糟。丹包曾對一條佛羅里達公路進行研究，這條道路的問題在於車輛經常撞上路邊的行道樹和電線桿。這個問題很簡單，不是嗎？只要將障礙物全部移除，再盡可能拓寬淨空區域，不就可以解決問題了？然而，仔細檢視交通事故記錄後，丹包發現，大多數車禍發生時，肇事車輛都在交叉路口或私人車道附近試圖轉彎。這些車禍的起因是否眞的和路邊的障礙物有關，或如丹包的主張一樣，它們其實是因爲駕駛人依據道路標誌指示的安全時速，在快速轉彎時來不及完成整個過彎程序而起的？

在德拉赫滕和倫敦，人們決定移除交通標誌和道路圍欄等交通安全設施。景觀考量是促成這些決定的原因，但這些決定也在意想不到的情況下，提升了街道的安全性。解決高速公路問題的典型工程方案，之所以不適用於城市、村莊，或其他人們居住的地方，是因爲使得某個地方「適合人居」的因素，往往正是交通工程師眼中容易「危害」交通的事物。

以行道樹爲例。在我住的布魯克林社區附近，行道樹不但能讓街道顯得更爲宜人，還可增加房地產價值，[60]並保護行人避免受到車輛的威脅。但它們也是交通工程師最不願在街道上見到的東西之一。過去數十年來，或許出於善意，交通工程師不斷地移除行道路。[61]不過，雖然許多人的確由於撞上行道樹而死，但樹木本身並不危險。真正重要的是行道樹所在的環境脈絡。丹包曾對一條穿越佛羅里達州史丹森大學（Stetson University）的道路進行研究。這條道路兩旁長滿了許多大樹，而其位置離路緣只有幾公尺。丹包發現，四年來這裡從未發生任何車禍。除此之外，他也發現行經此地的大多數車輛時速，都保持在五十公里的速限左右，或甚至更慢的速度（許多研究顯示——而你的經驗或許也一樣——這並非駕駛人在市區行車的常態）。換句話說，這些危險的行道樹，才是眞正的安全措施。沒有太多失誤空間的駕駛人，反而比較能夠避免犯錯，或比較容易在能夠「容忍」其失誤的時速下行車。

這條林蔭滿布的道路，並不符合典型的交通工程理念，這些理念認定行道樹有違安全，因而必須予以移除。這些行道樹（潛在的系統失效因素）一旦消失之後，很有可能出現一個現象：駕駛人的車速變快了。行人（大都是史丹森大學的學生）面對的風險也會隨之增加，或許不出多久便會有人被車撞上，而人們也可能要求警察在此設置測速照相器。最後，路面上便會出現用來降低車速的垂直變位措施——又名減速丘。爲了讓街道更安全，我們於是必須持續新增各種安全措施。

這種絲毫無視環境脈絡的重要性，而一味追求絕對安全的作法，不但磨滅了街道和城市的魅力，也時常讓這些地方變得更不安全。讓高速公路上的交通空間得以順暢運作的事物——一致性、標準化、寬敞的車道、對前方路況的確實掌握、車流衝突的減少、有限的出入口，以及障礙物的清除等——對社會空間中的人際互動並不重要，甚至毫無幫助。

8 從交通看世界
因地而異的駕駛行為

「好煞車、好喇叭、好狗運」
一頭栽進德里的交通亂流

睜開眼睛後，在掌握任何細節之前，他只要靠著街上的活動傳來的節奏，便能得知有關這個地方的一切。

——羅伯·穆西爾（Robert Musil，奧地利文學家），《沒有個性的人》（*The Man Without Qualities*）

「這世上還有哪個城市像德里一樣？」德里交通聯合委員會主席夸瑪·阿莫德（Qamar Ahmed）和我在他的辦公室啜飲印度奶茶時如此問。身穿別著兩副鮮艷肩章的卡其色制服，阿莫德在桌上三支鈴聲此起彼落的手機和我之間，不斷地突然轉換他的注意力。一台冷氣機喘呼呼地對抗著雨季來臨前的酷熱。「德里有四十八種交通工具，每一種都想佔據相同的道路空間。你說這世上還有哪個城市像德里一樣？」

入境旅客離開德里甘地國際機場時，通常已是入夜時分，因爲國際班機通常要到日落後，才會逐一抵達此地。這時，坐上德里獨特的黃黑相間大使牌計程車，就有如一頭栽進由無數的機動車輛所構成的交通漩渦。爲了紓解過度壅塞的交通狀況，卡車只有在晚上十點至早上六點間，才能進入德里市區。因此，照明不足的夜間道路上，往往擠滿了熙熙攘攘的卡車。這些車輛步履蹣跚、一路排放黑煙，而且不斷地發出汽笛聲。這似乎是出於善意：大多數卡車後頭，都以鮮艷美麗的字體寫著「請按喇叭」，而「請開弱光前燈」也是常見的標誌之一。過去，道路寬度較爲狹窄，因此車速緩慢的大型卡車常以「請按喇叭」標誌，提醒後方車輛在準備超車時先按喇叭示警。但時至今日，這幾個字只剩下裝飾功能。即使如此，卡車的汽笛聲仍在空氣中不斷迴盪。

太陽升起後，德里的交通亂象終於原形畢露。街上隨處可見四處橫行的黃綠相間的拼裝車、超速行駛的計程車、成群結隊的自行車、安步當車的牛車、多人共乘的機車（上頭載著未戴安全帽的小孩，以及肩上披著絲巾的婦女，而後者也得隨時注意不要讓絲巾捲進機車鏈條），以及超載的公車等。付之闕如的人行道，迫使自行車騎士和行人紛紛湧入公車專用道，導致公車不得不改用其他車道。即使在少數擁有人行道的地方，上頭也擠滿了在地上睡覺、用餐、買賣商品，或坐著觀看往來交通的人。失去手腳的行乞者和年輕力壯的小販，佔據了每個交叉路口，以手指用力刨抓車窗玻璃，而駕駛人則目不轉睛地盯著倒數燈號，準備搶先其他人通過混亂的路口。這些燈號上有氣無力地寫著「請放鬆」。無號誌圓環附近的車流，視若無睹地行經斑駁的交通安全宣導標語。這些標語露骨地寫著「請遵守交通規則」、「請避免流血事件」，或「請勿做令你一覺不醒的白日夢」等。這些隨處可見的毛骨悚然標語，令人不禁懷疑起，德里公共工程局某個不爲人知的辦公室裡，是否坐著一位擁有詩人靈魂的盡職官員。

德里最特別的交通現象，在於街頭偶爾可見的牛隻。這些牛隻通常會慵懶地躺在道路中央的安全島上。有些人主張，安全島不但乾燥，而往來車流捲起的氣流，也能趕走擾人的蚊蠅，於是成了牛隻的理想棲地。我向前德里交通警察首長麥斯威爾・裴瑞拉（Maxwell Pereira）請教這個問題。他目前在印度的《芝麻街》（*Sesame Street*）節目中參加演出。「請讓我糾正一個錯誤印象，」他在辦公室裡告訴我。「在擁擠的市區街道中出現的牛隻，不是會引發危險的事物。雖然牛隻的確不利於推動順暢和便利的市區交通，但牠們的存在卻能強迫人們減速慢行。整體而言，超速和其他魯莽或心不在焉的駕駛行爲，都會因此而遞減。」事實上，牛隻就像是澳洲交通改革者安格威治所謂的「心理減速丘」（我們在第七章曾提及這個問題）。牛隻提供了「有趣的事物和不確定性」，而想當然耳，大多數德里市民寧願上班遲到，也不願在途中撞上牛。

我在德里經常聽見人們將「魯莽或心不在焉的駕駛行爲」這句話掛在嘴邊，但沒過多久我便發現，這其實才比較接近當地的交通實況。德里的駕駛人經常佔用兩個車道，即使是車流方向正好相反的車道，也無法幸免於難。而喇叭則是人們最常使用的交通信號。許多卡車的煞車燈（或其他燈號）早已故障多時，因此往往只在車後漆上「請保持行車間距」，委婉地提醒後方駕駛人：**我隨時都可能緊急煞車**。某些計程車則在車後寫著「請保持行車間距，本車裝有強力煞車」。這些字的意義是：**我隨時都可能在你意想不到的狀況下緊急煞車**。

許多車輛沒有車側後視鏡，或將它們向內摺起來。事實上，拼裝車司機習慣將車側後視鏡裝在車內，據說是爲了防止後視鏡被其他車輛扯下來——或將其他人的後視鏡扯下來。變換車道時，駕駛人似乎從來都不需察看後視鏡，反正有危險時，後方駕駛人立刻會用力鳴按喇叭（公車乘客也會將頭探出車窗外，協助公車司機在車流中穿梭，或乾脆指揮起交通來）。德里街頭的這種集體早期預警系統，使得車輛的喇叭聲就像鳥鳴一般地持續不斷。我向一位綽號叫作傑普的德里計程車司機請教他在當地交通的生存之道。他簡潔有力地回答：「好煞車、好喇叭、好狗運。」

在這座城市消磨一陣時間後，你不免會在兩種想法中擺盪：德里市民若非全世界最優秀的駕駛人（和行人），便是全世界最糟糕的駕駛人（和行人）——他們能在擁擠的空間和棘手的路況中來去自如，但也是這些交通問題的始作俑者。「因此，我們在印度有個叫作『防禦性駕駛』（defensive driving）的負面意義用語，」裴瑞拉以花俏但正式的印度官話口吻如此說。「所謂的防禦性駕駛，指的是保護自己不受任何傷害的駕駛方式，這些傷害包括其他道路使用者無意之間引起的災害。」裴瑞拉勸我不要在德里市區開車，並說：「印度駕駛人較常依賴自己的反射反應。你的反射能力不足以預期超乎預期的事物。」

相反地，裴瑞拉到美國拜訪親戚時，他的乘客或許並未察覺德里交通殘留的細微影響，時常被他開車的方式嚇出一身冷汗。「當我看見其他車輛由旁邊逐漸接近時，我會緊張起來。我已經習慣了印度的交通狀況，因此無法確定左右來車不會進入我的車道，」他接著補充，在美國，「你預期它們絕對不會；但在這裡，我不會預期它們絕對不會。我們那裡不時興停車再開這回事。」

按理說，駕駛人都應該在開車上路時，隨時預期超乎預期的事物，但在德里，這種能力已經成爲某種精緻的藝術。當地每天大約有一億一千萬件交通違規事件，羅希・巴魯佳（Rohit Baluja）和我在他位於奧可拉（Okhla）工業區的辦公室中，捧著當地稱爲「提芬」（tiffin）的小型鐵製便當盒吃午餐時，如此告訴我。

短小精悍的巴魯佳，是一家成功的鞋子公司老闆。爲了改善印度的交通狀況，他創立了道路交通教育研究所（Institute of Road Traffic Education）。根據估計，印度每年約有十萬人死於車禍——全世界每發生十起死亡車禍，便有一起發生在印度境內。德國淸楚明確且相對有秩序的交通系統，讓巴魯佳震撼不已，促使他在一連串德國商務旅行後，回國設立了這所研究所。「我一回到印度後，突然覺得這裡的每個人不但都想偷走你的優先通行權，而且根本不知道有一種東西叫作優先通行權，」他說。二〇〇二年時，一群研究德里交通的英國警察告訴巴魯佳，在英國，他們可以預測出一般駕駛人百分之九十的行爲模式，但在德里，他們最多只能預測百分之十。他們將這種交通現象稱爲「交通無政府狀況」。「我們一開始就活在缺乏秩序的道路上，因此並不覺得自己缺乏秩序，」巴魯佳告訴我。

這個數據是道路交通教育研究所的研究人員所提出的。他們利用一輛裝有攝影機和雷達設備的休旅車，在德里街頭跟蹤並拍攝隨機車輛。研究人員阿曼迪普•辛•貝迪（Amandeep Singh Bedi）讓我看了一段影片，淸楚地將裴瑞拉所說的「傷害」呈現在我眼前。在某段畫面中，一位駕駛人在忙碌的道路中央突然煞車，結果被後方來車追撞。他爲什麼緊急煞車？因爲他想停下來繫好安全帶，才不會被站在路旁的交通警察攔下來開罰單。在另一段畫面裡，一輛公車違規停在離路邊站牌很遠的車道上，迫使候車乘客不得不穿越好幾條車流，才能順利搭上車。我很快便明白，當地交通違規事件之所以居高不下，是因爲率先違反交通規則的駕駛人，往往也會導致其他駕駛人不得不違反交通規則：公車專用道上早已擠滿了自行車騎士和行人（坦白說，他們也無處可去），公車當然只能利用其他車道讓乘客上下車，於是便引發了一連串交通違規事件。

並非所有的責任都可推給駕駛人。道路標線並非隨處可見、凌亂的垃圾佔據道路中央，而落葉也擋住了交通號誌。有時，德里的交通標誌，不過是一小張綁在電線桿上、難以辨識的手繪紙板，看起來就像違規張貼的廣告單。德里交通警察局裡，由一位專責繪製這些交通標誌的藝術家。「但他們偶爾會來不及提供我們申請的新標誌，」阿莫德嘆著氣說，「所以我們只好自己動手做這些標誌。」

鄉村的交通狀況更是紊亂。「我們的高速公路，是由全球各地的專家設計的，」巴魯佳說。「他們一點也不了解這裡混雜的交通狀況，往往讓高速公路貫穿村莊中央，但卻忘了爲這些高速公路設計地下道。」因此，出入口有限的高速公路，就在無意間變成了鄉村道路；動物在上面漫步，小販在路肩叫賣水果，攤商在車流分隔島上賣報紙，而車道也成了公車上下乘客的最佳地點。路邊護欄往往被裁出許多缺口，甚至整段被人當作廢鐵偷偷賣掉。在無計可施的窘境下，當地官員只好在國家及高速公路上，豎起「停車再開」等交通標誌——將「預期超乎預期之事物」的藝術，引導至嶄新的層次。

德里之行即將結束的前夕，我目睹了一件顯露出德里交通惱人本質的事件。某天下午，氣溫衝破攝氏四十度，空氣中帶著沉重的雨季氣息，我在德里舊市區著名而繁忙的月光廣場（Chandni Chowk）上遇見一支送葬隊伍。一群男人抬著一具披著白布、點綴著金盞花的遺體，在三輪人力車、摩托車、行人，以及堆著許多貨物的手推車構成的車流和人潮中，吃力地開出一條路來。我心中突然閃過一個念頭：德里的交通狀況或許會讓活人心驚膽戰，但即使是死人都得努力，才有可能在這裡爭取到一點空間。

交通和文化的關係

爲什麼紐約客走路時愛闖紅燈（而爲什麼哥本哈根市民則否）

一個國家的交通狀況，是最先讓外國遊客感到文化衝擊的事物之一。之所以如此的部分原因，在於陌生的交通狀況就和陌生的貨幣或語言一樣，都象徵著另一套完全不同的標準。路上的車輛造型怪異（令人不禁想問：「那是誰設計的啊？」），道路的寬度或許有點不尋常，車流方向可能正好相反，速限也許比你習慣的高一些或低一點，而某些交通標誌就像旅館裡的蓮蓬頭一樣，看起來熟悉，但又令人摸不著頭緒：某個符號指的可能是從山坡上滾下來的落石，或穿越道路的羊群——或兩者皆是。我曾在倫敦計程車後座，看見路旁一面紅白相間的交通標誌寫著「請改變優先次序」。改變誰的優先次序？我不知所措地想著——我的？還是所有人的？

大多數的標準化事物其實差異不大，只需少許調整即可適應。比較難以解讀的，反倒是一個地方的**交通文化**，亦即人們的行車習慣、穿越馬路的方式、權力關係在交通互動中的展現，以及交通活動浮現出來的模式等。交通文化是一扇直達某地核心的祕密窗戶，也是一種和語言、服裝，以及音樂等事物同樣重要的文化表徵。喇叭聲在羅馬的意義，不同於它在斯德哥爾摩的意義；閃爍前燈在德國高速公路的意義，也異於其在洛杉磯四〇五號公路的意義；而紐約行人不時闖越紅燈的行爲，在哥本哈根可說難得一見。這些印象會深植在我們的心中。「希臘人開起車來就像瘋子，」拜訪雅典的旅客在安全回到喀布爾後如此評論。

哪些因素造就了這種交通文化？它來自何方？爲什麼我會覺得德里的交通狀況如此奇特？爲什麼在許多方面都和荷蘭非常類似的比利時，其交通系統卻比較危險？是因爲道路的品質、車輛的種類、駕駛人的教育程度、法律制定的交通規則，或是人們的心態？這個問題的答案相當複雜，或許所有的因素都參了一腳。不過，我們仍可根據過去的經驗，發現一種適用於所有交通文化的評估方式，藉此測量某個國家的交通狀況是否井然有序，還是雜亂無章，並判斷這個國家的道路系統是否安全無虞，或者品質堪憂。我們將在下一節回來討論這個問題。

我們首先必須了解，交通文化是**相對**的。德里的交通狀況之所以令外人卻步的最簡單原因，其實和當地的人口密度有關：德里都會區的面積和已算擁擠的紐約市相去不遠，但前者卻容納了五倍於後者的人口。①人口越多，交通流量越大，人車互動也越頻繁。德里的交通狀況之所以紊亂不堪（至少對我而言是如此）的另一個原因，和其速度不同、方向各異，且五花八門的交通工具有關。和擁有四十八種交通工具的德里比較起來，我的家鄉紐約市根本就是小巫見大巫，因爲我們只有五種運輸模式：汽車、卡車、自行車、行人，以及機器腳踏車或摩托車（再加上幾輛觀光馬車和人力三輪車）。而美國許多地方也只有兩種交通工具：汽車和卡車。

德里的印度理工學院（Indian Institute of Technology）教授姞坦・提瓦里（Geetam Tiwari）主張，傳統交通工程師（以及西方駕駛人）眼中的無政府狀態，其實也有邏輯可言。她認爲，德里的「自我最佳化」交通系統，不但不會陷入動彈不得的窘境，事實上還能以比傳統理論模型更有效率的方式，在交通尖峰時段運輸更多人潮。當車流順暢地在雙車道或三車道道路上移動時，自行車騎士往往會在路緣車道，形成一條臨時的自行車車道；自行車越多，這個車道也越寬。但當車流開始堵塞時，亦即單一車道的汽車流量超過每小時二千輛，而自行車流量超過每小時六千輛時，整個系統便會逐漸發生變化。自行車騎士（和摩托車騎士）開始「融入」其他車道，填補汽車和公車之間的「縱向間隙」（longitudinal gap）。汽車車速大幅降低，而自行車車速的減少幅度則較小。緩慢移動的車陣，不但變得越來越長，同時也變得越來越寬，努力地擠壓出所有的道路空間。

在所謂的「同質性車流」（homogenous traffic flow）中，每一部車輛的大小和型態大致類似，而維持車道秩序的作法也相當合理，因爲一條車道上塞不進兩輛汽車。除此之外，我們也不難算出道路的最大容量，或藉由相對簡單的理論模型（例如之前提及的「跟車理論」），預測駕駛人的行爲。但德里街頭的非機動車輛，往往就佔了全數車流的三分之二，而在這種「異質性車流」（heterogeneous traffic flow）中，常見的理論模型便派不上用場——舉例來說，要求自行車或機車在交通號誌前依序排隊，必然會引發大規模的交通堵塞。

坐在拼裝車後頭行經德里街頭，近距離感受擁擠人潮的熱度，或看著自行車緩慢地在卡車車陣中穿梭，顯然是非常令人不安的經驗。當交通流量被擠壓成如此程度時，交通工程師所謂的「摩擦」也會大幅增加——換句話說，更多人會試著在相同的時間，佔據相同的空間。從傳統交通工程觀念而言，摩擦越多，交通系統越不安全。但德里再一次推翻了傳統交通工程師的先入之見。在一份對德里市區眾多地點進行分析的研究中，堤瓦里和一群研究人員發現，摩擦率較低的地點，發生死亡車禍的機率比較高，反之亦然。換句話說，看似紊亂不堪的交通狀況，反而變成了某種安全機制。摩擦越多，車速越慢，而死亡車禍的發生機率也較低。車速越快，汽車和卡車形成的車流越順暢，但自行車騎士和行人的處境也更艱難。不過，即使道路已經相當擁擠，自行車騎士的遭遇也好不到哪裡去。許多研究顯示，百分之六十二的交通尖峰時段自行車死亡車禍，都和卡車與公車有關，因爲這些車輛常和自行車共用一個車道。②如此看來，自我組織的交通系統，其實也有其極限。

再者，我們也須明白，在決定一個地方的氛圍這件事上，交通文化的重要性，比交通規則或交通建設來得重要。中國正在經歷有史以來最快速的機動化革命，而我則有幸在那裡見證交通文化的力量。某天下午，我從位於十三樓的旅館房間窗戶，有如上帝般地俯視上海市靜安區的一處交叉路口。第一眼看起來，這個被辦公大樓環抱、設有明確交通標誌和號誌的路口，並無特別吸引人之處。但我又仔細地看了第二眼。

交通工程師指出，設有交通號誌的十字路口，擁有超過五十個衝突點，亦即轉彎車流和十字形車流可能受到干擾的地方。在石門一路和威海路彼此交叉的路口上，衝突點的數量看似非常稀少。當一團車陣猛然接近另一團車陣時，我原本以爲它們必定會發生車禍。但時間似乎慢了下來，而空間也有如手風琴般地壓縮變小，一小團車輛則找出了通過路口的辦法。之後，空間又如手風琴般地擴張變大，其他車輛也趁機加快速度，各奔東西。一切彷彿都在某隻隱形巨手的指揮下，井然有序地進行著。

但事情出錯的方式有千百萬種。沿著威海路行駛的車輛，經常利用左轉車道，超越其他行車方向相同的車輛。順著石門一路下來且準備向左轉入威海路的自行車，往往就停在路口中央，並在迎面而來的三條車流中尋找空檔。剛閃過一部右轉車輛的某位行人，差一點又被左轉的自行車撞上。這輛自行車則勉強地躲過另一部爲了繞過其他車輛而跨越黃線的汽車。這個路口沒有設置左轉箭頭號誌，因此當石門一路北上車道的路燈亮起時，四條車道上的所有車輛都會同時起步。但左轉車輛首先必須穿越自行車和機動自行車形成的雙向車流，然後再一頭栽進寬敞但人潮洶湧的斑馬線行人穿越道。車輛不太關心正在通過馬路的行人；即使前方滿滿是人，車輛仍會切出一條通道，偶爾還會因此將行人夾在兩條車流中間。自行車構成的雙向車流，似乎並未遵守任何固定的行車方向，使得威海路上經常出現自行車幾乎對撞的危險景象。

理論上而言，這個交叉路口和其他城市的路口並無不同，但其中發生的事情卻截然不同。即使紅燈已經亮起，行人仍會繼續通過馬路，有如早將個人生死置之度外一樣，而駕駛人似乎也非常樂意成全其必死決心。

在幾年前的一項研究中，一群研究人員對東京和北京的交叉路口進行比較。這些路口的設計看起來並無明顯的差異。但東京的交叉路口每小時卻能處理多達**兩倍**的車流量。這個差異源自何處？這些研究人員提出了幾個可能的解釋。首先，東京街頭的車輛年份比較新，品質也較好，因此不論是起步或煞車速度，都比北京街頭的車輛來得好。再者，相對於東京，北京的自行車數量較多。根據北京交通發展研究中心（Beijing Transportation Research Center）的統計，二〇〇〇年時，自行車仍佔了當地百分之三十八的每日旅次，而汽車則佔了百分之二十三（兩者的差距仍在繼續縮小）。這群研究人員指出，自行車經常混雜在主要車流中，而在車陣中穿梭的自行車，則容易引起「橫向干擾」（lateral disturbance）。

不過，最重要的差異，和北京車流的品質或組成無關，而和參與當地交通活動的人有關。在東京，車輛和行人對交通號誌的服從，就像日本文化一般地正式和注重禮節。在北京，研究人員發現，駕駛人（以及自行車騎士和行人）違反交通號誌的可能性高出許多。人們不但在紅燈亮起後進入交叉路口，也會在綠燈亮起前迫不及待地往前衝。③住在北京多年的奧美公關公司（Ogilvy Public Relations）中國分公司總經理史考特·克隆尼克（Scott Kronick）向我證實了這種現象。「在中國開車就像全面宣戰一樣——你必須全心全力地衝刺。綠燈時，你會看見人們在路口淨空之前急著左轉。」

文化大革命時期，紅衛兵提出的最突兀的交通計畫之一——除了禁止擁有自用汽車，以及要求人力三輪車乘客自己踩動三輪車之外——便是改變交通號誌的意義：紅色意指「通行」，而綠色則指「停止」。④看看今天的中國城市，你或許不會覺得這項計畫從未眞正成功過。

一開始，中國的交通亂象令人有點吃驚，因爲該國政府在管制其他日常領域時，一點也不手軟（例如封鎖網站等）。但無論如何，紊亂的交通狀況，並不會讓一個政權垮台。在土耳其目睹一場車禍留下的殘骸後，英國劇作家肯尼斯·泰南（Kenneth Tynan）在他的《日記》（*Diaries*）中寫道：「惡劣的駕駛行爲——亦即快速而莽撞的行車方式——往往和一個國家的民主化程度呈反向關係。在極權國家中，小人物只有在忙亂的道路交通裡，才有可能與其他人平起平坐，才有可能**超越**其他人。」⑤這個業餘社會學觀察，可說是一針見血。中國人——不論是駕駛人，自行車騎士，或行人——偶爾的確會藉由交通活動，肯定個人的存在，並宣示自己對道路所擁有的主權。

某天下午，我和《好萊塢記者報》（*Hollywood Reporter*）北京特派員強納森·藍卓斯（Jonathan Landreth）一起出門騎自行車，深刻地感受到這一點。即使在自行車道上，事物仍比表面上看起來更複雜。我的自行車擁有變速裝置，因此我的速度比笨重的飛鴿自行車快上許多，即使它們曾經統御中國街道多年。⑥不過，我仍不是自行車道食物鏈上的最高級獵食者——電動自行車的速度比我更快，而一輛電動自行車也差點迎面撞上我。除此之外，路上還可見到用來運輸身障人士——以及提升其社會地位——的三輪機動車。「這些人也使用自行車道，」藍卓斯告訴我，「人們對此很不滿，因為他們會擋住其他人的去路。」

國營《中國日報》專欄作家劉世南告訴我另一個理論。我拜訪中國時，當地正在認眞執行許多改造計畫，其中有部分是在二〇〇八年北京奧運前完成交通改革。上海市官員的構想，是將亂闖紅燈的行人的相片，公布在他們的工作場所。「我們中國人很重視面子，」我們坐在報社餐廳時他告訴我。「他們不太在意闖紅燈，因他們不認識路上的其他人。他們不覺得丟臉。如果你在我的單位公布我的相片，我會覺得非常羞愧。」簡而言之，上海市政府的作法，就像拍賣網站的評價管理系統一樣。但爲什麼有必要採取這種管理方法呢？劉世南表示，北京的交通亂象，和中國的歷史有關。「歷時十年的文化大革命結束後，中國變成了一個混亂的社會，」他說。「人們沒有守法精神，因爲毛主席鼓勵人們反對和質疑權威。」

不過，隨處可見的交通違規行爲，眞的是這種反動心態的產物嗎？駕駛人是否仍將毛澤東推崇的「無法無天」理念，視爲某種社會利益？⑦或者，中國交通亂象的根源，還可追溯到更久遠的年代？舉例來說，有些人主張，儒家思想對人際關係和修身養性的重視，導致中國人欠缺公共道德和公民文化。⑧林語堂在其一九三五年的暢銷書《吾國與吾民》（*My Country and My People*）中曾寫道，「個人權利」的不足，使得中國人對公共利益抱著事不關己的自私態度。「我們是個偉大的民族，創造了完美的監察系統、文官體制、交通規則，以及圖書館閱覽規定，」林語堂寫道，「但我們也偉大到能夠打破、輕視、迴避，以及玩弄所有規定，並變得比它們更爲優越。」⑨和西方的蘇格拉底傳統相反，儒家思想強調個人倫理和德性，而忽視「法治精神」。香港法律學者陳弘毅（Albert H. Y. Chen）寫道：「發生爭端時，人們被鼓勵採取妥協和退讓的態度，而非維護私人利益或法定權利。」⑩的確，我們仍可在中國街頭目睹這種觀念的遺緒。幾個星期內，我在中國看見了不少小車禍。在美國，駕駛人通常只會在發生車禍後，趕緊交換保險資料，然後盡速離開現場；但在北京，交通事故不但往往會引發駕駛人之間的激烈爭論，也常會引來群眾的熱情圍觀。

中國交通發展的腳步，遠遠超過該國政府所能趕上的速度。幾十年前，北京等中國城市並無太多車流量，而通勤上下班的人口更是寥寥可數。法律禁止人們擁有自用汽車，而許多勞工便住在其工作單位裡。一九四九年時，北京擁有二千三百輛汽車。到了二〇〇三年，北京的汽車數量已躍升爲二百萬輛——而這個數字目前仍以每天一千輛的速度大幅成長。二〇〇四年時，中國通過了該國有史以來的第一個完整道路安全法案，以便因應其快速變化的交通狀況。但這個法案並非毫無爭議，而它對交通事故的責任認定方式，更是令人不解。北京交通發展研究中心的張德興（Zhang Dexing，譯音），告訴我一個著名的案例。二〇〇四年時，一對剛剛來到北京的夫婦，違法走上高速公路，導致一名駕駛人撞死這位妻子。雖然這對夫婦違反交通規則，但肇事駕駛人仍得負擔部分責任，被迫賠償逃過一劫的丈夫多達數十萬人民幣（約兩萬美元）。

想要了解某地的交通文化，我們便須明白，法律所能解釋的事物有限，因爲文化規範或風俗習慣，在交通文化中所扮演的角色，也同等重要。的確，法律往往只是經過明文規定的社會規範。舉例來說，美國法律規定車輛必須靠右行駛，⑪ 英國則規定車輛只能靠左行駛。這些交通規則並非科學研究或政策辯論的產物，而是汽車出現前即已存在的文化規範。

歷史學家彼得·金凱德（Peter Kincaid）指出，我們現在的行車方向，取決於兩個因素。首先，大多數人都慣用右手。再者，當各國的道路規則正逐漸成形時，每個地方的交通活動模式並不相同。這兩個因素之間的互動，說明了我們目前的駕駛方式。舉例來說，慣用右手拔劍的日本武士，常將劍鞘置於身體左側，因此往往由道路左側行經可潛在的敵人，所以後來日本人便靠左行車。在英國，馬車常由坐在前座的車夫駕駛。慣用右手的車夫會「自然」地坐在馬車右前方，並用左手操縱馬韁，且以右手揮舞馬鞭，因此當他們在道路左側行駛時，比較不容易撞上迎面而來的其他馬車。於是，英國人現在仍靠左行車。但在其他國家，包括美國，車夫經常走在馬車左側，或騎在馬車左邊的馬上（如果拉動馬車的馬匹多於兩隻的話，便騎在左後方的馬上），以便用右手控制馬車。爲了正確判斷對面來車的動向，並和其他車夫談話，這些國家的車夫最好將馬車保持在道路右側。因此，許多國家直到目前仍靠右行車。

即使法律規定從表面上看來一模一樣，社會規範仍可解釋交通文化之間的差異。對毫無心理準備的人而言，頭一次在義大利高速公路上行車，可能是一場令人震撼的經驗。左側車道的唯一用途是超車，但對許多行駛左側車道的駕駛人而言，其旅程無異於一連串的超車行爲。而義大利文中意指超車的 il sorpasso，也帶有社會流動的含義。當你擋住某位不斷超車的義大利駕駛人時，他便會緊緊咬住你的車尾，並快速閃動其車燈，直到你感受到燈光的熱度爲止。不過，與其說這是某種挑釁行爲，還不如說是某種由於文化規範遭到破壞，而引發的不可思議反應。⑫

「根據大多數歐洲國家的法律，駕駛人必須盡量靠右行車，」任教於緬因大學的瑞典籍交通工程教授佩爾・加德爾（Per Garder）表示。「但在美國，這純粹只是理論——因爲後方來車幾乎總得禮讓前方車輛，而在義大利則恰好相反。你應該將路讓給後方來車。身爲美國人，你或許常會忘記這一點，而當你的車速已超過速限時，你會更想不通這件事——爲什麼你一定得讓出超車車道呢？」在美國，根據某個模糊不清的行車規範（以及許多曖昧不明的法律規定），⑬左側車道必須留給速度最快的車輛，但美國人並不像義大利人如此重視這個規範。事實上，美國駕駛人較常對義大利式跟車行爲做出明顯反應（例如，消極反抗煞車或拒絕讓出車道等）。或許覺得社會正義和個人權利受到侵犯，⑭美國人對這種行爲的反應似乎更爲情緒化。⑮但自古以來，義大利便缺乏強而有力的中央政府，也沒有根深柢固的公民文化，因此義大利人也較不依賴國家來定義平等和正義等概念。⑯至少，這是義大利汽車協會（Automobile Club d'Italia）的官員吉塞皮・西賽羅（Giuseppe Cesaro）的說法。「在美國電影裡，演員總是說：『我依法繳稅。我有權利。』在義大利，沒有人會這麼說。你依法繳稅嗎？那你一定是笨蛋。」

社會規範或許是文化的一部分，但交通活動也會創造出自己的文化。舉例來說，紐約市和哥本哈根的行人闖越紅燈行爲。⑰在這兩個地方，法律並不許可行人闖越紅燈，而擅闖紅燈的行人也都曾因此接到罰單。但來到這兩個城市的旅客，不難發現兩者之間的強烈對比。英文中意指行人闖越紅燈行爲的 jaywalking 發源自紐約市，原本指的是鄉下來的土包子（country jay），身陷大城市交通中不知所措的模樣。但時至今日，假如你在紐約市街頭等候綠燈穿越馬路，人們八成會將你視爲外地來的呆頭鵝。相反的，哥本哈根市民對行人擅闖紅燈一事，似乎擁有與生俱來的厭惡感。即使在一月隆冬的寒冷星期天清晨，放眼路上空無人車，哥本哈根市民仍拒絕闖越紅燈——這種事竟然會在擁有世上最多無政府共產主義者的城市中發生！他們會停下步伐，深深地吸進一口氣，或朝著天空仰起頭來接住雪花。他們會凝視著商店櫥窗投下的陰影，或迷失在自己的內心深處。直到綠燈亮起後，他們才會不情願地踏出腳步，緩慢地通過馬路。

這些差異看似只和文化規範有關。紐約市是各種互斥文化傳統的熔爐，也是激進極端個人主義的溫床，而行人闖越紅燈的行爲，正是凸顯個人風格，超越群眾，以及促進社會流動的方式之一。「行人看的是汽車，而非交通號誌，」紐約市交通工程師麥可・金恩（Michael King）告訴我。行人闖越紅燈行爲也能紓解交叉路口的壅塞狀況。自古以來，哥本哈根的人口便擁有較高的同質性，也比較容易達成共識，因此往往將行人闖越紅燈行爲，視爲缺乏格調且違反社群和諧的不良舉動。正如耐心地等待春天來到一樣，守法地等候綠燈亮起，也是對清心寡欲和冰冷的斯堪地那維亞靈魂的一種考驗。一九三〇年代，斯堪地那維亞小說家雅科瑟・山德莫斯（Aksel Sandemose）以Jantelagen這個字，形容流行於其丹麥家鄉的一套社會規範。[18]這些規範都有一個相同的主題：不要自認比其他人來得優越。人們仍常訴諸這些規範，解釋斯堪地那維亞國家相對和諧的社會結構和平等特質。正如超速或任意變換車道（這些情形在丹麥道路上非常罕見），行人擅闖紅燈的行爲，也是一種足以破壞鄉村社群生活的自戀舉動。

當我向著名的都市規畫學者楨・格爾（Jan Gehl）提及這些觀點時，他將它們撇到一旁，並提出一個相反的理論：「我認爲城市的精神，就在於擁有品質優良的人行道，以及隨處可見的交叉路口。你知道自己只要等一會兒，綠燈便會亮起來。」相反地，他的公司才剛完成一份有關倫敦的研究。「我們發現在倫敦過馬路是件非常複雜的事情。我們發現只有百分二十五的行人，會按照交通規畫人員的指示使用道路，」他說。格爾主張，行人在路上面對的狀況越複雜，他們在交通系統中的地位則越低落，「因此也越容易無視法律規定的存在」。這讓我想起，紐約市第五大道上的交通號誌，似乎在每個路口都故意和行人作對。紐約市之所以成爲美國最多行人闖越紅燈的都市，會不會是由於該市的交通設計所致，而和紐約客本身無關？

交通工程理論中有一個永遠不變的鐵律：行人等候綠燈的時間，和他們擅闖紅燈的機率呈反比關係。引發行人闖越紅燈動機的臨界時間約爲三十秒（這也是等候左轉的駕駛人開始感到不耐煩的時間點）。倫敦交通規劃公司「智慧空間」（Intelligent Space）的都市規畫人員傑克・迪塞勒斯（Jake Desyllas）和我看著一幅顯示行人步行路徑的鮮艷電腦地圖時，我突然覺得等候時間或許是導致行人闖越紅燈的罪魁禍首。迪塞勒斯指出，在倫敦市區某條街道上，百分之七十五的行人，只在綠燈亮起時通過馬路，但在附近的另一條街道上，這個數字卻減少了許多。這並不是因爲當人們從一個路口，走到另一個路口之後，其文化規範也會隨之改變，而是由於其中一個路口的設計，比另一個路口更關心行人的需求。不出預料地，等候時間較久的路口，也是行人較常擅闖紅燈的路口。迪塞勒斯發現，在倫敦交通狀況最糟的地點之一，亦即依斯靈頓（Islington）A一街通往安捷爾（Angel）地鐵站的路口，在中央分隔島上的行人，最多得花上六十二秒鐘，才能等到綠燈。這簡直就是一座強迫行人闖越紅燈的城市。

彷彿交通狀況還不夠紊亂似的，我們也常將遵循不同社會規範的人們丟在一塊。由於每個人都堅信自己才是正確的——而交通規則卻常證明沒有人是正確的——因此人們對其他人看似錯誤的駕駛行爲（例如，盡量延遲匯入車流，或在左側車道緊跟前車等），往往抱著滿腔怒火。除此之外，熟知周遭路況的當地人，也常被迫和人生地不熟的外地人，分享相同的交通空間。所有急著趕赴約會的都市人，都能了解被安步當車的觀光客擋住去路時的無奈；因此，紐約的時報廣場和倫敦的牛津街，都曾認眞考慮設置行人「快速步道」。你也一定曾在開車時，不幸地被擋在某個沿路尋找陌生地址的駕駛人後頭。對其他駕駛人而言，你早已看過千百萬次的平凡道路，或許處處充滿了驚奇。佛羅里達街頭常見的兩種保險桿貼紙，即清楚地反映出這種現象：「我只在沙灘前煞車」，以及「有些人不在度假」。

人們學習社會規範的速度之快，也令人不得不嘖嘖稱奇。經年累月得來的駕駛訓練和行車習慣，就像車窗上的灰塵一樣，輕而易舉地便可清洗乾淨。以色列本古里安大學（Ben-Gurion University）交通心理學專家大衛・辛納（David Shinar）主張：「如果你將一位以色列駕駛人，移到喬治亞州沙凡那，我保證不出兩個月，他開起車來就會像當地人一樣。如果你把美國中西部的一位駕駛人，送到特拉維夫，沒過幾天，他的行車方式就會和以色列人一模一樣——因爲若非如此，他哪裡也到不了。」因此，就像剛開始習慣英國溫熱啤酒的遊客，社會神經靈敏的駕駛人，很快便能習得某個地方獨特的駕駛習慣，例如「匹茲堡式左轉」（Pittsburgh left）等。匹茲堡（以及北京）的駕駛人，往往會將綠燈視爲「非正式」的左轉燈號，並在綠燈亮起時，以有如弓箭般的速度，當著對向來車的面迅速左轉。剛到洛杉磯不久的駕駛人，也立刻便能體會「加州捲」（California roll，又稱「壽司式停車」〔sushi stop〕）的樂趣，永遠不在「停車再開」標誌前完全停下車來。

人類的交通活動就像語言一樣。當每個人都了解並遵守相同的文法規則時，⑲這些事物便能以最完美的方式運作，雖然不合文法的歧異行爲，往往也具有高度的溝通效率。假如你完全不了解其他人所遵守的文法，這些事物將會是一團紊亂、混沌，且無跡可循的雜多。等到認得幾個字之後，你便能逐漸看出端倪。而當你變得越流利時，一切也會變得更有秩序。羅馬是個有趣的例子。正如我們在序言所述，自從羅馬成爲羅馬以來，它即不斷地和其交通問題處於搏鬥狀態中。凱撒大帝曾經禁止貨車進入羅馬，而坐擁「二十世紀的凱撒大帝」稱謂的墨索里尼（Mussolini）也試圖讓羅馬的交通臣服在其個人意志下。根據某個傳聞，對主軸十字大道（Via Corso）周遭混亂交通極爲不滿的墨索里尼，曾經下令從不同方向進入這條街道的行人，只能順著其進入方向行經此路，但這個作法最後也是徒勞無功。⑳對這個自古即浸淫在神話傳說的城市而言，羅馬神祕而迷離的街道，和其悠遠且傳奇的歷史，眞可說是相得益彰。㉑

羅馬交通的特別之處，在於其空間和步調。手排小型汽車在常見的狹窄街道中疾馳的景象，讓當地街頭的步調顯得特別急促。駕駛人一心一意地想鑽進所有縫隙。某天下午，義大利汽車協會的西賽羅在他位於國家大道（Via Nazionale）的辦公室裡向我說明，羅馬的交通「只是出於必要——這裡的街道太窄，而車輛太多。有時，我們就在路上和其他人聊了開來。路邊的燈號變換了兩三次。有時，我們就這樣變成了朋友。」在交通號誌前動彈不得的駕駛人，必定會發現機車不斷地填滿車陣前方的空隙，有如玻璃球中往下飄落的塑膠雪花。「他們應該遵守和汽車一樣的規則，」義大利汽車協會的保羅・柏哥尼（Paolo Borgogne）提到羅馬的機車大軍時表示。「但由於某些原因，大家覺得他們不需如此……舉例來說，他們往往將交通號誌視爲杵在路邊轉角的家具。」

但情況已經有所改變：多年來，機車騎士一直不需要駕駛執照，但現在他們則必須持有「輕型車輛駕照」（patentino）。

正如德里一樣，我們也不難想像，假如羅馬的機車（佔了當地五分之一的交通流量）㉒必須遵守和汽車相同的規定，當地的交通壅塞狀況絕對會變得更嚴重。除此之外，羅馬交通舉世有名的「瘋狂」程度，或許也只是特定詮釋的結果。經常在羅馬街頭騎著骨董偉士牌（Vespas）和蘭美達（Lambrettas）機車兜風的麻州物理老師馬克斯・霍爾（Max Hall）表示，他覺得在羅馬騎機車，比在波士頓騎機車**來得安全**。這不只是因爲美國駕駛人對機車較不熟悉，也是因爲前者非常討厭被後者超車：「在羅馬，汽車和卡車駕駛人『知道』他們不應該在開車時輕舉妄動，以免嚇到或傷到機車騎士。而機車騎士多半也預設沒有人會超他們的車。」從這個角度而言，羅馬比其他義大利城市來得安全，因爲其他城市的機車騎士較少配戴安全帽，㉓而許多研究也顯示機車較常和汽車相撞。㉔霍爾借用物理學詞彙說道：「這種現象的美妙和詩意之處，在於四輪車輛就像固定物體一樣，彼此之間的相對移動幅度不大，即使其移動速度並不慢，而雙輪車輛則從大型車輛形成的相對靜止場域中『穿梭』而過。」

帶著物理學或許能解開羅馬交通之謎的希望，我在某天下午來到羅馬大學複雜系統實驗室，拜訪在此任職的物理學家安卓亞・迪馬提諾（Andrea De Martino）。他在位於拉薩皮言札（La Sapienza）的辦公室黑板上畫了許多圖表，並提到「網絡最佳化」（network optimalization）和「資源競爭」（resource competition）等專有名詞。然後他把話題轉到羅馬。「我的女朋友不是羅馬人，她不是義大利人，」他說。「她想了解，爲什麼車輛看見她之後，竟然還會直接通過路口。她想知道這背後的邏輯。這根本沒有什麼邏輯。」迪馬提諾拿德國作爲對照，他非常欣賞德國的交通系統。這不是我第一回聽見羅馬人稱讚其他較有「秩序」的國家。我問他，假如每個人都這麼喜歡德國的交通系統，他們爲什麼不在這裡依樣畫葫蘆？他說：「我喜歡**在德國**的德國交通系統。」

你可以在法蘭克福像羅馬人一般地開車，也能夠在羅馬像法蘭克福人一樣地開車，但在這兩種情況下，你的行車經驗不會太愉快。爲何如此？這些規範究竟來自何處？最簡單的答案或許在於，羅馬人之所以擁有某些特殊的駕駛習慣，是因爲**其他羅馬人也具有這些習慣**。

心理學家羅伯・齊歐迪尼（Robert Cialdini）藉著一系列實驗，印證了這個觀點。在某個研究中，研究人員在停車場中的車輛擋風玻璃上放置廣告傳單。這個停車場有時整齊乾淨，有時雜亂無章。僞裝成行人的研究助理，則會在這兩種環境脈絡下（乾淨的停車場和骯髒的停車場），有時邊走邊丟垃圾，有時則直接經過停車場。研究人員發現，當停車場整齊乾淨時，受試者比較不會在走到他們的汽車後，隨地丟棄車窗上的傳單。研究人員也發現，當受試者看見其他人亂丟垃圾時，他們亦會變得比較容易亂丟垃圾，但這種現象**只有**在停車場早已凌亂不堪時才會出現。

這中間發生了什麼事？齊歐迪尼認爲，這個實驗顯示人們擁有兩種不同的規範：亦即「命令式規範」（injunctive norm），或有關人們應該從事哪些行爲的規則（「應然」規範），以及「描述式規範」（descriptive norm），或有關人們實際從事哪些行爲的規範（「實然規範」）。雖然命令式規範的確有其效用，但在這個實驗中，眞正能夠引導受試者從事某些行爲的，卻是描述式規範：當大多數人亂丟垃圾時，受試者也比較容易有樣學樣。假如只有一個人在乾淨的停車場中亂丟垃圾，受試者比較不會跟著依樣畫葫蘆——這或許是因爲那個人的行爲，明顯地違反了相關的命令式規範。齊歐迪尼和其他人指出，這正是許多公共服務宣導活動之所以成效不彰的原因。告知民眾每年國家由於逃漏稅損失數百億稅款的廣告，固然能夠引起社會對此一問題的重視，但也會向民眾暗示逃漏稅的人口不在少數（而且往往得以逍遙法外）。㉕違反規範的是**哪些人**，也會影響人們對這些規範的觀感：許多以行人爲分析對象的研究顯示，當「地位」較高（例如，穿著高雅）的行人率先闖越紅燈時，其他人也比較容易跟著闖越紅燈；而當地位較高的行人沒有闖越紅燈時，其他人也比較不敢擅闖紅燈。相反地，在這兩種情況下，「地位」較低的行人，對其他人的影響力較不明顯。㉖

人類的交通活動隨處可見命令式規範，告誡駕駛人應該從事哪些行爲，而又不應該從事哪些行爲。但描述式規範往往和命令式規範背道而馳——且更強而有力。最常見的例子就是車速限制。大多數美國高速公路的速限，是每小時六十五英里（約每小時一百〇五公里）。但根據某個逐漸成形的不成文規範，較此多出十英里（約十六公里）的時速，也仍在相關法律的可接受範圍內。一旦提高速限之後，這個規範又會有所改變；如此一來，即使是依據速限行駛，也會變得越來越危險。

某些規範的影響力，似乎比其他規範來得深遠。在通用汽車公司任職超過三十年的物理學家暨交通安全研究人員雷納多・艾凡斯（Leonard Evans），舉了個例子：「假設現在是凌晨兩點，某人爲了節省時間而在路上超速行駛。他來到某個交叉路口，一眼望去毫無人車，但仍在那裡等了三十秒的紅燈。客觀地說來，他的超速行爲，比確認左右無來車後闖越紅燈的行爲，來得危險許多。但在美國，我們有個根深柢固的交通規範，亦即絕對不可在紅燈時任意穿越路口。不幸的是，我們缺乏嚴格禁止在綠燈後超速行駛的規範。」這兩種行爲都有違交通規則，且皆須面對類似的罰則，但其中一個行爲，似乎比另一個行爲更不合法。這或許是由於超速時，駕駛人覺得自己較能掌握路況，而闖越紅燈時，他們覺得自己必須受制於其他人所致。駕駛人之所以較常超速，或許是因爲多數人也如此做（不過，假如每個人都無所忌憚地闖越紅燈，我們便會陷入交通無政府狀態）。

世界各地的交通規則多半非常相似。許多地方的道路設計和交通標誌也都相當類似。但每個地區的社會規範卻都有點微妙的差異，而這些規範不但深具影響力，也帶有許多奇異的特質。法律並未規定人們在英國或中國應該如何排隊——大多數人也會主張法律不應該規定這些事情——但當你在這些地方排隊時，立刻便能感受到兩者之間的差異。在英國，人們的排隊行爲是出了名地井然有序。㉗但在中國，遵守排隊秩序的行爲，只存在於理論之中㉘——插隊和行人闖越紅燈等行爲，都是中國政府點名在二〇〇八年北京奧運會前消滅的惡習。

同樣地，經濟學家也對許多地方的顧客，常在用餐完畢後，付給侍者小費的作法，感到大惑不解。這種作法或許能夠提升侍者的服務品質，卻難以提高顧客付出慷慨小費的動機。除此之外，顧客甚至會在有損這些動機的狀況下——例如，侍者的服務不夠周到，或顧客不會再回到同一家餐廳時——仍然付給侍者小費。許多研究顯示，小費金額和服務品質之間的關聯相當薄弱。㉙人們之所以付小費，是因爲這似乎才是正確的行爲，或由於不想被其他人發現自己並未做出正確的行爲。法律從未規定顧客一定得付小費，他們之所以仍如此做，只是爲了遵守某些社會規範罷了。

在人類的交通活動中，社會規範和法律規定之間存在著某種微妙的關係。有時兩者合作無間，有時其中一者脫軌而出。作家貝彼·賽維里格尼（Beppe Severigni）指出，佛羅倫斯人用 rosso pieno 這個片語來指涉「完全紅燈」，言下之意即在於有些紅燈並不「完全」。這些差異在法律上毫無意義，不過卻可說明人們的實際行爲。但這些規範究竟來自何處？而它們又以哪些方式符應或偏離法律？法律學者阿米爾·利希特（Amir Licht）指出，所有社會規範中最重要的，便是「遵守法律這個更深刻且更普遍的規範」。㉚當你在綠燈亮起後步行踏入馬路或開車通過路口時，保護你不被其他車輛撞上的，不是法律本身，而是其他駕駛人心中恪遵法律的意願。法律說明了我們應該從事的行爲，規範則解釋了我們實際從事的行爲。而介於這兩者之間的縫隙中，則藏著交通文化之所以因地而異的眞正原因。

請小心開車

前方有貪汙腐敗——交通亂象的祕密指標

一九五一年時，中國約有八百五十二人死於車禍，美國則有三萬五千三零九人死於交通事故。一九九九年時，中國的車禍死亡人數已經幾近八萬四千人，㉛美國則有四萬一千五百零八人死於交通事故。在這段期間，中國和美國的人口，都幾乎增加了一倍。中國的車禍死亡率，爲什麼比美國的車禍死亡率，成長得更快？

這個問題的答案，和兩者的車輛數量有關。一九五一年時，中國約有六萬部機動車輛，而美國約有四千九百萬輛。㉜到了一九九九年，中國約有五千萬部機動車輛，美國則約有兩億輛——足足是中國的四倍。但中國的車禍死亡人數，卻是美國的**兩倍**。爲什麼車輛數量較少的國家，反而擁有高出許多的車禍死亡率？

這個奇怪的數學關係被稱爲「史密德法則」（Smeed's law），㉝首次出現於英國統計學家暨道路安全專家史密德（R. J. Smeed），在一九四九年發表的論文《道路安全研究的某些統計面向》（*Some Statistical Aspects of Road Safety Research*）。這個法則顯示，從美國到紐西蘭等不同國家，車禍死亡人數往往會隨著汽車數量的增加而增加——**直到某個程度**——然後車禍死亡率便會逐漸降低（雖然降低速率各國不一），而絕對死亡人數通常也會開始減少。

史密德認爲這個現象有兩個原因。首先，車禍死亡率節節攀升的同時，人們也會開始要求相關單位必須提出解決之道（美國於一九六〇年代出現這種趨勢，當時該國每年約有五萬人死於車禍）。再者，史密德認爲這種現象也和某種全國性學習活動有關。汽車數量越多，人們的「成長速度越快」，也越努力尋求解決交通問題的方法——例如，研發更優良的高速公路工程技術、制定更嚴厲的交通規則、製造更安全的車輛，以及發展更進步的交通文化（或許，更嚴重的交通堵塞狀況，也具有降低車禍死亡率的效果）。

在中國，你不難見到令人心驚膽戰的景象——例如，在高速公路上安步當車的自行車騎士、載著好幾個未配戴安全帽的小孩的機車騎士，以及在高速公路旁便溺的駕駛人等——但幾年之後，這些事情大都會成爲過去。史密德法則或許能夠解釋北京理工大學（Beijing Institute of Technology）交通工程師江龍（Rong Jiang，譯音）發現的某個奇特現象。許多研究顯示，在中國，設有中央分隔島的高級公路上的交通事故率，事實上比偏僻地區的雙車道公路更高。這和其他國家的情況正好相反。他懷疑中國駕駛人尚未準備好迎接這些嶄新的快速道路。「中國駕駛人習慣以緩慢的速度，在開放道路上行車，」他如此說明。「但當他們將車開上高速公路後，卻仍保留原來的習慣。假如汽車故障了，他們往往會在沒有設置警示標誌的狀況下，將車直接停在路肩。這種行為引起了很多交通事故。」

假如歷史可作為借鏡的話，史密德法則便能說明，為什麼我們不應根據中國和印度等國家目前的龐大車禍死亡人數，以及其相對低落的汽車數量，假設其車禍死亡率成長幅度，將會和其汽車增加速率呈正比。這或許不容易理解，但即使是中國驚人的車禍死亡率，也逐漸出現改善的跡象：雖然中國每年死於車禍的人數仍屢創新高，但其車禍死亡率，亦即每千部登記有案車輛的平均肇事死亡率，實際上已經開始下降。

不過，中國和印度等國家不同於其他國家的某些特性，增加了史密德法則的複雜性。首先，開發中國家的車禍死亡人口，多半是位於車外的人，而非坐在車內的人。在美國，駕駛人和乘客佔了車禍死亡人數的一半，但在肯亞等國家，這些人只佔了百分之十。㉞在德里，汽車駕駛人或乘客佔了車禍死亡人數的百分之五，而行人、自行車騎士和摩托車騎士則總共佔了驚人的百分之八十。㉟美國或英國等地的機動化過程，是一個緩慢的演化歷程。不論這些新發明如何新奇，世上第一輛汽車，或稱「無馬馬車」(horseless carriage)，仍和人們過去對交通工具的理解相去不遠。這些車輛的速度緩慢，而其數量也不多。

相反地，中國和印度則有如在一夕之間出現了龐大的車潮，而其中許多車輛也得在仍未現代化的道路上行駛。大街上隨處可見高級轎車和人力三輪車彼此追逐衝刺的景象。㊱快速機動化過程的另一個結果是，從未開過車的人，不論其年紀大小，全都一起湧上道路。二〇〇四年時，北京街頭每七個駕駛人中，便有一人是新手。發展快速的中國保險產業，常須面對在保險期間申請多達**三十次理賠**的客戶。有些保險公司指出，某些類型的客戶的事故風險，幾乎高達百分之百㊲——這無異於將這些客戶，從「可能發生事故」範疇，改列為弔詭的「必然發生事故」範疇。

以經濟學的無情術語而言，開發中國家的龐大車禍死亡人數和危險道路系統，或許只是必要的暫時性「負面外部效應」。換句話說，它們就和汙染或惡劣的工作環境一樣，都是這些國家為了「迎頭趕上」，而不得不付出的代價。有些人或許眞的認爲，狂亂的交通狀況，正是嘈雜、骯髒且擁擠的商業和工業城市的靈魂，用來表達其自我的方式。根據這種觀點，安靜而安全的交通系統，是富有國家（例如瑞士等）的專利。讓我們先將汽車和摩托車開上路，讓我們先將人們運輸至工作地點，然後再來煩惱如何改善交通問題。這正是交通事故死亡率——亦即文明發展導致的疾病之一——之所以總會遵循史密德法則，先攀升至某個程度，然後才會開始滑落的原因，而不像其他生理疾病，往往會隨著國家財富的增加而減少。東德在一九九〇年和西德統一時，其交通事故死亡率竄升了四倍：擁有車輛的人口變多了，人們開車的頻率變高了，而人們行車的速度也變快了（東德高速公路的速限爲每小時一百公里。兩德統一後，其速限也跟著提高至西德的速限標準，亦即每小時一百三十公里）。㊳雖然德東地區的車禍死亡率仍高於德西地區，但從一九九一年起，這個數字又呈現逐漸下降的趨勢。

車禍死亡率和經濟發展之間的緊密關聯，讓人不得不感到訝異。一個國家的機動化程度，和其國內生產毛額呈線性關係：國家財富越多，汽車數量也越多。研究人員以平均每人國內生產毛額五千美元此一標準，作爲一國擁有汽車人口開始快速成長的約略指標。㊴世界銀行經濟學家依莉莎白・考皮茲（Elizabeth Kopits）和摩琳・克勞普（Maureen Cropper）的研究顯示，㊵國內生產毛額極低的國家，其平均每人車禍死亡率也非常低（因爲這些國家的車輛數量寥寥可數，即使其平均車次車禍死亡率可能很高）。國內生產毛額逐漸增加時，車禍死亡率將會迅速竄升。平均車次車禍死亡率，則會隨著國內生產毛額的小幅成長，而開始遞減——舉例來說，當平均每人國內生產毛額從一千二百美元，提升至四千四百美元時，平均車次車禍死亡率即會減少三分之一。考皮茲和克勞普對八十八個國家，介於一九六三年至一九九九年之間的資料，進行分析後發現，只有當國內生產毛額達到八千六百美元（以一九八五年的幣值計算）時，一個國家的平均每人車禍死亡率才會開始降低；而這些國家的平均每人車禍死亡率，最後也將低於平均每人國內生產毛額非常低落的國家。在這些數字提供的基礎上，考皮茲和克勞普推論，由於印度的二〇〇〇年國內生產毛額約爲二千九百美元（亦以一九八五年的幣值計算），因此其車禍死亡率在二〇四二年前，都不會出現遞減的趨勢。

眞的沒有辦法扭轉這種情況嗎？歷史必然會重蹈覆轍並決定未來嗎？一定得有如此多人在車禍中喪命嗎？比較過世界各國的平均每人國內生產毛額排名和交通事故死亡率之後，我們便會發現兩者之間的密切關係，眞可說是令人不寒而慄。舉例來說，根據國際貨幣基金（International Monetary Fund）的統計，挪威二〇〇五年國內生產毛額高居全球第三名，而其二〇〇五交通安全記錄正好也在各國前三名內。㊶同年，烏干達的國內生產毛額排名全球第一百五十四名，而其交通事故死亡率則高居全球前幾名，每一萬部車輛中即有一百六十人死於車禍㊷（這個比率，應該會隨著該國逐漸成長的國內生產毛額，而增加至某個程度）。我們不難想像箇中原因：品質低劣的道路系統和基礎設施、數量不足的醫院診所和醫護人員，以及較不安全的車輛等。在奈及利亞，公車也被稱爲「移動停屍間」或「飛行棺材」，當地一位通勤者一語道破了這種無奈的處境：「我們許多人都知道，大多數公車其實和死亡陷阱相去不遠，但我們沒錢叫計程車，只能被迫坐公車。」㊸

不過，擁有類似國內生產毛額的國家，其交通安全程度有時卻不盡一致。最明顯的例子是比利時和荷蘭。這兩個國家的平均每人國內生產毛額幾乎完全一樣，但比利時的交通事故死亡率，竟是荷蘭的兩倍之多（雖然比利時人的平均壽命仍較長）。㊹這兩個國家擁有同一個的邊界，甚至同一種語言——既然如此，比利時的道路，爲何又比荷蘭的街道危險許多？許多研究顯示，人口密度越低的地方，車禍死亡率也越高。㊺兩相比較之下，荷蘭便顯得較爲地狹人稠，而比利時人則有較多空間得以暢快奔馳。相反地，人口密度較高的地區，通常較易發生「**非致命**」交通事故，因爲可能被車輛撞上的行人比較多。不過，比利時的非致命交通事故率，幾乎也是荷蘭的兩倍。機動化程度會不會造成這種差異？機動化程度越高的國家，其車禍死亡率往往也越低——但一九九九年時，荷蘭每千人只有四百二十二部車輛，比利時每千人卻有五百二十二部車輛。㊻交通規則或許是最好的解釋，不過，比利時和荷蘭的車速限制和血液酒精濃度規定，其實也相去不遠。

因此，在比利時開車爲什麼比較危險？爲了找出這個問題的答案，我們或許可參考另一個數值。這個數值大約和國內生產毛額呈正比，但兩者之間也常出現差異：這個數值就是一個國家的貪腐程度。根據反貪腐觀察機構國際透明組織（Transparency International）的統計，二〇〇六年時，荷蘭的淸廉度排名全球第九名，而比利時則遠遠落居其後，排名第二十名。

這個數值和一個國家的交通狀況有何關聯？多數人常將貪腐等同於公器私用的行爲。不過，在這個基礎上，我們也可將貪腐視爲對法律缺乏信心的指標。法學學者湯姆・泰勒（Tom Tyler）在他的《人們爲什麼守法》（*Why People Obey the Law*）一書中指出，人們之所以願意遵守法律，主要不是因爲擔心受罰，也不是因爲認爲如此做對自己有利，而是由於覺得守法才是正確的事。但泰勒主張，人們只有在接受法律制度的合法性時，才會願意遵守法律。他發現，人們上法院時眞正在意的，並非訴訟的結果——即使這些結果可能所費不貲——而是法律程序的公正性。[47]當人們對法律越來越不尊敬時，違反法律規定的代價也會越來越低（而違反法律的效益則會越來越高）。效率低落的政府治理，會導致成效不彰的法律系統，進而阻礙人們遵守法律的意願。

比利時的貪腐程度相對嚴重，比利時人也較常違反交通規則，而這兩者之間的關係似乎並非偶然。哈瑟爾特大學（Hasselt University）經濟學家婁德・維利克（Lode Vereeck）指出，許多調查都顯示，比利時人對交通法規較常抱持抗拒心態；和鄰近國家相較之下，比利時人比較不歡迎有關安全帶、車速限制，以及酒醉駕車的規定（且更常在開車前飲酒）。維利克也表示，一九九三年至一九九九年之間，比利時警方取締的交通違規案例數量不斷下降——雖然該國交通系統的安全程度顯然並未提高。和位於北邊的鄰居比較起來，比利時駕駛人較少接到交通罰單；荷蘭的人口是比利時的一點五倍，而其機動化程度也比較低，但二〇〇〇年時，荷蘭警方開出的交通罰單卻多達比利時的**八倍**。[48]

雖然比利時和荷蘭擁有類似的法律規定，但兩國民眾對遵守和執行法律的態度似乎並不相同。有些研究人員主張，比利時的無標線交叉路口通行規定 priorité de droite（右側優先），亦即左方來車應該讓路給右方來車的作法，是該國交通事故死亡率之所以高居不下的眞正原因。不過，這些路口通常位於較易發生非致命車禍的市區。無論如何，這種作法暴露出比利時人對交通法規（包括停車再開標誌或交通號誌等）的抗拒感，以及缺乏守法精神等更大問題。正如我們在第七章所述，**假如**社會規範的力量夠強，即使沒有交通標誌，我們也能維持順暢和安全的交通狀況。

世上最清廉的國家——例如，芬蘭、挪威、紐西蘭、瑞典，以及新加坡等——也是交通最安全的國家。瑞典對交通安全的重視程度，不但由其國寶富豪汽車可見一斑，也反映在其「零嚴重傷亡願景」（Vision Zero）政策上。即使瑞典已經擁有全球最低的交通事故死亡率，該國仍通過這項旨在完全消弭死亡車禍的政策。英國交通心理學家沃克告訴我，某些研究人員曾請一群瑞典新兵駕駛一輛裝有攝影機的汽車，以便觀察乘客是否會對駕駛人的行車方式造成影響。「這些研究人員以爲，四個年輕小夥子開起車來一定會橫衝直撞，」沃克說。「事實上，這些年輕人一路上還不忘向開車的同袍提醒：『小心，開慢點』。」

芬蘭是全球交通事故率最低的國家之一，㊾而其交通罰款的金額，則須以違規駕駛人的稅後收入爲基礎，進行複雜的計算後才能決定。㊿這項法律旨在改善超速罰單引發的不公平現象（和富人比較起來，這些罰單會對窮人造成較大的經濟壓力），而芬蘭警方也曾據此開出引人側目的高額罰單，例如網際網路創投家捷柯・萊梭拉（Jaakko Rytsölä），便因爲以約七十公里的時速，在速限約每小時四十公里的路段上行駛，而被開罰七萬一千四百美元。(51)這種作法並非毫無爭議，特別是對富人而言，但仍得到多數人的歡迎；二〇〇一年時，芬蘭立法機構以壓倒性票數，否決了主張設定交通罰款上限的提案。女性似乎比男性更覺得這是個公平的規定（這是個有趣的現象。

我們將在稍後回來討論這個問題）。[52]但令人印象深刻的，未必在於這種作法是否能夠減慢芬蘭人的車速，而在於芬蘭立法委員對違法行爲科以巨額罰款的堅定決心、芬蘭交通警察不被巨額賄賂動搖的執法精神，以及芬蘭民眾對社會正義的普遍信心。

挪威和瑞典的確是全球最富有的國家之一，而在滿足其社會的基本需求後（例如，人人吃得飽穿得暖，和社會穩定政治清明等），這些國家當然能夠專注於改善交通安全。但有關比利時的例子顯示，國內生產毛額未必是一國交通安全的可靠指標。傳統上而言，法國是歐洲交通安全最差的國家之一，但它的交通事故死亡人數，也已從二〇〇一年的七千七百二十一人，降至二〇〇五年的五千人，而這段期間其國內生產毛額並未成長，甚至出現停滯不前的現象。[53]

法國購買了數以千計的酒精呼吸測試器和自動超速攝影機，並全面重新制定其違規積點系統，成功改善了法國人長久以來「走後門」解決交通罰單的陋習（一份研究發現，某國營電力公司的三分之一男性員工，都曾靠關係規避交通罰單，而曾違法走後門的人也較易發生車禍）。[54]一九五八年起，各任法國總統都曾爲了打擊這種陋習，而對許多交通違規事故（從輕微事故到相當嚴重的車禍等）的肇事人提供特赦——但人們認爲這種作法反而導致了數以百計的死亡車禍。[55]席哈克（Jacques Chirac）當選法國總統後，已經著手廢除此一制度。最少從某個角度而言，法國正變得越來越清廉（而其貪腐指標近年來也呈現遞減的趨勢）。

如此看來，一個國家的財富雖會左右其交通事故死亡率，但該國的貪腐程度則會對其交通事故死亡率帶來更深刻的影響。[56]逐步提升的國內生產毛額，有可能是貪腐程度和交通事故死亡率之所以遞減的共同原因。[57]但一群美國經濟學家發現，貪腐程度（以全球國家風險指標〔International Country Risk Guide〕爲判斷標準）和交通事故死亡率之間的統計關聯，事實上比民眾收入和交通事故死亡率之間的關係，來得更爲密切。㊿簡而言之，金錢並非萬能。即使一個國家已經擁有足夠的財富，得以投注更多心力改善其道路安全，它仍需要值得信賴的司法和執法系統。紐西蘭是全球最清廉的五個國家之一，其國內生產毛額少於西班牙和奧地利等國，但其交通安全程度卻較高（以每一萬部車輛所導致的死亡人數爲計算基礎）。而和其他發展程度相當的國家比較起來，俄國的貪腐問題較爲嚴重，而其交通狀況也反映出這個事實：莫斯科街頭隨處可見收受賄賂的交通警察，以及頂著藍色警示燈在壅塞道路上疾駛而過的汽車。根據估計，俄國的交通事故死亡人數，便佔了全歐洲交通事故死亡人數的三分之二。(59)

長久以來，經濟學家和社會科學家對貧窮國家的貪腐程度爲什麼比較嚴重，以及貪腐本身是否絕對不利於社會發展等複雜問題，一直爭論不休。有些人主張，「有效率的貪腐」是促進快速經濟發展的必要代價，因爲賄賂和規避法規的行爲，都能克服中央集權體制因循苟且的陋習。其他人則認爲，貪汙的政客不但沒有能力推動社會改革，還會爲了增加個人財富，而變本加厲地阻礙社會發展。對這些人而言，貪腐是經濟發展的絆腳石。他們主張，假如貪汙狀況能夠得到控制的話，中國等正在快速發展且貪腐程度嚴重的國家，將會發展得更快。第一群人認爲，能夠在腐敗的政治系統中，付出高額賄賂的私人企業，往往也是最有「效率」的企業機構，但第二群人則主張，這種政治系統只會包庇缺乏效率的私人企業。(60)對貪腐政治批評不遺餘力的世界銀行（World Bank）經濟學家丹尼爾・考夫曼（Daniel Kaufmann），即曾引用某家由於賄賂金額低於「底限金額」，而喪失得標機會的公司作爲例子，證明其觀點的正確性。(61)

談到交通安全時，貪腐的政治系統往往會對經濟發展構成阻礙，但經濟發展通常不會引發更多貪汙現象。對經濟學家而言，壅塞的交通狀況雖非有效利用社會資源的方式之一，但它卻代表了一個國家的經濟活力（這純粹是由於人們在經濟活躍時期較常開車所致）。「惡劣」的交通狀況，或許可被視為這種經濟成就的產物。不過，貪汙行為卻會導致交通問題，並對經濟成長造成傷害，而這些行為亦非經濟發展的結果。以開發中國家的道路上隨處可見的路障為例。這些路障的主要用途，不在於檢查過往車輛，或維持交通安全，而在於讓警察或士兵得以多賺點「補貼家用」的外快。如此看來，貪汙行為不但無法促進官僚體制的運作，反而會對社會發展造成傷害。㉖

在某些國家中，司空見慣的貪汙行為，甚至仿效起經濟系統的運作模式，以「過路稅」取代了「擁擠稅」。某個研究顯示，印尼軍方不但常在檢查哨向卡車司機索討過路費，且距離卡車目的地越近的崗哨所收取的過路費也越多（年份較新的卡車，以及裝載昂貴貨物的卡車，也得付出較多過路費）。而當檢查哨的數量減少時，每個檢查哨的平均過路費也會隨之提高。有鑑於這些陋習的危害，研究人員主張印尼應該盡量減少執法人員的數量（雖然宵小盜匪可能會取代不肖軍警人員遺留的空缺）。㉗

第六章曾提及的經濟學家哈佛特拜訪過喀麥隆（全球最貧窮且貪汙狀況最嚴重的國家之一）後發現，交通貪腐行為不但會造成嚴重的社會不公，也會大幅降低交通系統的效率。冗長的「交通檢查」程序，以及有關小額賄賂的討價還價行為，都會對貨物和人們的交通活動造成阻礙。這些賄款全進了薪水微薄的官員的口袋，而非用來維護道路或提升交通安全。行車所需的時間和代價，也變得完全無法預測。《經濟學人》（*Economist*）雜誌非洲特派員羅伯・葛斯特（Robert Guest）

曾寫過一篇報導，記述某次他和一位啤酒卡車司機在喀麥隆境內所進行的四百八十公里之旅。在其他地方，同樣的旅程或許只需二十個小時即可完成，但在喀麥隆卻得花上四天。箇中原因有部分和當地崎嶇難行的山路有關，但也和他們一路上被四十七個檢查哨攔下進行冗長的查驗過程，以及不斷和檢查哨官員交涉小額賄賂的遭遇有關。喀麥隆駕駛人不但必須忍受惡劣的路況，還得付出賄款，才能取得使用這些道路的權利。這些賄款和延誤所造成的損失，最後都會轉嫁至啤酒消費者身上。葛斯特在報導中建議：「喀麥隆政府應該撤除這些路障，並將多餘的警力用於修補道路。」[64]

街道是貪汙行爲的起源地。收受賄賂的交通警察，則是這些惡劣行爲的打手，也是交通亂象的始作俑者。無緣無故攔下車輛的不肖員警，不但阻礙了正常的交通活動，也降低了駕駛人遵守交通規則的意願。有些人主張，貪汙的交通警察，反而有助於提升駕駛人遵守交通規則的意願，因爲他們較常不留情面地嚴格執法。不過，這種看法假設，這些員警只會在於法有據的狀況下開具罰單。作爲民眾和司法系統的主要互動介面，交通警察代表著整個政治制度的合法性。除此之外，收受賄賂的交通警察，也會對所指揮的交通活動帶來不良影響。

讓我們再次回到德里街頭：根據我的印象，當地許多駕駛人似乎沒有資格領取駕駛執照。這種狀況其來有自。美國國家經濟研究局（U.S. National Bureau of Economic Research）所進行的某份研究，曾對德里市民取得駕駛執照的程序進行分析。這份研究將八百二十二位德里市民分成三組：第一組民眾屬於「獎勵」組，其成員若能在法律規定的最短時間內考取駕駛執照，便可獲得財物獎勵；第二組民眾屬於「課程」組，其成員必須先接受免費駕駛訓練，才能進行駕駛測驗；

第三組民眾則是未接受任何特別指示的對照組。

研究人員發現，最想考取駕駛執照的民眾——亦即獎勵組成員——比屬於其他組別的民眾，更常也更快取得駕駛執照。不過，正和多數德里駕駛人一樣，這些民眾常會聘請「槍手」代考，以便縮短取得駕駛執照的時間。而當所有受試者一起接受研究人員設計的駕駛測驗後，獎勵組中有百分之六十九的成員未能通過測驗，但課程組中只有百分之十一的成員無法通過測驗。但學會正確的駕駛方式，卻無助於通過官方的駕駛測驗：駕駛技術最好的受試者取得駕駛執照的機率，比駕駛技術最差的受試者足足少了百分之二十九。如此看來，賄賂雖然能夠打通取得駕駛執照的各種關節，但也創造出滿街橫衝直撞的駕駛人。「貪汙，」這些研究人員寫道，「似乎取代了實際的駕駛技能。」㊅

這份研究透露出前一節所述的社會規範的演化和發展方式。不斷湧進德里街頭的新手駕駛人所習得的規範，源自當地駕駛人長期和腐敗的交通監理機關周旋而來的集體經驗。難怪德里駕駛人根本不把交通規則放在眼裡。我們不難從印度作家帕凡・瓦馬（Pavan Varma）對該國貪腐社會制度的分析中，看出造成其交通亂象的主因：「在競爭激烈的世界中，最緊迫的事莫過於謀求生計、不擇手段達成目標，以及盡量阻礙其他人的發展。唯一的價值只有實事求是、能屈能伸、掌握機會，和向錢看齊的精神。不問理念爲何物，只問目標是否明確。」㊅

令人**眞正**驚訝的是，即使換了一個社會脈絡，這些腐敗的社會規範，仍然緊緊跟隨著人們。在某項研究中，經濟學家雷・費斯曼（Ray Fisman）和愛德華・米古爾（Edward Miguel），對一九九七年至二〇〇二年之間，紐約市警方開具給各國外交官員的違規停車罰單，進行深入的分析。

在這段期間中，交通執法單位可依法開具罰單給其他國家的外交官員，但無法強迫收到罰單的外交官員繳付罰款。有了這層保護之後，各國外交官員在紐約市總共累積了十五萬張違規停車罰單。[67]

收到這些罰單的對象並不呈現隨機分布。母國貪腐程度比較嚴重（以國際透明組織提供的指標爲判斷標準）的外交官員，往往也較常收到違規停車罰單（而其違規事項也比較嚴重，例如將車停在消防栓前）。而母國清廉程度傲視全球（包括瑞典、挪威、日本，以及丹麥等）的外交官員，則**從未**收過違規停車罰單。這些國家的守法精神可說是一絲不苟，有時甚至到了超乎必要的程度。和其他國家比較起來，印度外交人員收到交通罰單數量大約介於中等，正好符合其貪腐指數。假如你覺得我刻意貶低印度的話，請容我在此坦承直到二〇〇七年時，美國駐倫敦大使館，是當地各國駐外機構中，積欠倫敦市政府最多交通擁擠費用的單位（其積欠金額甚至高於貪腐狀況嚴重的奈及利亞）。[68] 美國主張其外交官員不須繳納交通擁擠「稅金」，但它也不是世上最清廉的國家之一（二〇〇七年時，其清廉程度排名全球第二十名）（芬蘭是全世界最清廉的國家，其外交官員雖然也不須向倫敦市政府繳納交通擁擠費，但仍舊付清了所有的款項）。[69]

交通規則的效力，只有在相關社會規範的配合下，才能完全得到發揮。[70] 這或許正是即使蒙德曼移除了無號誌圓環周遭的所有交通標誌後，荷蘭駕駛人之所以仍能以安全負責的方式駕駛車輛（相關細節請見第七章），以及其他國家的無號誌圓環即便充斥著各種交通標誌，其駕駛人仍不放棄危險行車方式的原因。這讓我們回到了兩個問題上：發展中國家是否註定必須承受多得不成比例的交通事故死亡率？這些事故中有多少是出於貧窮，而又有多少是由於貪腐？這些國家的公車之所以超載，或許是因爲人們只能負擔得起搭乘公車的費用，也可能是由於沒有人願意挺身消弭這種危險的行爲——而這或許是因爲這些政府認爲它們沒有能力不讓其民眾搭乘超載的公車。

我在印度學到一個字——jugad，或許最能清楚地反映出這個兩難問題錯綜複雜的特性。這個字有許多不同的意義，但這些意義都和「創造性克難活動」有關。它可用來指涉印度（尤其是其偏遠地區）常見的拼裝車。買不起汽車的印度農夫，只要一輛老舊的摩托車、一支汽車車軸，以及一具柴油引擎，便能打造出一輛堪用的拼裝車。這種拼裝車的安全性當然令人憂心（至少當它和年份較新的汽車共用道路時），而貧窮則是導致這種交通風險的主因。

不過，jugad 也能充當「賄賂」的同義詞，用來指涉爲了達成目的不擇手段的行爲。德里市民聘請其他人代考駕駛執照的行爲，就是某種活生生的 jugad。印度民眾深知，最受腐敗官僚體系重視的事物，不是駕駛技術，而是賄賂金額。這種貪腐狀況足以引發導致無數交通違規事件的連鎖效應，而許多研究也顯示，交通違規事件的數量越多，在交通事故中傷亡的人數也越多。⑪這種交通貪腐現象，是否和匱乏的經濟資源有關？或者，一如許多人的主張，它正是阻礙一個國家持續發展的主因？假如國內生產毛額和交通事故死亡率之間具有某種關聯，而國內生產毛額和貪腐程度之間也擁有某種關係，且交通事故死亡率和貪腐程度之間的關係甚至更爲明顯的話，那麼著手整治貪腐的政治或社會體制，或許就是減低交通事故死亡率，以及提升國內生產毛額的最佳方式。

畢竟，只要懂得運用創意，我們也能以小錢對抗貪腐體制。墨西哥市交通沙皇阿費里多・賀南德茲・加西亞（Alfredo Hernández García），設計了一套消弭賄賂行爲，以及改善交通安全的方法。二〇〇七年時，墨西哥市最後一位男性交通警察轉調他職，全市只剩下女性交通警察（這些女警被稱為 cisnes，亦即「天鵝」）。為什麼？「因為女性比較不會貪汙，」他在位於公共安全祕書處（Secretaría de Seguridad Pública）的辦公室中向我說明。在這之前，墨西哥市交通警察向違規駕駛人索討 refrescos 或「飲料」的行為，是舉世聞名的。賀南德茲・加西亞指出，這些天鵝女警開具的交通罰單數量，多達過去罰單數量的三倍。她們以手持式裝置開具罰單、收取罰款（違規駕駛人能以信用卡在現場繳納罰金），並拍照存證。「人們常常堅稱自己沒有違規，」他說。「所以我們必須提供證據。」

有關女性比較不會收受賄賂的主張，或許不只是幾位警界高級官員的個人看法而已。一群美國經濟學家發現，女性比較不會在假設情況下從事貪汙行為，且某個國家的女性經理人也比較不易在實際情況下收受賄賂，而全球貪腐指數最低的幾個國家則往往擁有較多的女性政治人物。⑫這些經濟學家的分析可說是一針見血：芬蘭不但是世上最清廉的國家，它也在二〇〇七年時成為全球擁有最多女性閣員的政府。而你應該還記得，芬蘭人絕對不會對他們收到的交通罰單無動於衷。

9 道路風險學

路上有哪些危險，以及它們的成因

半意識的恐懼

我們爲什麼誤解道路風險

過去幾年來，一群研究人員在密西根州底特律亨利・福特醫院（Henry Ford Hospital）的地下室實驗室裡，埋首研究我們駕駛車輛時的腦部活動模式。①用來測量微弱腦部磁場的儀器體積比汽車還大，因此研究人員必須在這家醫院的神經磁場實驗室，改請受試者觀看汽車在道路上行駛的短片。當我躺在防磁實驗室的舒適病床上，準備親身體驗完整的研究程序時，任職於通用汽車公司的科學家暨本研究計畫主持人理查・楊恩（Richard Young）告訴我：「我們遇到的最大問題，就是受試者常在這床上睡著。」

爲了在觀看行車影片時保持清醒，受試者必須進行簡單的「事件偵測作業」（event-detection task）。當靠近螢幕的紅燈亮起時，和神經磁場儀（neuromagnetometer）連接的受試者必須踩下模擬煞車踏板。這種反應類似駕駛人看見前方車輛煞車燈時的回應。根據估計，駕駛人每年大約做出五萬次這種行車動作。②這種對紅燈的反應，會觸發一連串腦部活動。紅燈亮起後約八十至一百一十毫秒之間，視皮質會出現活動。這代表你已經看見紅燈了。負責進行決策的左前額葉，也會開始活躍起來。在這一瞬間，你決定了回應這些視覺資訊的方式——亦即踩下煞車踏板這個簡單反應。踩下煞車踏板之前約一百八十毫秒，運動皮層也會出現活動——此時你的大腦已經準備命令大腿做出動作了。踩下煞車踏板之後約八十毫秒，視皮質會再度活躍起來。這表示你已經注意到紅燈熄滅了。

這些科學家之所以探索他們稱爲「駕駛心智」(mind on the drive)的神經通路，主要是爲了得知使用手機等活動，對駕駛人腦部運作的影響。不過，當人們觀看即時行車影片時，其大腦有時卻會出現奇特且出乎意料之外的活動模式。

楊恩曾在檢視某位受試者的即時功能性磁振造影讀數時(functional magnetic resonance imaging)，發現一陣激烈的腦部活動，但這些腦部活動並非發生於受試者踩下煞車踏板的時候，而是在受試者處於「正常」駕駛狀態時產生的。「受試者的腦部活動出現一股高峰。受試者大腦的情緒皮質、杏仁核、邊緣皮質，以及腦下半區等，全都受到觸發，」楊恩回憶道。這顯示受試者的反應，比單純的煞車反應，或保持固定車速等簡單行爲，來得複雜許多。發生了什麼事？楊恩對這些腦部活動和行車影片進行比對。當受試者的大腦開始出現激烈活動時，影片中駕駛人正在加速超越一輛貨櫃車。實驗結束後，楊恩詢問受試者是否注意到「任何不尋常的狀況」。受試者的確有些奇特的發現。楊恩轉述：「那個人說：『喔，是的，我加速超過了一輛貨櫃車，而每次只要發生這種事，我就會非常緊張。』」

駕駛人的大腦透露出一個有關駕駛行爲的簡單（但有時未受重視的）事實：開車上路時，我們都變成了即時風險分析專家。我們隨時得在稍縱即逝的時間片段中，迅速判斷在對面來車之前轉彎的安全程度、在彎道上行駛的適當車速，以及看見遠方車輛煞車燈時的正確煞車時機等。協助我們做出這些決策的，不是數學機率——我有百分之九十七點五的機會，能夠順利超越這輛汽車——而是一套複雜的人類工具。這些工具的來源包括人類古老大腦的原始本能、個人的駕駛經驗，以及我們昨天在電視上看見的新聞報導。

從另一個角度而言，汽車駕駛人對貨櫃車的恐懼，不但完全自然、正常，而且合理。對汽車來說，體型龐大的卡車，可說是危險至極。質量上的巨大差異——卡車是汽車的二十或三十倍重——導致兩者互撞時的物理效應，對汽車大爲不利。在這種互撞事故中，活著走出車外的人，十之八九都是卡車司機。③

一如駕駛人的腦部活動模式所示，我們對這些事實擁有本能般的知識。現代高速公路上的卡車，在我們心中引發的壓力，就有如史前時代的大型食肉動物，在原始人類心中產生的恐懼。一般認爲，杏仁核的確和恐懼有關，而它也是上述實驗的受試者大腦中出現激烈活動的區域之一。杏仁核甚至會在腦部認知區域開始運作前便受到觸發——神經科學家認爲它可將我們的注意力轉移到令人害怕的事物上。④我們也不乏證據支持自己對卡車的恐懼。⑤我們都曾在路邊見過皺成一團的汽車殘骸。我們也曾在新聞報導上，看過被迫超時工作的卡車司機，不得不邊開車邊以興奮劑提神。而只要一不小心，我們便會在路上，被一些目中無人的卡車司機，緊緊咬住車尾或猛然從後超車。

但有件事或許能夠稍稍減緩我們對卡車的負面印象：在大多數汽車和卡車互撞事故中，汽車才是必須負起大部分「肇事責任」（contributory factor）的一方。密西根大學交通研究所研究員丹尼爾・布勞爾（Daniel Blower），在仔細過濾兩年份的聯邦交通事故資料後，做出了這個結論。

這是個引人爭議的發現。首先，布勞爾必須確定其結論並未受到「倖存者偏誤」（survivor bias）的影響：「在百分之八十五的案例中，卡車司機是唯一幸免於難的人，」他如此說明。「只有他能夠描述事發經過。這種現象常在警方調查報告中反映出來。」因此，布勞爾決定更深入研究這些資料，分析車輛發生車禍前的位置和方向。與其完全依賴駕駛人的說法，他根據「不會出錯」的物理證據作爲判斷基礎。「在對撞等特定事故型態中，跨越道路中線的車輛，比未跨越道路中線的車輛，更有可能是首要肇事者，」他說。「同樣的，在追撞事故中，追撞其他人的車輛，比被追撞的車輛，更有可能是主要肇事者。」檢視超過五千起卡車和汽車互撞引起的致命車禍後，布勞爾發現在百分之七十的車禍中，汽車駕駛人必須負起所有的肇事責任。⑥

這當然不代表卡車並不危險。但卡車之所以危險，不在於卡車司機的駕駛行爲，而在於汽車駕駛人的駕駛行爲和卡車的物理特徵之間的互動（舉例來說，發生對撞事件時，汽車駕駛人的生還機率明顯偏低）。「我認爲，將卡車司機視爲疲勞且被藥物沖昏頭的高速公路用路人的作法，根本不對，」布勞爾說道。當然，有些卡車司機開起車來確實非常凶悍，而有些卡車司機也的確會使用安非他命，但更急迫的問題在於，汽車駕駛人並不完全了解重型卡車的危險性。這不是一般駕駛訓練課程所會教導的事情。「駕駛輕型車輛時，你應該對卡車有所恐懼，但這不是因爲卡車司機必然是脾氣暴躁或行車習慣不良的駕駛人，」布勞爾說道。「這是由於物理學、卡車的設計，以及不同車輛殊異的效能表現所致。在轎車附近犯了個小錯，你或許還能幸免於難。但在卡車周遭犯了個小錯，你可能就會一命嗚呼哀哉。」

這表示，汽車駕駛人眞正應該感到恐懼的，不是卡車，而是自己在卡車附近的駕駛反應。幾年前，我曾搭乘一輛貨櫃車，親身體驗過汽車以極小的間距在貨櫃車前疾馳，且偶爾消失在貨櫃車又長又高的車頭前方的恐怖經驗。因此，爲什麼幾乎每個人，包括我們在序言提及的拉丁文老師，都對卡車司機缺乏好感？

卡車在我們的大腦中引發的激烈活動，或許是箇中原因之一。卡車讓我們感到恐懼，即使我們不知道爲什麼。卡車的巨大體積，讓我們不由得緊張起來——而這也是合理的反應。當我們和卡車在路上近距離交會，或看見卡車和汽車互撞的慘況時，這些經驗無疑會在我們意識中留下深刻的印象，而這些印象則會扭曲我們的世界觀。「被一輛大卡車尾隨在後的感覺，就像是被五十輛小轎車緊緊咬住車尾一樣，」布勞爾如此形容。「這種經驗會和你常在，而你也會以它爲基礎，在不同的情境中舉一反三。」（許多研究顯示，人們往往高估路上的卡車數量。）⑦

眞正的問題在於：假如，在本能和認知兩種層面上，汽車駕駛人都有理由對卡車感到恐懼的話，他們爲什麼又常在卡車附近做出危險的駕駛行爲？這個問題的答案，正如我們稍後即將見到的，在於開車時，我們只能以不完美的方式，推論路上的哪些事物具有危險性，以及它們爲什麼危險，而我們也常在不知不覺中，根據這些偏見做出各種行車反應。

停車或繼續往前走？

爲什麼路上的風險評估如此複雜？

心理學家指出，人們常以兩種不同的方式判斷事物的風險。第一種方式，亦即所謂的「分析式風險評估」（risk as analysis），⑧和理性、邏輯，以及對各種選擇的效益分析有關。當我們在前往機場途中感到忐忑不安，並以「搭乘飛機比搭乘汽車來得安全許多」這個統計事實，來安撫心中的恐懼時，我們所考慮的便是這種風險。

第二種判斷風險的方式稱爲「直覺式風險評估」（risk as feelings）。這就是我們之所以在趕赴機場途中感到忐忑不安的原因。離開地面或許令人恐懼：無論如何，搭乘飛機**感覺起來**就是比較危險，即使你不斷告訴自己這並非事實。許多研究指出，當我們缺乏時間進行決策時，便比較容易受到「直覺式風險評估」的影響，而這或許是某種生存本能。在路上和卡車並肩行駛時，我們理當感覺害怕，但這種本能般的恐懼不一定有用。舉例來說，在汽車和麋鹿互撞事故中，最危險的情況，莫過於駕駛人爲了閃躲麋鹿而亂了手腳。任何心存良知的人都不願撞上麋鹿，但直覺也會讓人誤以爲麋鹿本身才是最危險的事物。而這正是美國某些路段上，之所以設有「麋鹿出沒，請勿蛇行」標誌的原因。

依賴直覺來判斷風險的一個好理由在於，「分析式風險評估」是一種非常複雜且耗費心力的程序，比較適合數學家和保險統計師，而不適合一般駕駛人。我們即使知道開車上路的實際風險，仍然免不了會被這些數字弄得暈頭轉向。以駕駛車輛究竟安不安全這個問題爲例。請思考下列數據：在美國，所有車輛每行駛一億六千萬公里，便會導致一點三人死亡。一億六千萬公里是個極爲龐大的距離，大約等同於來回橫越美國三萬次。請再思考下列數據：假如你和多數美國人一樣，每年平均累積二萬四千八百公里的行車里程，那麼你有百分之一的機率，會在五十年的行車生涯內遭遇一次死亡車禍。⑨

對大多數人而言，第一個數據聽起來比第二個數據好上許多。根據第一個數據，每趟旅次的風險都非常低微。平常開車出門時，你死於車禍的機率，只有一億分之一。不過，一輩子累計下來，你死於車禍的機率便會變得有點驚人：百分之一。你怎麼知道這次開車出門不會正巧碰上死亡車禍？你或許已經猜到，根據心理學家發現，我們的確對第二種數據比較敏感。在某個研究裡，當研究人員向受試者提供類似上述數據的「平均旅次死亡率」和「終生旅次死亡率」時，得知終生旅次死亡率的受試者，較常對強制繫上安全帶的作法表示贊同之意。⑩

有些人主張，這正是我們之所以難以說服人們採取安全駕駛行爲的原因。每趟安全完成的旅程，都會強化我們對交通安全的信心。久而久之，當我們開車到附近的超級市場購物時，繫上安全帶的舉動便顯得不甚重要，因爲發生車禍的機率看似微乎其微。但最不可能發生的事情，總會在最莫名其妙的狀況下發生（研究風險的學者將這種現象稱爲「黑天鵝效應」）。或者，更精確地說，這些事情常在我們毫無心理準備時發生——比如說，從來都是空無一人的鐵路平交道，今天突然冒出了一列朝著你疾駛而來的火車。

行車風險可用許多不同的方式來表達。我們有理由指出，大多數人終其一生都不會遇上死亡車禍。但根據某個研究，「死亡交通事故也是人們出門在外時，最可能遭遇的危險事件」。⑪假如你只注意第一種表達方式，你開車時或許不會感到危險。如果你僅看見第二種表達方式，你或許一輩子都不會再開車上路。這正是人類社會在思考行車風險時所必須面對的兩難；以人們的行車頻率而言，駕駛車輛是相對安全的日常活動，但其安全程度仍有提升的空間。這個空間有多大呢？假如我們以美國職業安全衛生署制定的服務業風險標準為基準的話，每年死於交通事故的人數應該少於四千人；但目前的年度車禍死亡人數，卻是這個數字的十一倍之多。⑫因此，告知人們行車風險，究竟能否提升交通安全？

我們常在電視或廣播上，聽見「每十五分鐘就有一位駕駛人死於酒後開車」，或「每十五分鐘就有一人在車禍中喪命」等宣導資訊。這些資訊的用意，不只在於告知人們相關問題的嚴重性，也在於提醒你我死亡車禍隨時都有可能發生在我們身上。而事實也是如此。不過，即使這些資訊往往遺漏了「平均而言」一詞，我們也不至於以為每十五分鐘便真有一人死於車禍。

這些平均數據掩蓋了行車風險的非隨機分布模式。以週末的深夜時段為例。在這些時段開車有多危險？平均而言，在星期六和星期日凌晨十二點至三點間，死於車禍的美國駕駛人人數，比死於其他日子同一時段的駕駛人總數來得多。換句話說，這兩個晚上的交通事故死亡人數，佔了每週夜間車禍死亡人數的大多數。星期日凌晨十二點至三點間，每七分鐘，而非每十三分鐘，便有一人死於車禍。對照之下，星期三凌晨三點至六點間，每三十二分鐘才會有一人因交通事故而喪命。⑬

一天中的不同時間，也會對車禍類型造成巨大的影響。對一般駕駛人而言，早晚尖峰時段，是行車風險最高的時刻，因為這兩個時候的交通流量最大。但死亡車禍很少在交通尖峰時段發生；

某個研究發現，每一千起非尖峰時段車禍中，平均有八起死亡車禍，但每一千起尖峰時段車禍裡，只有三起死亡車禍。⑭某個理論指出，人們在非假日開車時，會遵循某種「通勤者規約」。在這些日子中，人們多得開車上班，因此路上往往擠滿了神智清明的駕駛人，進而導致壅塞的交通狀況（而這正是最能有效防止死亡車禍的道路安全措施之一）。在美國，早晨尖峰時段的行車風險（不論是一般車禍或死亡車禍），比傍晚尖峰時段還要安全兩倍。下午時，更多外出購物或接送小孩的駕駛人湧上道路，而有些駕駛人或許也已經喝了一點小酒。除此之外，人們也比較容易在下午兩點左右感到昏昏欲睡，而這亦會增加行車風險。⑮

最令人驚訝的是，週末凌晨的車禍死亡率雖然比其他時段高上許多，但在這時開車上路的人數也比其他時段少上許多，而其中許多駕駛人——大約百分之二十五——也都喝了酒。或以美國國慶七月四日為例。這天是美國每年交通最繁忙的日子之一，而統計上說來，它也是該國每年行車風險最高的日子之一。⑯這不只是由於當天開車出門的人數較多，因而車禍死亡人數應該會如預期般地增加，但就車禍發生率而言，這一天並不必然會比其他日子來得危險。相反地，這和人們當天的活動有關：許多研究發現，這一天的酒駕交通事故數量，比前後一個星期的同一天來得多⑰——而其他假日的酒駕車禍數量，也比一般的日子來得多。

酒醉駕駛人對其他人帶來哪些風險？而哪些懲罰又能消弭這些風險？經濟學家史蒂芬・李維特（Steven D. Levitt，《蘋果橘子經濟學》作者）和傑克・波特（Jack Porter）主張，相較之下，符合法定酒醉定義的駕駛人，在晚上八點至凌晨五點之間，發生死亡車禍的機率，是未飲酒駕駛人的十三倍之多，而尚未超過酒駕標準的飲酒駕駛人，在這段時間中發生死亡車禍的機率，則是未飲酒駕駛人的七倍。在這兩位經濟學家分析的一萬一千起酒駕死亡車禍案例中，大多數死者——八千人——都是飲酒駕駛人和其乘客，而另外三千名死者則是其他駕駛人（其中絕大多數人都未飲酒開車）。李維特和波特主張，考慮酒駕事故引發的外部效應損失之後，美國的合理酒駕罰單金額應爲八千美元左右。⑱

行車風險的分布模式並不隨機。開車上路就有如用左輪手槍賭命一樣。你是誰、身在何處、年紀多大、如何開車、何時開車，以及開哪種車等，都會影響手槍轉輪的轉動方式。你對某些因素或許並不陌生，但有些因素則可能出乎你的意料之外。

假設有一位名叫佛萊德的離婚醫生，在超級盃足球賽結束後，開著小貨車在蒙大拿的偏僻地區兜風。很明顯地，佛萊德只是個虛構人物，而即使他眞的存在，我們也無從判斷和他一起開車兜風的實際風險。但有關佛萊德的每件小事實，以及這些事實彼此互動的方式，仍可讓我們描繪出佛萊德開車上路時可能承受的風險。

車速是最重要的風險因子，而其他因素和車速之間也存有微妙的關係。在車禍中喪失生命的風險，會隨著車速的增加而增加。這個人人都明白的道理，早已得到許多研究的證實。在時速八十公里下發生死亡車禍的機率，是在時速四十公里下發生死亡車禍的十五倍之多——而非一般人根據車速倍率所推論出來的兩倍。⑲車速和車禍死亡率之間的關係，並不符合比例原則，而是呈現指數成長：車禍死亡率的增加速度，遠遠超過車速的成長幅度。時速五十六公里的車禍所造成的車頭毀損程度，是時速四十八公里的車禍的一又三分之一倍。⑳

爭議較大的是車速和發生車禍的可能性之間的關係。我們已經知道，較常違規超速的駕駛人，比較容易發生車禍。㉑不過，許多研究仍對在某些路段上發生車禍的車輛的車速，和未在這些路段上發生車禍的車輛的車速進行比較，試圖找出車速和發生車禍的機率之間的關係（這種研究的一個難題，在於想要確定車輛發生車禍時的正確車速並非易事）。這些研究已經得出某些初步的結論。一份澳洲研究發現，當平均車速——而非車速限制——約爲每小時六十公里時，時速每增加五公里，發生車禍的可能性便會增加兩倍。㉒

一九六四年，美國聯邦高速公路管理局研究員大衛．索羅門（David Solomon），發表了一份以車速爲指標的行車風險研究報告，並在其中提出了所謂的「索羅門曲線」（Solomon curve）。對某條鄉間公路不同路段的車禍記錄進行分析後，索羅門發現，這些路段上的車禍發生率呈現出U字形曲線。時速中等的駕駛人，最不容易發生車禍，而時速越高或越低的駕駛人，發生車禍的機率也越高。更令人驚訝的是，索羅門還指出，「行車速度緩慢的駕駛人，比行車速度相對快速的駕駛人，更易發生車禍」。㉓

幾乎半個世紀之後，索羅門的發現仍常在有關車速限制的爭論中，被人誤解爲反對提高車速限制的最佳理由之一。反對提高車速限制的人士堅稱，引發安全疑慮的不是車速高低，而是**車速差異**。假如行車速度緩慢的駕駛人都能快馬加鞭的話，路上的車流便能變得順暢許多。㉔令人喪命的不是車速高低，而是車速差異（支持這個主張的多半是年輕氣盛的男性駕駛人㉕——畢竟，他們才是最常出事的車禍專家）。而車速差異的起因是什麼？過低的車速限制！

親愛的讀者，我得坦承自己就和所有喜歡追求速度的人一樣，打從心底希望上述觀點符合事實，但反對這種看法的論證眞是太扎實了。最重要的反對理由在於，這個觀點假設，當車速緩慢的駕駛人，被車速中等或車速快速的駕駛人撞上時，他們並非由於壅塞的交通狀況，或爲了轉彎進入另一條道路，而被迫減速慢行的。索羅門指出（但不強調），這些交通事件或許足以說明近半數慢速追撞事件的起因。㉖許多研究發現，大多數追撞事件都和靜止不動的車輛有關，㉗而這些車輛並非無緣無故地停在路上，且通常都是爲了閃躲後方疾駛而來的車輛才停下來的。除此之外，明尼蘇達大學工程學教授葛瑞·戴維斯（Gary Davis）指出，對車速限制和車速差異之間的關係進行分析的研究中，往往存有統計學家所謂的「區位謬誤」（ecological fallacy）（這再次證明了統計數字是影響交通安全的最危險因素之一）。他主張，這些研究混淆了個人風險和「總和風險」（aggregate risk），而即使是在眞實世界中，有關群體特質的正確主張，也不一定適用於個人特質上。㉘

交通工程理論建構出來的世界，只存在於電腦螢幕上，以及工程師的夢中，而和眞實駕駛人的行車方式並無密切關聯。在這個世界裡，最理想的狀況莫過於所有車輛都以等速在高速公路上行駛。超車行爲越少，發生車禍的機率也越低。這種世界不容許車輛在變換車道進入高速公路時減慢速度，但駕駛人偶爾總會迷路或正好遇上塞車。假如車速緩慢的車輛，經常導致車速快的車輛發生車禍的話，高速公路上的交通事故，應該大多數都和企圖超車的車輛有關——但事實上，某份研究發現，一九九六年時，只有百分之五的死亡車禍，和兩部行車方向相同的車輛有關。㉙比較常見的死亡車禍，其實都和速度過快的車輛，在離開道路時，撞上完全靜止的物體有關。在這些交通事故中，車速差異眞的會致人於死。

讓我們來看看最詭異的行車風險因子之一：超級盃星期天。在某份研究中，研究人員對所有超級盃美式足球賽轉播前後的交通事故率進行比較。研究人員先將這些轉播分成三個時段（分別是賽前、賽中和賽後），然後再比較超級盃星期天和一般星期天的車禍發生率。他們發現，這兩種星期天的賽前時段車禍死亡率並無差異。超級盃星期天的賽中車禍死亡率，比一般星期天的相同時段，減少百分之十一，這或許是由於較少人在比賽進行中開車出門所致。不過，比賽結束後的車禍死亡率，卻竄升了百分之四十一。除此之外，自家球隊輸球的地區，其行車風險也相對較高。㉚

賽後行車風險提升的原因，就是我們已經討論過的因素之一：酒醉駕車。人們在超級盃星期天消耗的啤酒，幾乎是平常日的二十倍之多。佛萊德的行車風險，明顯地會由於他飲用的啤酒數量（至少在美國，違規酒駕的駕駛人喝的多半是啤酒），㉛以及其他影響血液酒精濃度的因素而改變。許多研究顯示，當血液酒精濃度達到百分之零點零二時，發生車禍的機率便會開始提高；當這個數字到達百分之零點零五時，發生車禍的機率將會明顯提升；而當它到達百分之零點零八至百分之零點一之間時，發生車禍的機率即會大幅攀升。㉜

這種根據血液酒精濃度判斷人們行車風險的作法是否準確，當然得視每個人的不同狀況而定。一九六〇年代時，研究人員在密西根州大急流市（Grand Rapids）進行一項研究，後來成為許多國家制定合法行車酒測值時的參考標準。研究人員在路邊隨機攔下駕駛人，並發現酒測值介於百分之零點零一至百分之零點零四之間的駕駛人，反而比酒測值為零的駕駛人，**更少**發生車禍。㉝這種被稱為「大急流沉降」（Grand Rapids dip）的現象，使得有些人認為，上路前「喝點小酒」的駕駛人，較能意識到行車的風險，或被警察攔下的機率，因此往往比較注重行車安全；其他人則主張，較常飲酒的駕駛人，較能「處理」少量酒精產生的影響。㉞

這種現象也曾在其他研究中出現，㉟但常被視爲和另一種統計謬誤有關——舉例來說，上述密西根研究的零酒測值受訪者，多半都是年齡較輕或較老的駕駛人，而這兩種族群的行車風險，原本即高於其他駕駛人。㊱即使如此，這份研究的批評者也坦承，當兩者的酒測值相同（包括零酒測值）時，經常飲酒的駕駛人開起車來，比滴酒不沾的駕駛人**更加安全**。這並不表示飲酒駕駛人的行車方式比較安全，或啤酒的確能夠改善你的駕駛技術。不過，血液酒精濃度無法決定某人究竟是不是優良駕駛人。曾擔任通用汽車公司研究人員而現已退休的艾凡斯指出，我們早已了解酒精對駕駛人**表現**的影響，但我們仍無法預測酒精對駕駛人**行爲**的影響。而這正是喝了小酒但減速慢行的謹慎駕駛人，以及使用手機且超速行駛的分心駕駛人，彼此交會的所在。兩造的行車方式都有不盡完美之處，而在發生意外時，其中一方的反射動作可能變慢，另一方的反應時間或許不足。只有一者受到汙名化，但兩者其實同等危險。

第二個關鍵風險因素則是佛萊德本人。這和他的名字無關，因爲沒有證據顯示名叫佛萊德的人，比名叫麥克斯或傑瑞的人，更常發生車禍。但佛萊德的性別倒是會有所影響。在美國，無論是哪一個年齡層的男性，都比同年齡層的女性，更容易發生死亡車禍——事實上，每年死於車禍的男性人數是女性的兩倍，雖然女性的人數比男性來得多。而全球的兩性車禍死亡率差異，甚至高於美國。㊲男性的確較常開車，但即使將這個因素考慮在內，男性的車禍死亡率仍然比較高。

根據卡內基美隆大學研究人員的估計，每一億六千萬公里行車里程中，男性死亡人數爲一點三，女性死亡人數只有零點七三。每一億趟旅次中，男性死亡人數爲十四點五一，女性死亡人數只有六點五五。最關鍵的是，每一億分鐘行車時間中，男性死亡人數爲零點七，女性死亡人數只有零點三六。[38]男性或許較常開車，而其行車時間也較久，但這仍無法改變在每分鐘、每公里，以及每趟旅次中，男性都比女性更容易被撞死——以及撞死其他人——的事實。

這些數據常被用來決定兩性中誰才是「優良駕駛人」，但在美國，女性卻比男性更常發生非致命車禍。部分原因或許是由於男性較常行駛於容易發生死亡車禍的路段（例如，鄉間的快速雙向雙車道公路）。但我們的確有理由認爲，男性的駕駛行爲比女性更具侵略性。和女性比較起來，男性不一定是較爲優良的駕駛人，但他們似乎較常爲了證明自己的駕駛技術而死於車禍之中。[39]

作爲一種性別，男性特別容易受到兩種化合物的影響：酒精和睪丸素。男性由於酒精而發生死亡車禍的機率，是女性的兩倍。他們較常喝酒、[40]喝得較多，且較易酒後駕車。睪丸素則使男性較少繫上安全帶；而不論從哪個角度看來，男性的行車方式都較爲咄咄逼人。男性比女性更常騎乘機車，而這種活動的車禍死亡率，是駕駛汽車的二十二倍之多。從越南到希臘再到美國，男性機車騎士配戴安全帽的比例，都低於女性機車騎士。我們都知道，酒精和睪丸素是致命的組合，因此，喝了酒的機車騎士往往比未飲酒的機車騎士更少配戴安全帽，[41]就像喝了酒的男性汽車駕駛人也常比未飲酒的駕駛人更少繫上安全帶一樣。[42]

佛萊德已經離婚的事實，也會增加他的行車風險。一份針對一萬三千名企業員工最近八年生活經驗進行分析的法國研究發現，剛剛離婚或分居的駕駛人，發生車禍的機率，比離婚或分居前增加了四倍，且至少必須爲這些車禍負起部分責任。[43]這種現象有許多可能的原因：首先，離婚或分居會引發情緒壓力（約翰·海特〔John Hiatt〕曾唱道：「開車時不要惦記著她」），並導致更多飲酒行爲。再者，生活習慣也會有所改變，例如爲了探視小孩而更常在週末開車出門。不過，一份紐西蘭研究或許能讓佛萊德稍感安慰。根據這份研究，未婚駕駛人發生車禍的機率，甚至高於已離婚的駕駛人（這個研究已將年齡和性別兩個因素考慮在內）。㊹

佛萊德雖然離婚了，但他應該慶幸有你這個乘客，因爲乘客似乎是最好的安全措施之一。從西班牙到加州等地的許多研究都指出，㊺當車內載有乘客時，駕駛人發生車禍的機率比較低。㊻這種現象在中年駕駛人身上最爲明顯——尤其當乘客是女性，而駕駛人是男性時，更是如此（這是出於男性駕駛人對女性乘客的保護意識，或是由於女性乘客對男性駕駛人的貼心提醒，目前仍不得而知）。

唯一的例外是青少年駕駛人。當車內**載有**乘客時，青少年駕駛人較少繫上安全帶，且較常邊開車邊喝酒。㊼許多研究發現，青少年駕駛人較常在車內有乘客時發生車禍。㊽因此，許多地區都規定，青少年駕駛人在剛學會開車的幾年中，不得搭載年齡相仿的同儕。

研究人員正在解開有關這種行車風險的各類有趣現象。一份在十個高中停車場進行的研究發現，和其他駕駛人比較起來，青少年駕駛人的車速較快，而其行車間距也較小。男性駕駛人的行車方式比女性駕駛人來得危險。保險費率上的差異，證明了這個人盡皆知的事實。但男性駕駛人的行車風險，會隨著其行車脈絡而變化：前座載著其他男性時，男性駕駛人的車速較快，且其行車間距也較小。前座載著女性時，男性駕駛人的行車方式會變得比較安全，而當他們獨自開車時，其行車方式則又會更加安全（女性駕駛人身上也呈現出相同的模式）。㊾

在其他男性面前耀武揚威的衝動，似乎會在女性乘客（有可能是女朋友）之前轉化成憐花惜玉的舉動——或者女性乘客其實是男性駕駛人耳邊的理性之音。打從非常年輕開始，男性駕駛人便會受到這種「女朋友效應」的影響，且一輩子都是如此。除此之外，同車的女性乘客不一定得是女朋友：爲了減少放假士兵的車禍死亡率，以色列軍方對女性士兵（暱稱「天使」）施予特別訓練，以便「安撫」男性同袍開車時的情緒。㊿

再來看看佛萊德開車兜風的地點。蒙大拿州有什麼問題嗎？二〇〇五年時，蒙大拿州共有二百零五人死於車禍，大約等於當年紐澤西州車禍死亡人數的三分之一。不過，蒙大拿州的人口只有紐澤西州的十分之一。蒙大拿州居民顯然較常開車，但即使考慮所謂的「車輛里程數」（vehicle miles traveled）之後，蒙大拿州駕駛人死於車禍的機率，仍是紐澤西州駕駛人的兩倍。這些車禍的元凶是酒精：蒙大拿州駕駛人由於酒駕而發生死亡車禍的機率，幾乎是紐澤西州駕駛人的三倍。51 蒙大拿州的車速限制比紐澤西州寬鬆，而蒙大拿州駕駛人因爲違規駕駛而遭裁罰的比例，也低於紐澤西州駕駛。更重要的是，蒙大拿州的道路，大都是偏僻的鄉間公路。

理論上而言，沒有什麼能比得上遠離城市的「瘋狂交通」，並在優美的鄉間公路上自在徜徉。不過，世上也沒有任何比這更危險的事了。曾有個標誌寫道：「這是上帝的國度，請不要像在地獄開車般地在此行車。」假如我們都能照著做，那天下可就太平了。非州際鄉間公路的車禍死亡率，超過其他道路的二又二分之一倍——雖然非州際鄉間公路的交通流量較小。52 在非州際鄉間公路的彎道上行車時，駕駛人的車禍死亡率，也超過其他道路的六倍。53 大多數車禍都和衝出路面的車輛有關，而這些車禍的肇事原因包括道路標線不明、超速、疲勞、打瞌睡，以及酒後駕車——或這些因素的各種排列組合。在鄉間公路上發生車禍時，駕駛人往往也無法及時得到醫療救援。

佛萊德本人**就是**醫生，但這爲什麼也是危險因子之一？醫生通常是受過良好教育、經濟狀況良好，且社會地位優越的人；他們駕駛的汽車價格昂貴且車況良好。但位於舊金山、從事保險研究的品質規畫公司（Quality Planning Corporation），在一份針對一百萬名駕駛人八個月期間的行車表現進行分析的研究中發現，醫生是行車風險第二高的族群，且其發生車禍的機率僅次於學生（而學生的行車風險，則多半源自其年輕氣盛的特質）。爲什麼如此？醫生之所以常從手術室疾馳至高爾夫球場，是否由於他們都是自視甚高的A型駕駛人？

最簡單的一個原因是，至少在美國，大多數醫生都是男性（二〇〇五年時，百分之七十五的醫生是男性）。54不過，消防員和飛行員通常也是男性，但這兩種族群卻擁有最低的行車風險。這是由於消防員值勤時多半在消防局裡待命，而飛行員工作時則常在空中飛行所致。行車里程也會影響駕駛人的風險，而正是四處奔波的房地產仲介人的行車風險，之所以居高不下的原因（建築師的行車風險也不低，而品質規劃公司的副總裁推測，這是由於他們常在開車時分心看路邊的房子所致！）。醫生也常在市區道路開車，不但得急著趕赴某些地方，或許還必須邊開車邊透過手機了解病患狀況。更重要的是，他們或許都累了。《新英格蘭醫學期刊》（*New England Journal of Medicine*）上的一份報告指出，哈佛醫學院的實習醫生只要連續長時間值班後，其車禍發生機率便會增加百分之九點一。工作時間越長，這些醫生也越容易在塞車時，甚至正在開車時，不知不覺地睡著。55

現在讓我們來看看佛萊德開的小卡車（pickup truck）。小卡車在美國越來越受歡迎。從一九七七年至一九九〇年之間，擁有小卡車的美國家庭增加了近百分之五十，而這個數字仍在持續增加中。但小卡車也是路上最危險的車輛：[56] 在美國，死於小卡車車禍的平均人數，比死於其他車輛車禍的平均人數來得多。[57]

小卡車也會增加[58] 其他車輛駕駛人的行車風險。[59] 某份研究顯示，福特 F-350 小卡車對其他車輛造成的威脅，幾乎是 Dodge Caravan 轎旅車的七倍。從車輛設計的角度而言，小卡車既高又重，且擁有非常堅固的車頭——這代表發生車禍時其他車輛必須吸收較多的衝擊。[60] 當小卡車和其他車輛互撞時，小卡車駕駛人的死亡率，往往低於小型汽車駕駛人的死亡率。[61] 基於單純的物理學原理，緩衝空間較大且車體材料較好的大型車輛，較能經得起車禍時的撞擊。

不過，情況並非總是如此。正如某些撞擊測試所示，當車輛撞上牆壁或大樹等固定物體時，車身重量對駕駛人的安全幫助不大。密西根大學物理學家馬克・羅斯（Marc Ross）告訴我：「撞擊固定路障時，質量救不了你的命。」車輛的設計——亦即車量吸收本身動能的能力——和車輛的大小同等重要。幾年前，高速公路安全保險研究所（Insurance Institute for Highway Safety）曾用載有測試假人的車輛，以六十四公里的時速撞擊路障。接受測試的車輛是高大堅固的福特 F-150 小卡車，以及嬌小玲瓏的 Mini Cooper，而其重量分別約爲二千二百公斤和一千一百公斤。你比較想坐在哪一輛車裡？測試相片顯示的答案非常明確：Mini Cooper。雖然福特 F—150 的前座和路障之間的距離較大，但其「前座空間嚴重扭曲變形」，導致「駕駛人的生存空間不足」。相反地，Mini Cooper「在經過衝撞後，其測試假人相對於方向盤和儀表板的位置，顯示駕駛人的生存空間得到妥善保存」。[62]

馬侃・葛拉威爾（Malcolm Gladwell）在《紐約客》（*New Yorker*）雜誌中主張，[63]體型較大且噸位較重的車輛不但操控不易，也需要較長的煞車距離，而這些因素都會增加駕駛人發生車禍的機率。更複雜的是，在美國，小型汽車比大型汽車，更常發生**單一車輛**死亡車禍——但按理說，小型汽車較爲優良的操控性能，應能協助駕駛人減少發生這類車禍的機率。不過，小型汽車或許比較容易操控，但其駕駛人的平均年齡也比較輕。而性能優異的跑車，更是追求速度的駕駛人的最愛。國家高速公路交通安全管理局的研究人員提出了另一個問題：小型汽車的優良操控性能，是否會反過頭來提升駕駛人的行車風險？「反應快速的輕型車輛，」這些研究人員主張，「或許會增加一般駕駛人鑄下大錯的機會。」

行車風險是件難以捉摸的事。「哪種車輛的行車風險最高」此一問題的答案，比表面上看來更複雜。只依據「車輛因素」評估行車風險，是非常不準確的作法，因爲它忽略了駕駛人的人格特質和行車方式。艾凡斯指出，雙門汽車發生車禍的機率高於四門汽車（到某個程度爲止，因爲超過這個程度之後，兩者發生車禍的機率並無差異）。「主張車輛因素決定風險的人會說，『我們懂了，你只要在車上多焊兩道車門，它就安全多了。』」

這多出來的兩道車門，往往不是汽車製程上的差異，而是生活型態上的差異，亦即，比如說，雙門 Acura RSX 和四門豐田可樂娜之間的差異。二〇〇二年至二〇〇五年間，馬力強悍的 Acura RSX 發生死亡車禍的機率，是溫馴平穩的豐田可樂娜的兩倍以上。這兩種汽車的重量幾乎一模一樣。它們發生死亡車禍的機率之所以不同，和其本身的特性無關，而和其駕駛人的人格特質有關。

正如羅斯和湯姆・文婁（Tom Wenzel）指出，[64]福特 Crown Victoria 和 Mercury Marquis，是最能凸顯駕駛人的身分和其行車方式對行車風險的影響的兩種車款。這兩種汽車的基本結構非常相似，兩者都是配備V－8引擎的大型轎車——而且適用同一本維修手冊。由於結構上的相似性，它們對駕駛人帶來的行車風險也相去不遠。不過，統計上而言，Crown Victoria 對其他車輛來說卻比較危險。爲什麼如此？因爲 Crown Victoria 是相當受歡迎的警車車款，這代表它比其同門兄弟 Mercury Marquis，更常進行危險的高速追逐行爲（值得一提的是，Crown Victoria 也是紐約市計程車的首選車款）。

操控「安全」汽車的可能是危險的駕駛人，而行駛「危險」汽車的也可能是安全的駕駛人。發生車禍時，迷你轎車（subcompact）會對其乘員帶來較大風險——雖然昂貴的迷你轎車，比便宜的迷你轎車來得安全一些——但迷你轎車的駕駛人（例如血氣方剛的年輕人），由於各種「行爲因素」，原本即比較容易發生車禍。即使如此，年齡仍只是一種行爲因素，而我們還得考慮車輛本身的特性，才能決定年齡對行車風險的影響。正如我們將在稍後見到的，小型汽車的駕駛人，或許也會因爲嬌小的車型，而採取比較安全的行車方式。大型轎車之所以比較安全，究竟是因爲其側翻的可能性低於休旅車，或是由於其重量大於小型汽車，或是因爲其駕駛人原本即屬於行車風險較低的族群？[65]

再回到佛萊德和他的小卡車：我們很難得知這些風險因素的互動關係究竟爲何。和女人比較起來，男人較常駕駛小卡車，[66]且較少繫上安全帶。[67]鄉下男人較少在駕駛小卡車時繫上安全帶，[68]而小卡車駕駛人發生酒駕車禍的機率，也僅次於摩托車騎士。[69]潛在的行車風險因子數量遠高於此——舉例來說，一份澳洲研究發現，黑色汽車發生車禍的機率比白色汽車來得高。這種現象和汽車的可見度有關，還是和駕駛這些車輛的人有關？⑰ 大家都知道沒有人會清洗租來的汽車，但人們在駕駛這些車輛時是否會比較不小心？⑱（某些證據顯示事實的確如此。）一份以色列研究發現，發生自殺炸彈攻擊後的頭兩天，死於車禍的人數較少，但第三天的行車風險則呈現**升高**的模式。劫後餘生的人們，是否習慣躲在家中暫避風頭，直到危險狀況解除後，才會一起湧上街頭？（或者恐怖攻擊活動的餘威，導致人們對自身的安全變得較為冷漠？）⑲

正如風險專家約翰．亞當斯（John Adams）常掛在嘴邊的一句話，分析風險和發射太空梭不一樣——因為它的難度更高。亞當斯根據英國的統計數據指出，年輕男性死於車禍的機率，是中年女性的一百倍。在星期天凌晨三點開車的人的行車風險，是在星期天早上十點開車的人的一百三十四倍。罹患人格疾患的病人發生嚴重車禍的機率，是一般人的十倍，而血液酒精濃度超過標準值二點九倍的人發生車禍的機率，則是一般駕駛人的二十倍。

「所以，假如這些因素彼此獨立，」他告訴我，「那麼你就能將它們互乘，並得出一個結論，亦即某位患有心理疾病且在星期天凌晨三點在外開車的酒醉年輕男性駕駛人，其發生嚴重車禍的機率，是某位身心健全且在七個小時後開車前往教堂的清醒中年女性駕駛人的兩百五十萬倍。」不過，這些因素並非彼此獨立。「患有心理障礙的酒醉年輕男性駕駛人，較常在星期天凌晨三點的道路上出沒，」亞當斯指出。再加上其他因素。輪胎的狀況是否良好？道路上是否起霧？駕駛人是否疲倦？「一旦你把所有因素納入考慮後，」亞當斯說，「你就會明白，不同人的行車風險為什麼差異如此之大。」他以這個例子鼓勵我們參考他所謂的風險「芮氏量表」。這種量表告訴我們，舉例來說，某人死於車禍或在車禍中嚴重受傷的機率是八千分之一，而這個人在踢足球時發生類似事件的機率爲兩萬五千分之一。「這些量表的發明者指出，風險量表的主要用途，是爲了協助一般人評估風險。一般人根本無法靠著自己的力量，正確地判斷各種風險。」

假如你一定得搭佛萊德的車，那麼請謹記下列這個建議：坐在後座（如果他的車有後座的話）。後座的車禍死亡率比前座低了百分之二十六。[73] 後座也比安全氣囊更安全。不過，如此一來，佛萊德可能會對你很感冒。

行車安全設備的風險

請務必戒慎恐懼；恐懼是最安全的避風港。

——莎士比亞，《哈姆雷特》（*Hamlet*）

一九五〇年代，美國的車禍死亡率正逐漸接近高峰，《美國醫學學會期刊》（*Journal of the American Medical Association*）上的一篇論文主張，「移除汽車內部的危險機械配備」——例如，金屬儀表板和固定的方向盤支架等——每年將能減少近百分之七十五的車禍死亡人數，拯救約兩萬八千五百人的性命。[74]

汽車公司曾試圖將車禍肇事原因，全數歸諸「坐在方向盤後的瘋子」，卻因此理所當然地受到社會大眾的嚴厲指責。數十年來，爲了回應公眾要求，以及遵循相關法規，汽車內部的安全性早已經過徹底的提升了。在美國（以及其他許多國家），目前死於車內或在車內受傷的人數，已經低於一九六〇年代的水準，即使現在開車的人數和行車的里程都比從前多。但行車安全裝置（從安全帶[75]到安全氣囊等）在減少車禍死亡率上的效益，卻往往不盡人意。以第三煞車燈爲例。經過數十年的研究後，第三煞車燈終於在一九八〇年代慢慢得到普及。

至少就理論而言，第三煞車燈聽來的確是個好主意。它能爲駕駛人提供更多有關前方車輛是否正在煞車的訊息。駕駛人踩下煞車時，一般煞車燈會從較暗淡的紅燈變成較明亮的紅燈（某些交通工程師認爲，能夠完全改變顏色的煞車燈，比較具有實用價值），[76]但第三煞車燈只會從熄滅狀態直接變成紅燈。透過擋風玻璃觀察車流動向的駕駛人，能夠藉此得知更多相關訊息。許多測驗曾經顯示，位置較高的第三煞車燈，的確有助於縮短反應時間。[77]專家也曾預測第三煞車燈能夠有效減少某些型態的交通事故（特別是追撞事故）。早期研究曾以安裝第三煞車燈的計程車車隊爲測試對象，並發現這些煞車燈能夠減少多達百分之五十的追撞事故。[78]不過，後來的研究卻顯示，第三煞車燈只能減少約百分之十五的追撞車禍。[79]目前的研究則發現，第三煞車燈的效用，已經達到了「高原期」，而只能減少百分之四點三的追撞事故。[80]這個數字應該足以證明強制安裝第三煞車燈作法並無錯誤，但這些行車安全裝置的效益，顯然未能達到其發明者的預期。[81]

防鎖煞車系統問世時，人們也對其抱以熱望。這種煞車系統能夠防止「煞車鎖死」，讓駕駛人在煞車時擁有更好的操控力，特別適用於濕滑路面。但問題很快便浮現出來了。一份以德國慕尼黑計程車司機爲受試者的著名嚴謹研究發現，和未配備防鎖煞車系統的計程車比較起來，配有這種系統的計程車車速較快、行車間距較小，且發生車禍的機率也較高。其他研究則指出，安裝防鎖煞車系統的汽車比較不易追撞前車，但卻較常遭到後車追撞。[82]

駕駛人是否拿實際風險換取安全感？或者，他們只是以更具潛在危險性的「單一車輛偏離路面」事故，取代了和其他車輛互撞的交通事故？在測試跑道上進行的許多研究顯示，和未配備防鎖煞車系統的汽車比較起來，裝有這種系統的汽車在試圖避免車禍時，比較容易衝出路面。83其他許多研究則發現，駕駛人並不知道如何利用防鎖煞車系統進行正確的煞車動作。與其運用這套系統進行危險的駕駛行爲，駕駛人可能打從一開始便誤用了這套系統。84最後，配備防鎖煞車系統的汽車，其行車里程或許原本就比一般汽車來得多。不論如何，國家高速公路安全管理局在一九九四年出版的一份報告中指出，「整體而言，防鎖煞車系統的淨效益」——不論是致命或非致命車禍——「幾乎等於零」85（我們仍不清楚箇中原因，而高速公路安全保險研究所也在二〇〇〇年時指出：「早期防鎖煞車系統之所以效率低落的原因，至今仍未獲得適當的解釋」）。86

推陳出新的科技似乎總能發展出嶄新的行車安全裝置。最新的行車安全解決方案，就是所謂的「電子穩定控制」（electronic stability control）系統。這種系統號稱能夠防止車身側翻，且每年將可拯救上萬人的寶貴生命。假如眞是如此，我們都該擊掌慶賀，但若歷史可爲借鏡，這種系統應該仍會重蹈其他安全科技的覆轍。87

這些安全改善措施爲什麼似乎從未符合人們的預期？這是不是因爲我們的預測太過野心勃勃？最令人感到不安且對交通安全影響最深刻的答案，或許就如我們在第七章的討論一樣，在於汽車變得越安全，駕駛人的行車方式也會隨之變得更危險。

雖然這種觀點打從汽車問世以來便已存在——它甚至曾被用來反對在鐵路平交道附近設置交通安全設施88——直到一九七六年時，芝加哥大學經濟學家山姆・皮爾茲曼（Sam Peltzman）才在一篇論文中，讓人們注意到這種看法的重要性和爭議性。他提出了所謂的「皮爾茲曼效應」，並藉此主張，雖然各種新安全防護措施已依法成爲汽車的標準配備——其中最著名的當屬安全帶——駕駛人的行車安全卻未見增加的趨勢。「車輛安全法規，」他認爲，「並未影響高漲的高速公路死亡率。」[89] 皮爾茲曼指出，行車意外風險的降低，導致駕駛人以更激烈的方式開車。即使汽車駕駛人和乘客的安全確實有所提升，他主張，這些改善帶來的安全效益，仍會被其他人——例如行人、自行車騎士和摩托車騎士等——不斷增加的車禍死亡率抵銷。當汽車駕駛人覺得越安全，其他人便有理由感到更不安。[90]

由於車禍本身和其原因糾纏難解的特性，想要釐清某個特定變數對車禍發生率的影響，簡直難如登天。駕駛人的平均年齡、社會的經濟狀況、交通執法行爲的改變、保險費率的變化、天氣狀況、車輛種類、通勤模式，以及匆促的車禍現場調查等因素，各自都會以微妙的方式，影響交通事故的類型和發生機率。在許多情況下，交通安全數據其實只是粗略估計的產物。

這種介於預期和實際安全效益之間的差異，還可由另一種正與各種風險假說相反的理論予以解釋。這個被稱爲「選擇性徵召理論」(selective recruitment) 指出，當強制繫上安全帶的法規開始實施後，依法繫上安全帶的駕駛人類型，顯然不會呈現出隨機分布模式。原本即重視行車安全的駕駛人，比較有可能率先繫上安全帶。不願意繫上安全帶的駕駛人，亦即行車風險原本便較高的人，[91] 則會較慢受到這些交通安全法規的影響——而即使開始繫上安全帶之後，這些駕駛人的行車方式仍比較危險。

看過車禍統計數據之後，我們便會發現，二〇〇四年在美國，未繫上安全帶而死於汽車車禍的人數，比繫上安全帶而死於汽車車禍的人數來得多——即使聯邦統計資料顯示，超過百分之八十的駕駛人都會繫上安全帶。這不只是由於未繫上安全帶的駕駛人比較不易在嚴重車禍後存活，(92)而是正如艾凡斯指出的，這些駕駛人也比較容易**發生**嚴重車禍。因此，雖然我們可以預估安全帶減低行車風險的幅度，但卻不能將此數字套用在全體駕駛人身上，並據此計算出「預期」減少的車禍死亡人數。

經濟學家有個老掉牙的笑話：最有效的汽車安全裝置，莫過於裝在方向盤上、對準駕駛人頭部的匕首。這種作法顯然能夠提高駕駛人安全行車的動機。既然未繫上安全帶的駕駛人在嚴重車禍中喪生的機率多達兩倍，因此**拒絕**繫上安全帶的作法，簡直就有如在方向盤上安裝匕首般地危險。

但經濟學家羅素・索柏（Russell Sobel）和泰德・奈斯比特（Todd Nesbit）問道，假如你有一輛非常安全的汽車，甚至可讓你在高速衝撞水泥牆後，毫髮無傷地走出車門，那麼你會如何駕駛這輛車？什麼，你會「在狹小的橢圓形賽車場上，以距離其他車輛不到幾英寸的間隙，用時速三百二十公里的車速疾馳，即使經常發生車禍也無所謂。」(93)這兩位經濟學家在追蹤五位賽車選手十幾年來（汽車的安全性在這段期間中不斷獲得提升）的比賽後，做出了這項結論。他們發現，比賽中的車禍數量越來越多，但賽車選手的傷亡數目則越來越少。

想當然耳，這並不代表一般駕駛人，亦即不像賽車選手那般愛好冒險的平凡人，也會做出類似的駕駛行為。首先，一般駕駛人沒有獎金可領；再者，賽車選手一定會穿著防火裝和安全帽。(94)這不禁令人想起一個有趣到甚至有點愚蠢的問題：為什麼汽車駕駛人和其他輪式交通工具的使用者不必配戴安全帽？當然，汽車爲其乘員提供了配有緩衝氣囊的金屬盔甲。但根據澳洲聯邦道路安全辦公室（Federal Office of Road Safety）的研究，汽車乘員頭部傷害引發的損失，佔了該國交通事故成本的**一半**。根據估計，比防側撞安全氣囊更便宜且安全的安全帽，不但能夠減低受傷機率，還能減少百分之二十五的死亡機率。[95]這個主意聽起來或許有點瘋狂，但安全氣囊一開始時也是如此。

經濟學家提出的動機理論，常將人類視爲理性行動者，並認爲我們的決策是可預測的，但這些理論並不足以說明安全帶引發的各種效應。我從不認爲安全帶爲我提供了更多從事危險駕駛行爲的動機，反而總是覺得它不斷地提醒我人類生命的脆弱本質（這正是某些早期汽車工業人士之所以反對安全帶的理由）。這並不代表我不會受到行爲適應的影響。即使我無法想像安全帶爲什麼會讓我的行車方式變得更危險，我倒是不難想像假如我的車上**未曾**配備安全帶的話，我的駕駛行爲將會發生什麼變化。我心中不斷出現的警覺意識或許足以抵銷這些額外的行車風險。

暫且不論安全帶等安全防護措施究竟能夠拯救多少生命，我們可以確定的是，安全感的確會導致人們更加膽大冒進，而不安全感則能促使人們更爲小心翼翼。這些行爲模式或許不會出現，我們可能由於其他原因而如此行動，我們也許會以不同的強度從事這些行爲，而我們或許也不會意識到自己正在如此行動(而我們可能也不知道這些行爲的強度)；但我們的確會展現出這些行爲模式，而這正是上述各種主張之所以存在的原因。這或許也能解釋，正如皮爾茲曼指出的，目前的年度每公里平均車禍死亡率，仍和尚未發明安全帶和安全氣囊的二十世紀前半期一樣，呈現出大致相同的遞減趨勢。[96]

二十世紀初時，有四十七位登山者試圖攀登位於阿拉斯加的北美洲最高峰麥金利山（Mount McKinley）。這些人只有相對簡陋的登山設備，且一旦發生意外即幾無求救的機會。所有人都活著下山。二十世紀結束時，高科技登山設備已經相當普及，而直升機救難行動也屢見不鮮，但每十年仍有數十人不幸死於麥金利山的邊坡上。這似乎是某種行爲適應的結果：隨時都可獲得救援的可能性，若非促使登山者從事危險的攀爬行爲（喬依・辛普森〔Joe Simpson〕如此主張），[97]便是導致技術不佳的登山客誤判登山風險。美國國家公園服務局（National Park Service）的山岳安全政策不但所費不貲，反而導致更多人喪失生命——諷刺的是，這又引發更多提升登山安全的呼聲。[98]

過去，高空跳傘活動最大的風險，來自所謂的「低空開傘」（low-pull）或「開傘失敗」（no-pull）事故。[99]發生這些事故時，主傘往往無法順利張開，但跳傘者也常忘記打開副傘（或太晚打開副傘）。一九九〇年代時，美國的跳傘者開始採用一種德國設計的副傘自動啓動裝置。死於低空開傘或開傘失敗事故的人數，於是從一九九一年的十四人，大幅降至一九九八年的零人。但在這段期間中，過去相對罕見的成功開傘事故（亦即降落傘順利張開，但跳傘者在落地時死亡的事故），卻迅速成爲跳傘者的頭號死因。安全落地似乎已非跳傘者的首要目標，因爲他們經常在開傘狀態下，做出各種急速轉彎和迴旋的大膽動作。就在高空跳傘活動越來越安全之際，許多跳傘者，尤其是年輕的跳傘者，也開始尋找越來越刺激的跳傘方式。

心理學家傑若德・威爾德（Gerald Wilde）將這種現象稱爲「風險均衡」（risk homeostasis）。

這個理論假設人們擁有一定的風險「目標值」：這個目標值就像已設好某個溫度的家用恆溫器一樣，或許會隨著時間的變化而呈現小幅波動，但仍會保持固定的平均值。「有了可靠的降落傘之後，」威爾德在他位於加拿大安大略省金斯頓的家中告訴我，「人們就會想在空中盡量待久一點。因爲跳傘者比較喜歡待在空中，而非地上。」

開車上路時，我們也會隨著預期安全效益的提升，而不斷地調整自己願意接受的風險程度。正如我們之前所述，許多研究顯示，爲了左轉而在對面車流中尋找空檔的汽車，其願意接受的空檔，會隨著等候時間的增加（越來越急著左轉）而變小（風險越來越大）。駕駛人等候左轉的時間上限約爲三十秒，超過這個時間後，人們便會爲了盡快完成左轉而冒險穿越對面車流。⑩

面對更多風險時，我們的行動也會變得較爲謹慎。以暴風雪爲例。我們都曾在電視上見過車輛在高速公路上緩慢地旋轉和打滑的模樣。新聞報導也常以戲劇性的口吻，指出暴風雪導致的車禍死亡人數。但車禍統計數據顯示了一個有趣的現象：暴風雪來襲時的車禍數量比平日來得高，但死亡車禍的數量卻比平常**來得少**。⑩ 危險的暴風雪引發了兩種效應：它導致駕駛人更易發生車禍，但它也迫使駕駛人減速慢行，並因此減低了發生死亡車禍的機率。當然，暴風雪也能降低人們開車出門的意願，而這亦是某種形式的風險調適行爲。

在爲了左轉而穿越對面車流的這種情況中，行車的風險和報酬看似相當清楚和單純。但我們的行爲是否眞的具有一致性，而我們是否又眞的冀求達成某種恆定的風險或安全目標值？我們是否總想達到「極限」，而我們是否又知道這個「極限」在哪裡？風險均衡理論的批評者主張，人類對於風險評估和機率判斷的知識有限，而人們開車時也常受到許多錯覺和偏誤的影響，凡此種種都顯示我們無法維持完美的風險「恆溫」。[102]舉例來說，自行車騎士或許覺得人行道比街道來得安全。但許多研究發現，自行車騎士比較容易在人行道上發生車禍。爲什麼如此？人行道雖然和道路有所區隔，但它不只會穿越車道，也會穿過交叉路口——而這正是汽車和自行車最常相撞的地點。正在左轉的汽車駕駛人，比較不易預期並看見從人行道上竄出的自行車騎士。而缺乏風險意識的自行車騎士，或許也比較不覺得有必要察看路口車輛的動向。[103]

這些批評者主張，一般人根本無從判斷發生嚴重車禍時，自己究竟能從胸前的安全帶，或隱藏於方向盤裡的安全氣囊中，取得多少保障？但正如每個拜訪過拉斯維加斯的遊客都知道的，我們仍可根據有關風險和機率的殘缺資訊，充滿自信地做出正確的選擇。這些關於「風險補償」理論和其衍生假說的激烈爭論，似乎並不質疑這種現象的存在，而只關切它是否必然會發生，以及其起因爲何。

大多數研究人員都同意，行爲適應對直接回饋的回應最爲強烈。當你能實際經驗某些事物時，你也最易於改變自己對這些事物的反應。我們感覺不到安全氣囊和安全帶的效益，也不會時常測試它們的功用——假如這些事物讓我們感到比較安全的話，這種感覺必定源自其他地方。相反地，在雪地裡開車時，我們不須進行任何已經內化的風險計算程序：只要透過自己的駕駛體驗，我們便能直接感受危險或安全的路況（某些研究顯示，配有鉚釘冬季輪胎的駕駛人，在雪地上行駛的速度，比配備一般輪胎的駕駛人來得快）。[104]

我們能夠根據車輛的大小，在行車時感受到各種回饋，包括我們和地面的距離，以及輪胎和道路摩擦產生的噪音等。許多研究顯示，和大型汽車的駕駛人相較，小型汽車的駕駛人比較不常冒險（以車速、行車間距，以及是否繫上安全帶作為判斷標準）。[105]許多駕駛人，尤其是在美國，對休旅車情有獨鍾，因為這種車輛對車身重量和能見度的強調，能夠為駕駛人提供更多安全感。不過，某些證據顯示，這些安全優勢往往會被駕駛人的危險行車方式抵銷。許多研究因此主張，整體而言，休旅車並不比中型或大型轎車來得安全，且比轎旅車來得危險。

許多研究也指出，休旅車駕駛人的車速較快，而這或許是由於他們擁有較高的安全感所致。在其他方面，休旅車駕駛人的行為，也和一般駕駛人有所不同。一份紐西蘭研究曾針對駕駛人開車時雙手在方向盤上的位置進行分析。有些人主張，駕駛人開車時雙手在方向盤上的位置，可被用來評估駕駛人對行車風險的知覺——曾有研究發現，舉例來說，行駛於高速和多車道路段時，較多人會將雙手放在方向盤上半部。[106]這份紐西蘭研究顯示，和一般汽車駕駛人比較起來，休旅車駕駛人開車時，較常將單手或雙手放在方向盤下半部，而這代表他們擁有較高的安全感。[107]另一份類似的研究，則在倫敦街頭的不同地點進行。在觀察了超過四萬部車輛之後，研究人員發現，和一般汽車駕駛人比較起來，休旅車駕駛人較常邊開車邊使用手機、[108]較少繫上安全帶，以及——不令人驚訝地——較少在使用手機時繫上安全帶。

這有可能只是由於經常邊開車邊使用手機，且對安全帶不具好感的人，往往也比較喜歡駕駛休旅車所致。但這些人之所以喜歡駕駛休旅車，究竟是因為他們認為休旅車比較安全，或是因為休旅車讓他們得以從事危險的駕駛行為？再以虛構的佛萊德為例。和其他駕駛人比較起來，小卡車駕駛人較少繫上安全帶。風險補償理論主張，小卡車駕駛人之所以不重視安全帶，是由於體型相對龐大的小卡車，能讓他們擁有較高的安全感。但這些駕駛人難道不能藉著繫上安全帶，以更少的風險從事更危險的駕駛行爲嗎？我們之中鮮少有人曾在嚴重車禍中，親身體驗過安全氣囊的功用，因此我們眞的能夠正確地判斷安全氣囊的效益，並藉此改變我們的駕駛行爲嗎？

行車風險從來都不如表面般看來的單純。有些人或許會認爲，最能保障行車安全的方法，便是盡可能駕駛款式最新、安全設備最齊全，以及運用最多先進科技的汽車。新車一定比舊車來得安全。但一份挪威研究指出，**新車反而最常發生車禍**。這不只是由於路上的新車數量比舊車來得多——新車發生車禍的**比例**，也比舊車來得高。對超過二十萬部車輛的行車記錄進行分析後，一群研究人員做出了下列結論：「如果你駕駛的是一輛新車，那麼你的新車受到毀損和你本人受傷的機率，都會比你駕駛舊車時來得高。」

由於新車感覺起來能在車禍發生時提供較多安全防護，因此研究人員認爲上述現象的最可能解釋在於，駕駛人常在駕駛新車時改變其行車方式。「駕駛感覺起來不太安全的舊車時，」這些研究人員主張，「人們的車速可能較慢、注意力較集中、行爲較謹慎，或許也會和前車保持較大的行車間距。」[109] 新車比舊車更常發生車禍的現象，在世界各地都可見到，包括美國在內。但這種現象還有另一種解釋：剛買新車的駕駛人，比較常開新車出門，而非舊車。[110] 不過，這種解釋本身或許也和某種微妙的風險補償模式有關：我在新車裡覺得比較安全，因此我當然會較常駕駛新車外出兜風。[111]

分析風險和發射太空梭不同，因爲它的難度更高。客觀上而言，汽車變得越來越安全，但眞正的挑戰在於設計出能夠克服人性風險的汽車。

在大多數國家中，死於自殺的人數，多於死於他殺的人數。全球而言，每年親手結束自己生命的人數——大約一百萬人——超過死於謀殺和戰爭的人數。⑫這些統計數據總會讓我們驚訝不已，即使我們對這種迷思的主因並非毫無所悉：謀殺和戰爭較常得到新聞媒體的關注，因此它們的數量也顯得比較龐大。

類似的偏見也說明爲什麼，在美國等國家中，年度車禍死亡人數並未受到更多注意。假如新聞媒體可被視爲公眾意見的代表之一，那麼我們或許能夠假設，過去幾年來，美國遭遇的最大威脅其實是恐怖主義。這種印象不斷得到強化。我們時常聽說某些「可疑包裹」被遺留在公共場所中。我們在機場接受搜身，也看過其他人遭到搜身。我們根據國土安全局發布的安全通報進行日常作息。我們偶爾宣稱破獲恐怖分子的巢穴，即使他們看來不過是些跑龍套的小角色。

將美國國務院從一九六〇年代開始記錄下來的恐怖攻擊死亡人數加總起來，我們便會得出一個少於五千人的數字——曾有人指出，這個數字大約和在同一期間內被閃電擊中的人數相當。⑬但每年美國境內死於車禍的人數，卻約在四萬人上下波動。每個月由於車禍而喪生的人數，也多於九一一事件的死亡人數。這些恐怖攻擊發生後，不同的民意調查發現，許多人認爲美國政府有必要限縮公民自由，以便對抗恐怖主義，並保護美國人的「生活方式」。同時，在各種民意調查和個人行爲上，這些人往往對設計來減低車禍死亡人數的交通措施（例如，較嚴格的車速限制、血液酒精濃度標準值，和手機使用規範，以及設置自動超速攝影機等），表示反對之意。⑭

諷刺的是，美國人致力維護的生活方式，對一般美國人造成的危害，甚至比意圖破壞這種生活方式的恐怖主義更爲嚴重。舉例來說，九一一事件發生後的三個月內，死於車禍的人數，比前兩年同一時期死於車禍的人數，高出百分之九。由於航空公司的乘客數量在這段期間大幅降低，因此我們可以合理地假設，有些人寧願選擇開車，也不願搭乘飛機。⑮九一一事件過後，恐怖活動便未在美國境內造成傷亡，而這或許得歸功於美國全國上下對恐怖主義的高度警覺——即使在這段期間，仍有超過二十萬人死於車禍。這令人不禁想到，美國人爲什麼不投入同樣多的資源，改善這個國家的交通安全？相反地，九一一事件過後，報紙上時常可見交通警察被改派至負責反恐任務的情事。⑯

一九九〇年代時，英國的車禍死亡率降低了百分之三十四，而美國的車禍死亡率則只減少了百分之六點五。爲什麼會產生這種差異？性能較優異的安全氣囊？安全係數較高的汽車？某份研究指出，這個差異的主因在於車速（雖然美國駕駛人每年的行車里程比較多）。就在英國開始引進超速攝影機的同時，美國不但拒絕採用這些攝影機，而且還放寬車速限制。⑰有些人主張，假如美國當年曾學習英國的作法，便能防止一萬人在車禍中喪生。⑱

年度車禍死亡人數爲什麼未曾得到和其比例相當的關注？最簡單的原因在於，我們都會受到「心理麻痺」（psychophysical numbing）效應的影響，因而比較難以了解巨大的數字背後代表的含義。⑲許多研究發現，人們往往覺得協助小型難民營中的難民，比幫助大型難民營裡的難民更爲重要，即使得到協助的人數並無不同：在五十名難民中拯救十條人命，看似比在兩百人中拯救十條人命更有意義，雖然十條人命就是十條人命。數字越大時，我們對相關變化的敏感度也越低。

相反地，在所謂的「可識別被害人效應」（identifiable victim effect）中，我們通常都能直接感受到單一特定對象（例如，罹患嚴重疾病的病人）的痛苦。⑳事實上，美國心理學家暨風險分析專家保羅．斯洛維奇（Paul Slovic）指出，當慈善廣告中只出現一位小孩時，人們的捐獻意願和金額，都比當慈善廣告裡出現許多小孩時，來得更爲高昂——即使這些廣告裡只多了**一位**小孩也是如此。[121]

如此看來，與其將注意力引導至某些問題上，龐大的數據似乎只會讓我們變得麻痺不仁（這令人不禁想起之前提及的小型團體演化假說）。死亡車禍還引發了另一種問題：雖然身陷危境的人的確擁有獲救的可能性，但我們無法預先知道哪些人將會發生車禍——畢竟，即使是醉醺醺的駕駛人，多半也都能安全地開車回家。發生死亡車禍的駕駛人，常在現場立刻喪命，根本來不及予以搭救。這些死亡車禍的重要性輕如鴻毛，且從未受到長期的追蹤和報導。[122] 一般大眾不會爲在車禍中喪生的人舉辦紀念大會，只有親朋好友才會爲他們朗讀幾句悼念之詞，並在心中暗忖，「這種事可能發生在任何人身上」，雖然從統計上而言，死亡車禍的分布型態，並不如我們想像般地一樣隨機。

心理學家認爲，「畏懼感」和「陌生感」，會加劇我們對某些事物的恐懼。[123] 生化恐怖主義之所以令人感到畏懼的原因，在於它看似超越了我們的控制。相反地，一個多世紀以來，人們不斷地死於車禍之中，且通常出於他們所能掌握的因素。除此之外，和無法令人感受到有助於提升個人福祉的事物（例如核能發電廠）比較起來，能讓人感覺有助於增加個人福利的事物（例如汽車），看起來也比較不危險。[124] 即使如此，我們仍會誤判行車風險。[125] 以道路槍殺事件爲例。即使在槍械氾濫的美國，每年死於道路槍殺事件的人數，大約也只有十幾個人左右（少於每年死於雷擊的人數）。[126] 不過，疲勞引發的車禍數量，卻佔了所有車禍數量的百分之十二。與其小心隨身攜帶槍械的狠角色，我們還不如盡量迴避邊開車邊打瞌睡的駕駛人。[127]

亞當斯指出，我們對各種事物的風險評估，會受到許多因素的影響。這些事物是否出於我們的意願？它們是否在我們的控制之中？這些事物的潛在報酬是什麼？有些風險不但出於我們的意願，也在我們的控制之中（我們如此認爲），而且本身即具有報酬。「攀岩等活動伴隨的風險，就是人們擁有主控權且自願接受的風險，」亞當斯說。「而這些風險正是這些活動的報酬。」沒有人強迫攀岩者接受這種風險，而當攀岩者不幸意外身亡時，也沒有人會因此覺得受到威脅（自殺事件也會引發類似的效應）。有些風險是我們自願接受的，但我們並未握有主控權——舉例來說，橫跨美國的巴士之旅。在這種情況下，我們無法改變自己的處境。試想你在車站的酒店裡看見某人正在狂喝啤酒，且直到上車後，才發現你的司機竟然就是那個醉醺醺的人。你會做何感想？除了緊張得直冒冷汗之外，你還能拿他怎麼辦？

現在假設你就是在酒店裡猛飲啤酒的那個人。再假設你正要起身開車回家。你會感受到相同的畏懼和慌恐嗎？可能不會，因爲至少對你而言，你仍擁有主控權。你仍是行車風險的管理者。這正是人們之所以認爲自己挑選的樂透號碼中獎機率較高的原因[128]（當然，親手挑選樂透號碼的樂趣也較多）。失去對風險的主控權後，人們常會感到不知所措。一點都不令人驚訝地，我們往往會誇大非自願性、超乎吾人控制，以及缺乏報酬的風險。「倫敦七七爆炸案的死亡人數，相當於六天內死於車禍的人數，」亞當斯說道。「事發過後，上萬民眾群聚特拉法加廣場，悼念不幸身亡的同胞。你絕對不會見到這麼多人在特拉法加廣場，對上個星期死於車禍的所有人表達哀悼之意。」

人們爲什麼不會因爲這些死亡車禍而感到群情激憤？駕駛車輛是出於自願、在吾人控制之中，且具有報酬的行爲。因此，我們常會對汽車帶來的眞正危險視而不見。⑫⑨舉例來說，一份美國研究發現，整體而言，位於市郊之外的遠郊地區，對其居民帶來的風險，高於城市對市區居民引發的危險。即使一般人的先入之見正好與此相反，也不會折損這個現象的眞實性。爲什麼如此？死亡車禍是導致這種現象的元凶。居住環境的人口密度越低，行車風險越高。⑬⓪假如我們希望能在一夕之間，大幅提升行車安全——甚至讓死亡車禍幾近銷聲匿跡——方法其實非常簡單。我們大可仿效荷蘭的「生活庭園」措施，將車速限制減至每小時十六公里就行了。這聽來是否荒謬？但這**正是**一九〇〇年代早期時的車速限制。在百慕達，每年很少有人死於車禍。整座島上的車速限制，只有每小時三十五公里。⑬①在美國，佛羅里達州薩尼貝爾島（Sanibel Island）上的車速限制，也和百慕達一樣，只有每小時三十五公里。本世紀開始以來，這座島上尙未發生過任何死亡車禍，雖然當地的街道上也擠滿了汽車和自行車。⑬②澳洲研究人員發現，只要能將平均時速降低一點六公里，發生車禍的風險便會隨之減少。⑬③

人類社會已經逐漸將越來越快的移動速度，視爲行車距離越來越遠的日常生活中的一個必要成分。亞當斯將這種現象稱爲「過度移動」（hypermobility）。⑬④快速的移動速度使我們生活在一個時間比距離更重要的世界裡。隨口問問人們其通勤狀況如何，他們的回答必定會以時間作爲單位，就好像他們是在時鐘的表面上開車一樣。汽車的設計也以這種速度爲基準，提供了某種程度的安全保障，但這些安全設計其實也不盡然有用，因爲每年都導致數以萬計的死亡事件和無以計數的傷害事件，究竟有何安全可言？開車上路時，我們往往認爲自己幾乎刀槍不入，雖然在半數車禍中，安全氣囊和安全帶的功用並不顯著，⑬⑤而正如澳洲交通事故研究人員麥可·潘恩（Michael

Paine）指出的，由於正面衝撞事故而死亡的有繫上安全帶駕駛人中，有半數的人衝撞速度都低於看似不快的每小時五十六公里。[136]

我們都已認定，快速移動產生的報酬，超過了它帶來的風險。我們自己就是駕駛人的事實，扭曲了我們的觀點。我們不只認爲自己的駕駛技術，比一般駕駛人來得優越——這就是我們之前提及的「樂觀偏誤」——許多研究也發現，和一般駕駛人比較起來，我們相信自己比較不易發生車禍。主控感降低了我們的風險意識。而超越吾人掌握的事物，則常被當作危險的事物，雖然百分之九十的車禍，其實都是「人爲因素」的產物，而非故障車輛、不良道路，或惡劣天氣的後果。

開車上路時，我們依賴不完美的人類計算能力，來分辨危險和安全的事物。我們覺得大卡車非常危險，但又在它們附近以不安全的方式行車。我們認爲無標誌圓環比交叉路口來得危險，雖然事實正好相反。我們認爲人行道適合騎乘自行車，即使事實並非如此。我們擔憂在「危險」的週末長假發生車禍，卻又在平日時將這些顧慮拋諸腦後。我們不讓小孩走路上學，雖然開車出門其實更加危險。我們改用免手持式手機，以便避免危險的撥號動作，但又花上更多時間接聽手機（並在車內做其他同樣危險的事）。[137] 即使一眼望去路上空無人車，我們仍在紅燈前停車，之後卻沿途超速趕路。我們認爲休旅車比較安全，卻又以危險的方式駕駛這些車輛。我們緊緊跟隨前方車輛，剝奪了任何緩衝空間，但又盲目地相信前方車輛永遠不會緊急煞車。我們忘了即使汽車變得越來越安全，車禍死亡率卻仍固執地居高不下。我們明明了解這些事，但又在開車時裝出一副無知的模樣。

後記：駕駛訓練課程

從我開始學開車，到了我好不容易考了兩次才取得駕照，我其實沒有想過太多有關交通的任何問題。從那時開始，我累積了數十萬公里的行車里程、發生過幾次小車禍（或者「意外」，假如你堅持的話，雖然這些事件都是我的錯，相關細節則不便在此透露），且每十年便準時到監理所檢查視力，好讓脾氣暴躁的公務員幫我換張新駕駛執照。我多半都坐在方向盤後，偶爾轉換一下廣播頻道，並帶著混合了焦慮和驚奇的心情開車上路：路旁的車禍殘骸、人們低劣的行車方式、親友口中的「小心開車」，以及路上的各種危險事物，都會讓我感到焦慮；而人們竟然能在這種情況下，和無數人一起以快速而流暢的方式，四處往來移動的事實，則使我不得不嘖嘖稱奇。

花了許多時間過濾各種交通理論和現象後，我猜想一定還有某些駕駛技術值得我去學習。何不請教那些將開車視爲運動和職業，並把駕駛技術推至極限，甚至能讓最狂亂的交通狀況也變得相形失色的人？賽車選手到底擁有哪些不爲人知的祕密駕駛技術？因此，我在某天來到位於德州鳳凰城南邊的巴伯邦杜蘭特高等駕駛訓練中心（Bob Bondurant School of High Performance Driving），和嚼著口香糖的青少年以及頭髮斑白的六十多歲老人，一起坐在一間明亮教室裡的狹窄連桌座椅上。站在講桌前的是皮膚黝黑、頭上帶點金髮的前改裝車賽車選手雷斯．貝奇勒（Les Betchner）。他說得一口流利易懂的賽車行話，全身散發出飛行員和運動教練等人與生俱有的自信朝氣。

正如你現在應該已經知道的，駕駛人常會強化對自己的信心。我們都認爲自己的駕駛技術比其他人來得好。人一旦活到了四十歲，便不太容易坦承自己仍不明白許多事。但這正是教室裡發生的事。「方向盤其實沒什麼用處，」貝奇勒說。「你得用踏板控制汽車。」**什麼**？我豎起耳朵注意聆聽。用踏板控制汽車？貝奇勒正用幻燈片講解快速過彎時的車身打滑問題。賽車選手痛恨車身打滑，其原因不在於這表示他們失去了主控權，而在於，以賽車行話而言，「損耗車速」。「我們絕對不想打滑，」貝奇勒說。「那是賽車場上最慢的過彎方式。」

上過駕駛訓練課程的人應該都還記得，快速過彎時可能出現兩種車身打滑現象，亦即「轉向不足打滑」（understeer skid）和「轉向過度打滑」（oversteer skid）。在賽車場上，「轉向不足打滑」指的是車頭最先撞上護欄的打滑事故，而「轉向過度打滑」指的則是車尾率先撞上護欄的打滑事件。這些事故雖然都和「打滑」兩字有關，方向盤並不足以正確處理轉向不足或轉向過度引發的問題。相反地，完全依賴方向盤，反而常會造成反效果。「一旦過度使用方向盤，你馬上就會衝出路面，」貝奇勒說。「物理學也和你的安全有關係。」

防止車身打滑的關鍵，在於「重量轉移」。發生轉向不足打滑事故時，汽車前輪失去了抓地力。試圖藉由操控方向盤來解決問題，只會令問題益發嚴重。煞車則可將車身重量移至車頭，進而增加前輪的抓地力。相反地，發生轉向過度打滑事故時，汽車後輪的抓地力大減，導致車身不斷由後往前滑出。① 在這種情況下，後輪的滑角——亦即輪胎的指向和其實際移動方向之間的差異——大於前輪的滑角。處理這種問題的第一個步驟，簡而言之，便是增加轉彎的幅度。因此，與其順著車頭的滑動方向轉動方向盤，你應該順著車尾的打滑方向旋轉方向盤。許多人自認知道如何處理這種情況，其實他們並不知道爲什麼該如此做。貝奇勒指出，更嚴重的問題在於，沒有人知道接下來應該做什麼。他向教室裡的學員提出這個問題。有些人說了幾個模稜兩可的回答，而這些答案全都不一樣。「禱告？」某個學員開玩笑地說。

這個問題的答案或許和你想的正好相反：繼續加速。「發生問題時，請直接將油門踩到底，」貝奇勒說（事實上，他接著表示只要多踩一點油門便行了）。當然，一般人的本能反應是用力踩下煞車。這種作法的問題在於，如此一來，車身重量將會轉移至前輪——但這正是我們不樂見之事。當車身開始往前傾斜時，後輪原本即已所剩無幾的抓地力，將會以更快的速度不斷流失。但抓地力正是這時後輪最需要的東西。除此之外，還有最後一個問題。你也不能一直順著車尾的打滑方向旋轉方向盤。「這是我們最常陷入的難題，」另一位邦杜蘭特教練麥克‧麥高文（Mike McGovern）表示。「我們都能順利完成第一個步驟，但當車身回到正確的方向和位置後，我們常會忘記轉回方向盤。我們不斷告訴車子繼續轉彎，於是車子又開始打滑起來。」爲了解決這個問題，我們仍得抗拒自己的直覺反應：只有當你放開方向盤，允許它隨著重新歸位的方向盤回到原本的位置時，你才能完全取回行車的主控權。

另一個看似顯而易見——但在試車跑道上也得到有力證明——的事實，是邦杜蘭特的座右銘：「眼到車至」（look where you want to go）。這令人不禁想起我們之前提及的「飛蛾效應」，以及視覺研究人員至今仍爭論不休的一個「雞生蛋，蛋生雞」的問題：我們是否會自動朝著自己的注視方向前進，或者我們會先選定自己的目的地，然後一路注視著這個定點，以便保持正確的行進方向？②我們是否會朝著自己的視線方向行車，還是隨著自己的行車方向轉移視線？第一個答案看來比較合理：正如某份研究所發現的，「駕駛人擁有某種系統化且穩定的傾向，其行車方向往往會隨著其視線方向而變化，而這些行為時常發生於駕駛人的意識之外。」③

這聽來似乎只是空洞的理論，而和你沒有什麼實際關係，但請想像當你正在鄉間公路上暢快奔馳，但一輛汽車突然在你面前緊急煞車時，可能會發生什麼事？假如你以目光「鎖定目標」，正如駕訓教練的行話——亦即將視線集中在這輛車上，而非能夠引導你繞過這輛車的地點——你發生車禍的機率是否會變得比較高？你的「凝視癖好」，正如視覺學者的術語，是否會對你閃避障礙物的能力造成不良影響。

這個觀點尚未獲得科學證實，但在邦杜蘭特的試車跑道上，賽車選手的座右銘「眼到車至」，卻屢屢得到印證。我鑽進一輛後頭裝著輔助輪的龐帝亞克（Pontiac）Grand Prix。只要扳動開關，駕訓教練就能抬起車尾，模擬原本在更快的車速下才會出現的打滑動作。正當我邊繞著跑道行駛，邊練習如何處理轉向過度打滑問題的同時，我發現假如我不要注視自己即將撞上的橡膠輪胎防撞牆（老實說，這並不容易做到），反倒將視線移至自己想要到達的角落時，的確比較容易矯正車身打滑的現象。

這所擁有雪佛蘭 Corvette 跑車車隊和賽車級跑道、空氣中瀰漫著燃燒輪胎和汽車廢氣的駕駛訓練學校，很容易被輕蔑地視為飽受日常交通之苦的人們，用來滿足其原始冒險欲望的遊樂場。

這裡的確可以嗅到強烈的中年危機氣息。不過，來到這裡之後，我問了自己好幾次，從前我怎麼不知道這些事？

「駕駛訓練課程教導你如何考取駕駛執照，」巴伯・邦杜蘭特（Bob Bondurant）在它的辦公室裡告訴我。他養的昆士蘭隨從犬洛斯提就在一旁喘氣。「你在那裡不會學到如何處理車身打滑問題，或如何做出緊急迴避動作。」一九六七年，邦杜蘭特正以二百四十公里的時速，在賽車場上駕駛麥克勞連（McLaren）車隊的 Mk II 跑車時，他的方向盤把手突然斷裂，使得他一頭撞上跑道旁的護欄，而他的跑車也被「拋到和電線桿一樣高」的半空中，並因此提前結束了他那大有可爲的賽車生涯。從那時起，他便開始教導人們如何駕駛車輛。導演克林・伊斯威特（Clint Eastwood）和演員詹姆斯・嘉納（James Garner）等人，都曾是他的學生。「你的駕訓教練有可能是附近學校的英文老師，」④邦杜蘭特說。他的意思是，這些人對車輛的了解，其實就和一般人差不多。而在多數情況下，這也不會造成什麼嚴重的問題。賓士（Mercedes-Benz）汽車公司的創始人卡爾・賓士（Karl Benz）曾經預測，由於只有少數人能以適當的方式操控車輛，因此全球汽車市場的發展將會非常有限。⑤即使如此，大多數人，正如邦杜蘭特所言，「一把屁股塞進車內後，就以爲自己學會開車了。」

我們的確有很好的理由，反對人們在日常生活中模仿賽車選手的駕駛行爲。一九七〇年代，高速公路安全保險研究所的研究人員，針對改裝車賽車選手平日的行車記錄進行分析，並發表了一份著名的研究（不過，這份研究的結果，至今尚未得到其他研究的佐證）。毫無疑問地，⑥這些賽車選手比一般駕駛人更明白如何在高速下過彎、如何預期前方路況，以及如何提升自己的反應速度。而談到日常行車記錄時，他們的表現又如何呢？研究人員發現，這些賽車選手不但較常收到交通罰單（這一點相當符合他們愛好冒險的人格傾向），也比一般駕駛人更常發生車禍。無庸置疑地，賽車選手擁有非常優越的駕駛技術，但單憑駕駛技術是無法贏得獎杯的。爲了在比賽中獲勝，他們還得擁有某些無法言喻的直覺，好讓他們能夠稍微超越自己和其他賽車選手的極限。正如著名賽車選手馬利歐・安傑提（Mario Andretti）所言，「假如一切都在控制之中，那麼你的速度一定還不夠快。」⑦我們或許可以說，賽車選手有時必須刻意讓自己陷入超越其駕駛技術的險境當中，才能不斷精進自己的行車技巧。

在日常生活中，「優良駕駛行爲」和駕駛人的過彎技術以及高速行駛技巧無關，而和駕駛人是否遵守交通規則、保持清醒，以及避免撞上任何人有關。這並不是說，我們無法從賽車選手身上學到任何有用的事情。貝奇勒指出，賽車選手的坐姿既挺直又接近車頭，而且非常注意方向盤和腳踏板傳來的警示訊息。相反地，一般駕駛人的坐姿則是糟糕透頂。「大多數人都採取以左手控制方向盤而右肩下垂的『底特律坐姿』（Detroit lean），」他說。「車輛之間的溝通，也極爲惡劣。」某些駕駛人的身體位置，距離儀表板非常遙遠，導致他們無法用力踩下煞車，因而往往不能成功啓動反鎖煞車系統。或以視覺爲例。視覺和人們百分之九十的行車活動有關。賽車選手的座右銘「眼到車至」，⑧不但能夠協助賽車選手急速過彎，也可幫助一般駕駛人進行平淡無奇的駕駛活動。車輛之所以常在行人穿越道上撞傷行人的原因，在於駕駛人往往未能將視線放在正確的地點：駕駛人可能只專注於自己的過彎程序（特別是當他們正在接聽手機，或其注意力受到其他事物的吸引時），而未注意到車輛轉彎後的結果。比賽時，這會減慢你的速度。在真實生活中，它則會讓你撞上其他人。

日常生活中的駕駛活動，時常也會出現一些超乎吾人過去行車經驗的意外狀況：跨越行車分隔線的對面來車，和突然出現在頭燈光束之間的障礙物等。我在邦杜蘭特反覆練習了各種不同的駕駛動作——舉例來說，用力踩踏煞車以便啓動反鎖煞車系統（我嘗試了好幾次才成功），以及在排列著安全錐的狹小車道上梭巡。駕駛人在煞車完全發揮性能時的優異操控行爲，讓我感到大爲驚奇。反鎖煞車系統無法讓我更快停下車來；的確，在另一項練習中，我必須在快速接近三條車道時，根據駕訓教練直到最後一刻才會發出的指令，駛入指令指定的車道，而我從這項練習體會到，某些無法以煞車來避免的車禍，其實只要藉著適當地操控方向盤，便能輕而易舉地予以迴避。即使如此，有了防鎖煞車系統之後，駕駛人便能同時進行煞車動作**和**操控行車方向的事實，仍讓我大開眼界。

一如邦杜蘭特的其他駕駛訓練課程，這似乎是大家都知道的常識，但針對駕駛人在緊急狀況下的反應進行分析的許多研究，卻顯示事實並非如此。首先，駕駛人其實很少在突然遭遇障礙物時改變行車方向。大多數駕駛人會先煞車，然後再改變方向。即使在某些測驗中，改變行車方向才是避免車禍的唯一方法，人們仍會堅持煞車。⑨這或許是由於煞車看來會使駕駛人陷入更危險的處境，或是因爲駕駛人不了解車輛本身處理危機的能力，或是單純地出於某種「操作制約」（operant conditioning）——就和將行車方向維持在同一條車道上一樣，煞車通常都是處理緊急狀況的正確方法，久而久之它便成了人們所知的唯一方法。⑩即使如此，某些研究人員仍指出，駕駛人很少能將煞車的功能發揮得淋漓盡致。⑪其他研究則發現，當駕駛人試圖改變行車方向時，往往會朝著障礙物的移動方向行駛，⑫而這代表駕駛人並未注視著他們想抵達的地點（同時也未朝著這些地方移動），卻只顧盯著他們所欲迴避的障礙物。

我能否在多年之後仍舊謹記自己在試車跑道上學到的閃避駕駛行為，在目前而言仍是個無法回答的問題。最主要的問題在於，行車時可能出現的意外狀況不計其數，而我們不但不可能學會所有的處理方式，更不可能記得這些解決之道。除此之外，由於這些意外狀況往往超乎我們的預期，因此我們的反應時間也會變慢；車禍發生前的情緒壓力，也會更進一步削弱我們的應變能力——許多研究顯示，有時，這些壓力甚至會令我們無法做出任何反應。⑬

交通活動的動態互動特性也會有所影響。當我們必須避免和其他駕駛人互撞時，我們其實無法預先判斷何謂「正確」的閃避駕駛動作，因爲這些動作的效果，可能會被其他駕駛人採取的閃避動作抵銷。在某個實驗中，四十九名受試者在戴姆勒賓士公司（Daimler-Benz）的模擬駕駛儀中接受測試。當這些受試者逐漸接近某個交叉路口時，一輛原本停在這個路口的汽車突然加速，然後停在受試者行駛的車道上。理論上而言，每位受試者都有充分的反應時間，足以避免發生車禍。但只有十位受試者成功地免除了車禍。部分問題在於，受試者只來得及發現這輛汽車，卻來不及判斷它的意圖。⑭在這種情況下，閃避駕駛動作本身並不重要，因爲一切都得取決於運氣。

進階駕駛訓練課程是否具有長期效益此一問題，仍是一個爭論四起且尚待回答的交通難題之一，但我在邦杜蘭特學到的教訓，卻讓我不禁懷疑起，我們買車時——對許多人而言，汽車或許是他們買過最昂貴的東西之一——是否並不完全明白如何駕馭它們。當然，我們不明白的事情多的是，但不知道如何正確使用反鎖煞車系統，仍比不知道電腦鍵盤上的F9有何用途，來得更為危險。

這個令人不安的想法，只是人們的駕駛行為引發的許多緊張和矛盾狀況之一。汽車本身就是一個充滿矛盾的事物：汽車的性能越來越像跑車，但它往往只被視為我們這個組織鬆散且極端缺乏效率的大眾運輸系統中的一小部分，或者某種「行動客廳」。⑮所謂的安全駕駛行為，往往令人感到枯燥乏味，進而導致駕駛人的精神渙散，因此反而變得更不安全。相反地，假如每個人開起車來都像賽車選手一樣，那麼人們在開車時便不至於時常分心或睡著，但如此一來，我們的行車方式本身引發的風險也會大幅提升（即使是最有經驗的駕駛人，也無法顛覆受到基本物理學原理規範的行車因素，例如，煞停距離等）。我們都認為自己的駕駛技術比一般駕駛人來得好。以雙腿步行時，我們覺得汽車總是橫衝直撞；而駕駛車輛時，我們則認為行人總愛亂闖紅燈。我們要求提升汽車的安全性能，只因我們都想追求更快的速度。汽車讓我們得以體驗刺激瘋狂的速度感和無拘無束的自由感，並因此具有肯定生命存在價值的奇特作用，但對許多人而言，它也是日常生活中最能對其生命造成威脅的事物。我們都想在路上展現我行我素的個人精神，但順暢的交通活動卻需要大家遵守相同的規範。我們希望沿途都能遇上綠燈，除非我們是在另一條交叉路上。我們想要降低自家附近的交通流量，不過遠一點的地方若能增建一條十線道高速公路也不錯。我們都不願見到其他人開車上路，因為唯有如此，我們才能更快抵達目的地。對我們最有利的交通狀況，往往並不見得對其他人也有利，反之亦然。

我之所以對汽車的負面環境影響略而不談的理由在於，我相信，正如有人曾經說過的，移除裝在車內的內燃機，比移除坐在車上的駕駛人，來得容易許多。假如有朝一日，我們眞能以某些永續能源取代現行的石油經濟，本書提及的各種交通現象，不但不會消失得無影無蹤，反而會越發嚴重。正如通用汽車公司研發暨策略計畫副總裁賴瑞・伯恩（Larry Burns）對我說的，「在汽車引發的所有外部效應中——能源、環境、安全、公平使用，以及交通壅塞等——我認爲最難解決的就是交通壅塞。」

即使駕駛人仍坐在車上，他們未來是否還須行駛車輛，則是另一個問題。人們開車時遭遇的各種知覺限制——視覺盲點、誤判車輛接近速率，以及煞停距離超過頭燈照射範圍等——幾乎都已得到科學家和汽車研發人員的關切和持續研究。頂級汽車上已經不乏這些先進的科技裝置。寶馬（BMW）汽車公司的 xDrive 系統，能以偵測器監控前方路況。在一則廣告中，該公司簡單明瞭地宣稱：「xDrive 反應時間：一百毫秒。人類反應時間：毫無必要。」藉由追蹤駕駛人的眼動模式，來判斷他們是否集中注意力開車的「視線偵測」等科技，也將在不久的未來問世。

未來的人們在路上看見的景象，或許比較不像邦杜蘭特的試車跑道，而比較類似智慧運輸系統世界大會在美國電信公司公園（AT&T Park，此地也是舊金山巨人棒球隊的主場球場）的一萬八千五百平方公尺停車場上舉行時的模樣。大會舉辦期間，這座停車場變成了無數高科技交通裝置的「創新動態展示會場」，看來就像是一場以人類限制爲主題的奇特嘉年華會。在這裡，你會發現「智慧型交叉路口警示設備」（Intelligent Intersections），這套設備能夠藉著偵測器提供的資料和電腦的運算，告知你其他駕駛人似乎無意在十字路口停車再開。你也能看見「動態停車資訊系統」(Dynamic Parking)，這個系統可以藉著即時偵測器傳來的資訊，告訴你哪裡還有閒置的停車空間。

我和通用汽車公司的兩位研究人員克里斯多福‧凱倫(C. Christopher Kellum)以及普里洋薩‧慕達里格（Priyantha Mudalige），一起搭乘一輛凱迪拉克（Cadillac）CTS轎車。藉著全球導航系統和無線電接受器之助，這輛汽車能和其他配備相同裝置的汽車進行溝通。通用汽車公司將這套系統稱爲「車對車溝通系統」（vehicle to vehicle），並企圖以其爲基礎，將所有的汽車形成一個行動網絡，以便彼此分享資訊，且協助你「注意其他人的動向」，慕達里格如此說。一個螢幕顯示我們正和其他兩輛汽車互相傳遞資訊。通用汽車公司的研究人員很清楚，這套系統必須能夠同時處理在數以百計的汽車之間傳送的資料，才能在眞實世界中派上用場。「我們做了許多模擬實驗，以便了解當同一個地點上有兩千輛汽車時，可能會發生什麼事，」凱倫說。「我們需要找到一個聰明的辦法，分辨有用和沒有用的資訊。假如前方一公里處發生車禍，那麼我們想要留下這筆資料。如果前方一公里處單純只是有些人正在開車，那麼我們不想保存這個資訊。」

假如這一切聽來非常耳熟，其原因正在於我們的確曾經提及類似的發明：這些路況偵測和評估作業，也是史丹福大學研究團隊發展的自動駕駛機器人「小子」，成功地在模擬市區街道中達成的任務。我突然發現，我所搭乘的其實就是「小子」的兄弟。凱倫請我變換車道，雖然我知道某輛汽車已經進入了我的視覺盲點中。當我啓動方向燈時，我的背後突然感到一股微弱的震動。這就是所謂的「觸覺警示」（haptic warning），其作用在於防止駕駛人的注意力被過度的視覺或聽覺訊息所淹沒，它也可用來強調駕駛人可能置之不顧的警示資訊[16]（當你的車子逐漸偏離路面時，觸覺警示的作用將會非常強烈)。「車道偏離警示系統」(lane-departure warnings)等駕駛人輔助科技的問題之一，在於即使這些警示資訊變得越來越快速和精確，駕駛人仍須集中注意力，才能根據這些訊息做出適當的反應。⑰

未來的情況或許會有所改變。凱倫接著要我以穩定的速度，朝著停在遠處的一輛汽車前進。「隨便你怎麼開都行，」他說。然後他告訴我不要踩煞車。「我們要到那裡去，而且我們的車子會自動煞車，」他說。「在眞實世界中，我們必須不斷地評估自己的車速、距離，以及正確的煞車時機。我曾在一百二十公里的時速下試過這麼做。」這其實和我在邦杜蘭特所做的練習差不多，唯一的不同在於，現在我不須試圖啓動防鎖煞車系統，但卻得放棄主控權且什麼事都不能做。我坐在「小子」的兄弟裡，這簡直就有如自尋死路一樣。那輛靜止不動的汽車在我的視野中急速變大。時間似乎暫時慢了下來(事實上，正如許多研究發現，時間其實可能加快了一點，而我只是被自己的記憶愚弄罷了)。⑱我全身打了一陣寒顫，脖子上的汗毛也豎了起來。安全氣囊四處迸開和測試假人搖頭晃腦的影像，就像流轉不止的夢魘一般，一幕幕地閃過我的腦海。最後，我的車子以完美的方式停了下來。

在遙遠的未來，人類或許會演化成完美的駕駛人，擁有高度發展的視覺和反射，足以在高速下通行無阻。或許，我們也會變得有如螞蟻一樣，能將高速公路化爲一條條合作無間且具有極致效率的移動車流，並可消弭強制匯入車流、緊咬前車車尾，或互相比畫手指等惡劣行爲。不過，在這種遙遠的未來降臨之前，下列這個可預見的將來，或許比較有可能成眞：成群結隊的自動駕駛車輛，全部採取相同的速度在路上順暢行駛，以便達到最大化的交通流量，並保持最安全的行車間距；這些車輛配備的電腦，則能藉由完美無缺的車流匯入計算程式，設定最佳化的流通容量；而這一切都受到網路路由器的控管，以便在交通資訊構成的資訊高速公路上，爲車輛規畫最有效率的行車路徑。或許，這個未來將會成爲我們夢寐以求的交通天堂。但只要能夠謹記活躍於二十世紀中葉的交通工程師亨利・邦斯的名言，我們當下也能過得幸福圓滿：「隨著時代的進步，技術問題越來越自動化，但人性問題卻越來越難以捉摸。」即使有朝一日我們眞的能將人們從駕駛座上移開，我們是否也有能力把人性從人類的交通活動中一併連根拔起？

註釋

0 馬路學：從馬路消息到馬路知識

①Matt Asay, "How Team Works." *Connect*, November 2003. Retrieved from http://www.connect-utah.com/article.asp?r=189&iid=17&sid=4.

②這裡當然有些例外，例如沙烏地阿拉伯禁止女性開車，或是以色列設有區分巴勒斯坦人和以色列人的種族隔離高速公路。參見 Brian Whitaker, "Saudi Driving Ban on Women Extends to Golf Carts," *Guardian*, March 3, 2006 與 Steven Erlanger, "A Segregated Road in an Already Driving Land," *New York Times*, August 11, 2007。

③Sean Dockray、Steve Rowell 與 Fiona Whitton 指出，電腦（computer）和打字機（typewriter）這些字以前與人有關（例如 typewriter 的原義是打字員），現在意指那個字本身的技術。他們宣稱，我們已經變成交通，只是不喜歡在言語中承認。參見 "Blocking All Lanes," *Cabinet*, no. 17 (Spring 2005)。

④參見 Eric Poehler, "The Circulation of Traffic in Pompeii's Regio VI," *Journal of Roman Archaeology*, vol. 19 (2005), pp. 53-74。

⑤艾瑞克・波勒認爲，按照龐貝城的保存程度，當時存在的交通號誌可能會變成今日的考古遺跡。依他推測，駕駛人在找地址時，會較爲依賴相關的提示（例如在肉店左轉或在神殿右轉），勝過於依賴其他駕駛或街景設計的線索。源自與艾瑞克・波勒的通信。

⑥艾瑞克・波勒推測，這些改變一定是在一些交通工程部門監督下所完成。「這無疑暗示著，整個交通系統是由市政府層級的中央主管或團隊謹慎治理。」參見 Eric Poehler, "A Reexamination of Traffic in Pompeii's Regio VI:

The Casa del Fauno, the Central Baths, and the Reversal of Vico di Mercurio," *Archaeological Institute of America* (2005)。

⑦有關羅馬交通史，參見 *The Roads of the Romans*, by Romolo August Staccioli (Rome: L'Erma di Bretschneider, 2003)，特別是第21—23頁。

⑧引述同上第23頁。

⑨有關英國交通史，參見一本好書 *Street Life in Medieval England*, by G. T. Salusbury Jones (Oxford: Pen-in-Hand, 1939)。

⑩有關車禍死傷人數和倫敦駕駛人名冊的資料，參見 Emily Cockayne 的 *Hubbub: Filth, Noise and Stench in England* (New Haven: Yale University Press, 2007), pp. 157-80。

⑪一八六七年行人死傷人數取自 *Ways of the World: A History of the World's Roads and of the Vehicles That Used Them* (New Brunswick, N.J.: Rutgers University Press, 1992), p. 132。

⑫*New York Times*, April 9, 1888.

⑬"Our Unwary Pedestrians," *New York Times*, December 24, 1879.

⑭如欲得知關於自行車對美國文化影響的有趣見解，參見 Sidney H. Aronson, "The Sociology of the Bicycle," *Social Forces*, vol. 30, no. 3 (March 1952), pp. 305-12. Aronson 提到，「我們因此可以斷言，自行車提供社會現象的縮圖，讓我們預見汽車擴展產生的影響。」

⑮如欲進一步了解包括「良好道路運動」在內的自行車歷史，參見 David Herlihy 的 *Bicycle: The History* (New Haven: Yale University Press, 2005), p. 5. Herlihy 提到，自行車製造是汽車大量組合的前身，許多自行車修理店都變成加油站。

⑯*New York Times*, September 15, 1903.

⑰"Proposed Street Traffic Reforms," *New York Times Magazine* supplement, February 23, 1902.

⑱參見 Gordon M. Sessions, *Traffic Devices: Historical Aspects Thereof* (Washington, D.C.: Institute of Traffic Engineers, 1971)。

⑲有關洛杉磯威瑟爾街（Wilshire St.）和威斯頓大道（Western Ave.）路口交通號誌資訊取自 Sessions, *Traffic Devices*, ibid., p. 45。

⑳有關色盲和交通號誌的敍述，參見 Clay McShane, "The Origins and Globalization of Traffic Control Signals," *Journal of Urban History*, March 1999. p. 396。

㉑Jeffrey Brown, "From Traffic Regulation to Limited Ways: The Effort to Build a Science of Transportation Planning," *Journal of Planning History*, vol. 5, no. 1 (February 2006), pp. 3-34.

㉒有關前東德交通工程如何受到德國統一的影響，以及相關決策的文化基礎及結果，參見 Mark Duckenfield and Noel Calhoun, "Invasion of the Western Ampelmännchen," *German Politics*, vol. 6, no. 3 (December 1997), pp. 54-69。

㉓紐約市交通局副局長 Michael Primeggia 曾簡單地向我解釋，「人們認爲倒數計時裝置提供行人更多訊息，做出明智決定。如果現在我提供他們正確訊息，他們選擇視而不見，要我如何認爲更多資訊是件好事呢？」有些研究發現，行人較少抱怨倒數計時裝置，例如 H. Huang and C. Zegeer, "The Effects of Pedestrian Countdown Signals in Lake Buena Vista," University of North Carolina Highway Safety Research Center for Florida Department of Transportation, November 2000，參見 www.dot.state.fl.us/safety/ped_bike/handbooks_and_research/research/CNT-REPT.pdf.。這當然是一種人爲結果，行人理智分析狀況，決定在倒數結束前還有足夠時間過馬路。當他們「技術上」違反號誌時，他們也在聰明地利用資訊。

㉔如欲了解關於不同限速及其對安全影響的討論，參見 "Safety Effects of Differential Speed Limits on Rural Interstate Highways," Federal Highway Administration, Washington, D.C., October 2005, FHWA-HRT-05-042。

㉕Henry Barnes, *The Man with the Red and Green Eyes* (New York: Dutton, 1965), p. 218.

㉖Ralph Vartabadian, "Your Wheels," *Los Angeles Times*, May 14, 2003.

㉗有關凸面鏡的引述來自於與麥可·佛蘭納根的電話訪問。

㉘舉 Progressive 保險公司一份二〇〇二年調查爲例，該調查訪問逾一萬一千名曾在二〇〇一年申請車禍索賠的駕駛人，結果發現五十二%的車禍發生在駕駛人距離住家八公里內，七十七%的車禍發生在距離住家二十四公

里內。資料取用於二〇〇七年十月三日。參見 http://newsroom.progressive.com/2002/May/fivemiles.aspx。

㉙參見 Tova Rosenbloom, Amotz Perlmana, and Amit Shahara, "Women Drivers' Behavior in Well-known Versus Less Familiar Locations," *Journal of Safety Research*, vol. 38, issue 3, 2007, pp. 283-88。許多研究指出，駕駛人在短程行程中，繫安全帶的意願較低，這可能與離家近比較有安全感有關。參見 David W. Eby, Lisa J. Molnar, Lidia P. Kostyniuk, Jean T. Shope, and Linda L. Miller, "Developing an Optimal In-Vehicle Safety Belt Promotion System" (Ann Arbor: University of Michigan Transportation Research Institute, 2004)。

㉚*Driven to Spend* (Surface Transportation Policy Project, 2001).

㉛Alan Pisarski, *Commuting in America III* (Washington, D.C.,: Transportation Research Board, 2006), p. 38.

㉜Amy Orndorff, "Garages Go Gigantic: Car Buffs Opt for Bigger Spaces," *Washington Post*, September 13, 2006.

㉝參見 Tim Lomax and David Schrank, *2007 Annual Urban Mobility Report*, compiled for the Texas Transportation Institute (College Station: Texas A&M University, 2007)。

㉞Surface Transportation Policy Partnership, *Mean Streets 2002*, chapter 2. Retrieved at http://www.transact.org/report.asp?id=159.

㉟此句源自於 *Food and Drug Packaging*, March 2002。

㊱*Frozen Food Age*, vol. 54, no. 1 (August 2005), p. 38.

㊲「隨手食品」數據取自於市調公司 Datamonitor。

㊳車上點餐銷售金額參見 *Wall Street Journal*, May 21, 2000。

㊴*Chicago Sun-Times*, October 7, 2005.

㊵此數據根據 Food Strategy Implementation Partnership (FSIP)、Bord Bia 及 Intertrade Ireland 委派 Invest NI 所做的調查，引用於 *Checkout*, February 2006。

㊶參見 Julie Jargon, "McD's Aims for the Fast Lane." *Crain's Chicago Business*, June 27, 2005, p. 3。該篇文章並未指出兩條點餐專用車道應該併入一條付帳車道，文中並未提及任何合併車道的困難。

㊷Geoffrey Fowler, "Drive-Through Tips for China," *Wall Street Journal*, June 20, 2006.

㊸ Elizabeth M. Gillespie, "Starbucks Bows to Customer Demand," *Toronto Star*, December 27, 2005.

㊹ 這段話源自於 *Business Wire* 的新聞稿，參見 http://www.hispanicprwire.com/news.php?l=in&id=4394&cha=4。車內用餐測試是由 Kelton Research 公司執行。這段話是該公司總裁 Tom Bernthal 所說，我曾與他會晤討論測試內容。

㊺ Carole Paquette, "Drive-Throughs Move Beyond Banks and Fast Food," *New York Times*, April 8, 2001.

㊻ 有關有聲書的資訊參見有聲書出版者協會提供的資料。

㊼ 參見 Idan Ivri, "Gridlock: How Traffic Has Rerouted Jewish Life," *Jewish Journal*, July 9, 2004。政治科學家 Robert Putnam 認爲，每十分鐘通勤時間「**會減少參與十%的公共事務**」，參見 Putnam, *Bowling Alone: The Collapse and Revival of American Community* (New York: Simon and Schuster, 2001), p. 213。

㊽ 根據聖路易大學醫學院的 Scott Fosko 所做的研究。文章參見 http://www.aad.org/aad/Newsroom/Driving+An+Automobile.htm。

㊾ 參見 Alexis de Tocqueville, *Democracy in America* (repr.; London: Penguin, 2003), p. 328。

㊿ Elizabeth Rosenthal, "Car Boom Puts Europe on Road to a Smoggy Future," *New York Times*, January 7, 2007.

51 "Car Ownership Boom Means Traffic Jams in Once-Tranquil Tibet," *International Herald Tribune*, November 7, 2007.

52 參見 Rory Carroll, "Carbon Leaves Caracas in One Big Jam," *Guardian*, November 23, 2006。「七分」汽油價格數據取自於 Simon Romero, "Venezuela Hands Narrow Defeat to Chavez Plans," *New York Times*, October 30, 2007。

53 根據二〇〇四年統計，聖保羅市不及七公里的高速公路，運輸逾五百萬輛汽車。相較之下，洛杉磯一四四八公里的公路只處理七百萬輛。參見 Henry Chu, "São Paulo Seeks Road Map to Life Without Traffic Jams," *Los Angeles Times*, November 9, 2004。在二〇〇七年，直升機死亡意外數字節節高升，督促政府限制日益成長的空中交通。參見 Cristina Christiano, "SP quer limitar tráfego de helicópteros," *O Globo*, September 24, 2007。

54 Matthew Moore, "Car Jockeys Often in for Rough Ride from Traffic Police," *Sydney Morning Herald*, December 26, 2002.

⑤⑤這條資訊是來自與 Jian Shou Wang 的電郵通信。

⑤⑥http://www.who.int/world-health-day/2004/infomaterials/en/brochure_jan04_en.pdf.

1 為什麼另一條車道看起來總是比較快?

①這個詞令我聯想到與 Aaron Naparstek 的談話。

②Hélène Fontaine and Yves Gourlet, "Fatal Pedestrian Accidents in France: A Typological Analysis," *Accident Analysis and Prevention*, vol. 39, no. 3 (1997), pp. 303-12.

③參見 W. A. Tillman and G. E. Hobbs, "The Accident-Prone Automobile Driver: A Study of the Psychiatric and Social Background," *American Journal of Psychiatry*, vol. 106 (November 1949), pp. 321-31。許多人認為,「道路憤怒」就像「空中憤怒」或「衝浪憤怒」一樣,是比較新的概念,但其實這個詞彙的歷史如汽車本身一樣悠久。舉例而言,在一九六八年,我們記得從巴黎到墨西哥市發生激烈社會暴動,但其實在空中也正在發生另一種型態的暴力。在那年,Mayer H. Parry 發表 *Aggression on the Road* 一書,《紐約時報》也報導政府證實在國道上發生「失控的暴力行為」。

④相關討論參見 Patrick L. Brockett and Linda L. Golden, "Biological and Psychobehavioral Correlates of Credit Scores and Automobile Insurance Losses: Toward an Explication of Why Credit Scoring Works," *Journal of Risk and Insurance*, vol. 1, no. 74 (March 2007), pp. 23-63。

⑤可參見 David L. Van Rooy, James Rotton, and Tina M. Burns, "Convergent, Discriminant, and Predictive Validity of Aggressive Driving Inventories: They Drive as They Live," *Aggressive Behavior*, vol. 3, no. 2 (February 2006), pp. 89-98。

⑥此為該領域的實質共識,參見學術文獻調查 B. A. Jonah, "Sensation Seeking and Risky Driving: A Review and Synthesis of the Literature," *Accident Analysis and Prevention*, vol. 29, no. 5 (1997), pp. 651-65。

⑦感謝依安・沃克提供這句話。

⑧Kazumi Renge, "Effect of Driving Experience on Drivers' Decoding Process of Roadway Interpersonal Communication," *Ergonomics*, vol. 43, no. 1 (1 January 2000), pp. 27-39.

⑨這裡引發一個爭論，在交通中是否應有任何不必要的溝通。正如德國社會學家 Norbert Schmidt-Relenberg 觀察，「我們可以這樣說，交通中的合作不是爲了達到正面目標，而是要避免負面事物。每一位系統參與者應嘗試著順暢抵達目的地。交通本身就是一個系統，系統中越少人與他人接觸，越少人被迫與他人互動，系統運作就越好。一個系統是根據減少接觸的原則加以定義並獲得認可。」換言之，我們不僅不該對貼有綠天合唱團貼紙的人按喇叭，我們一開始根本就不應該貼上貼紙。參見 Norbert Schmidt-Relenberg, "On the Sociology of Car Traffic in Towns," in *Transport Sociology: Social Aspects of Transport Planning*, ed. Enne de Boer (Oxford, New York: Pergamon Press, 1986), p. 122。

⑩María Cristina Caballero, "Academic Turns City into a Social Experiment," *Harvard University Gazette*, March 11, 2004.

⑪克茲認爲，這也許可以解釋爲何我們常罵其他駕駛人是「混蛋」，對他們比「中指」。

⑫Andrew R. McGarva and Michelle Steiner, "Provoked Driver Aggression and Status: A Field Study," *Transportation Research F: Psychology and Behavior*, vol. 167 (2000), pp. 167-179.

⑬若是我們的交通號誌能更具意義呢？前幾年，在東京汽車展之前，日本 Lexus 汽車設計師 Simon Humphries 在電子郵件中告訴我，豐田汽車已經提議開發一台暱稱「POD」的汽車，車內設有「交通工具情緒操作系統」。除了一般的燈光和方向箭頭，還會有一些新訊號。頭燈會「擬人化」，加上「眼睛」和「眉毛」。天線會「搖擺」，會用不同的顏色顯示情緒。在美國專利權申請書中提到，「當交通變擁擠，車輛增多時，汽車若有情緒功能，例如像人和動物一樣哭笑，就可以營造一種愉快、充滿生命力的氛圍，而非只是無生命運輸工具的來來去去。」事實上，一家德國公司甚至在修配零件市場推出這種系統，名爲 Flashbox，利用一系列閃爍表示「抱歉」、「生氣」和「停，再往前？」然而，增加訊號也會製造許多新問題。每個人必須學習新訊號。交通中資訊越多，意味著需要更多時間去處理。接收到「笑臉」的駕駛人，可能不懂爲何會得到笑臉，所以乾脆按喇叭。而「生氣」閃燈可能會引發而非化解暴力事件。

⑭一位澳洲男性駕駛人遇到一名女駕駛對他搖小指頭，他馬上拿塑膠瓶往她的擋風板扔去，該名男子因此受罰。

男子宣稱那個手勢類似「性攻擊」，比傳統的中指侮辱還糟糕。他說：「中指現在很常見，我們已經不以爲意，但是小指頭是全新玩意兒，這引發極大情緒，每個人都知道這個意思，你就是被冒犯了。」參見 David Brouithwaite, "Driver Points to Ad Campaign for His Digitally Enhanced Road Rage," *The Sydney Morning Herald*, November 1, 2007。

⑮關於克茲針對交通憤怒的進一步討論，參見 Jack Katz, *How Emotions Work* (Chicago: University of Chicago Press, 1999)，尤其第一章：“Pissed Off in L.A.”。

⑯Jack Katz, *How Emotions Work*, p. 48.

⑰參見 L. D. Ross, "The Intuitive Psychologist and His Shortcomings: Distortions in the Attribution Process," in *Advances in Experimental Social Psychology*, vol. 10, ed. L. Berkowitz (New York: Random House, 1977), pp. 173-220。

⑱正如 Thomas Britt 與 Michael Garrity 寫道，「人們可能會因爲挑釁駕駛人的行爲，誤判自身的因果方向，感覺自己在開車時可以控制某些事物。」參見 "Attributions and Personality as Predictors of the Road Rage Response," *British Journal of Social Psychology*, vol. 45 (2006), pp. 127-47。

⑲此結果是來自於英國運輸研究實驗室的研究人員，他們對駕駛人進行一系列訪談，訪談部分是在評估自行車騎士和駕駛人在交通情境中的行爲。他們得出結論，「自行車騎士無法預測的潛在行爲，其實是源自於他們本身的態度和侷限能力，而非因爲他們經常被迫面對的困難路況（意即駕駛人是性格取向，而非情境取向）。儘管駕駛人顯然不知如何應付困境，但他們從不會把這些困境歸咎於自己的態度或能力，也不認爲這些困境與其他駕駛人有關（意即他們認爲自己和其他駕駛人的行爲是情境取向）。這種責任歸屬的模式，代表人們會將理解自己行爲的方式，用於同一社會團體的人身上，對抗那些不屬於同一社會團體的人。參見 L. Basford, D. Davies, J. A. Thomson, and A. K. Tolmie, "Drivers' Perception of Cyclists," in *TRL Report 549: Phase I—a Qualitative Study* (Crowthorne: Transport Research Laboratory, 2002)。

⑳參見 D. T. Miller, J. S. Downs, and D. A. Prentice, "Minimal Conditions for the Creation of a Unit Relationship: The Social Bond Between Birthday Mates," *European Journal of Social Psychology*, vol. 28 (1998), pp. 475-81。此觀點出

自一份有趣的報告，參見 James W. Jenness, "Supporting Highway Safety Culture by Addressing Anonymity," *AAA Foundation for Traffic Safety*, 2007。

㉑這個觀點最早是在一九三〇年，由加州一位都市計畫者所提出。他建議，「南加州居民已經變成長著輪子的自由個體。」這句話出自於 J. Flink, *The Automobile Age* (Cambridge, Mass: MIT Press, 1988), p. 143，參見蘭開斯特大學社會學家 John Urry, "Inhabiting the Car," published by the Department of Sociology, Lancaster University, Lancaster, United Kingdom。存取於 http://www.comp.lancs.ac.uk/sociology/papers/Urry-Inhabiting-the-Car.pdf。

㉒參見 Henrik Walter, Sandra C. Vetter, Jo Grothe, Arthur P. Wunderlich, Stefan Hahn, and Manfred Spitzer, "The Neural Correlates of Driving," *Brain Imaging*, vol. 12, no. 8 (June 13, 2001), pp. 1763-67。

㉓參見 David Shinar and Richard Compton, "Aggressive Driving: An Observational Study of Driver, Vehicle and Situational Variables," *Accident Analysis & Prevention*, vol. 36 (2004), pp. 429-37。

㉔學者也認爲，獨自駕駛的人比較容易疲倦，容易發生車禍，這並不難理解。乘客提供「另一雙眼睛」警告可能的危險，可以幫忙駕駛人專心。如欲了解獨自駕駛增加的危險因素，可參見 Vicki L. Neale, Thomas A. Dingus, Jeremy Sudweeks, and Michael Goodman, "An Overview of the 100-Car Naturalistic Study and Findings." National Highway Traffic Safety Administration, Paper Number 05-0400。

㉕參見 F. K. Heussenstamm, "Bumper Stickers and the Cops," *Trans-Action* (Society), vol. 8 (February 1971), pp. 32 and 33。作者承認，受試者的駕駛可能受到實驗本身影響，但也辯稱：「若不是因爲警察對貼有黑豹黨標誌持有偏見，這些以前的『安全』駕駛收到這麼多的罰單，在統計上實在是極不可能發生的事。」關於特別設計車牌的資訊可參見 "New 'Scarlet Letter' for Predators in Ohio," Associated Press, March 1, 2007。很諷刺地，車牌會引起類似「當心兒童」標誌的問題。他們指出，沒有這種車牌的車子意味著孩童可安全接近，就像「當心兒童」標誌，駕駛人在沒有這些標誌的地區，比較不會小心駕駛。

㉖至少有一份非常侷限的觀察研究指出，與開其他類型車輛的駕駛人比較，開休旅車的女性，比較會在時速限制三十公里的校園中開快車，比較會在購物中心消防管制車位停車，看到停止標誌較少停車，當十字路口燈號轉綠時，行車通過速度較慢。作者坦承，研究樣本不多，女性駕駛休旅車的比例較高，可能是在他觀察的地區中，

女性駕駛休旅車的比例剛好比其他地方高。參見 John Trinkaus, "Shopping Center Fire Zone Parking Violators: An Informal Look," *Perceptual and Motor Skills*, vol. 95 (2002), pp. 1215-16; John Trinkaus, "School Zone Speed Limit Dissenters: An Informal Look," *Perceptual and Motor Skills*, vol. 88 (1999), pp. 1057-58。

㉗可參見 Devon E. Lefler and Hampton C. Gabler, "The Fatality and Injury Risk of Light Truck Impacts with Pedestrians in the United States," *Accident Analysis & Prevention*, vol. 36 (2004), pp. 295-304。

㉘Paul C. Rosenblatt, "Grieving While Driving," *Death Studies*, vol. 28 (2004), pp. 679-86.

㉙感謝丹尼爾・麥格西提供故事。

㉚參見 Philip Zimbardo, "The Human Choice: Individuation, Reason, and Order vs. Deindividuation, Impulse, and Chaos." In *Nebraska Symposium on Motivation*, ed. W. J. Arnold and D. Levine (Lincoln: University of Nebraska Press, 1970)。金巴多對狀況的描述應歸功於交通中的「去個性化」意識。他寫道:「匿名、分散責任、團體活動、暫時改變的遠景、情感的喚醒以及過度的感官都是一些投入變數,產生去個性化的反應。」無庸置疑地,所有金巴多指的「投入變數」在交通狀況中都很常見。此段話引述自金巴多的"Depersonalization" entry in *International Encyclopedia of Psychiatry, Psychology, Psychoanalysis, and Neurology*, vol. 4, ed. B. B. Wolman (New York: Human Sciences Press, 1978), p. 52。

㉛人質和行刑者資訊取自 David Grossman, *On Killing: The Psychological Cost of Learning to Kill in War and Society* (Boston: Back Bay Books, 1996), p. 128。

㉜Patricia A. Ellison, John M. Govern, Herbert L. Petri, Michael H. Figler, "Anonymity and Aggressive Driving Behavior: A Field Study," *Journal of Social Behavior and Personality*, vol. 10, no. 1 (1995), pp. 265-72.

㉝參見 J. Suler, "The Online Disinhibation Effect," *CyberPsychology and Behavior*, vol. 7 (2004), pp. 321-26。

㉞可參見 R. I. M. Dunbar, "Neocortical Size as a Constraint on Group Size in Primates," *Journal of Human Evolution*, vol. 22 (1993), pp. 469-93。

㉟Roxanne Khamsi, "Hormones Affect Men's Sense of Fair Play," *New Scientist*, July 4, 2007.

㊱參見 Ernst Fehr, Urs Fischbacher, and Simon Gächter, "Strong Reciprocity, Human Cooperation and the Enforcement of Social Norms," *Human Nature*, vol. 13 (2002), pp. 1-25。

㊲ 賀伯・金蒂斯對道路憤怒的見解取自於訪問，參見 www.innoarticles.com。鳥兒以鳴聲示意掠食者接近的案例取自 Olivia Judson, "The Selfish Gene," *Atlantic Monthly*, October 2007, p. 92。曾有推論認爲，動物對掠食者示警，其實是對已經發現的掠食者發出訊號。參見一份有趣的理論文獻 C. T. Bergstrom and M. Lachmann, "Alarm Calls as Costly Signals of Antipredator Vigilance: The Watchful Babbler Game," *Animal Behaviour*, vol. 61 (2001), pp. 535-43。

㊳ Ben Hamilton-Baillie, "Improving Traffic Behaviour and Safety Through Urban Design," *Civil Engineering*, vol. 158 (May 2005), pp. 39-47.

㊴ P. C. Ellsworth, J. M. Carlsmith, and A. Henson, "The Stare as a Stimulus to Flight in Human Subjects: A Series of Field Experiments," *Journal of Personality and Social Psychology*, vol. 21 (1972), pp. 302-11.

㊵ Kevin J. Haley and Daniel M. T. Fessler, "Nobody's Watching? Subtle Cues Affect Generosity in an Anonymous Economic Game," *Evolution and Human Behavior*, vol. 26 (2005), pp. 245-56.

㊶ 參見 Melissa Bateson, Daniel Nettle, and Gilbert Roberts, "Cues of Being Watched Enhance Cooperation in a Real-World Setting," *Biology Letters*, June 2, 2006。

㊷ Michael Tomasello, Brian Hare, Hagen Lehmann, and Josep Call, "Reliance on Head Versus Eyes in the Gaze Following of Great Apes and Human Infants: The Cooperative Eye Hypothesis," *Journal of Human Evolution*, vol. 52 (2007), pp. 314-20.

㊸ 一份法國研究顯示，微笑也有幫助，至少如果你是女性，微笑的對象是男性。這份研究請意圖搭便車的男性和女性受試者，對經過的駕駛人微笑或是不笑。許多女性受試者微笑時搭上便車，但對男性受試者而言，這招沒用。此外，會停車的都是男性駕駛。參見 Nicolas Guegue and Jacques Fischer-Lokou, "Hitchhikers' Smiles and Receipt of Help," *Psychological Reports*, vol. 94, (2004), pp. 756-60。

㊹ Michael Tomasello, Brian Hare, Hagen Lehmann, and Josep Call, "Reliance on Head Versus Eyes in the Gaze Following of Great Apes and Human Infants: The Cooperative Eye Hypothesis," *Journal of Human Evolution*, vol. 52, no.

3 (March 2007), pp. 314-20.

㊺ Robert Wright 簡要地解釋這個現象，「當我們經過一位流浪漢，我們可能對於幫不了他感到不安，但最讓人良心愧疚的是眼神與他交會，仍是無法幫他。我們在意被看到不付出，遠勝過於在意自己無法付出（至於爲何我們必須重視那些不會再遇到的人的意見：也許因爲在古老的社會中，每個遇到的人，都可能再遇到一次）。參見 *The Moral Animal* (New York: Alfred A. Knopf, 1994), p. 206。

㊻ Thomas Schelling, *Choice and Consequence* (Cambridge, Mass.: Harvard University Press, 1984), p. 214.

㊼ 謝林也認爲，將某人方向盤拋出窗外，可以視爲那個人認可自己的行爲模式。

㊽ A. Katz, D. Zaidel, and A. Elgrishi, "An Experimental Study of Driver and Pedestrian Interaction During the Crossing Conflict," *Human Factors*, vol. 17, no. 5 (1975), pp. 514-27.

㊾ Jeffrey Z. Rubin, Bruce D. Steinberg, and John R. Gerrein, "How to Obtain the Right of Way: An Experimental Analysis of Behavior at Intersections," *Perceptual and Motor Skills*, vol. 34 (1974), pp. 1263-74.

㊿ 紐約市較快的生活步調當然也會影響交通文化。紐約市交通局副局長 Michael Primeggia 告訴我下面這個笑話：「最短的計時是多久？就是紐約市燈號轉綠和按喇叭之間的時間。」

51 Andrew R. McGarva, Matthew Ramsey, and Suzannah A. Shear, "Effects of Driver Cell-Phone Use on Driver Aggression," *Journal of Social Psychology*, vol. 146, no. 2 (2006), pp. 133-46.

52 S. Bochner, "Inhibition of Horn-Sounding as a Function of Frustrator's Status and Sex: An Australian Replication and Extension of Doob and Gross," *Australian Journal of Psychology*, vol. 6 (1968), pp. 194-99.

53 A. N. Doob and A. E. Gross, "Status of Frustrator as an Inhibitor of Horn-Honking Responses," *Journal of Social Psychology*, vol. 76 (1968), pp. 213-18.

54 Andreas Diekmann, Monika Jungbauer-Gans, Heinz Krassnig, Heinz Lorenz, and Sigrid Lorenz, "Social Status and Aggression: A Field Study Analyzed by Survival Analysis," *Journal of Social Psychology*, vol. 136, no. 6 (December 1996), pp. 761-68.

55 參見 Ben Jann, "Driver Aggression as a Function of Status Concurrence: An Analysis of Horn-Honking Responses,"

Bern, Switzerland, 2002，取自於網站 www.socio.ethz.ch/de/jann。有趣的是，就如先前提過的生日研究，這份研究發現，駕駛人比較不會對**同等級**車輛按喇叭。然而，學者指出，「我們的資料無法顯示，這是否**同樣**可以**減少**侵略性，或是更**增加**彼此的**差異**。」

㊻ Kay Deux, "Honking at the Intersection: A Replication and Extension," *Journal of Social Psychology*, vol. 84 (1971), pp. 159-60.

㊼ H. Yazawa, "Effects of Inferred Social Status and a Beginning Driver's Sticker upon Aggression of Drivers in Japan," *Psychological Reports*, vol. 94 (2004), pp. 1215-20.

㊽ 有趣的是，這份研究發現，法國、西班牙和義大利的駕駛人比德國人更快按喇叭（義大利人最快）。還有當車輛貼紙顯示是德國人，還有容易辨識的澳洲人，駕駛人通常也比較會按喇叭。參見 Joseph P. Forgas, "An Unobtrusive Study of Reactions to National Stereotypes in Four European Countries," *Journal of Social Psychology*, vol. 99 (1976), pp. 37-42。

㊾ 當然，駕駛人可能只是「非侵略性」地按喇叭，只是要讓前方駕駛知道燈號已變。但是 Dwight Hennessey 指出，按喇叭的頻率和潛在性不單意味著禮貌的指示。參見 Dwight Hennessey, "The Interaction of Person and Situation Within the Driving Environment: Daily Hassles, Traffic Congestion, Driver Stress, Aggression, Vengeance and Past Performance" (Ph.D. dissertation, York University, Toronto, Ontario, April 1999)。

㊿ Ian Walker, "Signals Are Informative but Slow Down Responses When Drivers Meet Bicyclists at Road Junctions," *Accident Analysis & Prevention*, vol. 37 (2005), pp. 1074-85.

(61) Ian Walker, "Road Users' Perceptions of Other Road Users: Do Different Transport Modes Invoke Qualitatively Different Concepts in Observers?" *Advances in Transportation Studies*, section A, no. 6 (2005), pp. 25-32.

(62) 也許受試者只是因爲注意車子的廠牌和車型而分心。范德比爾特大學心理學家在臨床實驗中發現，汽車迷看汽車圖片時，比較無法同時辨認臉孔。車迷看車**就像看一張臉**，在大腦某一部位造成「認知塞車」，該部位與臉孔辨識「所有的」視覺處理有關。參見 Isabel Gauthier and Kim M. Curby, "A Perceptual Traffic Jam on Highway N170: Interference Between Face and Car Expertise," *Current Directions in Psychological Science*, vol. 14, no. 1 (Feb-

ruary 2005), pp. 30-33。

㊸可參見 A. Gale, G. Spratt, A. J. Chapman, and A. Smallbone, "EEG correlates of eye contact and interpersonal distance," *Biological Psychology*, vol. 3, no. 4 (December 1975), pp. 237-45。

㊹如欲得知該研究進一步的細節，參見 Ian Walker, "Drivers Overtaking Bicyclists: Objective Data on the Effects of Riding Position, Helmet Use, Vehicle Types and Apparent Gender," *Accident Analysis & Prevention*, vol. 39 (2007), pp. 417-25。

㊺駕駛人對其他車子有無數各式各樣的刻板印象，還有對開那些車的人，例如開BMW的人具侵略性，廂型車駕駛速度較慢。這些祕密的交流都呈現在交通中，這實際上已超出研究範圍。某些類型車子的駕駛會有某種行為？我們對某類車子或某些駕駛的態度是否會有差異？Hummer 的駕駛會對你比中指，Mini 的駕駛會給你一個可愛的微笑，然後這些會影響你的開車方式，然後又加深這些刻板印象？學者指出這些刻板印象的一個缺點。當受試者讀到有關兩部車子相撞的敍述，他們不知道實際情形，就會預期年輕的駕駛，或是開典型「男孩競速」車的駕駛車速較快（尤其是紅色車子時，更加強這種印象！）。參見 Graham M. Davies and Darshana Patel, "The Influence of Car and Driver Stereotypes on Attributions of Vehicle Speed, Position on the Road and Culpability in a Road Accident Scenario," *Legal and Criminal Psychology*, vol. 10 (2005), pp. 45-62。

㊻Irene V. Blaire and Mahzarin R. Banaji, "Automatic and Controlled Processes in Stereotype Priming," *Journal of Personality and Social Psychology*, vol. 70, no. 6 (1996), pp. 1142-63.

㊼參見 David Maister, "The Psychology of Waiting in Line,"取自 http://davidmaister.com/articles/1/52/。

㊽L. Zhang, F. Xie, and D. Levinson, "Variation of the Subjective Value of Travel Time Under Different Driving Conditions." Paper presented at the Eighty-four Transportation Research Board Annual Meeting, January 9-13, 2005, Washington, D.C.

㊾參見 David A. Hensher, "Influence of Vehicle Occupancy on the Valuation of Car Driver's Travel Time Savings: Identifying Important Behavioural Segments," Working Paper ITLS-WP-06-011, May 2006, Institute of Transport and Logistics Studies, University of Sydney。

⑦⓪這有一個有趣的案例，這種新型的「智慧」電梯安裝在全世界的高樓大廈。除了單純地搭電梯，使用者還會依其所去的樓層分批。理論上，這樣平均可以加快五十%的搭乘速度，但是當人們看到前往其他樓層的電梯已經到了，比他們要搭的電梯先離開，就會感到不耐煩。他們認爲實際上他們等更久。參見 Clive Thompson, "Smart Elevators," *New York Times*, December 10, 2006。

⑦①參見 Rongrong Zhou and Dilip Soman, "Looking Back: Exploring the Psychology of Queuing and the Effect of the Number of People Behind," *Journal of Consumer Research*, vol. 29 (March 2003)。

⑦②關於溫蒂漢堡和麥當勞排隊方式的差異，必須考慮另外一個因素：顧客對於排隊長短的認知。麥當勞說，若排得很長，人們就會放棄，因此採取數條較短的動線。但溫蒂漢堡宣稱，只排一條動線速度較快。參見 "Merchants Mull the Long and Short of Lines," *Wall Street Journal*, September 3, 1998。

⑦③變換車道的實驗是由 CBC's *Fifth Estate* 執行。細節參見 http://www.cbc.ca/fifth/roadwarriors/research.html。

⑦④Donald A. Redelmeier and Robert J. Tibshirani, "Why Cars in the Next Lane Seem to Go Faster," *Nature*, vol. 35, September 2, 1999.

⑦⑤可參見 Alexei R. Tsyganov, Randy B. Machemehl, Nicholas M. Warrenchuk, and Yue Wang, "Before-After Comparison of Edgeline Effects on Rural Two-Lane Highways," Report No. FHWA/TX-07/0-50902 (Austin: Center for Transportation Research, University of Texas at Austin, 2006)。

⑦⑥可參見 D. Salvucci, A. Liu, and E. R. Boer, "Control and Monitoring During Lane Changes," in *Vision in Vehicles*: 9, conference proceedings (Brisbane, Australia, 2001)。

⑦⑦注視道路前方和看後視鏡的比例數據擷取自 M. A. Brackstone and B. J. Waterson, "Are We Looking Where We Are Going? An Exploratory Examination of Eye Movement in High Speed Driving." Paper 04-2602, *Proceedings of the 83rd Annual Meeting of the Transportation Research Board* (Washington D.C., January 2004)。

⑦⑧「損失趨避」概念的假設首次出現處，參見 Daniel Kahneman and Amos Tversky, "Prospect Theory: An Analysis of Decision Under Risk," *Econometrica*, vol. 47 (1979), pp. 263-91。

⑦⑨參見 Sabrina M. Tom, Craig R. Fox, Christopher Trepel, and Russell A. Poldrack, "The Neural Basis of Loss Aversion in Decision-Making Under Risk," *Science*, vol. 315, no. 5811 (26 January 2007), pp. 515-18。也可參見 William J. Gehring and Adrian R. Willoughby, "The Medial Frontal Cortex and the Rapid Processing of Monetary Gains and Losses," *Science*, vol. 295, no. 5563 (2002), pp. 2279-82。

⑧⓪ D. Kanheman, J. L. Knetsch, and R. H. Thaler, "Experimental Tests of the Endowment Effect and the Coase Theorem," *Journal of Political Economy*, vol. 98 (1990) pp. 1325-48.

⑧① 停車場研究記載於 R. Barry Ruback and Daniel Juieng, "Territorial Defense in Parking Lots: Retaliation Against Waiting Drivers," *Journal of Applied Social Psychology*, vol. 27, no. 9 (1997), pp. 821-34。作者們假設另一個理論：爲停車位「象徵價值」的爭吵，尤其當有人闖入，這種價值受到威脅，會讓停車位主人更想控制大局。因此他們認爲，當等車位的駕駛人按喇叭時，他們會花更久的時間離開車位。這威脅他們的「自由意識」，最好的反應就是佔用停車位更久，確保這種自由意識。

⑧② Basav Sen, John D. Smith, and Wassim G. Najm,"Analysis of Lane Change Crashes," DOT-VNTSC-NHTSA-02-03, National Highway Traffic Safety Administration, March 2003.

⑧③ 一份比較車禍和交通流量的研究（透過圓環感應器）發現，變換車道的車禍常發生於車道之間車速變化性最高的時候，這結果或許不令人意外。換言之，就是發生在大多數人認爲有利變換車道的時候。參見 Thomas F. Golob, Wilfred W. Recker, and Veronica M. Alvarez, "Freeway Safety as a Function of Traffic Flow," *Accident Analysis & Prevention*, vol. 36 (2004), pp. 933-46。

⑧④ 舉例而言，在紐澤西州庫珀大學醫院，醫生估計六成外傷加護病房的病人都是車禍受害者。參見 Geoff Mulvihill, "In Corzine's Hospital Unit, Handling Terrible Accidents Routine," *Newsday*, April 23, 2007。

⑧⑤ 施工區傷亡統計數字取自於 U.S. Federal Highway Administration (http://safety.fhwa.dot.gov/wz/wz_facts.htm)。

⑧⑥ *Understanding Road Rage: Implementation Plan for Promising Mitigation Measures*, by Carol H. Walters and Scott A. Cooner (Texas Transportation Institute, November 2001).

⑧⑦ 關於施工區合併車道政策的資訊取自於一些極有幫助的資料來源，其中包括"Dynamic Late Merge Control Concept for Work Zones on Rural Freeways," by Patrick T. McCoy and Geza Pesti, Department of Civil Engineering,

University of Nebraska。

⑧⑧TRL資料參見 G. A. Coe, I. J. Burrow, and J. E. Collins, "Trials of 'Merge in Turn' Signs at Major Roadworks." Unpublished project report, PR/TT/043/95, N207, October 30, 1997。

⑧⑨關於英國合併車道模稜兩可的案例討論，參見 http://www.pistonheads.com/gassing/topic.asp?f = 154&h =&t = 256729，取用於 December 1, 2007。

⑨⓪參見 Federal Highway Administration, U.S. Department of Transportation, "Methods and Procedures to Reduce Motorist Delays in European Work Zones," FHWA-PL-00-001, October 2000。

⑨①另一份模擬研究顯示，相較於三個車道併爲兩個車道，延遲匯入車道的作法，在兩個車道併爲一個車道時較爲有用。根據一份報告，「有一種可能解釋就是，汽車在模擬狀況中顯然會較守規矩。當我們觀察模擬影片中三條車道併入兩條的延遲匯入控制，開在中間車道的車輛很顯然會移到最左邊的車道，避免從關閉車道匯入。這種會車導致最左邊車道的車輛減速，造成車流量顯著減少。」參見 *Evaluation of the Late Merge Workzone Traffic Control Strategy*, by Andrew G. Beacher, Michael D. Fontaine, and Nicholas J. Garber. Virginia Transportation Research Council, August 2004, VTRC 05-R6。

⑨②明尼蘇達州動態延遲匯入的資訊擷取自兩份報告，參見 "Dynamic Late Merge System Evaluation: Initial Deployment on I-10,"prepared by URS for the Minnesota Department of Transportation"，與1份後續研究，"Evaluation of 2004 Dynamic Late Merge System for the Minnesota Department of Transportation," also prepared by URS。

⑨③Garber 在一次電話訪談中，也提到卡車堵住車道的特殊傾向。他發現當大型車輛在總交通流量中少於二十%時，延遲匯入的作法成效最佳。

2 駕駛技術的傲慢與偏見

①此估計數目取自於 A. J. McKnight and B. Adams, *Driver Education Task Analysis*, vol. 1, *Task Descriptions*, Washington D.C.: National Highway Traffic Safety Administration, 1970。

②Leslie George Norman, "Road Traffic Accidents: Epidemiology, Control and Prevention" (World Health Organization, Public Health Papers no. 12, 1962), p. 51.

③此數據取自於 William Ewald, *Street Graphics* (Washington, D.C.: American Society of Landscape Architects Foundation), p. 32。

④參見 *Urban Challenge Rules* (Arlington, Va.: Defense Advanced Research Projects Agency, July 10, 2007)。

⑤認知科學家霍夫曼（Donald D. Hoffman）指出，學者李奇曼（Scott Richman）分析發現，車輛在樹木成列的道路上行駛，這種常見的交通場景會對電腦智慧帶來許多問題。霍夫曼提到，「李奇曼面臨的幾個問題顯然是來自照片：雜亂無序，樹在風中搖擺，陰影在路上跳躍，前方的車子遮住後方車子視線。一份有關移動的精闢分析，同時利用數個移動框架，讓李奇曼的系統將車子的移動、樹木和陰影區隔開來……李奇曼的系統可以追蹤穿越陰影的車子，這是視覺智慧上的小成就，但迄今對電腦視覺系統而言，卻是相當困難。我們很容易低估視覺移動的精密性。直到我們嘗試在電腦上複製這種精密性，才發現我們似乎不能低估這一點。」引用自 Donald D. Hoffman, *Visual Intelligence* (New York: W. W. Nortion, 1998), p. 170。

⑥可參見 Don Leavitt, "Insights at the Intersection," *Traffic Management and Engineering*, October 2003。

⑦H. Kölla, M. Badera, and K. W. Axhausen, "Driver Behavior During Flashing Green Before Amber: A Comparative Study," *Accident Analysis & Prevention*, vol. 36, no. 2 (March 2004), pp. 273-80.

⑧D. Mahalel and D. M. Zaidel, "Safety Evaluation of a Flashing Green Light in a Traffic Signal," *Traffic Engineering and Control*, vol. 26, no. 2 (1985), pp. 79-81.

⑨此觀點取用自 L. Staplin, K. W. Gish, L. E. Decina, K. H. Lococo, D. L. Harkey, M. S. Tarawneh, R. Lyles, D. Mace, and P. Garvey in *Synthesis of Human Factors Research on Older Drivers and Highway Safety*, vol. 2, Publication No. FHWA-RD-97-095, 1997。存取於 http://www.fhwa.dot.gov/tfhrc/safety/pubs/97094/97094.html。

⑩人們可能認爲機器駕駛人可以避免一種在十字路口困擾人類的複雜心理動態。然而，也許就像人類一樣，這要依他們的設計而定。麥可・蒙地梅洛曾告訴我，「機器人可能比較激進或比較保守。」。例如，你可能「設定機器人總是忽略排隊順序，總是第一個走，這就是個衝動的機器人。」但這個策略成功與否，還是要看其他機器人的設定。四個衝動的機器人在全面停止標誌前，很快就會出醜。

⑪這令我想起一本書的論點，參見 T. C. Willet 的 *Criminal on the Road: A Study of Serious Motoring Offences and Those Who Commit Them* (London: Tavistock Publications, 1964)。正如作者所指，「幾年前有一場比賽，安排兩部車通過市區。一位駕駛人注意所有標誌、交通燈號以及限速。另一位駕駛人允許忽略以上三種訊息，只要他不危害其他道路使用者的生命安全。違規的駕駛人只比遵守規則的對手快一步抵達終點，只快了一點。」(p. 129)

⑫電子灣廣告標語引用自 Theresa Howard, "Ads Pump up eBay Community with Good Feelings," *USA Today*, October 17, 2004。

⑬Paul Resnick, Richard Zeckhauser, John Swanson, and Kate Lockwood, "The Value of Reputation on eBay: A Controlled Experiment." John F. Kennedy School of Government, Harvard University; Working Paper No. RWP03-007.

⑭可參見 John Morgan and Jennifer Brown,"Reputation in Online Auctions: The Market for Trust," *California Management Review*, Fall 2006。九十八%的人對電子灣廣告有正面評價，這讓德國科隆大學經濟學家 Axel Ockenfels 懷疑，人們可能害怕給予負面對立的評價。Axel Ockenfels 曾與電子灣合作，引進一種機制，讓使用者可以張貼誠實負面的評價，較無須擔憂會被報復。參見 Christoph Uhlhaas, "Is Greed Good?" *Scientific American Mind*, August-September 2007, p. 67。

⑮Lior J. Strahilevitz, "How's My Driving? For Everyone (and Everything?)," Public Law and Legal Theory Working Paper No. 125, Law School, University of Chicago. Accessed from http://ssrn.com/abstract_id=899144.

⑯例如，網站 uncivilservants.org 就張貼許多紐約市車輛的照片，車上附有各種正式停車證，但仍違規停車（許多車還有假的停車證）。

⑰C. E. Preston and S. Harris, "Psychology of Drivers in Traffic Accidents," *Journal of Applied Psychology*, vol. 49 (1965), pp. 284-88.

⑱如欲閱讀這些研究的總結，參見 D. Walton and J. Bathurst, "An Exploration of the Perceptions of the Average Driver's Speed Compared with Perceived Driver Safety and Driving Skill," *Accident Analysis & Prevention*, vol. 30 (1998), 821-30。

⑲英國薩里大學心理學家 John Groeger 指出，這種行爲可能是要「透過建立對自己能力的信心，保護自己擺脫持續處於危險中的焦慮感，這種很少被迫去認識的能力常被人們遺忘」。參見 Groeger, *Understanding Driving* (East Sussex: Psychology Press, 2001), p. 163。

⑳Brad M. Barber and Terrance Odean, "Trading Is Hazardous to Your Wealth: The Common Stock Investment Performance of Individual Investors," *Journal of Finance*, vol. 55, no. 2 (2000).

㉑Julie M. Kos and Valerie A. Clarke, "Is Optimistic Bias Influenced by Control or Delay?" *Health Education Research: Theory and Practice*, vol. 16, no. 5 (2001), pp 533-40.

㉒開車傳簡訊的調查來自 Reuters, August 7, 2007 (http://www.reuters.com/article/idUSN0640649920070807)。

㉓關於使用安全帶情境現象的有趣討論，參見 "Unconscious Motivators and Situational Safety Belt Use," *Traffic Safety Facts: Traffic Tech*, No. 315 (Washington, D.C.: National Highway Traffic Safety Administration, 2007)。

㉔關於這些問題的延伸討論，參見 H. Laurence Ross, "Traffic Law Violation: A Folk Crime," *Social Problems*, vol. 8, no. 3 (1960-61), pp. 231-41。

㉕參見 R. B. Felson, "Ambiguity and Bias in the Self-Concept," *Social Psychology Quarterly*, vol. 44 (March 1981), pp. 64-69。

㉖Justin Kruger and David Dunning, "Unskilled and Unaware of It: How Difficulties in Recognizing One's Own Incompetence Lead to Inflated Self-Assessments," *Journal of Personality and Social Pscyhology*, vol. 77, no. 6 (1999), pp. 1121-34.

㉗E. Kunkel, "On the Relationship Between Estimate of Ability and Driver Qualification," *Psychologie und Praxis*, vol. 15 (1971), pp. 73-80.

㉘參見 Frank P. McKenna, Robert A. Stanier, and Clive Lewis, "Factors Underlying Illusory Self-Assessment of Driving Skill in Males and Females," *Accident Analysis & Prevention*, vol. 23, no. 1 (1991), pp. 45-52。

㉙*New Jersey Star-Ledger*, September 28, 1998.

㉚例如，Mayer Perry 寫道：「如果一個人欠缺『個人動力』或主導能力，很容易在開車時獲得這些感受，爲了彌

補自身不足，他常會彌補過度。」參見 Perry, *Aggression on the Road* (London: Tavistock, 1968), p. 7。

㉛ George E. Schreer, "Narcissism and Aggression: Is Inflated Self-Esteem Related to Aggressive Driving?" *North American Journal of Psychology*, vol. 4, no. 3 (2002), pp. 333–42.

㉜ 參見 Gina Kolata, "The Median, the Math, and the Sex," *New York Times*, August 19, 2007。

㉝ 參見一份由 Public Agenda 提出的報告"Aggravating Circumstances"（存取於 http://www.publicagenda.com）。當然，樣本（可能就是那些會回答問卷的人）可能剛好是非常守規矩的駕駛人，的確受到一些雜亂笨拙的人所左右（那些不會回答問卷的人）。職場中也可能有撤銷偏見，我們很容易記得其他人單一的侵略行徑，而不會記得守規矩駕駛的順暢車流。然而，報告本身並沒有解釋為何人們的認知會隨時間改變。

㉞ J. M. Twenge, S. Konrath, J. D. Foster, W. K. Campbell, and B. J. Bushman, *Egos Inflating over Time: A Test of Two Generational Theories of Narcissism*, 2006. Cited in "Primary Sources," Atlantic, July—August 2007.

㉟ 儘管如此，吃罰單是一種至少臨時有用的手段。一份針對安大略千萬名駕駛、長達十年的研究發現，每一種交通違規的定罪，都可以為駕駛人本身或其他人，在下一個月減少三十五%的相關死亡危機。參見 Donald A. Redelmeier, Robert J. Tibsharani, and Leonard Evans, "Traffic-Law Enforcement and Risk of Death from Motor-Vehicle Crashes: Case-Crossover Study," *Lancet*, vol. 361, no. 9376 (2003), pp. 2177–82。

㊱ James Reason, *Human Error* (Cambridge: Cambridge University Press, 1990), p. 86.

㊲ 參見 *Census of Fatal Occupational Injuries* (Bureau of Labor Statistics, 2006) (http://www.bls.gov)。也可參見 P. Lynn and C. R. Lockwood, *The Accident Liability of Company Car Drivers*, TRL Report 317 (Crowthorne: Transport Research Laboratory, 1998)。這份研究發現，即使考量里程數較高或其他因素，公務車駕駛發生車禍比例比一般人少四十九%。

㊳ 海因利奇的安全哲學這些年引起爭議，但是幾乎發生的事會逐步造成更多嚴重事故的說法，還是很有說服力，尤其是在交通中，一般人相信，九十%的所有車禍都是「人為因素」造成。二〇〇六年一份針對「自然駕駛行為」大規模報告指出，經過一整年具有價值的研究發現，共有六十九起重傷車禍，七百六十一起輕傷車禍以及八千二百九十五起事件。這份報告是首次可靠地估計幾乎發生的事件。這意味著，平均每一百二十起事件中，

大約會有十一次輕傷車禍，一起重傷車禍，這顯然比海因利奇認爲的還要頻繁。也可參見 Fred Manuele 的作品 *On the Practice of Safety* (New York: Wiley Interscience, 2003)。

㊴ Associated Press, May 5, 2007.

㊵ 關於比爾・甄克洛車禍的資訊取自 *Argus Leader*, August 31, 2003。

㊶ 參見 Teresa L. Kramer, Brenda M. Booth, Han Xiaotong, and Keith D. Williams, "Some Crashes Are More Unintentional Than Others: A Reply to Blanchard, Hicking, and Kuhn," *Journal of Traumatic Stress*, vol. 16, no. 5 (October 2003), pp. 529-30。

㊷ 如欲見更進一步的討論，參見 Baruch Fischoff, "Hindsight Is Not Equal to Foresight: The Effect of Outcome Knowledge on Judgment Under Uncertainty," *Journal of Experimental Psychology: Human Perception and Performance*, vol. 1, no. 2 (1975), pp. 288-99。

㊸ 一九五八年，比例是一百人中，有八十八人。此數據取自一份「國家安全會議」報告，源自於 H. Laurence Ross, "Traffic Law Violation: A Folk Crime," *Social Problems*, vol. 8, no. 3 (1960-61), pp. 231-41。

㊹ Shamus Toumey, "Ryan Crash Kills Man Who Had Just Arrived from Mexico," *Chicago Sun-Times*, October 6, 2006.

㊺ Jake Voelcker 曾發表一份極佳的報告，研究駕駛人害死「易受傷的道路使用者」（行人和自行車騎士）的法律刑責。他提到，長久以來，即使是對粗心的駕駛人，陪審團也不願意提出最嚴重的殺人指控，他們本身也是駕駛人，表達「要不是老天保佑，我也會發生同樣的事」的感受。他也提到一些存在於法官之間的輕微偏頗案例，暗示這些意外其實是難以避免的，例如「因爲上訴者就像一般年輕人，比較會開快車，所以才會發生意外」。「眞實的意外」中應有一位清醒的駕駛人，他認爲這是意圖避免法律規範，「這難道不就是現代生活的一種不幸，沒有人可以責怪？」他如此問道。「或者駕駛人應該爲他車子的一切負責？」Voelcker 點出一些沒有解決的法律議題。對於那些差點害死人的危險駕駛行爲，該處以何種適當的處罰？爲何一個被判有罪的罪犯，因爲與駕駛相關違法行爲所受到的刑責處分，會比其他人重，即使在犯罪行爲中的駕駛標準是相同的？駕駛人是否只因爲選擇操控一部可能會對其他人構成相當危險的機器，就該負起因果關係的責任？參見 Jake Voelcker, "A Critical Review of the Legal Penalties for Drivers Who Kill Cyclists or Pedestrians," April 2007 (www.jake-v.co.uk/

cycling)。

㊻ Phillip C. Shin, David Hallett, Mary L. Chipman, Charles Tator, and John T. Granton, "Unsafe Driving in North American Automobile Commercials," *Journal of Public Health*, vol. 27, no. 4 (December 2005), pp. 318-25.

㊼ 參見 Richard Wiseman, *The Luck Factor* (New York: Miramax Books, 2003)。中譯本《幸運的配方》，大塊文化出版。

㊽ 可參見 J. Maycock, C. Lockwood, and J. F. Lester, *The Accident Liability of Car Drivers*, Research Report No. 315 (Crowthorne: Transport and Road Research Laboratory, 1991)。

㊾ G. Underwood, P. Chapman, Z. Berger and D. Crundall, "Driving Experience, Attentional Focusing, and the Recall of Recently Inspected Events," *Transportation Research F: Psychology and Behaviour*, vol. 6 (2003), pp. 289-304.

㊿ P. Chapman, D. Crundall, N. Phelps, and G. Underwood, "The Effects of Driving Experience on Visual Search and Subsequent Memory for Hazardous Driving Situations," in *Behavioural Research in Road Safety: Thirteenth Seminar* (London: Department for Transport, 2003), pp. 253-66.

51 例如，當職業棋手獲准瞄一下棋盤，他們所能記住的棋子位置，幾乎是新手的兩倍。相關討論參見 Groeger, *Understanding Driving*, p. 101。

52 參見 Stine Vogt and Svein Magnussen, "Expertise in Pictorial Perception: Eye-Movement Patterns and Visual Memory in Artists and Laymen," *Perception*, vol. 36, no. 1, 2007, pp. 91-100。

53 如欲進一步了解丹尼爾・麥格西的研究，參見 Daniel V. McGehee, Mireille Raby, Cher Carney, John D. Lee, and Michelle L. Reyes, "Extending Parental Mentoring Using an Event-Triggered Video Intervention in Rural Teen Drivers," *Journal of Safety Research*, vol. 38, no. 2 (2007), pp. 215-27。

54 "Vehicle Monitoring Systems Please Providers and Patients," *EMS Insider*, August 2004, p. 7.

55 Mohamed Abdel-Aty and J. G. Klodzinski, "Safety Considerations in Designing Electronic Toll Plazas: Case Study," *ITE Journal*, March 2001.

56 E. Walster, "Assignment of Responsibility for an Accident," *Journal of Personality and Social Psychology*, vol. 3

(1966), pp. 73-79.

㊼參見 Elizabeth F. Loftus and John C. Palmer, "Reconstruction of Automobile Destruction: An Example of the Interaction Between Language and Memory," *Journal of Verbal Learning and Verbal Behavior*, 1974。這份研究的「生態效應」一直受到質疑，因爲研究是在實驗室執行，而非在一個充滿創傷、無預警的眞實生活環境，當事人實際目睹車禍，然後在法庭上作證。在這些情況下，應可預見更多的扭曲。

㊽J. Stannand Baker, "Single Vehicle Accidents on Route 66," *The Journal of Criminal Law, Criminology, and Police Science*, vol. 58, no. 4 (December 1967), pp. 58-95.

3 公路催眠術與失神症

①感謝雷納多・艾凡斯提供佳言。

②可參見 Walter Miles, "Sleeping with the Eyes Open," *Scientific American*, June 1929, pp. 489-92。

③K. Karrer, S. Briest, T. Vohringer-Kuhnt, T. Baumgarten, and R. Schleicher, "Driving Without Awareness," Unpublished paper, Center of Human-Machine-Systems, Berlin University of Technology, Germany.

④參見 John Groeger, *Understanding Driving* (East Sussex: Psychology Press, 2001), p. 69。

⑤許多研究認爲只是偶爾改變車速，就可幫助駕駛人提高警覺。參見 Pilar Tejero and Mariano Choliz, "Driving on the Motorway: the Effect of Alternating Speed on Drivers' Activation Level and Mental Effort," *Ergonomics*, vol. 45, no. 9 (2002), pp. 605-18。

⑥L. Harms, "Drivers' Attention Responses to Environmental Variation: A Dual-Task Real Traffic Study," in *Vision in Vehicles*, ed. A. G. Gale et al. (Amsterdam: Elsevier Science Publishers, 1986), pp. 131-38.

⑦這些發現參見 L. Bergen, T. Grimes, and D. Potter, "How Attention Partitions Itself During Simultaneous Message Presentations," *Human Communication Research*, vol. 31, no. 3 (2005), pp. 311-36。也可參見 C. Blain and R. Meeds, "Effects of Television News Crawls on Viewers' Memory for Audio Information in Newscasts" (unpublished manuscript, Kansas State University, Manhattan, 2004)。

⑧參見 J. C. Stutts, J. R. Feaganes, E. A. Rodgman, C. Hamlett, T. Meadows, D. W. Reinfurt, K. Gish, M. Mercadante, and L. Staplin, *Distractions in Everyday Driving* (Washington, D.C.: AAA Foundation for Traffic Safety, 2003) (http://www.aaafoundation.org/pdf/DistractionsInEverydayDriving.pdf)。

⑨L. Tijerina, "Driver Eye Glance Behavior During Car Following on the Road," Society of Automotive Engineers Paper 1999-01-1300, 1999.

⑩Susan L. Chisholm, Jeff K. Caird, Julie Lockhart, Lisa Fern, and Elise Teteris, "Driving Performance While Engaged in MP-3 Player Interaction: Effects of Practice and Task Difficulty on PRT and Eye Movements," *Proceedings of the Fourth International Driving Symposium on Human Factors in Driver Assessment, Training and Vehicle Design* (Iowa City, 2007).

⑪可參見 Paul Green, "The 15-Second Rule for Driver Information Systems," *ITS America Ninth Annual Meeting Conference Proceedings* (Washington, D.C.: Intelligent Transportation Society of America, 1999)。

⑫這引發一個有趣的問題，也許人們會質疑，爲何跟車接近兩秒鐘的人，不需要爲大部分的後方車禍負責？克勞爾認爲，當人們「積極地跟車，或是在周遭環境中，企圖維持與其他所有車輛相對的位置時，他們的注意力都很集中」。難道這意味著我們都應該跟車嗎？「這是個有趣的發現，」克勞爾如此表示。「我們會很小心地談論這一點，正因爲我們不希望人們認爲，『喔，跟車是一件非常安全的事情。』我們只是說，並沒有見到許多的車禍是跟車所導致。」這引出一個問題，你想要面對哪種惡魔：遙遠後方講手機的駕駛人，還是一個瘋狂小心的跟車駕駛？

⑬一份由 William Horrey 及 Daniel Simons 進行的模擬實驗發現，處於「單一」或「雙重」動作狀況的駕駛人，在變化車道時，不會改變他們能允許的行車間距，不像一些人在跟車或講手機時，會允許較大的行車間距。作者認爲，當駕駛人必須立刻決定如何與交通互動時，雙重動作阻礙造成的危險，會勝過駕駛人的決定受限於當時的因果環境。參見 W. J. Horrey and D. J. Simons, "Examining Cognitive Interference and Adaptive Safety Behaviors in Tactical Vehicle Control," *Ergonomics*, vol. 50, no. 8 (August 2007), pp. 1340-50。

⑭參見 James Reason, *Human Error* (Cambridge: Cambridge Univeristy Press, 1990), p. 81。

⑮J. Verghese, G. Kuslansky, R. Holtzer, M. Katz, X. Xue, H. Buschke, and M. Pahor, "Walking While Talking: Effect of Task Prioritization in the Elderly," *Archives of Physical Medicine and Rehabilitation*, vol. 88, no. 1 (2006), pp. 50-53.

⑯參見 A. Oulasvirta, S. Tamminen, V. Roto, and J. Kuorelahti, "Interaction in 4-Second Bursts: The Fragmented Nature of Attentional Resources in Mobile HCI," *Proceedings of CHI 2005* (New York: ACM Press, 2005), pp. 919-28。與 V. Lantz, J. Marila, T. Nyyssönen, and H. Summala, "Mobile Measurements of Mobile Users," in Lucas Noldus and Fabrizio Grieco, *Proceedings of Measuring Behavior 2005: Fifth International Conference on Methods and Techniques in Behavioral Research*, ed (Wageningen, Netherlands, 2005)。

⑰J. Hatfield and S. Murphy, "The Effects of Mobile Phone Use on Pedestrian Crossing Behaviour at Signalised and Unsignalised Intersections," *Accident Analysis & Prevention*, vol. 39, no. 1 (2006), pp. 197-205.

⑱Mei-Ching Lien, Eric Ruthruff, and James C. Johnston, "Attentional Limitations in Doing Two Tasks at Once: The Search for Exceptions," *Current Directions in Psychological Science*, vol. 15, no. 2 (2006), pp. 89-93.

⑲如欲見此份研究的完善總結，參見 David Shinar, *Psychology on the Road: The Human Factor in Traffic Safety* (New York: Wiley, 1978), p. 27。

⑳科學家的確已經在神經病學上證實，忘記事情有助於我們的記憶程序。參見 Brice A. Kuhl, Nicole M. Dudukovic, Itamar Kahn, and Anthony D. Wagner, "Decreased Demands on Cognitive Control Reveal the Neural Processing Benefits of Forgetting," *Nature Neuroscience*, vol. 10 (2007), pp. 908-14。

㉑參見 Helmut T. Zwahlen and Thomas Schnell, "Driver Eye Scan Behavior When Reading Symbolic Warning Signs," in *Vision in Vehicles VI*, ed. A. Gale, I. D. Brown, C. M. Haslegrave, and S. P. Taylor (Amsterdam: Elsevier Science, 1998), p. 3。

㉒參見 Graham Hole 的 *The Psychology of Driving* (Mahwah, New Jersey: Lawrence Erlbaum Associations, 2007), p. 60。

㉓H. Shinoda, M. Hayhoe, and A. Shrivastava, "What Controls Attention in Natural Environments?" *Vision Research*, vol. 41 (2001), pp. 3535-46.

㉔ Daniel J. Simons and Christopher F. Chabris, "Gorillas in Our Midst: Sustained Inattentional Blindness for Dynamic Events," *Perception*, vol. 28 (1999), pp. 1059-74.

㉕ 賽蒙斯其中一項重大發現就是，當受試者被要求數出穿白襯衫團隊傳球的次數時，比較不容易看見大猩猩。賽蒙斯認爲這意味著，受試者沒看見大猩猩，是因爲大猩猩不是他們找尋的目標，或是大猩猩看起來是他們正在忽略的目標（穿黑襯衫的團隊）。賽蒙斯指出，「你越專注在你期待看到的事物時，你越不容易發現你不期待的事物。」

㉖ 在汽車和機車的意外中，汽車駕駛的視線（或是視線不足）攸關重大：在十種主要類型的汽車和機車車禍中，有九類的摩托車都是直線行駛（最常見的是汽車左轉跨越正在接近機車的車道）。參見 P. A. Hancock, G. Wulf, D. R. Thom, and P. Fassnacht, "Contrasting Driver Behavior During Turns and Straight Driving," paper presented at the 33rd Annual Meeting of the Human Factors Society, Denver, Colorado, October 1989。

㉗ 另一種反應，當然就是「大聲排氣管保命」假說，機車騎士堅持排氣管聲音震耳欲聾，一定可以警告汽車駕駛他們的存在。問題在於，汽車駕駛常不知道這些噪音的方向。另一個問題就是，對於那些必須忍受大聲排氣管的人而言，保住摩托車騎士性命並非迫在眉睫之事。

㉘ *USA Today*, July 4, 2007.

㉙ 例如，我參加洛杉磯的一場會議，加州高速公路巡警關心近期突增的這些車禍，短短幾個月就有六名巡警罹難。一名巡警長官在某天早上交通記者會上表示，「不知什麼原因，他們很容易發現我們在路旁，那是一個危險的位置。」

㉚ 模擬駕駛器研究發現一個傾向，駕駛人至少會暫時朝注視的方向開去，「而且在許多例子中，完全沒有意識到自己做出此事。」W. O. Readinger, A. Chatziastros, D. W. Cunningham, H. H. Bülthoff, and J. E. Cutting, "Gaze-Eccentricity Effects on Road Position and Steering," *Journal of Experimental Psychology: Applied*, vol. 8, no. 4 (Dec. 2002), pp. 247-58。在一封電子郵件中，James Cutting 進一步指出，他認爲當駕駛人看到某件事物，卻沒有持續偏離車道，這是與平衡有關。「我認爲『注視前往方向』現象與平衡有密切關聯，這就是新手機車騎士面臨的

問題，可能會對走路造成些許影響。開車時平衡並不是一個大問題（即使人們在轉彎時確實會轉頭，他們顯然沒必要這麼做）。通常一個人開車轉移視線時還能維持方向，是因爲轉彎的手部動作，並沒有反映出視覺方向。這就是平衡。」

㉛如欲了解飛蛾效應研究的簡要整理參見 Marc Green, “Is the Moth Effect Real?” (http://www.visualexpert.com/Resources/motheffect.html)。

㉜參見 Mark Nawrot, Benita Nordenstrom, and Amy Olson, “Disruption of Eye Movements by Ethanol Intoxication Affects Perception of Depth from Motion Parallax,” *Psychological Science*, vol. 15, no. 12 (2004), pp. 858-65。

㉝參見 Martin Langham, Graham Hole, Jacqueline Edwards, and Colin O’Neil, “An Analysis of ‘Looked but Failed to See’ Accidents Involving Parked Police Vehicles,” *Ergonomics*, vol. 45, no. 3 (2002), pp. 167-85。另一份研究發現，警車在車頂安裝容易被看到的警示燈，與安裝較不容易被看到的警示燈的警車相比，被撞的次數一樣頻繁。該報告也指出，在這類車禍中，能見度本身可能不是最重要的因素。參見 Lieutenant James D. Wells Jr., “Patrol-Car Crashes: Rear-End Collision Study—1999,” Florida Highway Patrol, 1999。

㉞有趣的是，一份法國研究要求受試者先接受史楚普測驗，然後再參加一場在封閉場地舉行的駕駛測驗，需要展現突然的閃避技巧。史楚普測驗表現不佳的受試者，駕駛測驗的表現也不太好。參見 Christian Collet, Claire Petit, Alain Priez, and Andre Dittmar, “Stroop Color-Word Test, Arousal, Electrodermal Activity and Performance in a Critical Driving Situation,” *Biological Psychology*, vol. 69 (2005), pp. 195-203。

㉟參見 Colin M. McLeod, “Half a Century of Research on the Stroop Effect: An Integrative Review,” *Psychological Bulletin*, vol. 109, no. 2 (1991), pp. 163-201。

㊱這種想法源自 Jennifer J. Freyd, Susan R. Martorello, Jessica S. Alvardo, Amy E. Hayes, and Jill C. Christman, “Cognitive Environments and Dissociative Tendencies: Performance on the Standard Stroop Task for High Versus Low Dissociators,” *Applied Cognitive Psychology*, vol. 12 (1998), pp. 91-103。

㊲S. B. Most and R. S. Astur, “Feature-Based Attentional Set as a Cause of Traffic Accidents,” *Visual Cognition*, vol. 15 (2007), pp. 125-32.

㊳參見 P. L. Jacobsen, "Safety in Numbers: More Walkers and Bicyclists, Safer Walking and Bicycling," *Injury Prevention*, vol. 9 (2003), pp. 205-09。在許多其他研究中也可以發現「人多勢眾」的影響。例如，加州柏克萊大學研究者 Noah Radford 和 David Ragland 觀察加州奧克蘭市。他們發現所有危險的十字路口都是在東區，該區行人數量最少。只有一個對行人最危險的十字路口是在市中心。參見 Noah Radford and David R. Ragland, "Space Syntax: An Innovative Pedestrian Volume Modeling Tool for Pedestrian Safety," U.C. Berkeley Traffic Safety Center, Paper UCB-TSC-RR2003-11, December 11, 2003. (http://www.repositories.cdlib.org/its/tsc/UCB-TSC-RR-2003-11)。

㊴參見 Kenneth Todd, "Pedestrian Regulations in the United States: A Critical Review," *Transportation Quarterly*, vol. 46, no. 4 (October 1992), pp. 541-59。

㊵此觀點由丹麥運輸規畫者禎・格爾提出，參見其著作 *Life Between Buildings* (New York: Van Nostrand Reinhold, 1986), p. 79。

㊶引用自與丹・波登的對話。

㊷A. M. Glenberg, J. L. Schroeder, and D. A. Robertson, "Averting the Gaze Disengages the Environment and Facilitates Remembering," *Memory & Cognition*, vol. 26 (July 1998), pp. 651-58.

㊸參見 A. Parker and N. Dagnall, "Effects of Bilateral Eye Movements on Gist Based False Recognition in the DRM Paradigm," *Brain and Cognition*, vol. 63, no. 3 (April 2007), pp. 221-25。

㊹M. A. Recarte and L. M. Nunes, "Effects of Verbal and Spatial-Imagery Tasks on Eye Fixations While Driving," *Journal of Experimental Psychology: Applied*, vol. 6, no. 1 (2000), pp. 31-43.

㊺可參見 M. C. Lien, E. Ruthruff, and D. Kuhns, "On the Difficulty of Task Switching: Assessing the Role of Task-Set Inhibition," *Psychonomic Bulletin & Review*, vol. 13 (2006), pp. 530-35。

㊻C. Spence and L. Read, "Speech Shadowing While Driving: On the Difficulty of Splitting Attention Between Eye and Ear," *Psychological Science*, vol. 14 (2003), pp. 251-56.

㊼令人好奇的是，在許多模擬駕駛研究中，並未廣泛討論這一點。但是英國大學認知神經學中心學者 Nilli Lavie

和其同僚曾在研究中暗示這個問題。在一份研究中，要求受試者執行「大量」或「少量」的「語言作業」，當作業量少時，受試者比較容易注意到沒有關聯的動作。她在一次談話中提出她的發現·當人們的「知覺負擔」沒有被完全利用時，人們無法忽略**無關**的刺激。這反過來就意味著，人們處於高量負擔狀態時，較無法注意到相關的刺激。參見 G. Rees, C. D. Frith, and N. Lavie, "Modulating Irrelevant Motion Perception by Varying Attentional Load in an Unrelated Task," *Science*, vol. 278 (1997), pp. 1616-19。Nilli Lavie 在最近的研究中發現，人們進行密集的視覺作業時，較無法注意到小的音量。我們不難從此推論，例如，當人們努力接聽音量很小的行動電話時，這一定會加重「知覺負擔」，因此降低其在視覺作業上的表現。

㊽ David L. Strayer and Frank A. Drews, "Multitasking in the Automobile," in *Attention: From Theory to Practice*, ed. A. Kramer, D. Wiegmann, and A. Kirlik (New York: Oxford University Press, 2006).

㊾ 此段話取自與班哲明・考夫曼的談話。

㊿ Robert Winkler, "The Need for Speed," *New York Times*, November 13, 2005.

51 Tim Andrews and Dale Purves, "The Wagon Wheel Illusion in Continuous Light, *Trends in Cognitive Neuroscience*, vol. 9, no. 6 (2005), pp. 261-63.

52 馬克・納羅提供我一個簡單的練習，以便「觀察」運動視差的實際運作方式。「例如，在你的桌上挑選兩個物品，一個近，一個遠。伸出兩隻食指，靠近臉，物品下方的食指往上指，物品上方的食指往下指。伸出手指不動，固定在『近的』物品上，閉上一隻眼睛，轉轉頭。這很容易。現在重複一樣的動作，讓上方的食指隨著頭移動，這樣食指才能與遠的物品相『吻合』。如果要你猜，你現在會發現，你上方的手指距離下方的手指非常遠」。關於運動視差機制的深入有趣研究，參見 Mark Nawrot, "Eye Movements Provide the Extra-retinal Signal Required for thePerception of Depth from Motion Parallax," *Vision Research*, vol. 43 (2003), pp. 1553-62。

53 在電影《魔戒》中，當危險接近洛罕時，會點燃「烽火台」，發出警告。空瞰鏡頭橫掃整個場景，掃過背景時，「烽火台」仍停留在鏡頭的中間。納羅認爲這個動作可能會引發不自覺的「視動反應」。我們要預防在背景運動中，視線只是單純地掠過。然而，眼睛會出現「順勢而爲」的運動反應，才能有效地退回這個動作，將視線定在點燃的烽火台上。納羅斷定，這種拍法是模仿我們不停在現實生活中製造的一系列彌補視覺運動。參見

Mark Nawrot and Chad Stockert, "Motion Parallax in Motion Pictures: The Role of Background Motion and Eye Movements" (unpublished paper, Department of Psychology, North Dakota State University)。如欲進一步了解針對人類視覺和運動的有趣探討，參見 James E. Cutting, "Perceiving Scenes in Film and in the World," in *Moving Image Theory: Ecological considerations*, ed. J. D. Anderson and B. F. Anderson (Carbondale: Southern Illinois University Press, 2005), pp. 9-27。

㊹事實上，**任何**道路標記都偏向幻覺。

㊺"Evaluation of the Converging Chevron Pavement Marking Pattern," AAA Foundation for Traffic Safety (Washington, D.C.), July 2003.

㊻"A Review of Two Innovative Pavement Marking Patterns That Have Been Developed to Reduce Traffic Speeds and Crashes," AAA Foundation for Traffic Safety (Washington, D.C.), August 1995.

㊼G. G. Denton, "The Influence of Adaptation on Subjective Velocity for an Observer in Simulated Rectilinear Motion," *Ergonomics*, vol. 19 (1976), pp. 409-30.

㊽史都爾・安提斯在一份研究中，要求受訪者在跑步機上跑一分鐘，體驗殘留效果。一旦跑步機停止，他要求受試者繼續跑，平均每個人會**往前**跑一百六十二公分。安提斯指出，「跑步機的往後移動，讓機器輸出和正常姿勢回應之間產生一種人爲的誤差，這可以藉由調整彌補，或是透過調整內部增加參數來消除誤差，讓輸出和回應回歸正軌。然而，一旦跑者站在實際地面上，這些新調整的參數就變得不合時宜，突顯殘留效果。但當參數自動更新，與實際地面吻合，殘留效果就會消失。所以，這些新的殘留效果顯示步伐控制系統的持續性神經中樞反抗現象。參見 Stuart Anstis, "Aftereffects from Jogging," *Experimental Brain Research*, vol. 103 (1995), pp. 476-78。

㊾如欲了解關於此議題的極佳探討，參見 John Groeger, *Understanding Driving* (East Sussex, Psychology Press: 2001), p. 14。

㊿此理論歸功於 J. J. Gibson 的先驅著作，他寫道，「移動的瞄準目標就是周遭視覺列陣中離心流動的中心。」參見 Gibson, *The Ecological Approach to Visual Perception* (Boston: Houghton Mifflin, 1979), p. 182。「駕駛」過程比

這個更加複雜，我們一定得加以補償，就像攝影機穩定裝置 Steadicam，就是因爲我們的眼睛和頭會隨著動作移動。有關這些複雜性的完整討論，參見 William H. Warren, "Perception of Heading Is a Brain in the Neck," *Nature Neuroscience*, vol. 1, no. 8 (1998), pp. 647-49。華倫也提出超空間中的「千年鷹號」作爲例子，描述遠離擴展焦點的光線模式。

⑥¹ 當然，並非所有的移動知覺都是由視覺輸入。就像許多人一樣，我在各式模擬駕駛中感受到一陣陣的「模擬作嘔」，原因就在於我注視的移動道路圖片，與我前庭系統（內耳「平衡」系統）的感受並不一致。

⑥² 布朗大學研究人員曾進行過一個有趣的實驗，利用虛擬實境創造一種視覺上不可能的狀態，在這個狀態中，受試者必須在不利用光流的狀態下，朝著某一個物體前進，而非透過物品的自我中心方向（受訪者和物體在空間中的相對方向），朝該物體前進。在沒有光流的情形下，受試者前進方向正確性較低。參見 W. H. Warren, Bruce Kay, Wendy Zosh, Andrew Duchon, and Stephanie Sahue, "Optic Flow Is Used to Control Human Walking," *Nature Neuroscience*, vol. 4, no. 2 (2001), pp. 213-16。

⑥³ 此議題仍在討論中，並未完全解決。例如，Gibson 觀察，「舉例而言，駕駛汽車的行爲常被誤解。這並不只是讓汽車沿路排列，而是將擴散的焦點保持在必須前往的方向。」但是另一位視覺研究家 Michael Land 指出，這種論點並不能解釋駕駛在轉彎時的行爲：「在彎曲的軌道時，流場中靜止點的位置會隨著距離改變，產生一道越過地平線的曲線，而非單一的擴散焦點。」Land 指出，在行經轉彎處時，我們應該相信馬路的內線，約有八成駕駛的視線都會注意那邊。參見 Michael F. Land, "Does Steering a Car Involve Perception of the Velocity Flow Field?" in *Motion Vision-Computational, Neural, and Ecological Constraints*, ed. Johannes M. Zanker and Jochen Zeil (New York: Springer Verlag, 2001)。

⑥⁴ 也有人主張，光流也會影響駕駛時的距離估測。參見 M. Lappe, A. Grigo, F. Bremmer, H. Frenz, R. J. V. Bertin, and I. Israel, "Perception of Heading and Driving Distance from Optic Flow," *Driving Simulation Conference 2000* (Paris), pp. 25-31。

⑥⁵ 此資訊源自 T. Triggs, "Speed Estimation," in *Automotive Engineering and Litigations*, vol. 2, ed. G. A. Peters and B. Peters (New York: Garland Law Publishing), pp. 569-98。

⑥⑥ Christopher Wickens, *Engineering Psychology and Human Performance* (Upper Saddle River, N.J.: Prentice Hall, 2000), p. 162.

⑥⑦ 可參見 Christina M. Rudin-Brown, "The Effect of Driver Eye Height on Speed Choice, Lane-Keeping, and Car-Following Behavior: Results of Two Driving Simulator Studies," *Traffic Injury Prevention*, vol. 7, no. 4 (December 2006), pp. 365-72。或 B. R. Fajen and R. S. David, "Speed Information and the Visual Control of Braking to Avoid a Collision," *Journal of Vision*, vol. 3, no. 9 (2003), pp. 555-555a。

⑥⑧ 參見 C. M. Rudin-Brown, "Vehicle Height Affects Drivers' Speed Perception: Implications for Rollover Risk," *Transportation Research Record No. 1899: Driver and Vehicle Simulation, Human Performance, and Information Systems for Highways; Railroad Safety; and Visualization in Transportation* (Washington, D.C.: National Research Council, 2004), pp. 84-89。

⑥⑨ 可參見 Allan F. Williams, Sergey Y. Kyrchenko, and Richard A. Retting, "Characteristics of Speeders," *Journal of Safety Research*, vol. 37 (2006), pp. 227-32。當然，任何發現休旅車和小貨車駕駛人開得比較快的研究，都會提到其他「混淆」因素，例如開這類汽車的男性駕駛比例較高，或是人們選擇休旅車和小貨車，是因爲有超速習性，或是感覺比較安全，因此比較可能開快車，而非是因爲車子，讓他們比較容易超速。

⑦⓪ N. Harré, "Discrepancy Between Actual and Estimated Speeds of Drivers in the Presence of Child Pedestrians," *Injury Prevention*, vol. 9 (2003), pp. 38-41.

⑦① 參見 "Research Shows Speed Trailers Improve Safety in Temporary Work Zones," *Texas Transportation Researcher*, vol. 36, no. 3 (2000)。

⑦② 參見 *Minnesota Tailgating Pilot Project* (St. Paul, Mn: Department of Public Safety, 2006). The Pac-Man 資訊取自 *Star Tribune*, December 20, 2006。

⑦③ 如欲了解完整綜合研究，參見 Leonard Evans, *Traffic Safety* (Bloomfield Hills, Mich.: Science Serving Society, 2004), p. 173。

⑦④ 我使用車禍調查專家暨人爲因素研究人員 Marc Green 提供的案例，存取於 http://www.visualexpert.com/

Resources/reactiontime.html。

⑮如欲了解接球複雜性的有趣討論，還可參見 Mike Stadler, *The Psychology of Baseball* (New York: Gotham Books, 2007)。

⑯Robert Dewar 和 Paul Olson 提到，「即使觀察五秒鐘，駕駛人常認爲一部靜止的車在移動。」參見 Dewar and Olson, *Human Factors in Traffic Safety* (Tuscon: Lawyers and Judges Publishing, 2002), p. 23。

⑰如欲了解關於此觀點的完整討論，參見 Olson and Farber, *Forensic Aspects of Driver Perception and Response* (Tucson: Lawyers and Judges Publishing Co., 2003), p. 112。

⑱心理學家羅伯・葛瑞和大衛・雷根（David Regan）認爲，此時我們注視一下路上的白線，或是路旁行道樹，大腦很快就能適應。他們將這種作用與知名的「瀑布作用」相比較：你注視一下從瀑布流下的水，然後看附近的岩石，會感覺岩石向上移動。當我們離開高速公路時，會發生類似的情形，我們可能以爲交流道盡頭的停止標誌，比實際上遠，這也就是爲何工程師要測試交流道旁的箭頭或其他標誌：打破白線的幻覺。參見 Rob Gray and David Regan, "Risky Driving Behavior: A Consequence of Motion Adaptation for Visually Guided Motor Action," *Journal of Experimental Psychology: Human Perception and Performance*, vol. 26, no. 6 (2000), pp. 1721-32。

⑲研究駕駛的人很久以前就已經知道這點。哈佛大學心理學家 J. R. Hamilton 和 Louis L. Thurstone 在他們的著作 *Human Limitations in Automobile Driving* (Garden City: Doubleday, Doran & Company, 1938) 中提到，「從這裡往下走二百五十公尺，其他車輛幾乎在你的頭頂，一般人的眼睛無法知道動作的**迅速**，或是來車的速度。只能察覺到動作，僅此而已。首先會意識到動作的距離，就像之前所說，這並非全然依據任何一部車的速度所察覺的。**但是我們必須完全根據車子的速度，才能了解快速移動中的距離**（粗體字係原文強調）。兩部車以時速六十四公里前進，一般人的瞬視能夠理解行動中的車距約爲四十四公尺。當兩部車以時速八十公里前進，這個距離約爲二十一公尺。現在我們開始能理解，高速公路上會發生可怕相撞意外的原因了。」

⑳參見 D. A. Gordon and T. M. Mast, "Driver's Decisions in Overtaking and Passing," *Highway Research Record*, no. 247, Highway Research Board, 1968。

㉑一份討論超車困難和危險的研究指出，駕駛人要超車時，常會「有點欠缺」超車所需的判斷能力，尤其是判斷

迎面車輛的速度，儘管他超車的安全紀錄是非常良好的。這意味著，超車發生在相較可以容忍的情況下。首先，駕駛人相當欠缺超車判斷能力，許多駕駛人本身就知道這點，所以會非常謹慎判斷是否要超車。其次，每個超車區多會順向提供緩衝區，這可以提供安全範圍，避免駕駛人判斷不足導致碰撞。資料取用自"Passing Sight Distance Criteria," NCHRP Project 15-26, MRI Project 110348, prepared for the National Cooperative Highway Research Program, Transportation Research Board National Research Council, Midwest Research Institute, March 2000。

82 L. Staplin, "Simulator and Field Measure of Driver Age Differences in Left-Turn Gap Judgments," *Transportation Research Board Record*, no. 1485, Transportation Research Board, National Research Council, 1995.

83 R. E. Eberts and A. G. MacMillan, "Misperception of Small Cars," in *Trends in Ergonomics/Human Factors*, vol 2, ed. R. E. Ebert and C. G. Eberts (North Holland: Elsevier Science Publishers, 1985).

84 參見 H. W. Leibowitz, "Grade Crossing Accidents and Human Factors Engineering," *American Scientist*, vol. 73, no. 6 (November–December 1985), pp. 558–62。雷波維茲也提出另一個可能原因：「欺騙的碰撞幾何學」，高估一列接近中火車的距離，這類似之前提過駕駛人判斷來車距離的問題。一輛車和火車彼此接近時，會維持持續一致的位置。他寫道，「這裡沒有橫向的動作，因此速度的主要線索就是對邊視角的比例增加，或是擴張模式……擴張模式增加的速度並非線性，比較像是雙曲線函數所描述的。對於遙遠的物體而言，擴張改變的速度很慢。當距離縮小時，對邊視角比例會加速增加。」這有點類似自然界觀察到的「僞裝動作」現象，例如公食蚜蠅會以某種方式移動，企圖掩飾牠們在追蹤母食蚜蠅。牠們會如此做，據說「以這種方式接近，牠在獵物的眼中就會像是一個遠方的靜物（一個**固定的點**）。在攻擊過程中，獵捕者必須確定自己正位於獵物目前位置和這個固定點之間」。研究人員認爲，人類也容易受到這種作用影響。參見 Andrew James Anderson and Peter William McOwan, "Humans Deceived by Predatory Stealth Strategy Camouflaging Motion," *Proceedings of the Royal Society B: Biological Sciences*, vol. 270, Supp. 1 (August 7, 2003), pp. S18–S20。

85 Joseph E. Barton and Theodore E. Cohn, "A 3D Computer Simulation Test of the Leibowitz Hypothesis," U.C. Berkeley Traffic Safety Center, Paper UCB-TSC-TR-2007-10, April 1, 2007; http://repositories.cdlib.org/its/tsc/UCB-

TSC-TR-2007-10.

㊱參見 Sandra J. Ackerman, "Optical Illusions: Why Do We See the Way We Do?" *HHMI Bulletin*, June 2003, p. 37。

⑧⑦Dewar and Olson, *Human Factors in Traffic Safety*, p. 88.

⑧⑧D. Shinar and A. Drory, "Sign Registration in Daytime and Night Time Driving," *Human Factors*, vol. 25 (1983), pp. 117-22.

⑧⑨H. W. Leibowitz, "Nighttime Driving Accidents and Selective Visual Degradation," *Science*, vol. 197 (July 29, 1977), pp. 422-23.

⑨⓪參見 M. J. Allen, R. D. Hazlett, H. L. Tacker, and B. L. Graham, "Actual Pedestrian Visibility and the Pedestrian's Estimate of His Own Visibility," *American Journal of Optometry and Archives of the American Academy of Optometry*, vol. 47 (1970), pp. 44-49、David Shinar, "Actual Versus Estimated Night-time Pedestrian Visibility," *Ergonomics*, vol. 27, no. 8 (1984), pp. 863-71 與 Richard Tyrrel, Joanne Wood, and Trent Carberry, "On-road Measures of Pedestrians' Estimates of Their Own Nighttime Conspicuity," *Journal of Safety Research*, vol. 35, no. 5 (December 2004), pp. 483-90。

⑨①參見 Olsen, *Forensic Aspects of Driver Perception and Response*, p. 157。

⑨②這裡討論的對比實驗可參見 http://www.psy.ucsd.edu/~sanstis/Foot.html。如欲了解關於此實驗及交通暗示的有趣討論，參見 Stuart Anstis, "Moving in a Fog: Contrast Affects the Perceived Speed and Direction of Motion," *Proceedings of the Conference on Neural Networks*, Portland, Ore., 2003。

⑨③參見 C. Arthur MacCarley, Christopher Ackles, and Tabber Watts, "A Study of the Response of Highway Traffic to Dynamic Fog Warning and Speed Advisory Messages," TRB 06-3086, Transportation Research Record, National Research Council, Washington, D.C., February 2007。

⑨④如欲了解關於剷雪車能見度的傑出討論，參見 Albert Yonas and Lee Zimmerman, "Improving the Ability of Drivers to Avoid Collisions with Snowplows in Fog and Snow," Minnesota Department of Transportation, St. Paul, Minn., July 2006。

⑮後視鏡資訊取自於 Thomas Ayres, Li Li, Doris Trachtman, and Douglas Young, "Passenger-Side Rear-View Mirrors: Driver Behavior and Safety," *International Journal of Industrial Ergonomics*, vol. 35 (2005), pp. 157-62。

⑯此案例參見藝術歷史學家 E. H. Gombrich 的著作 *Art and Illusion* (Oxford: Phaidon Press, 1961)。之後更進一步的確認和研究參見 Marco Bertamini and Theodore E. Parks in "On What People Know About Images on Mirrors," *Cognition*, vol. 98 (2005), pp. 85-104。他們使用「在鏡子上」這個詞彙，立即顯示出我們與鏡子之間容易產生的一種隔離，就像我們常說「鏡子裡」，彷彿影像是埋伏在玻璃後面。作者指出，「若說我們的影像是實體的一半，或說實體與影像之間的關係與距離鏡子多遠並無關聯，這兩種說法都是反直覺的。然而，當我們了解鏡子總是位於自身與虛幻自我的中間點時，這兩種說法就變得更加清楚了。」

⑰如欲了解佛蘭納根針對後照鏡的研究細節，參見 M. J. Flannagan, M. Sivak, J. Schumann, S. Kojima, and E. Traube, "Distance Perception in Driver-Side and Passenger-Side Convex Rearview Mirrors: Objects in Mirror are More Complicated Than They Appear," Report No. UMTRI-97-32, July 1997。

4 塞車經濟學

①William G. Harley, "Mormons, Crickets, and Gulls: A New Look at an Old Story," *Utah Historical Quarterly*, vol. 38 (Summer 1970), pp. 224-39.

②取用自 Peter Calamai, "Crickets March with Religious Fervor," *Toronto Star*, August 2, 2003。

③若想用人類的語言理解此事，複合系統理論學家 Eric Bonabeau 已提出一種聰明的詮釋：想像這是一場雞尾酒派對。房間內的每個人都會接收到一道指令：任選兩個人，A和B，然後替自己找一個位置，讓A總是介於你和B之間。在一間滿是人的房間中，結果會導致鬆散的人群總是在移動，變換到正確的位置，有些人會像害羞的壁花人物，不停地在周圍移動。現在改變規則，無論如何，你總是介於A與B之間。這時，人們不再繞著圈子轉，馬上會凝聚成一個「單一、幾乎靜止的群體」。每一個人看似細微的改變，卻完全改變整個團體。你能預測這點嗎？參見 Eric Bonabeau, "Predicting the Unpredictable," *Harvard Business Review*, vol. 80, no. 3 (March 2002)。如欲了解更多關於動態參與的深度討論，參見 Bonabeau, Pablo Funes, and Belinda Orme, "Exploratory

Design of Swarms," *Proceedings of the Second International Workshop on the Mathematics and Algorithms of Social Insects* (Atlanta, GA: Georgia Institute of Technology, 2003), pp. 17-24。

④Matt Steinglass 在描述麻省理工學院人工智慧實驗室創辦人 Seymour Papert 的車禍事件時，曾提出一個重要的觀點。Seymour Papert 在越南河內市過馬路時，因爲機車而受傷，河內市的交通行爲大都可用「突現行爲」解釋，就像依據正式交通規則一樣。Matt Steinglass 指出，「關於突現現象的一個重點，情境中的人常會避免強調這一點，那就是這些人對他們的構成分子通常很不友善。螞蟻群對於單獨的螞蟻通常不太熱絡。河內市的交通是一種有趣的意外現象，但是當 Seymour Papert 成爲該市的一分子時，並未得到良好的照顧。」參見 Steinglass, "Caught in the Swarm," *Boston Globe*, December 17, 2006。

⑤如欲關於波浪動力學的有趣討論，參見 I. Farkas, D. Helbing, and T. Vicsek, "Mexican Waves in an Excitable Medium," *Nature*, vol. 419 (2002), pp. 131-32。如欲模擬情形和影片，參見 http://angel.elte.hu/wave/。

⑥Gregory A. Sword, Patrick D. Lorch, and Darryl T. Gwynne, "Migratory Bands Give Crickets Protection," *Nature*, vol. 433 (February 17, 2005).

⑦這讓我想起一些研究，觀察動物行爲在逐漸擁擠的情形下，會有何改變。一份觀察貓的研究發現，這就像是尖峰時期的高速公路：「籠子越擁擠，階級制度就越不明顯。最後就會出現一位暴君，『賤民』出現，暴君被其他所有人持續且無情地攻擊，因此變得瘋狂，出現所有神經性行爲。整個群體變成惡意的暴民。他們很少放鬆，永遠顯得不自在，不停地齜牙咧嘴、嗥叫甚至打架。不再一起嬉戲，移動和運動都降到最低。」引用自 E. O. Wilson, *Sociobiology: The New Synthesis* (Cambridge, Mass.: Harvard University Press, 1995), p. 255。

⑧David Shinar and Richard Compton, "Aggressive Driving: An Observational Study of Driver, Vehicle, and Situational Factors," *Accident Analysis & Prevention*, vol. 36 (2004), pp. 429-37.

⑨生物學家 E. O. Wilson 指出，「大致上，典型的螞蟻群會使用大約十至二十種訊號，大部分訊號本質上都是化學性的。」參見 E. O. Wilson and Bert Holldöbler, *The Ants* (Cambridge, Mass.: Havard University Press, 1990), p. 227。

⑩I. D. Couzin and N. R. Franks, "Self-organized Lane Formation and Optimized Traffic Flow in Army Ants," *Proceed-*

ings of the Royal Society: Biological Science, v. 270 (1511), January 22, 2003, pp. 139-46.

⑪螞蟻搜尋模式已被應用在人類社會中，藉此改善貨車運輸和其他公司的日常表現。如欲了解完整解釋參見 Peter Miller, “Swarm Theory,” *National Geographic*, July 2007。

⑫Sharon Bernstein and Andrew Blankstein, “2 Deny Hacking Into L.A.’s Traffic Light System,” *Los Angeles Times*, January 9, 2007.

⑬Stephen Johnson 寫道，「所有汽車至上的城市都會有一個問題，那就是局部互動的能力被速度和車距侷限，無法產生更高層的秩序……這必須靠每一分子的回饋，個體必須回應其他個體的改變。在時速一百零五公里時，傳遞於個體之間的資訊顯然不足以進行細微的互動，情形就像是在螞蟻的世界，一隻工蟻忽然開始以他鄰居十倍的速度，在無人的地板上橫衝直撞。」參見 Jonnson, *Emergence* (New York: Scribner, 2001), p. 96。

⑭約翰・費雪稍後在一篇新聞報導中再度提到這個觀點，報導中公布加州一億五千萬美元的計畫，打算將所有城市的號誌同步化。官員宣稱，這樣可以減少「高達十六%」的通勤。參見 *Los Angeles Times*, October 17, 2007。

⑮傑若德・威爾德向我指出這點。

⑯可參見 N. M. Rouphail and B. S. Eads, “Pedestrian Impedance of Turning-Movement Saturation Flow Rates: Comparison of Simulation, Analytical, and Field Observations,” *Transportation Research Record*, No. 76, Annual Meeting of the Transportation Research Board, Washington, D.C., 1997, pp. 56-63。

⑰例如阿姆斯特丹市，已經為自行車騎士制定「綠波」，自行車騎士以時速十五至十八公里的速度移動，就可以遇到連續綠燈（汽車移動速度較快，就會遇到更多紅燈）。取用自“News from Amsterdam” (http://www.nieuwsuitamsterdam.nl/English/2007/11/green_wave.htm)。

⑱的確，正如城市主義者 William H. Whyte 所指，第五大道的號誌設計似乎是要**阻撓**行人，「交通號誌特別惱人，號誌的計時利於汽車，而非行人。在第五大道，你希望騰出時間往北走，當燈號變綠時，你開始快速行走。你必須走七十三公尺才能到達下一個燈號。你走到那裡時，剛好變紅燈。你必須用一種左右包抄的速度，每分鐘九十四公尺，才能贏過燈號。」取自 William H. Whyte, *City* (New York: Doubleday, 1988), p. 61。

⑲這不是牽強的假設。一份由以色列巴伊蘭大學團隊進行的研究，觀察兩個城市的行人行為：「極端東正教」的

伯尼巴拉克市，以及「世俗」的拉瑪特—岡市。當兩個城市的交通和公共建設狀況大致相同時，伯尼巴拉克市行人有超出三倍的機率，做出研究人員所認定的「不安全」行人行為。這可能是因爲有車的伯尼巴拉克居民比較少。因此他們比較少去理解駕駛人的能力，或是較不願意考慮他們。但是研究人員也推測另一個原因，引用一些研究指出，「相信其他法律（意即宗教法律）在國家法律之上，與容易違法這件事，有密切關聯。」參見 Tova Rosenbloom, Dan Nemrodova, and Hadar Barkana, "For Heaven's Sake Follow the Rules: Pedestrians' Behavior in an Ultra-Orthodox and a Non-Orthodox City," *Transportation Research Part F: Traffic Psychology and Behaviour*, vol. 7, no. 6 (November 2004), pp. 395-404。如欲了解關於宗教信仰與守法關聯性的進一步研究，參見 A. Ratner, D. Yagil, and A. Pedahzur, "Not Bound by the Law: Legal Disobedience in Israeli Society," *Behavioral Sciences and the Law*, vol. 19 (2001), pp. 265-83。

⑳取自加州猶太祭司議會寫給費雪的信，二〇〇四年八月九日。

㉑F. Banerjee, "Preliminary Evaluation Study of Adaptive Traffic Control System (ATCS)," City of Los Angeles Department of Transportation, July 2001.

㉒在二〇〇五年，加州公路巡邏隊指出，七月五日星期二共發生三十四起代號一一二五A的事故，比起前後兩天多出近五十%。資料由加州公路巡邏隊的 Joe Zizi 提供。

㉓降雨時間間隔與車禍風險的關聯性是有名的駕駛人常識，許多研究支持這種說法。參見 Daniel Eisenberg, "The Mixed Effects of Precipitation on Traffic Crashes," *Accident Analysis & Prevention*, vol. 36 (2004), pp. 637-47。

㉔加州柏克萊大學研究人員 G. F. Newell 觀察發現，「近年來，直到現在，有些研究人員試圖找出車輛交通與所有幻覺現象的關聯性，類似汽油的影響。但這些並不存在」。他也辯稱，交通「不像任何理想化的模式，可以讓數學統計學家將其理論化。它是混亂的，只能透過原始近似值加以分析」。參見 G. F. Newell, "Memoirs on Highway Traffic Flow Theory in the 1950s," *Operations Research*, vol. 50, no. 1 (January—February 2002), pp. 173-78。

㉕參見 Carlos Daganzo, "A Behavioral Theory of Multi-lane Traffic Flow, Part I: Long Homogeneous Freeway Sections," *Transportation Research Part B: Methodological*, vol. 36, no. 2 (February 2002), pp. 131-58。

㉖Philip Ball 在他極佳的著作 *Critical Mass* 中提到，在交通模型中，出現越來越多關於「心理性」和其他因素的結論，這點出了一個謎題，「模型越複雜，越難知道哪些結果和交通活動的『基本』性質有關，而哪些結果又和交通規則的細節有關。」參見 Philip Ball, *Critical Mass* (New York: Farrar, Straus and Giroux, 2004), p. 160。

㉗研究人員認爲，跟車的駕駛相信休旅車，或是拖車，其煞車所需的時間會比汽車長，因此近距離跟車比較安全。另一種理論就是「無知就是福」，意指駕駛人不要擔心看不到的事物，甚過於擔心他所能看到的（或者他們只專注於正前方的車輛，沒有注意一連串的車流，因爲這比較容易）。參見 James R. Sayer, Mary Lynn Mefford, and Ritchie W. Huang, "The Effects of Lead-Vehicle Size on Driver-Following Behavior: Is Ignorance Truly Bliss?" Report No. UMTRI-2000-15, University of Michigan, Transportation Research Institute, June 2000。

㉘Carlos F. Daganzo, "A Behavioral Theory of Multi-Lane Traffic Flow, Part I: Long Homogeneous Freeway Sections," *Transportation Research Part B: Methodological*, vol. 36, no 2 (February 2002), pp 131-58.

㉙在一九八五年，高速公路工程師的聖經《高速公路載量手冊》（*Highway Capacity Manual*）將每個車道每小時最高載量設定爲兩千輛車次。這個數據在一九九四年增加爲兩千三百輛車次，到了一九九八年又增加到目前的數據。看來駕駛人願意縮短前方車距，以較快的車速通過。爲何駕駛人願意冒更多的危險？也許是因爲汽車的操控性變好了，或是駕駛人發現他們必須花更多時間通勤，因此願意侵略性地開車，以減少通勤時間。參見 Federal Highway Administration, *2004 Status of the Nation's Highways, Bridges and Transit: Conditions and Performance* (Washington, D.C.: 2004), U.S. Department of Transportation, pp. 4-16。與此吻合的是，加州 Pravin Varaiya 根據線圈感應器數據，之前將最高車流量定在時速七十公里，如今將數據定在時速近一百里。參見 Z. Jia, P. Varaiya, C. Chen, K. Petty, and A. Skabardonis, "Maximum Throughput in L.A. Freeways Occurs at 60 MPH," University of California, Berkeley, PeMS Development Group, January 16, 2001。

㉚就如交通中的許多事情，從交通觀點（而非社會觀點）來看高承載車道的實際功效也引發了熱烈爭論。這些車道眞的改善高速公路的總車流量，還是勉強只讓高承載縮短開車時間？或是實際上沒發揮任何一種功效？加州大學研究人員 Pravin Varaiya 和 Jaimyoung Kwon 提出一份研究，根據舊金山地區線圈感應器的資料，高承載車道不只增加其他車道的壅塞情形（人們可能會想，只有少數駕駛使用高承載車道），高承載車道也因二十%

「載量處罰」所苦。原因為何?因為高承載是單線車道,高承載車道駕駛人卡在「蝸牛車」後面——你在加州開車時速一百公里,就會贏得這個封號——就必須以蝸牛的速度前進(當其他車道車速更慢,駕駛人就不會試圖超過高承載車道內的蝸牛車)。這還可能出現另一種複雜情形,貼有混合燃料貼紙的車輛(最新版本公布有八萬五千輛)依法可行駛高承載車道。這些駕駛人的確希望以時速一百公里前進,因為這可以讓燃料發揮更大效益(根據車內儀表板顯示)。加州大學研究人員 Michael J. Cassidy, Carlos F. Daganzo, Kitae Jang,與加州交通局的 Koohong Chung 之後發表一篇研究,他們重新檢視 Varaiya 與 Kwon 的數據,結果發現儘管一開放高承載車道,整體交通速度的確同時減慢(必須要提出一點,一旦車道變得擁擠,高承載車道也會壅塞),但是不能將速度減慢歸咎於高承載車道,在某些情況,高承載車道確實**增加**交通流量,度過麻煩瓶頸。參見 J. Kwon and P. Varaiya, "Effectiveness of High-Occupancy Vehicle (HOV) Lanes in the San Francisco Bay Area," July 2006, (http://www.sci.csuhayward.edu/6~jkwon/),與 Michael J. Cassidy, Carlos F. Daganzo, Kitae Jung, and Koohong Chung, "Empirical Reassessment of Traffic Operations: Freeway Bottlenecks and the Case for HOV Lanes," Research Report UCB-ITS-RR-2006-6, December 2006。

㉛ "Possible Explanations of Phase Transitions in Highway Traffic," C. F. Daganzo, M. J. Cassidy, and R. L. Bertini, Department of Civil and Environmental Engineering and Institute of Transportation Studies, University of California, Berkeley, May 25, 1998.

㉜ 這不是說匝道儀控能完美運作,因為交通中沒有一件事是簡單的。計時模式可能會被扭曲(儘管標榜的是即時、全系統採用的匝道儀控)。匝道儀控若沒有仔細觀察交通區域,可能會導致「相反的結果」。一份研究指出,這就像當被儀控的匝道駕駛人,因為與他們無關的下交流道車流,而被卡在匝道上(壅塞不是因為太多車想上高速公路,而是太多車想下高速公路)。太多車卡在匝道上,無論駕駛人多想走高速公路,可能會退回一般道路,導致其他壅塞。當然,為了儀控正常運作,駕駛人確實應該遵守號誌。但就像明尼蘇達州研究的學者指出:這還牽扯到公平,匝道儀控有利於長途車程,對那些只開幾個匝道出口距離的駕駛而言,實在很痛苦。參見 Michael Cassidy, "Complications at Off-Ramps," *Access Magazine*, January 2003, pp. 27-31。

㉝ 在華盛頓交通部贊助舉辦的比賽中,Paul Haase 提出的稻米實驗以最佳的視覺表現呈現「流量最大化」,因此贏

得比賽。參見 Susan Gilmore, "Rice Is Nice When Trying to Visualize Highway Traffic," *Seattle Times*, December 29, 2006。

㉞意即「車流類似顆粒流動，找不到比在高速公路更緊密的地方了」。駕駛人的個人行爲在集體行爲的決定性部分，造成些微的統計波動，因此車子可以被視爲實體粒子。兩者都是眾多極度不平衡的粒子系統，其中駕駛支配力與分散的交互作用會不停競爭，產生一種自行組成的結構。事實上，有一種頗具說服力的比喻，認爲高速公路上塞車的形成，類似於顆粒氣體中粒子串的組成。取自 K. van der Weele, W. Spit, T. Mekkes, and D. van der Meer, "From Granular Flux Model to Traffic Flow Description," in *Traffic and Granular Flow 2003*, eds. S. P. Hoogendoorn, S. Luding, P. H. L. Bovy, M. Schreckenberg, and D. E. Wolf (Berlin: Springer, 2005), pp. 569-78。另一方面，深入研究車流的學者 G. F. Newell 曾提出警告，「有些研究人員試圖找出車輛交通與所有幻覺現象的關聯性，將其類比成汽油的影響，但這些並不存在。」參見 G. F. Newell, "Memoirs on Highway Traffic Flow Theory in the 1950s," *Operations Research*, vol. 50, no. 1 (January—February 2002), pp. 173-78。

㉟米粒也不能完美隱喻車流。正如班哲明．考夫曼所指，「車流較像是車道中的一維體系，偶爾與相鄰的車道結合。傳統顆粒流動是三維。因此在交通中，你面對的是較小的粒子」（來自與考夫曼的訪談）。

㊱德國物理學家暨交通研究人員 Dirk Helbing 曾在工作時觀察到一種類似現象，就是人們從擁擠的房間中「流出」。「慌張的行人常會靠近彼此，他們的肢體接觸造成壓力，產生阻礙的摩擦作用。」當出口很寬敞時，也可能發生這種情形。爲什麼？「這是行人的焦慮不安所導致的。行人因爲排斥的相互作用，或是試圖趕上他人，會分散在寬敞的區域。」他在模擬實驗中發現，門口前方的梁柱若是不對稱分布，有助於「減少門口的壓力」。就像米粒一樣，當你安排其流動時，慢即是快。參見 Dirk Helbing, "Traffic and Related Self-Driven Many-Particle Systems," *Reviews of Modern Physics*, vol. 73, no. 4 (2001), pp. 1067-1141。

㊲參見 David Levinson and Lei Zhang, "Ramp Meters on Trial: Evidence from the Twin Cities Metering Holiday," Department of Civil Engineering, University of Minnesota, May 30, 2002，與 Cambridge Systematics, "Twin Cities Ramp Meter Evaluation," prepared for Minnesota Department of Transportation, February 1, 2001。

㊳Jerry Champa, "Roundabout Intersections: How Slower Can Be Faster," *California Department of Transportation*

Journal, vol. 2 (May—June 2002), pp. 42-47.

㊴ Robert Herman and Keith Gardels, "Vehicular Traffic Flow," *Scientific American*, vol. 209, no. 8 (December 1963).

㊵ 根據一份研究，在另一種情況下，休旅車遮住後方駕駛視線也會降低車流量。這是因爲後方駕駛人能見距離縮短，不確定前方的交通狀況，會傾向保持更大車距。當然，這種說法偏離其他研究的發現，與之前註㉗的說法不同。這些結果的差異可能導致不同類型的道路，採用兩者研究或其他未經證實研究的看法。參見 Kara M. Kockelman and Raheel A. Shabih, "Effect of Vehicle Type on the Capacity of Signalized Intersections: The Case of Light-Duty Trucks," *Journal of Transportation Engineering*, vol. 126, no. 6 (1999), pp. 506-12。

㊶ 可參見 Matt Helms, "Wait Just Two Seconds Before You Start," *Free Press*, June 18, 2007。

㊷ 猶他大學心理學教授 David Strayer 在一次駕駛模擬器實驗中發現，講手機的受試者開車比較慢，比較少變換車道，以避免更慢的移動車流（這也許可以解讀爲遲緩反應能力的替代品）。David Strayer 估計，這類行爲會增加五%至十%的通勤時間（當然，開車較慢對安全和環境有益）。參見 Joel M. Cooper, Ivana Vladisavljevic, David L. Strayer, and Peter T. Martin, "Drivers' Lane-Changing Behavior While Conversing on Cell Phone in Variable-Density Simulated Highway Environment," paper submitted to 87th Transportation Research Board meeting, Washington, D.C., 2008。

㊸ Robert L. Bertini and Monica T. Leal, "Empirical Study of Traffic Features at a Freeway Lane Drop," *Journal of Transportation Engineering*, vol. 131, no. 6 (2005), pp. 397-407.

㊹ 參見 Philip Ball, "Slow, Slow, Quick, Quick, Slow," *Nature*, April 17, 2000。原始研究請看 T. Nagatani, "Traffic Jams Induced by Fluctuation of a Leading Car," *Physical Review E*, vol. 61 (2000), pp. 3534-40。

㊺ 參見 P. Breton, A. Hegy, B. De Schutter, and H. Hellendoorn, "Shock Wave Elimination/Reduction by Optimal Coordination of Variable Speed Limits," *Proceedings of the IEEE Fifth International Conference on Intelligent Transportation Systems* (ITSC'02), Singapore, pp. 225-30, September 2002。

㊻ Highways Agency, *M25 Controlled Motorways: Summary Report*, November, 2004.

㊼ 這些系統需要妥善規畫，避免非計畫中的影響。降低限速不能太過突然，否則會導致震波。理想的系統必須與

高速公路的長度協調一致，避免讓一組協調良好的駕駛人，遇上遠方的塞車，這反而讓塞車更嚴重，或導致其他後果。可參見 P. Breton et al., "Shock Wave Elimination/Reduction by Optimal Coordination of Variable Speed Limits"。

㊽ Boris Kerner 指出，「車流的不穩定與駕駛人反應時間有限有關。反應時間造成車輛過度減速效應：如果前方車輛開始無預警地減速，駕駛人就會開得更慢，避免碰撞。」參見 Boris Kerner, *The Physics of Traffic: Empirical Freeway Pattern Features, Engineering Applications, and Theory* (Berlin: Springer, 2004), p. 69。

㊾ 一個模擬實驗將走走停停車流中發現的「波動」和「擴大」，與一整排靜止不動車流時「波動」和「擴大」相比較。在裝有細胞自動機的模擬駕駛器中，觀察車子在靜止不動時，或是人們停車或起步的方式，「焦慮不安」會從車流前端擴散到尾端。參見 Bongsoo Son, Tawan Kim, and Yongjae Lee, "A Simulation Model of Congested Traffic in the Waiting Line," *Computational Science and Its Applications: ICCSA 2005*, vol. 3481 (2005), pp. 863-69。

㊿ 非線性車流與商業世界的供應鏈之間有一趣味的相似之處。連鎖店常會遇到「長鞭效應」的困難——供應商與消費者的距離越遠，這種效應的變化性越大（意即供應過多或供應不足）。例如，當一個人在酒吧點一杯啤酒，客人和酒保直接溝通。訂單收到，東西就送上。但隨著供應鏈向外延伸，這種即時性就變得較爲困難。如果酒吧內某種啤酒的需求量突然增加，酒保馬上會發現。啤酒製造商過段時間才發現，蛇麻草農人要過更久才知道（當他們知道這個需求的變化時，需求可能又有變化）。Carlos Daganzo 指出，在運輸過程中，車子較能順暢通過窄路，但是那些離窄路很遠的車子卻會在速度上感受到廣泛的「波動」作用。比起那些正在通過窄路的車子，他們比較不知道眞實的供需狀態。參見 "The Beer Game and the Bullwhip," *ITS Berkeley Online Magazine*, vol. 1, no. 2 (Winter 2005)。

(51) Gary A. David and Tait Swenson, "Identification and Simulation of a Common Freeway Accident Mechanism: Collective Responsibility in Freeway Rear-End Collisions," CTS 06-02. Intelligent Transportation Systems Institute, Center for Transportation Studies, University of Minnesota, April 2006.

(52) ACC研究結果參見 L. C. Davis, "Effect of Adaptive Cruise Control Systems on Traffic Flow," *Physical Review E*, vol. 69 (2004)。

5 交通性別論

①Andreas Schafer and David Victor, "The Past and Future of Global Mobility," *Scientific American*, October 1997, pp. 58-63.

②Vacov Zahavi, "The 'UMOT' Project," August 1979, prepared for the U.S. Department of Transportation and the Ministry of Transport, Federal Republic of Germany, Bonn.

③Cesare Marchetti, "Anthropological Invariants in Travel Behavior," *Technological Forecasting and Social Change*, vol. 47 (1994), pp. 75-88.

④M. Wachs, B. D. Taylor, N. Levine, and P. Ong, "The Changing Commute: A Case-study of the Jobs-Housing Relationship over Time," *Urban Studies*, vol. 30, no. 10 (1993), pp. 1711-29.

⑤參見 David Levinson and Ajay Kumar, "The Rational Locator," *Journal of the American Planning Association*, vol. 60, no. 3 (1994), pp. 319-43。波特蘭地區也出現類似的趨勢，參見 Robert L. Bertini, "You Are the Traffic Jam: An Examination of Congestion Measures," paper submitted to Eighty-fifth Annual Meeting of the Transportation Research Board, January 2006, Washington, D.C.。

⑥D. Levinson and Y. Wu, "The Rational Locator Reexamined," *Transportation*, vol. 32 (2005), pp. 187-202.

⑦參見 Nancy McGuckin, Susan Liss, and Bryant Gross, "Do More Vehicles Make More Miles?" *National Household Travel Survey* (Washington, D.C.: Federal Highway Administration, 2001)。

⑧Anthony Downs, "Why Traffic Congestion Is Here to Stay . . . and Will Get Worse," *Access Magazine*, no. 25 (Fall 2004)。亦請參見 Scott F. Festin, *Summary of National and Regional Travel Trends: 1970-1995* (Washington, D.C.: U.S. Department of Transportation, Federal Highway Administration, 1996)。

⑨亞倫・皮薩斯基提供了這個統計數據。

⑩Alan Pisarski, *Commuting in America III* (Washington, D.C.: Transportation Research Board, 2006), p. 2.

⑪Susan Handy, Andrew DeGarmo, and Kelly Clifton, *Understanding the Growth in Non-Work VMT*, Research

Report SWUTC/02/167222 (Austin, Texas: Southwest Region University Transportation Center, University of Texas, February 2002), p. 6.

⑫有關女性的駕駛行爲最近發生的變化，請參見 Rachel Gossen and Charles Purvis, "Activities, Time, and Travel: Changes in Women's Travel Time Expenditures, 1990-2000," *Research on Women's Issues in Transportation, Report of a Conference*, vol. 2 (Washington, D.C.: Transportation Research Board, 2004)。

⑬Nancy McGuckin and Nandu Srinivasan, "The Journey-to-Work in the Context of Daily Travel," paper presented at the Transportation Research Board meeting, Washington, D.C., 2005.

⑭美國人口調查資料指出一個符合的事實··家庭成員人數越多，家庭合計行車里程越多。南西·麥古金在電子郵件中寫道··「家庭旅次會隨著家庭人口和收入的增加而增加。」

⑮可參見 Christina Sidecius, "Car Pool Lane Not for Dummies," *Seattle Times*, August 2, 2007。

⑯*Research on Women's Issues in Transportation: Report of a Conference* (Washington, D.C.: Transportation Research Board, National Research Council, 2005), p. 30.

⑰Jane Brody, "Turning the Ride to School into a Walk," *New York Times*, September 11, 2007.

⑱U.S. Environmental Protection Agency, *Travel and Environmental Implications of School Siting*, EPA 231-R-03-004, October 2003, and Department of Environment, Transport and the Regions, London, Greater Vancouver Regional District, *Morning Peak Trip by Purpose*, 1999.

⑲Charles Fishman, "The Smorgasbord Generation," *American Demographics*, May 1999.

⑳Handy, DeGarmo, and Clifton, *Understanding the Growth in Non-Work VMT*.

㉑*Highway Statistics 2005* (Washington, D.C.: Office of Highway Policy Information, Federal Highway Administration).

㉒Susan L. Handy and Kelly J. Clifton, "Local Shopping as a Strategy for Reducing Automobile Dependence," *Transportation*, vol. 28, no. 4 (2001), pp. 317-46.

㉓Handy, DeGarmo, and Clifton, p. 31.

㉔Handy, DeGarmo, and Clifton, p. 29.

㉕The Technical Committee of the Colorado-Wyoming Section of the Institute for Transportation Engineers, "Trip Generation of Coffee Shops with Combination Drive-Through and Sit-Down Facilities" (http://www.cowyite.org/technical/).

㉖星巴克也發現了另一種將車流轉爲人潮的方法：在乾洗店和影片租賃店附近設置店面，以便吸引光臨這兩種商店的顧客順便上門喝杯雙份拿鐵咖啡。參見 Taylor Clark, *Starbucked* (New York: Little, Brown, 2007)。

㉗Andrew Downie, "Postcard: Brazil," *Time*, September 27, 2007。該作者冷冷地寫道：「聖保羅市交通官員表示，摩托車佔了該市車輛總數的百分之九，但其車禍發生率比其他車輛的總計車禍發生率來得更高。如此看來，救護摩托車隊的存在，眞是令人深感諷刺。」

㉘Pisarski, *Commuting in America III*, p. 109.

㉙"Poverty and Mobility in America," *NPTS Brief* (Washington, D.C.: U.S. Department of Transportation, Federal Highway Administration, December 2005).

㉚Brian D. Taylor, "Putting a Price on Mobility: Cars and Contradictions in Planning," *Journal of the American Planning Association*, vol. 72, no. 3 (Summer 2006), pp. 279-84.

㉛Daniel Kahneman, Alan Krueger, Norbert Schwarz, and Arthur Stone, "A Survey Method for Characterizing Daily Life Experience: The Day Reconstruction Method," *Science*, vol. 306, no. 5702 (December 2004), pp. 1776-78.

㉜莫克塔里安指出，這些受訪者或許將「理想通勤時間」，誤解爲自己**願意**接受的通勤時間：她也表示，受試者提供的答案，或許是他們心中的「符合實際考量」的理想時間，而非可望不可即的理想時間。參見 Patricia L. Mokhtarian and Lothlorien S. Redmond, "The Positive Utility of the Commute: Modeling Ideal Commute Time and Relative Desired Commute Amount," Berkeley: University of California Transportation Center, Reprint UCTC No. 526。

㉝S. Handy, L. Weston, and Patricia L. Mokhtarian, "Driving by Choice or Necessity?" *Transportation Research Part A: Policy and Practice*, vol. 39, nos. 2-3 (2005), pp. 183-203.

㉞Alois Stutzer and Bruno S. Frey, "Stress That Doesn't Pay Off: The Commuting Paradox" (September 2004), IZA Discussion Paper No. 1278, Zurich IEER Working Paper No. 151. Available at SSRN: http://ssrn.com/abstract=408220.

㉟Robert H. Frank, *Falling Behind* (Berkeley: Univ. of California Press, 2007), p. 82.

㊱S. Frederick and G. Loewenstein, "Hedonic Adaptation," in *Scientific Perspectives on Enjoyment, Suffering, and Well-Being*, ed. D. Kahneman, E. Diener, and N. Schwartz (New York: Russell Sage Foundation, 1999), pp. 303-29.

㊲Nancy McGuckin and Nandu Srinivasan, "The Journey-to-Work in the Context of Daily Travel," paper presented at the Transportation Research Board meeting, 2005. Washington, D.C.

㊳可參見 Harry Cohen and Frank Southworth, "On the Measurement and Valulation of Travel Time Variability Due to Incidents on Freeways," *Journal of Transportation and Statistics*, vol. 2, no. 2 (Dec. 1999)，以及 David Brownstone and Kenneth A. Small, "Valuing Time and Reliability: Assessing the Evidence from Road Pricing Demonstrations," *Transportation Research Part A: Policy and Practice*, vol. 39, no. 4 (2005), pp. 279-93。

㊴Jonathan Clements, "Money and Happiness? Here's Why You Won't Laugh," *Wall Street Journal*, August 16, 2006.

㊵T. Cohn, "On the Back of the Bus," *Access*, vol. 21 (1999), pp. 17-21.

㊶這些有關市區公車司機的資訊，主要來自康乃爾大學人類生態學教授 Gary Evans 的研究。可參見 Gary Evans, "Working on the Hot Seat: Urban Bus Drivers," *Accident Analysis & Prevention*, vol. 26 (1994), pp. 181-93、G. Evans, M. Palsane, and S. Carrere, "Type A Behavior and Occupational Stress: A Crosscultural Study of Blue-Collar Workers," *Journal of Personality and Social Psychology*, vol. 52 (1987), pp. 1002-07，以及 Gary W. Evans and S. Carrere, "Traffic Congestion, Perceived Control, and Psychophysiological Stress Among Urban Bus Drivers," *Journal of Applied Psychology*, vol. 76 (1991), pp. 658-63。

㊷F. Strack, L. L. Martin, and N. Schwarz, "Priming and Communication: The Social Determinants of Information Use in Judgments of Life-Satisfaction," *European Journal of Social Psychology*, vol. 18, 1988, pp. 429-42.

㊸Daniel Kahneman, Alan B. Krueger, David Schkade, Norbert Schwarz, and Arthur A. Stone, "Would You Be Happier If You Were Richer? A Focusing Illusion," *Science*, vol. 312, no. 5782 (June 30, 2006), pp. 1908-10.

㊹只要改變自己對事物重要性的定義，我們便能輕而易舉地改變自己對某些事物的看法——或我們**認為**自己對某些事物的看法。一群來自各國的心理學家，在荷蘭某條高速公路興建高乘載管制車道的前後，對單獨開車的駕駛人進行訪談。這些心理學家也在另一條未新增高乘載管制車道的高速公路上，進行相同的訪談。新乘載管制車道完成之後，採取共乘的駕駛人大約節省了二十分鐘的行車時間。這時，單獨開車的駕駛人對乘載管制車道的態度突然有所轉變。不過，這些改變並非出於駕駛人對乘載管制車道本身的看法，而是由於駕駛人重視的事物有所不同所致。突然之間，「行車彈性」變成了影響駕駛人通勤經驗的最重要因素，而行車開銷和行車時間等因素則變得較不重要。在未新增高乘載管制車道的高速公路上，單獨開車的駕駛人對高乘載管制車道的態度並無改變。但在新增高乘載管制車道的高速公路上，單獨開車的駕駛人只能眼睜睜地看著其他人呼嘯而過，因此突然比從前更加厭惡高乘載管制車道。與其改變自己的駕駛習慣，或天天飽受折磨，這些駕駛人紛紛改變自己對事物重要性的排序次序（有趣的是，他們對哪些事物有利於環境保護的看法並未改變，雖然其駕駛習慣和這些看法背道而馳）。他們試圖合理化自己的行為——換句話說，他們試著讓自己感覺釋懷一些。人們之所以抗拒共乘的原因包括：湊足共乘人數所需的時間，比高乘載管制車道所能節省的行車時間來得久（即使共乘對環境保護和交通順暢都較有好處），或者許多人根本無法湊足共乘人數。有時，縱使人們知道某些替代方案對整體社會較為有益，他們仍會想盡辦法證明這些方案為什麼對自己沒有好處。在車陣中動彈不得的駕駛人，不會在通勤電車從眼前呼嘯而過時，對自己說：「好希望我就在電車裡。」反而會想出各種無法搭乘電車的理由，以便紓解自己的焦慮。因此，我們的道路上往往擠滿了弄不清楚為什麼路上總是湧進這麼多車輛的駕駛人，而這些駕駛人都堅信自己有理由在這些道路上開車。參見 Mark Van Vugt, Paul A. M. Van Lange, Ree Meertens, and Jeffrey Joireman, "How a Structural Solution to a Real-World Social Dilemma Failed: A Field Experiment on the First Carpool Lane in Europe," *Social Psychology Quarterly*, vol. 59 (1996), pp. 364-74。

㊺Brian Taylor, "Rethinking Traffic Congestion," *Access*, Fall 2002, pp. 8-16.

㊻不同的地區之間存在著有趣的差異。舉例來說，在亞利桑納州，距離超級市場大門最近的停車空間往往見不到車輛，因為駕駛人會先將車輛停在停車場邊緣擁有林蔭的停車空間。正如某篇文章所言：「多走上一段路，總比開著被沙漠艷陽曝曬好幾個鐘頭的車回家來得好。」引自 Diane Boudreau, "Urban Ecology: A Shady Situation," *Chain Reaction*, vol. 4 (2003), pp. 18-19。有關擁有林蔭的停車場和沒有林蔭的停車場之間的微型氣候差異，請參見 Klaus I. Scott, James R. Simpson, and E. Gregory McPherson, "Effects of Tree Cover on Parking Lot Microclimate and Vehicle Emissions," *Journal of Arboriculture*, vol. 25, no. 3 (May 1999), pp. 129-41。

㊼就我所知，下列網站是最先提出這個看法的資料來源：http://vandersluys.ca/?p=7914。

㊽維爾基的發現，和兩位工程學教授在某個「機率模型」中提出的預測，不謀而合。請參見 C. Richard Cassady and John E. Kobza, "A Probabilistic Approach to Evaluate Strategies for Selecting a Parking Space," *Transportation Science*, vol. 32, no. 1 (January 1998), pp. 30-42。

㊾*Travel Behaviour Research Baseline Survey 2004: Sustainable Travel Demonstration Towns* (SUSTRANS and Socialdata, 2004) (http://www.sustrans.org.uk/webfiles/travelsmart/STDT%20Research%20FINAL.pdf).

㊿Daniel Kahneman 和 Amos Tversky 是最先提出「可得性捷思」的學者（所謂的「**捷思**」，指的其實就是「心理捷徑」）。當研究人員請受試者想像某些事物的發生頻率時，對於較易回憶起的事物或較易想像的事物，受試者比較容易高估其發生機率。

51 R. G. Golledge, K. L. Lovelace, D. R. Montello, and C. M. Self, "Sex-Related Differences and Similarities in Geographic and Environmental Spatial Abilities," *Annals of the Association of American Geographers*, vol. 89 (1999), pp. 515-34.

52 A. J. Velkey, C. Laboda, S. Parada, M. L. McNeil, and R. Otts, "Sex Differences in the Estimation of Foot Travel Time," paper presented at the annual meeting of the Eastern Psychological Association, Boston, March 2002。導致女性駕駛人較易高估物體距離的因素之一在於，不愉快或有壓力的環境，往往會扭曲人們的距離感。大型停車場或許較常讓女性駕駛人感到危險，而這種影響可能扭曲女性駕駛人對潛在停車空間的距離判斷。請參見 Sigrid Schmitz, "Gender Differences in Acquisition of Environmental Knowledge Related to Wayfinding Behavior, Spatial Anxiety and Self-Estimated Environmental Competencies," *Sex Roles: A Journal of Research*, July 1999。

53 有關最適覓食理論的討論，請參見 T. Schoener, "A Brief History of Optimal Foraging Ecology," in *Foraging Behavior*, ed. A. C. Kamil, J. R. Krebs, and H. R. Pulliam (New York: Plenum Press, 1987), pp. 5-67。亦請參見 Jeffrey

A. Kurland and Stephen J. Beckerman, "Optimal Foraging and Hominid Evolution: Labor and Reciprocity," *American Anthropologist*, vol. 87, no. 1 (March 1985), pp. 73-93。

㊹哈威學院（Hobart and William Smith Colleges）的生物學家 Elizabeth Newell，在 1 篇有趣的論文中提出了這個觀點。請參見其"The Energetics of Bee Foraging" (http://www.life.umd.edu/Faculty/inouye/Pollination%20Exercises/Beth's.html)。

㊺Esa Ranta, Hannu Rita, and Kai Lindstrom, "Competition Versus Cooperation: Success of Individuals Foraging Alone and in Groups," *American Naturalist*, vol. 142, no. 1 (July 1993), pp. 42-58.

㊻Mark Schlueb, "To Get to Game or Show, Parking May Be Tricky," *Orlando Sentinel*, December 1, 2006.

㊼請參見 Daniel R. Montello, "The Perception and Cognition of Environmental Distance: Direct Sources of Information," in *Spatial Information Theory: A Theoretical Basis for GIS* (Berlin: Springer, 1997), pp. 297-311，以及 Lorin J. Staplin and Edward K. Sadalla, "Distance Cognition in Urban Environments," *Professional Geographer*, vol. 33 (1981), pp. 302-10。

㊽Herbert Simon, *Administrative Behavior*, 4th ed (New York: Free Press, 1997).

㊾Donald Shoup, *The High Cost of Free Parking* (Chicago: American Planning Association, 2005), p. 6.

㊿Bruce Schaller, "Free Parking, Congested Streets," March 1, 2007 (http://www.schallerconsult.com/pub/index.html).

61 City of Copenhagen, *Traffic and Environmental Plan 2004*, p. 16.

62 Shoup, *The High Cost of Free Parking*, p. 303.

63 Donald C. Shoup, "Cruising for Parking," *Transport Policy*, vol. 13 (2006), pp. 479-86.

64 Shoup, *The High Cost of Free Parking*, p. 279.

65 William Whyte, *City* (New York: Doubleday, 1988), p. 72.

66 參見 Paul C. Box, "Curb Parking Findings Revisited," *Transportation Research Circular 501* (Washington, D.C.: Transportation Research Board, 2000)。

㉗這些和具有停車空間和行道樹的街道有關的資料，取自 Dan Burden, “22 Benefits of Street Trees,” Glatting Jackson/Walkable Communities, Summer 2006。

㉘Peter C. Van Metre, Barbara J. Mahler, Mateo Scoggins, and Pixie A. Hamilton, “Parking Lot Sealcoat: A Major Source of Polycyclic Aromatic Hydrocarbons (PAHs) in Urban and Suburban Environments,” *Fact Sheet 2005-3147* (Austin: U.S. Geological Survey, January 2006)。毫不令人驚訝地，這些作者也指出，環境中的多環芳香煙濃度正逐漸提升。「美國地質調查局的發現顯示，從一九七〇年至二〇〇一年之間，位於市區和市郊的大多數湖泊和蓄水池中的多環芳香煙總濃度，持續大幅攀升。這種汙染情況以快速都市化的集水區（亦即市郊外圍地區）最爲嚴重；舉例來說，過去十年來，由於附近集水區的快速發展，希爾斯（Hills，位於依利諾州芝加哥郊區）的湖泊中的多環芳香煙濃度，已經成長了十倍。」

㉙Douglas M. Main, “Parking Spaces Outnumber Drivers 3-to-1, Drive Pollution and Warming,” Purdue University News Service, September 11, 2007.

6 自私的通勤者

①Jon D. Haveman and David Hummels, *California's Global Gateway: Trends and Issues* (San Francisco: Public Policy Institute of California, 2004), p. 62.

②Richard Clegg, “It'll Be Alright by Friday: Traffic Response to Capacity Reduction,” Department of Mathematics, University of York.

③這種平衡狀態也會在極端狀況下發生，例如二〇〇五年紐約市大眾運輸人員大罷工。在凌晨五點至早上十一點之間的交通尖峰時段，人們只能開車進入該市，且每輛車上必須搭乘至少四人。全市交通大亂。罷工第一天，進入中心商業地區的汽車數量，比平常減少了百分之二十四。毫無疑問地，人們仍無法掌握市區的交通狀況，或者希望罷工能夠馬上落幕。罷工第二天，進入市區的汽車數目，比平日降低了百分之二十一。人們已經開始出門碰碰運氣，或者無法繼續請假在家。到了第三天時，進入市區的汽車數量，只比平常減少了百分之十三。罷工也在同一天結束，因此無法得知假如罷工無限期持續下去的話，交通狀況是否會恢復正常。但顯而易見地，

人們在罷工期間不斷地調適自己的通勤行爲，若非提早出門（凌晨四點的交通流量，成長了三倍），便是延後出門，不然只好和其他人共乘。這些數據取自"2005 Transit Strike: Summary Report," New York City Department of Transportation, February 2006。

④這段話引自PBS紀錄片 *New York Underground (American Experience)*。

⑤Lewis M. Fulton, Robert B. Noland, Daniel J. Meszler, and John V. Thomas, "A Statistical Analysis of Induced Travel Effects in the U.S. Mid-Atlantic Region," *Journal of Transportation and Statistics*, vol. 3, no. 1 (2000), pp. 1-14。一份加州研究顯示，車道里程（lane-mile）每增加百分之一，車輛里程（vehicle-mile）便會立即提升百分之零點二。請參見 Mark Hansen and Huang Yuanlin, "Road Supply and Traffic in California Urban Areas," *Transportation Research A*, vol. 31 (1997), pp. 205-18。倫敦帝國學院科學家 Robert B. Noland 整理了一份有關「誘發需求」的文獻，有興趣的讀者可上網(http://www.vtpi.org/induced_bib.htm)。

⑥S. Cairns, S. Atkins, and P. Goodwin, "Disappearing Traffic? The Story So Far," Municipal Engineer, vol. 151, no. 1 (March 2002), pp. 13-22。紐約市這種現象提供了一個有趣的例子。Christo 的 *The Gates* 在紐約市中央公園中展覽期間，該市交通局封閉了穿越中央公園的道路。此舉雖然稍微增加了公園周遭街道的交通壅塞狀況，但**行車速度**並未受到太大影響。紐約市交通局表示，這主要得歸諸該局事前的縝密規畫。這表示紐約市交通局其實大可永遠封閉穿越中央公園的道路。當然，*The Gates* 是一場規模浩大的展覽，因此這段期間的交通壅塞狀況，有一部分和前來參觀展覽的人潮有關。

⑦聖荷西州立大學都市規畫教授 Asha Weinstein Agrawal 曾以波士頓爲例，指出政治人物常會依其需要，以不同的論證試圖說服大眾，交通堵塞**爲什麼**有礙公共利益。二十世紀初，安全考量和個人行車時間，往往被用來消弭「交通堵塞之惡」的主要理由。但到了一九二〇年代，相關論證的焦點，則較常集中在交通堵塞引發的負面經濟效應上，包括節節高升的生活費用。爲什麼？「政治人物之所以越來越強調交通堵塞和生活費用之間的關係，最可能的原因在於他們希望說服大眾，交通堵塞引發的延誤，也會對個人帶來損失，即使不開車的人對這種問題的經驗，不如開車的人來得直接，」她寫道。「地下鐵的出現，使得原本搭乘街車的人們，不再需要面對地面道路的壅塞交通。因此，昂貴而具爭議性的交通堵塞紓解計畫（例如環狀高速公路）的推動者，必須提

出新論證以便取得大眾的支持，而和生活費用有關的主張，便成了最好的理由。」請參見 Agrawal, "Congestion as a Cultural Construct: The 'Congestion Evil' in Boston in the 1890s and 1920s," *Journal of Transport History*, vol. 27, no. 2 (September 2006), pp. 97–113。

⑧ Brian D. Taylor, "Rethinking Traffic Congestion," *Access* (October, 2002), pp 8-16.

⑨ Timothy F. Harris and Yannis M. Ioannides, "Productivity and Metropolitan Density," Dept. of Economics, Tufts University, 2000, http://ase.tufts.edu/econ/papers/200016.pdf.

⑩ Helena Oliviero, "Looking for Love in All the Close Places," *Atlanta Journal Constitution*, October 15, 2002, and Katherine Shaver, "On Congested Roads, Love Runs Out of Gas," *Washington Post*, June 3, 2002。這些段落引自 Ted Balaker, *Why Mobility Matters to Personal Life*, Policy Brief 62 (Washington, D.C.: Reason Foundation, July 2007)。

⑪ Anthony Downs, *Still Stuck in Traffic: Coping with Peak-Hour Traffic Congestion* (Washington, D.C.: Brookings Institution, 2004), p. 27.

⑫ 一百二十億和一千零八十億美元的數目來自 Gabriel Roth, ed., *Street Smart: Competition, Entrepreneurship, and the Future of Roads* (New Brunswick: Transaction Publishers, 2006), p. 7。

⑬ Asha Weinstein Agrawal 主張，「交通堵塞對城市生活造成基本的挑戰，因此，只要人們持續以城市和城鎮提供的免費和頻繁互動爲基礎，進行各種社會和經濟活動，交通堵塞引發的問題，便不太可能獲得徹底解決。」見 "Congestion as a Cultural Construct"。

⑭ Dietrich Braess (translated from the orginal German by A. Nagurney and T. Wakolbinger), "On a Paradox of Traffic Planning," *Transportation Science*, vol. 39 (2005), pp. 446–50.

⑮ J. G. Wardrop: J. G. Wardrop, "Some Theoretical Aspects of Road Traffic Research," *Proceedings of the Institute of Civil Engineers, Part II* (1952), pp. 325–78.

⑯ 這個例子的靈感來自 Brian Hayes, "Coping with Selfishness," *American Scientist*, November 2005。

⑰ 麻州大學阿默斯特分校的網路專家 Anna Nagurney，幫我將布列斯的論文翻譯爲英文。當我向她請教眞實世界是否會出現布列斯悖論描述的現象時，她說雖然布列斯以純數學的方式處理這個問題，但沒有理由顯示這種現

象絕對不會在眞實世界中發生·,她也指出·「布列斯的運氣很好,因爲他選擇用交通需求爲例,而這正好是最可能出現布列斯悖論的情境。」

⑱ Tim Roughgarden, *Selfish Routing and the Price of Anarchy* (Cambridge, Mass.: MIT Press, 2005).

⑲ Aaron Edlin and Pinar Karaca-Mandic, "The Accident Externality from Driving," U.C. Berkeley Public Law Research Paper No. 130 (http://ssrn.com/abstract=424244).

⑳ 原本的估計數據取自 Ken Small and Camilla Kazimi, "On the Costs of Air Pollution from Motor Vehicles," *Journal of Transport Economics and Policy*, January 1995, pp. 7-32。二〇〇五年的更新數據則來自 Ian Parry, Margaret Walls, and Winston Harrington, "Automobile Externalities and Policies," Resources for the Future Discussion Paper No. 06-26, January 2007。

㉑ M. A. Delucchi and S.-L. Hsu, "The External Damage Cost of Noise from Motor Vehicles," *Journal of Transportation and Statistics*, vol. 1, no. 3 (October 1998), pp. 1-24.

㉒ William T. Hughes Jr. and C. F. Sirmans, "Traffic Externalities and Single-Family House Prices," *Journal of Regional Science*, vol. 32, no. 4 (1992), pp. 487-500.

㉓ 在實施路寬縮減和其他交通安寧措施之後,佛羅里達州西棕櫚灘(West Palm Beach)克萊蒙提斯街(Clematis Street)周遭的房地產價值提高了一倍。請參見"The Economic Benefits of Walkable Communities," report published by the Local Government Commission Center for Livable Communities, Sacramento, California。

㉔ 有關交通和健康之間潛在關聯的大規模學術調查,請參見 A. J. Venn, S. A. Lewis, M. Cooper, et al., "Living Near a Main Road and the Risk of Wheezing Illness in Children," *American Journal of Respiratory and Critical Care Medicine*, vol 164 (2001), pp. 2177-80。高交通流量地區的房價之所以較低,或許和某些流行病因素有關,因爲從社會經濟學的角度而言,高交通流量地區居民的生活方式,和低交通流量地區的居民並不相同。高低交通流量地區的房價之所以存在差異,是不是由於高交通流量導致附近居民較易生病,或是其實另有其他原因?

㉕ 任教於哈佛大學的「道路生態學」之父 Richard Forman 指出,當麻州的稻雀(bobolink)和其他草原鳥類巢穴,距離高交通流量的街道太近時,這些鳥類會無法生育下一代(但牠們仍可在每天交通流量少於三千部車輛的地

點附近繁殖）。這種現象指出交通噪音是降低鳥類生殖能力的元凶。請參見 R. T. T. Forman, B. Reineking, and A. M. Hersperger, "Road Traffic and Nearby Grassland Bird Patterns in a Suburbanizing Landscape," *Environmental Management*, vol. 29 (2002), pp. 782-800，以及 R. T. T. Forman, et al., *Road Ecology: Science and Solutions* (Washington, D.C.: Island Press, 2003)。亦請參見 J. A. Jaeger, L. Fahrig, and W. Haber, "Reducing Habitat Fragmentation by Roads: A Comparison of Measures and Scales, in *Proceedings of the 2005 International Conference on Ecology and Transportation*, eds. C. L. Irwin, P. Garrett, and K. P. McDermott (Raleigh: Center for Transportation and the Environment, North Carolina State University, 2006), pp. 13-17。

㉖ Donald Appleyard, M. Sue Gerson, and Mark Lintell, *Livable Urban Streets: Managing Auto Traffic in Neighborhoods*, a report prepared for the Federal Highway Administration, 1976。阿柏雅德的許多發現，都在下列這份紐約市替代交通方案組織（New York City Group Transportation Alternatives）進行的研究中得到佐證：Traffic's Human Toll," 2006 (http://www.transalt.org/press/releases/061004trafficshumantoll.html)。

㉗ 這也表示經濟條件較差的人，也較常暴露在來往車流產生的廢氣中。舉例來說，一份在英國里茲進行的研究即發現，經濟劣勢地區的二氧化氮濃度比較高。請參見 G. Parkhurst, G. Dudley, G. Lyons, E. Avineri, K. Chatterjee, and D. Holley, "Understanding the Distributional Impacts of Road Pricing," Department of Transport, United Kingdom, 2006。

㉘ Garrett Hardin, "The Tragedy of the Commons." *Science*, December 13, 1968.

㉙ Shi-Ling Hsu, "What *Is* a Tragedy of the Commons? Overfishing and the Campaign Spending Problem," February 21, 2005, bepress Legal Series, Working Paper 463 (http://law.bepress.com/expresso/eps/463).

㉚ 二〇〇七年初，紐澤西交通局的規畫人員 Gary Toth 告訴我：「這個星期，我們對這個部門負責的二十項交通壅塞紓解工程進行評估。我們估計所有的工程經費將會多達六十七億美元。」紐澤西交通局的年度經費只有六億到七億美元，而這些工程則可獲得其中大約一億美元。他指出，「以納稅人提供給我們的經費來計算，」這些工程將在六百七十年後完工。

㉛ Joel Kotkin, "Road Work," *Wall Street Journal*, August 28, 2007.

㉜任職於加州大學戴維斯分校交通研究中心（Institute of Transportation Studies）的 Mark Delucchi 估計，目前美國汽車使用者繳納的各種費用和稅金，只佔美國政府為汽車使用者提供服務所需經費的百分之二十至七十。請參見 Mark A. Delucchi, "Do Motor-Vehicle Users in the US Pay Their Way?" Institute of Transportation Studies, Research Report UCD-ITS-RP-07-17, University of California, Davis, 2007。

㉝"The Gasoline Tax: Should It Rise?" *Wall Street Journal*, August 18-19, 2007.

㉞Martin Wachs, "Fighting Traffic Congestion with Information Technology," *Issues in Science and Technology*, vol. 19 (2002), pp. 43-50.

㉟K. Mucsi and A. M. Khan, "Effectiveness of Additional Lanes at Signalized Intersections," *Institute of Transportation Engineers Journal*, January 2003, pp. 26-30。這兩位研究人員也指出，對紓解交通堵塞而言，拓寬大型交叉路口的效益維持期限，比拓寬小型交叉路口來得短。他們寫道：「假如（單向）單一車道路段的飽和容量為每小時一千部車輛，且交通流量的年成長率為百分之三，那麼新車道的不堵塞生命週期約為二十四年。假如（單向）三車道路段的飽和容量為每小時三千部車輛，且交通流量的年成長率同為百分之三，那麼新車道的不堵塞生命週期大約只有十年，即使我們不考慮新車道的邊際容量遞減效應。這種效應只會進一步縮減道路的不堵塞生命週期。」

㊱為了解決大型交叉路口引發的問題，交通工程師有時會訴諸立體交叉高架橋，或所謂的「連續流動路口」（continuous-flow intersection）。立體交叉高架橋不但所費不貲，而其高聳造型也有礙平坦的市區景觀。連續流動路口則以極其複雜的方式，引導駕駛人在抵達路口之前，先行駛至道路最左側待轉，消除了傳統路口常見的左轉衝突；但這種路口往往令駕駛人感到卻步，因為從駕駛人的角度看起來，他們似乎得先逆向行駛一段路後，才能抵達路口。即使如此，早期研究仍顯示出，這些設計的確能以比傳統交叉路口更安全的方式移動車流。路易斯安那州巴頓魯治（Baton Rouge）某個交叉路口的等候時間，即從四分鐘縮短為一分鐘。有關連續流動路口的綜合討論，請參見ＡＭＢＤ工程公司的網站 http://www.abmb.com/cfi.html。

㊲這個數字取自 H. Teng and J. P. Masinick, "An Analysis of the Impact of Rubbernecking on Urban Freeway Traffic," Center for Transportation Studies, University of Virginia, Report No. UVACTS-15-0-62, 2004, p. 47。

㊳ Thomas Schelling, *Micromotives and Macrobehavior* (New York: W.W. Norton, 2006), p. 125.

㊴ Melissa Leong, "Best and Worst: Driving GTA's Highways with Sgt. Cam Woolley," *National Post*, July 18, 2007.

㊵ Andrea Glaze and James Ellis, "Pilot Study of Distracted Drivers," Center for Public Policy, Virginia Commonwealth University, January 2003.

㊶ 假如這家餐廳裡的沙拉吧是免費的，那麼將會發生什麼事？等候享用免費食物的人潮將會大排長龍。正如提姆・哈佛特所言：「我們都知道，食物、衣服和房子等事物，絕對不可以無限制地免費提供，不然它們馬上就會被人們搶光。而路上之所以擠滿了車輛，正是因爲路上的空間都是免費的。」請參見 Tim Harford, *The Undercover Economist* (Oxford: Oxford University Press, 2004), p. 88。

㊷ William Vickrey, "Pricing in Urban and Suburban Transport," *American Economic Review*, vol. 53 (1963). Reprinted in Richard Arnott, Kenneth Arrow, Anthony B. Atkinson, and Jacques H. Drèze., eds., *Public Economics: William Vickrey* (Cambridge: Cambridge University Press, 1994).

㊸ 這個故事引自任職於密蘇里大學的 Ron Harstad 正在進行的一篇論文，有興趣的讀者請參見 www.economics.missouri.edu/working-papers/2005/wp0519_harstad.pdf。

㊹ 有關這些現象的實驗室研究，請參見 Erica Mina Okada and Stephen J. Hoch, "Spending Time Versus Spending Money," *Journal of Consumer Research*, vol. 31 (2004), pp. 313-23。

㊺ Richard Clegg, "An Empirical Study of Day-to-Day Variability in Driver Travel Behavior," Department of Mathematics, University of York, Heslington (www.richardclegg.org/pubs/rgc_utsg2005.doc).

㊻ 奇均在一封電子郵件中指出，這份研究的結果全都呈現「非平衡態」。換句話說，假如眞的徵收過路費，這些道路上的車速將會有所改善，但如此一來也會吸引更多車流。

㊼ John D. McKinnon, "Bush Plays Traffic Cop in Budget Request," *Wall Street Journal*, February 5, 2007.

㊽ Philip Bagwell, *The Transport Revolution* (London: Routledge, 1988), p. 375.

㊾ 奇均指出，具備有效率的道路收費系統所產生的收入，比駕駛人減少行車速度後所得到的經濟效益，還來得多。因此，如何對這些公款收入進行重分配，便成了一個重要（但常被忽視）的問題。

⑩有關這種「良性循環」的更深入討論，請參見 Kenneth A. Small, “Unnoticed Lessons from London: Road Pricing and Public Transit,” *Access*, vol. 26 (2005), pp. 10-15。

⑪和拉維爾的單軌電車有關的一個例子，是紐澤西州特頓（Trenton）的二十九號公路。一九六〇年代，美國城市流行在市中心或水岸附近，興建大型快速道路，而二十九號公路正是這個年代的產物。紐澤西州交通局的工程師 Gary Toth 告訴我，這條路在十五年之間，發生過兩起死亡車禍和無數的交通事故，可以算是當地的危險路段之一。而其部分原因在於這條道路的設計，類似速限每小時一百公里的高速公路（且設置有如高速公路般的安全淨空區域和其他安全設施），但其實際速限只有每小時七十公里。除此之外，駕駛人無可避免地會在高速行駛後，遇上在某個有號誌路口前大排長龍的車陣。Toth 和其同事想要知道，假如他們將二十九號公路改造成景觀比較宜人的「市區大道」，實施較爲嚴格的車速限制，並增加幾座有號誌行人穿越道，如此一來是否能夠改善這條道路的交通狀況？或者，這些改變反而會讓交通壅塞狀況變得一發不可收拾，並大幅增加駕駛人所需的行車時間。在進行許多次模擬實驗之後，他們發現，新系統在交通尖峰時刻只會增加兩分鐘的延誤時間。與其在一個有號誌路口等候多時，駕駛人現在只需於好幾個路口稍事停留。更重要的是，新系統也比較安全，因爲它能夠防止駕駛人在高速行駛的狀態下緊急煞車。

⑫這種作法會出現某些奇特的現象。在進行許多模擬測試之後，拉維爾放棄了提升鄉村熊俱樂部（Country Bear Jamboree）遊客容量的計畫。「在這裡排隊的隊伍很長，往往讓人們以爲這個景點非常受歡迎，」他說。「這其實只是由於這裡的容量有限所致。人們時常會有這種錯覺。」

⑬Daniel Machalaba, “Paying for VIP Treatment in a Traffic Jam,” *Wall Street Journal*, June 21, 2007.

⑭正如麻省理工學院智慧型運輸系統計畫主任莫許．班亞奇瓦對我所言，動態收費系統的挑戰，在於其通行費率必須依據這套系統的目標而定：「你或許希望以駕駛人實際節省的時間作爲收費基準。這表示當收費車道上的交通流量變多時，你便得降低其通行費率。從另一個角度而言，你或許想維持收費車道上的車速。如此一來，當這些車道上的交通流量變多時，你便須**增加**其通行費率，試圖以價格控制流量。我們現在還不太清楚哪種策略的效益最大。」

⑮Ronald Koo and Younbin Yim, “Commuter Response to Traffic Information on an Incident,” September 1, 1998,

California Partners for Advanced Transit and Highways (PATH), Working Papers: Paper UCB-ITS-PWP-98-26 (http://repositories.cdlib.org/its/path/papers/UCB-ITS-PWP-98-26).

(56) 舉例來說，在某個實驗中，十八位受試者必須在兩條道路中擇一而行，且只有當選擇第一條道路的人數，和選擇第二條道路的人數同樣多時，第一條道路上的車速才會比第二條道路來得快。當受試者選到車速較快的道路時，他們能夠獲得較多的報酬。實驗結果顯示，長期而言，多數受試者選擇第一條道路的次數，和選擇第二條道路的次數大致相同。但受試者常在每次測試時選擇另一條道路，而更重要的是，即使經過兩百次測試後，他們仍呈現出相同的選擇模式。這種現象的原因在於，受試者若非持續地尋找優於其他人的選擇策略（研究結果顯示，當受試者每次都選擇同一條道路時，他們才能獲得最佳效益），便是不斷地發現另一條道路上的車速比較快。有趣的是，在另一個實驗中，駕駛人知道另一條道路上的行車時間，因此他們並不需要爲了發現另一條道路上的情況，而不斷地選擇不同的道路。這個資訊只對受試者在每次測試時選擇不同道路的傾向造成「小幅影響」。請參見 Reinhard Selten, Michael Shreckenberg, Thomas Pitz, Thorsten Chmur, and Sebastian Kube, "Experiments and Simulations on Day-to-Day Route Choice-Behaviour," April 2003, CESifo Working Paper Series No. 900 (http://ssrn.com/abstract=393841)。

(57) Virginia Groark, "Dan Ryan Traffic Flow Changes by Minute—Like Chicago Weather," *Chicago Tribune*, April 5, 2006.

(58) Moshe Ben-Akiva, Andre De Palma, and Isam Kays, "Dynamic Network Models and Driver Information Systems," *Transportation Research A*, vol. 25A, no. 5 (1991), pp. 251-66.

(59) Sarah Murray, "The Green Way to Keep on Trucking," *Financial Times*, March 13, 2007.

(60) Tim Harford, *The Undercover Economist* (Oxford: Oxford University Press, 2005), p. 138.

(61) 類似的現象也會發生在股票市場中。理論上而言，當一般投資者越來越能即時追蹤股價的波動狀況，並取得越來越多的企業營運資料時，股價應能在更短的時間內反映出這些資訊的影響，而股市的波動程度也應越來越小（請參見 Daniel Gross, "Where Have All the Stock Bubbles Gone?" *Slate*, January 3, 2006）。但 Brad Barber 和 Terrance Odean 指出，當更多人能夠藉由網際網路，進行成本低廉且幾乎即時的股票交易時，這種交易行爲可能會產生許多潛在問題，包括可能導致投資人過度專注於股價最近表現的「快速回饋」。他們主張，那些試圖在短期「動能週期」（momentum cycle）中獲利的投資人，實際上會增加股市的波動程度（他們表示，過去數十年來，個別股價的波動程度，由於尚未獲得充分了解的原因，仍在不斷提高之中）。Brad M. Barber and Terrance Odean, "The Internet and the Investor," *The Journal of Economic Perspectives*, vol. 15, no. 7 (Winter 2001), pp. 41-54。

⑫舉例來說，在西雅圖封閉五號州際高速公路多數車道之前，英瑞斯公司預測，這條道路上的交通狀況，將優於人們原本的預期（這主要是由於之前提及的「車流消失」效應所致）。事實證明英瑞斯公司是正確的。不過，並非每個人都聽過英瑞斯公司的預測，而許多人也未對這些預測抱有太多信心。請參見 Danny Westneat, "Math Whiz Had I-5's number," *Seattle Times*, August 22, 2007。

⑬I. Kaysi, "Frameworks and Models for the Provision of Real-Time Driver Information" (Ph.D. thesis, Department of Civil Engineering, Massachusetts Institute of Technology, 1992).

⑭Daniel Florian, "Simulation-Based Evaluation of Advanced Traveler Information Services (ATIS)" (dissertation, Massachusetts Institute of Technology, 2004)。有關回顧早期相關研究的論文，請參見 David Levinson, "The Value of Advanced Traveler Information Systems for Route Choice," *Transportation Research Part C*, vol. 11 (2003), pp. 75-87。

⑮Levinson, ibid.

⑯不過，其他研究顯示，當更多人能夠取得交通資訊時，交通狀況反而可能更加惡化。這個問題的主因，和交通網絡的非合作性特質有關。假如所有人都被告知甲路比乙路更順暢，人們便會一窩蜂地湧上甲路，甲路也會因此變得不如乙路。網絡研究人員將此稱為「集中」（concentration）或過度反應問題。在這種情況下，擁有不完整的資訊，甚至不如完全缺乏資訊：假如每個人被告知任何資訊，最後的結果將會呈現隨機狀態——甲乙兩條路上的交通狀況將會隨機波動。這一切都取決於人們獲得資訊的速度，以及他們根據這些資訊做出的選擇。理想上而言，路上的車流，應該有如機場出境檢查窗口前的隊伍一樣。每個人都可看見其他隊伍的長度。當新窗口開始運作時，原本身在其他隊伍的某些旅客，將會改至新窗口前排隊，而他們形成的新隊伍長度，應該也和

其他隊伍的長度相差不多。在這種情況下，這種系統處於均衡狀態中。不過，對個人而言，這種系統的運作是否如此順暢？你或許會慢人一步，反而排在比原先隊伍還後頭的位置上。你或許不難得到正確的資訊，但你能夠做出正確的決定嗎？. 請參見 H. S. Mahmassani and R. Jayakrishnan, "System Performance and User Response Under Real-Time Information in a Congested Traffic Corridor," *Transportation Research A*, vol. 25, no. 5 (1991), pp. 293-307。亦請參見 R. Arnott, A. de Palma, and R. Lindsey, "Does Providing Information to Drivers Reduce Traffic Congestion?" *Transportation Research A*, vol. 25, no. 5 (1991), pp. 309-18，以及 A. M. Bell, W. A. Sethares, and J. A. Bucklew, "Coordination Failure as a Source of Congestion," *IEEE Transactions on Signal Processing*, vol. 51. no. 3, March 2003。

67 在明尼蘇達大學土木工程學教授大衛・雷文森進行的一項模擬實驗中，當交通流量達到道路容量的百分之九十五時，駕駛人能夠藉由即時路況資訊節省最多時間。他認為，在這個時間點上，車陣隊伍正逐漸形成，而駕駛人擁有的選擇也正開始減少。請參見 Levinson, "Value," op cit。

68 有趣的是，正如奇均在一份電子郵件中指出的，在普峽灣研究裡，百分之五的收費交通網絡所產生的虛擬收益，即佔了全數虛擬收益的百分之五十。

69 S. Lammer, B. Gehlsen, and Dirk Helbing, "Scaling Laws in the Spatial Structure of Urban Road Networks," *Physica A*, vol. 363, no. 1 (2006), pp. 89-95.

70 有趣的是，螞蟻在選擇行進路徑時，也會發生這種現象。《生物系統的自我組織》(*Self-Organization in Biological Systems*) 一書指出，螞蟻常會聚集在通往擁有最多食物或距離食物來源最短的路徑上。「藉著最短路徑，螞蟻即能將其在蟻窩和食物來源之間的移動時間減至最少、花費最少的時間完成任務、擁有更多時間享用食物，並將食物來源遭受鄰近其他大型或凶猛螞蟻聚落發現並獨佔的風險降至最低。較短的行徑路線，也能減低四處移動所需耗費的能量。」優良的路徑比較容易吸引螞蟻，這些螞蟻則會在這些路徑上留下更濃厚的費洛蒙，進而吸引更多螞蟻前來，於是形成某種「回饋機制」。當路徑上開始出現岔路時，螞蟻也會選擇較多螞蟻走過的岔路。請參見 Scott Camazine, Jean-Louis Denéoubourg, Nigel R. Franks, et al., *Self-Organization in Biological Systems* (Princeton: Princeton University Press, 2001)，尤其是第十三章。

⑦¹ 舉例來說，英國鄉間的單一車道路段時常可見大量車潮，因爲車上導航系統往往引導駕駛人行駛「地圖上看來最近」的捷徑，但這些路段並無能力處理高度的交通流量。請參見 David Millward, "End of the Road for Unreliable SatNavs," *Daily Telegraph*, June 11, 2006。

⑦² 我一直遇到這個問題。在鳳凰城時，我一遇到塞車便試著尋找其他替代路徑，而這支手機也總以宜人的口吻說道：「查無可供使用的替代路徑。」

⑦³ 正如交通研究學者 G. F. Newell 所指出的，許多人無法接受將車輛交通活動視爲某種可供買賣的貨物。「運用在交通活動上時，經濟學理論顯得漏洞百出，」他寫道。「因爲多數經濟學家把交通活動當成可由最高出價者取得的消費貨物，但他們不問：『社會需要些什麼？』」他接著說：「我也不知道。」請參見 G. F. Newell, "Memoirs on Highway Traffic Flow Theory in the 1950s," *Operations Research*, vol. 50, no. 1 (January—February 2002), pp. 173-78。

7 爲什麼越危險的道路越安全

① Paul J. K. Friedlanden, "H-Day Is Coming to Sweden," *New York Times*, August 20, 1967; "Sweden May Shift Road Traffic to the Right to Curb Accidents," *New York Times*, November 12, 1961; "All Goes Right as Sweden Shifts Her Traffic Pattern," *New York Times*, September 4, 1967; "Swedes Face the Trauma of Shifting to Right Side," *New York Times*, April 10, 1966; and "Swedes Adjust, Some Grumpily, to Switching Traffic to the Right," *New York Times*, September 5, 1967.

② R. Näätänen and H. Summala, *Road-User Behavior and Traffic Accidents* (New York: Elsevier, 1976), pp. 139-40.

③ 有關無號誌圓環的車速和車流衝突資料引自 Timothy J. Gates and Robert E. Maki, "Converting Old Traffic Circles to Modern Roundabouts: Michigan State University Case Study," in *ITE Annual Meeting Compendium* (Washington, D.C.: Institute for Transportation Engines, 2000)。

④ R. A. Retting, B. N. Persaud, P. E. Garder, and D. Lord, "Crash and Injury Reduction Following Installation of Roundabouts in the United States," *American Journal of Public Health*, vol. 91, no. 4 (April 2001), pp. 628-31.

⑤Kenneth Todd, "Traffic Control: An Exercise in Self-Defeat," *Regulation Magazine*, vol. 27, no. 3 (Fall 2004).

⑥"The Impact of Driver Inattention on Crash/Near-Crash Risk: An Analysis Using the 100-Car Naturalistic Driving Study Data," DOT HS 810-594, U.S. Department of Transportation, April 2006, p. 118.

⑦Jake Voelcker在他的文章《自行車騎士或行人死亡事故肇事駕駛人之法定刑責述評》(A Critical Review of the Legal Penalties for Drivers Who Kill Cyclists or Pedestrians) 中指出，「職場健康和安全法規，不會允許數以千計重達一噸、帶有外露零件，以及由鋼鐵和玻璃構成的機械，以超過每秒十公尺的速度，一再地輾過在賣場樓層工作且未受保護的人員 (HSE 1998, Sect. 11)。但這正是今日我們在城鎮和城市中見到的現象。駕駛人爲什麼能在不受更嚴厲罰則之約束的情況下，對行人強加這種危害？」請參見www.jake-v.co.uk/cycling。

⑧V. P. Kallberg, "Reflector Posts—Signs of Danger?" *Transportation Research Record*, vol. 1403, pp. 57-66.

⑨S. Comte, A. Várhelyi, and J. Santos, "The Effects of ATT and Non-ATT Systems and Treatments on Driver Speed Behaviour," Working Paper R 3.1.1 in the MASTER project, VTT Communities & Infrastructure (VTT, Finland), August 1997.

⑩Raymond A. Krammes, Kay Fitzpatrick, Joseph D. Blaschke, and Daniel B. Fambro, *Speed: Understanding Design, Operating, and Posted Speed*, Report No. 1465-1 (Austin, TX: Texas Dept. of Transportation, March 1996).

⑪David Shinar, *Psychology on the Road: The Human Factor in Traffic Safety* (New York: Wiley, 1978), p. 87.

⑫Neal E. Wood, "Shoulder Rumble Strips: A Method to Alert 'Drifting' Drivers," Pennsylvania Turnpike Commission, Harrisburg, Pennsylvania, January 1994.

⑬請想像你正在高速公路上朝著一座小丘開去。這座小丘並不陡峭，但也不平坦。請注意當你逐漸接近小丘的頂點時，路面在你眼前慢慢展開的模樣。根據高速公路的設計方式，假如小丘頂點的路面上，無預警地出現某些障礙物，一般駕駛人應該擁有足夠的時間，發現並迴避這些突如其來的障礙物。這看來似乎是個周全的想法。但這些想像障礙物的高度大約爲何？已經退休的加拿大籍工程學教授豪爾指出，早期的高速公路工程師將這些障礙物的高度設爲四英寸（約十點二公分）——亦即躺在地上的「死狗」的高度。他們不知道三英寸高（約七點六公分）的障礙物是否也會帶來危險，也不清楚多少駕駛人會在爬上小丘時撞上四英寸高的障礙物。他們

只明白，爲了讓駕駛人擁有充分的時間，迴避三英寸高的障礙物，道路工程的規模將會變得更爲浩大，進而增加整個工程的經費。這些決策看似微不足道，但從更高的立足點而言，它們卻能改變道路的樣貌（以及人們的駕駛行爲）。因此，美國所有的高速公路，都以預防一般駕駛人在爬坡時撞上四英寸高的「死狗」爲基準，做爲其設計根據。在缺乏有關障礙物如何、爲何，以及在何時引發車禍的資訊的情況下，這種決策在工程上而言尚屬謹慎，而且能夠節省最多工程經費，豪爾如此主張。但隨著時間的變化，奇怪的現象也紛紛出籠。汽車的高度變得越來越低。突然之間，駕駛人失去了在既定時間內，發現四英寸高障礙物的能力。因此，交通工程師將「死狗」的高度，增加了兩寸（約五點一公分）——即使如此，豪爾指出，「我們仍不清楚，道路頂點上的小型靜止障礙物所引發的車禍，和可視視距之間，是否具有任何關聯。」交通工程師開始依據新標準興建新道路（在舊道路上行車的駕駛人，只能禱告自己不會不幸撞上四英寸高的死狗）。不過，問題仍然越來越棘手。休旅車和小卡車在美國越來越受到歡迎，而正如克瑞姆斯所言，這表示我們擁有「某些理由」，認爲車輛的高度正逐漸變高。請參考 Ezra Hauer, “Safety in Geometric Design Standards,” Toronto, Ontario, 1999 (http://ca.geocities.com/hauer@rogers.com/Pubs/SafetyinGeometricDesign.pdf)。

⑭ Steve Moler, “Stop. You’re Going the Wrong Way!” *Public Roads*, vol. 66, no. 2 (September—October 2002).

⑮ 有關交織區段的文獻數量極多，下列資料爲這個主題提供了理想的簡介：Richard Glad, John C. Milton, and David K. Olson, *Weave Analysis and Performance: The Washington State Case Study* (Olympia, Wash.: 2001)。

⑯ Richard W. Glad, Milton, and Olson, ibid.

⑰ 這份資料引自豪爾尚未發表的論文，“Lane Width and Safety” (review of literature for the Interactive Highway Safety Design Model, 2000) (http://ca.geocities.com/hauer@rogers.com/download.htm)。

⑱ Karin M. Bauer, Douglas W. Harwood, Karen R. Richard, and Warren E. Hughes, “Safety Effects of Using Narrow Lanes and Shoulder-Use Lanes to Increase the Capacity of Urban Freeways,” *Transportation Research Record: Journal of the Transportation Research Board*, vol. 1897 (2004)。在有關「統計顯著性」的邊註中，豪爾指出，統計學家和政策制定者在論及交通安全研究時，往往使用「不具統計顯著性」一詞，意指某些政策不論是否獲得實施，都不會產生任何正面或負面效應的事實。豪爾以有關「紅燈右轉」的一系列研究爲例，說明這種統計術語

的用法，這些研究都顯示，實施紅燈右轉措施之後，車禍發生率會隨之提升。這些效應「在統計上並不明顯」，但「都指向相同的現象」。採行紅燈右轉措施，將會導致較多車禍。請參見 Hauer, "The Harm Done by Tests of Significance," *Accident Analysis & Prevention*, vol. 36 (2004), pp. 495–500。

⑲ Hauer, "Lane Width and Safety," op. cit.

⑳ Robert E. Dewar and Paul L. Olson, *Human Factors in Traffic Safety* (Tucson: Lawyers and Judges Publishing, 2002), p. 429。許拿認爲，容易引起駕駛人誤解的交通標誌，具有「雙重危機」。「這些標誌不但會耗費更多認知處理時間，**還會**誤導駕駛人做出錯誤的行車決策。但有些標誌的意義，正好和駕駛人的理解相反，而駕駛人對這些標誌的反應，似乎和他們對其他交通標誌的反應一樣快。這表示，在這些罕見情況中，駕駛人並未懷疑自己對這些交通標誌的理解，但卻誤解了這些標誌的正確意義。」請參見 Shinar, *Traffic Safety and Human Behavior* (Amsterdam: Elsevier, 2007), p. 168。

㉑ *Supplemental Advance Warning Devices: A Synthesis of Highway Practice*, National Cooperative Highway Research Program Synthesis 186 (Washington, D.C.: National Academy Press, 1993), p. 38.

㉒ T. M. Pojar, D. F. Reed, and T. C. Reseigh, "Effectiveness of a Lighted, Animated Deer Crossing Sign," *Journal of Wildlife Management*, vol. 39, no. 1 (1975), pp. 87–91.

㉓ K. M. Gordon, S. H. Anderson, B. Gribble, and M. Johnson, "Evaluation of the FLASH (Flashing Light Animal Sensing Host) System in Nugget Canyon, Wyoming," Report No. FHWA-WY-01/03F, University of Wyoming, Wyoming Cooperative Fish and Wildlife Research Unit (Laramie, Wy.: July 2001).

㉔ 有關麋鹿的故事引自 Robert Finch, "Moose Signs Ahead," *Orion*, July—August 2007, p. 7。

㉕ 蒙德曼對交通標誌所持的保留態度不見得非常極端。美國交通工程師奉爲圭臬的《一致化交通控制設施手冊》（*The Manual on Uniform Traffic Control Devices*）也指出，「警示標誌的使用頻率，應該維持在最小程度，因爲警示標誌的濫用，常會減低人們遵守其他交通標誌的意願。」

㉖ Thomas Stratmann 和 Michael Makowsky 在一份研究中指出，駕駛人是否眞的會收到交通罰單，必須視許多因素而定。「駕駛人的居住地離受理申訴的交通監理單位越遠，」他們寫道，「他們收到超速罰單的機率越高，且

這些罰單的金額也越高。在房地產稅年增率設定上限、房地產稅稅基較低，以及較依賴觀光收入的城鎮中，當地員警開具交通罰單的機率也較高。」引自 Michael Makowsky and Thomas Stratmann, "Political Economy at Any Speed: What Determines Traffic Citations?," January 31, 2007 (http://ssrn.com/abstract=961967)。

㉗根據某位歷史學家的研究，紐澤西州查坦市（Chatham）在一九〇六年四月二十二日設置了世上第一座減速丘。這些研究報告指出，當時人們在路上鋪設石塊，以便防止「駕車狂飆者」（automobile scorchers）呼嘯而過。請參見 Peter Applebome, "Making a Molehill Out of a Bump," *New York Times*, April 19, 2006。

㉘在駕駛人眼中，「停車再開」標誌，其實早就有如「減速行車」標誌。在一份研究中，Michael DeCesare 對取自美國東北部數個交叉路口二千三百九十部車輛的樣本進行分析後發現，只有百分之十四的駕駛人會在路口完全停車。多數駕駛人只會「暫時減緩車速」，而其他駕駛人之所以願意完全停車，往往也是由於其他車輛已經進入路口所致。有趣的是，樣本中的所有車輛，都未完全違反「停車再開」標誌的規定，而這表示駕駛人都能看見這些標誌。請參見 "Behavior at Stop Sign Intersections: A Matter of Convenience and Threat of Danger," paper presented at the Annual Meeting of the Eastern Sociological Society, Boston, 1999。

㉙Gerald L. Ullman, "Neighborhood Speed Control—U.S. Practices," *ITE Compendium of Technical Papers* (1996), pp. 111-15, and Richard F. Beaubein, "Controlling Speeds on Residential Streets," *ITE Journal*, April 1989, pp. 37-39.

㉚Reid Ewing, "U.S. Experience with Traffic Calming," *Institute of Transportation Engineers Journal*, August 1997, p. 30.

㉛Crysttal Atkins and Michael Coleman, "Influence of Traffic Calming on Emergency Response Times," *Institute of Transportation Engineers Journal*, August 1997.

㉜Charles Dickens, "Street Accidents," *All the Year Round*, vol. 8 (1892; repr.), p. 499.

㉝有關「生活庭園」的歷史，請參見 Michael Southworth and Eran Ben-Joseph, *Streets and the Shaping of Towns and Cities* (New York: McGraw-Hill, 1996)。

㉞有趣的是，這種看法在交通工程史上已有前例可循。一九二七年七月，美國《國家交通》（*Nation's Traffic*）雜誌，以一種新式十字路口號誌系統爲題，做了一則報導。這個新系統以白色燈號取代了傳統的琥珀色燈號。當

所有號誌都轉爲白色燈號時，所有方向的來車都只能左轉。這種作法消弭了傍晚的交通堵塞狀況，撰寫這篇報導的記者寫道：「四條車流同時左轉……一切都顯得井然有序。」當地警察局長做了一個有趣的觀察：「我們讓這些人學會了如何靠自己引導車流。」請參見 Gordon Sessions, *Traffic Devices: Historical Aspects Thereof* (Washington, Institute of Traffic Engineers, 1971), p. 50。

㉟這種現象在無號誌圓環上更爲明顯。一份在芬蘭進行的觀察研究發現，進入無號誌圓環的駕駛人，較少察看右方來車，且較常侵犯到由右往左行駛的自行車騎士的優先通行權。請參見 Heikki Summala and Mikko Räsänen, "Top-Down and Bottom-Up Processes in Driver Behavior at Roundabouts and Crossroads," *Transportation Human Factors*, vol. 2, no. 1 (2000), pp. 29-37。

㊱我曾向哈佛大學骨骼生物學教授 Daniel Lieberman 請教這個理論的眞實性。他在電子郵件中寫道：「我同意你的看法，天擇應該能讓人類骨骼承受跑步摔倒或其他自然事件引起的傷害，但我們的生理設計不足以抵擋以時速六十公里行進且重達一噸的車輛的撞擊（這種動量非常強大）。但跑步是不是人類身體所能承受的最大自然力道？我無法確定。我們的頭部可能受到撞擊，而我們也有可能被劍齒虎咬傷。不過，跑步顯然是我們受傷的主因之一，因爲和四足動物比較起來，我們的走姿相當不自然、不順暢，且不穩定，同時也更容易在摔倒時受傷（因爲我們的身體離地面較遠）。因此，你的看法應該正確無誤。」

㊲舉例來說，聯邦高速公路管理局指出，二〇〇〇年時，闖越紅燈的駕駛人，奪走了超過一千條人命。這個數據引自 http://safety.fhwa.dot.gov/intersections/comm_rlrfaq.htm。

㊳這不禁令人想起，假如交叉路口上並未設置行人穿越號誌時，可能會發生什麼事？我們應該不難想像，在缺乏號誌引導的情況下，任意穿越道路的行人所引發的各種交通亂象。在本書寫作期間，紐約市爲這種現象提供了一個絕佳的例子（雖然該市的確計畫在下列路段設置行人穿越燈號）。只要站在派克大道（Park Avenue）介於四十六街和五十六街的路段上，你便會發現，這些地點的交通號誌不但比較嬌小，而且並未設置任何行人穿越號誌（當地人稱之爲「行人頭燈」〔ped head〕）。由於這條路段底下的特殊地鐵工程結構，該市交通局多年來一直無法在這裡埋設標準交通號誌所需的地基。穿越這些路段的行人，是否因此較常被車輛撞上？該市交通局根據過去五年的資料所繪製的「車禍地圖」顯示，在這些路段上發生車禍的行人數量，並未高於在派克大道其他

設有「行人頭燈」的路段上發生車禍的行人數量。這代表穿越這些路段的行人，被迫以更主動的方式，評估過往車輛引發的風險。紐約市交通局行人計畫辦公室繪製了這幅車禍地圖，而麥可・金恩則將其提供給我作爲參考。爲了完整評估穿越這些路段的行人所面對的實際風險，以及引發這些風險的主因，我們必須進行全面性研究，統計這些路段上的行人數量，並分析相關車禍的前因後果。假如行人在這些路段上發生車禍的機率較高的話，其原因可能在於此地的車輛交通號誌體積較爲嬌小。正如該市副交通局長 Michael Primeggia 所述，**車輛**在這些路段上發生車禍的機率較高，而車輛闖越紅燈所引發的「直角對撞事故」更是屢見不鮮。

㊴ 這正是交通工程師之所以時常設置「行人專用時段」(leading pedestrian interval) 的原因。這種設計爲行人提供一些「獨佔」馬路的時間，讓行人得以重拾對行人穿越道的主控權。當然，這種作法也會減緩車流移動的速度。最極端的行人專用時相設計，是以長期擔任紐約市交通局長的邦斯命名的「邦斯之舞」(Barnes dance)。這種設計允許**所有**方向的行人在某段時間內同時穿越路口，並且所有車輛得在這段時間中停止行進。事實上，「邦斯之舞」不是在紐約市發明的，而是邦斯在丹佛市任職時發明的交通措施。當邦斯將這套措施付之行動後，當地記者寫道：「邦斯使大家在街上情不自禁地跳起舞來了。」這就是「邦斯之舞」一詞的由來。請參見 Henry Barnes, *The Man with Red and Green Eyes* (New York: Dutton, 1965), p. 116。

㊵ D. F. Preusser, W. A. Leaf, K. B. Debartla, and R. D. Blomberg, *The Effects of Right-Turn-on-Red on Pedestrians and Bicycle Accidents*, NHTSA-DOT/HS-806/182 (Dunlap and Associates, Darien, Conn.: October 1981).

㊶ 一九九七年時，某份研究顯示，駕駛人必須爲該年度百分之七十一的行人和自行車騎士死亡車禍，「至少負起部分責任」。請參見 Charles Komanoff, "Killed by Automobile: Death in the Streets in New York City, 1994-1997," March 1999。二〇〇四年時，紐約市所有死於車禍的行人中，有近三分之一的行人乃在行經交叉路口上的行人穿越道時發生車禍。而在所有死於車禍的行人中，多數行人（一百一十四人，或百分之六十七點五）的死因和其本身行爲無關，而由於本身不當行爲（「在路口狂奔、跑步，或絆倒」、「不當穿越道路或路口」、「未遵守交通號誌、交通警察，或交通規則」，或「在道路上行走、嬉戲，或施工」等）而死亡的行人，則佔了一百六十九人中的四十八人，或約百分之二十八。請參見 Claire E. McKnight, Kyriacos Mouskos, Camille Kamga, et al., *NYMTC Pedestrian Safety Study*, Institute for Transportation Systems, City University of New York; prepared for the New York Metropolitan Transportation Council, February 27, 2007。

㊷任教於北卡羅來納大學的 Charles Zegeer，是舉世公認的有標線行人穿越道專家。請參見 Charles V. Zegeer, J. Stewart, and H. Huang, *Safety Effects of Marked Versus Unmarked Crosswalks at Uncontrolled Locations: Executive Summary and Recommended Guidelines, 1996-2001* (Washington, D.C.: Federal Highway Administraion, March 2002) (http://www.walkinginfo.org/pdf/r&d/crosswalk_021302.pdf)。

㊸David R. Ragland and Meghan Fehlig Mitman, "Driver/Pedestrian Understanding and Behavior at Marked and Unmarked Crosswalks," U.C. Berkeley Traffic Safety Center, Paper UCB-TSC-RR-2007-4, July 1, 2007 (http://repositories.cdlib.org/its/tsc/UCB-TSC-RR-2007-4)。亦請參見 Meghan Fehlig Mitman and David R. Ragland, "What They Don't Know Can Kill Them," U.C. Berkeley Traffic Safety Center, Paper UCB-TSC-TR-2007-2, April 1, 2007 (http://repositories.cdlib.org/its/tsc/UCB-TSC-TR-2007-2)。

㊹相反地，對交通規則（例如，有關優先通行權的規定）的了解，則可能引發危險。一份芬蘭研究在分析駕駛人和自行車騎士對撞事故後發現，只有百分之十一的駕駛人在車禍發生前看見自行車，而在車禍發生前看見汽車的自行車騎士則多達百分之六十八——而提前發現汽車的自行車騎士中，將近百分之九十二的人，預設汽車會禮讓他們優先通行。請參見 Summala and Rasanen, "Top-Down and Bottom-Up Processes," op. cit。

㊺造成這種現象的原因之一，是所謂的「多重威脅撞擊事故」(multiple-threat collision)。在這種情況下，第一位駕駛人及時停車，但鄰近車道上的駕駛人則因視線受到遮蔽而來不及緊急煞車。任教於北卡羅來納大學的 Charlie Zegeer，在某次訪談中對我說明這種現象。這位交通安全專家在如何讓行人安全地通過路口這個問題上花費的心力，堪稱無人可出其右。亦請參見 Zegeer, Stewart, and Huang, *Safety Effects*, op. cit。

㊻M. Winnet, S. Farmer, J. Anderson, and R. Lockwood, "An Evaluation of the Effect of Removing White Centre Lines," report prepared for the Wiltshire County Council by CEEMA Ltd. and TRL Limited.

㊼這是交通工程理論中的老生常談。在出版於一九九二年的《優良道路》(*Good Roads*) 一書中，該書作者 James McConaghie 指出，「我們已經知道，在路面上劃設一連串直線，將道路區隔出數量最多的車道，便能得到更爲快速的車流。」引自 *Traffic Devices*, p. 104。

㊽ D. L. Harkey and J. R. Stewart, "Evaluation of Shared-Use Facilities for Bicycles and Motor Vehicles," Transportation Research Record 1578, Transportation Research Board, Washington, D.C., 1997。較不具科學嚴謹性，但同樣有趣的報告，請參見 Pete Ownes, "The Effect of Cycle Lanes on Cyclists' Road Space," Warrington Cycle Campaign, October 2005。其他研究則指出，自行車車道能夠減少車輛「偏移距離」——亦即車輛往道路中線或其他車道蛇行的距離——並引導自行車騎士保持直線行進方向。請參見 Bonnie J. Kroll and Melvin R. Ramey, "Effects of Bike Lanes on Driver and Bicyclist Behavior," *Journal of Transportation Engineering* vol. 103, no. 2 (March—April 1977), pp. 243-56，以及 S. R. McHenry and M. J. Wallace, *Evaluation of Wide Curb Lanes as Shared Lane Bicycle Facilities*, Report FHWA/MD-85/06, Maryland Department of Transportation, Baltimore, August 1985。

㊾ 有關拉維普蘭的資料，來自任教於利瓦頓技術學院（Leeuwarden Technical College）的 Jeroen van Doome 和 Jelmer Herder 尚未發表的一篇論文。這篇論文仍在初步發展階段，且正如其他類似的研究，它也未能立刻找出車禍數量之所以增加或減少的原因。這種現象或許和某些「新奇效應」（novelty effect）有關，也可能和統計數據具有的自然波動特性引發的「均値迴歸」（regression to the mean）有關。這種設計模式仍需要更完整的評估。有些讀者或許會問道，假如我們將此地改造成傳統式無號誌圓環，是否也能獲得相同的交通和安全效益？但利瓦頓技術學院的報告指出，方形無號誌圓環對德拉赫滕帶來的交通和安全效益，高於傳統式無號誌圓環產生的效益。漢米爾頓貝利在一封電子郵件中指出，方形無號誌圓環的幾何特性，有別於傳統式無號誌圓環：「縮減了圓環出入口的寬度之後——約只剩下六公尺寬——這些地點的交通摩擦也變小了。穿越路口的行人和自行車騎士，似乎並未對車流造成太多不便。」他主張，拉維普蘭的新設計，能夠避免無號誌圓環無法妥善處理行人和自行車騎士的問題。至於人們覺得這種設計較爲危險一事，我們也有證據顯示這種錯覺並不罕見。在北卡羅來納大學教堂山分校校園進行的一份研究顯示，受訪學生認爲「安全」的某些地點，其實發生過不少人車對撞事故，且甚至比他們認爲「危險」的地點，來得更加危險。請參見 R. J. Schneider, R. M. Ryznar, and A. J. Khattak, "An Accident Waiting to Happen: A Spatial Approach to Proactive Pedestrian Planning," *Accident Analysis & Prevention*, vol. 36, no. 2 (March 2004), pp. 193-211。

㊿ "Cycling for Everyone: The Key to Political and Public Support," by John Pucher, Rutgers University (www.policy.

rutgers.edu/faculty/pucher/BikeSummit2007COMP_Mar25.pdf on April 8, 2007).

⑤1 有關肯辛頓大道的數據取自 Graeme Swinburne, "Report on Road Safety in Kensington High Street," Royal Borough of Kensington and Chelsea, London。

⑤2 Charles Dickens, *Sketches by Boz* (1835; repr. London: Penguin Classics, 1996), p. 92.

⑤3 格拉丁傑克森公司的庫拉許指出，類似的緊張狀況也會出現於車流之中。「我們學到的事物之一，」他說，「就是街道上總是充滿了各種利益衝突。假如某些東西多一點，其他東西就會少一些。倘若某些地點比較靜僻，且其街道的設計無法承載太多車流……那麼它便會對其他地點造成負面效應。而這些地點往往就是嘈雜紛亂的主要幹道。」

⑤4 Scott Powers, "Colonial One of Nation's Most Dangerous Roads," *Orlando Sentinel*, November 21, 2004. The U.S. 19 information is taken from a survey conducted by NBC's *Dateline*。請參見 Josh Mankiewicz, "Dangerous Roads," *Dateline*, June 7, 2005。

⑤5 我從許多資料來源取得有關丹包所進行的研究的細節。我參考了丹包尚未發表的博士論文"Safe Streets, Livable Streets: A Positive Approach to Urban Roadside Design" (Georgia Institute of Technology, August 2005)。我也參酌了下列這篇相關論文：Eric Dumbaugh, "Safe Streets, Livable Streets," *Journal of the American Planning Association*, vol. 71, no. 3 (Summer 2005), pp. 283-300。

⑤6 National Highway Traffic Safety Administration, "Literature Review on Vehicle Travel Speeds and Pedestrian Injuries," DOT HS 809 021, October 1999.

⑤7 M. Martens, S. Comte, and N. Kaptein, "The Effects of Road Design on Speed Behavior: A Literature Review," Technical Research Centre of Finland VTT, Espoo, 1997。除此之外，某份針對康乃狄克州、麻薩諸塞州，以及佛蒙特州街道路段進行分析的研究顯示，路邊停車設施本身也具備安全效益。執行這份研究的研究人員寫道：「我們的結果指出，路邊停車設施有助於創造更安全的環境。雖然這個結論和多數現存研究的結果互相牴觸，但事實顯示，設有路邊停車設施的慢速街道（時速低於每小時五十六公里），發生嚴重和致命車禍的機率非常小。事實上，未設置路邊停車設施的慢速街道，發生嚴重和致命車禍的機率，是設有路邊停車設施的慢速街道

的兩倍以上。我們也獲得確切的證據，顯示駕駛人常以較慢的車速，行駛於具有路邊停車設施，或建築物距離路緣較近的街道上。較爲嚴格的車速限制，可爲行人、駕駛人，以及自行車騎士，提供較多反應時間，進而大幅減低發生致命車禍的機率。」請參見 Wesley Marshall, Norman Garrick, and Gilbert Hansen, "Reassessing On-Street Parking," paper presented at the Transportation Research Board meeting, January 2008, Washington, D.C.。

㊽ Richard F. Weingroff, "President Dwight D. Eisenhower and the Federal Role in Highway Safety" (Washington, D.C.: Federal Highway Administration, 2003) (http://www.fhwa.dot.gov/infrastructure/safety.htm).

㊾ N. J. Ward and G. J. S. Wilde, "Driver Approach Behaviour at an Unprotected Railway Crossing Before and After Enhancement of Lateral Sight Distances: An Experimental Investigation of a Risk Perception and Behavioural Compensation Hypothesis," *Safety Science*, vol. 22 (1996), pp. 63-75.

㊿ S. E. Maco and E. G. McPherson, "A Practical Approach to Assessing Structure, Function, and Value of Street Tree Populations in Small Communities," *Journal of Arboriculture*, vol. 29, no. 2 (March 2003).

(61) 舉例來說，在一份題爲《細部法規》(*Subdivision Regulation*) 的一九四一年芝加哥規畫研究報告中，其作者 Harold Lautner 寫道：「在人行道和道路路緣之間設置行道樹的作法，在過去雖然相當流行，但在某些情況中則應採取另一種替代方案。沿著路緣栽植的行道樹，會增加交通事故的嚴重性，並因此較常導致交通傷害……而除了在非常寬敞的道路上，路緣旁邊的行道樹也會讓路面顯得較爲狹窄。較爲適當的作法，**特別是對住宅區街道而言**，應將行道樹種植於靠近私人土地一側的人行道上。」（強調段落來自原文。）當然，這篇報告的建議作法，不但會增加來往車流的速度，對行人造成更大的威脅，也會移除介於車流和行人之間的潛在安全屏障。請參見 Southworth and Ben-Joseph, *Streets and the Shaping of Towns and Cities*, op. cit., p. 88。

8 從交通看世界

① 這個數據引自 Richard L. Forstall, Richard P. Green, and James B. Pick, "Which Are the Largest: Why Published Populations for Major Urban Areas Vary So Greatly." The University of Illinois—Chicago "City Futures" conference Web site, http://www.uic.edu/cuppa/cityfutures/。

②Dinesh Mohan, *The Road Ahead: Traffic Injuries and Fatalities in India* (New Delhi: Transportation Research and Injury Prevention Programme, Indian Institute of Technology; 2004), pp. 1-30.

③Lu Huapu, Shi Qixin, and Masato Iwasaki, "A Study on Traffic Characteristics at Signalized Intersections in Beijing and Tokyo," Tsinghua University, *Proceedings of EASTS (The 2nd Conference of the Eastern Asia Society for Transportation Studies)*.

④這個故事引自 Keesing 的研究報告，*The Cultural Revolution in China* (New York: Scribner, 1967), p. 18。

⑤Kenneth Tynan, *The Diaries of Kenneth Tynan* (New York: Bloomsbury, 2002), p. 101.

⑥一九八〇年代時，新聞記者 Jan Wong 在報導有關北京交通的文章中寫道：「甚至連國有汽車的數量也相當稀少，因此北京多數的交叉路口上，並未設置交通號誌，更看不見任何『停車再開』標誌。到了晚上，汽車必須熄燈，以免直射自行車騎士的眼睛。由於在路上行駛的車輛少之又少，所以沒有人擔心汽車會在黑暗中撞成一團。」請參見 *Jan Wong's China* (Toronto: Doubleday Canada, 1999), p. 212。

⑦有關毛澤東宣揚的「無法無天」理念，請參考下列著作之第十章：Zhengyuan Fu, *Autocratic Tradition and Chinese Politics* (Cambridge: Cambridge University Press, 1993)。

⑧Wen-shun Chi, *Ideological Conflicts in Modern China: Democracy and Authoritarianism* (New York: Transaction Publishers, 1986), p. 56.

⑨這個段落引自"Moral Embarrassment," *Shanghai Star*, August 11, 2001。

⑩Albert H. Y. Chen, "Toward a Legal Enlightenment: Discussions in Contemporary China on the Rule of Law," *UCLA Pacific Basin Law Journal*, vol. 17 (2000).

⑪這份有關各國不同行車方向的資料引自 Peter Kincaid 的完整討論 *The Rule of the Road: An International Guide to History and Practice* (New York: Greenwood Press, 1986)。

⑫在歐洲，閃爍車前燈的行爲，似乎也能有效地要求其他人讓路。一份有關奧地利高速公路的研究顯示，雖然人口統計學因素能夠解釋哪些駕駛人較常超速和惡意緊跟前車（亦即開著昂貴汽車的男人），所謂的「工具性功能」(instrumental function) 也會造成影響。換句話說，某些駕駛人「支配」其他駕駛人的欲望，亦能有效地

強迫其他駕駛人讓路。「我們發現，進入監控汽車後方十公尺內的駕駛人，較常取代前方駕駛人的位置，」下列論文的作者寫道。「除此之外，以較快速度接近監控汽車的駕駛人，也能較快取代前方駕駛人的位置。」Klaus Atzwanger and B. Ruso, in *Vision in Vehicles VI* (Amsterdam: Elsevier Science B.V., 1999), p. 197。

⑬請參見 John Carr 的網站 http://www.mit.edu/~jfc/right.html。

⑭維吉尼亞理工學院的經濟學家 George McDowell，提出了這個主張一個國家的經濟狀況能夠反應出其交通狀況的理論。他指出，一般人認爲美國屬於「自由市場」（free market）的範疇，但該國其實應該算是某種「開放市場」（open market）。這種系統「受到正式和非正式規範的管制。投機行爲往往得到人們的預期，甚至鼓勵，但必須遵循一套嚴格的規定」。相反地，中國則屬於「自由市場」，因爲該國「唯一的規則便是『貨物售出概不退換』（caveat emptor）」。中國系統強調的是「優越地位」（advantage），而這代表汽車喇叭的主要用途，不是用來表達「道路憤怒」，而是用來「告知其他車輛你在這裡，而且不會讓路」。這種地位「可被取得」，他寫道，「可被取得這種地位的人予以支配，並被屈居下風的人所接受。」在美國，這種甘拜下風的現象，比較不常出現。請參見 George R. McDowell, "The Market as Traffic: An Economic Metaphor," *Journal of Economic Issues*, vol. 38 (2004), pp. 270-74。

⑮美國道路也比義大利高速公路來得擁擠。因此，美國駕駛人可能比較不容易讓路給後方來車；除此之外，爲了方便少數速度較快的駕駛人，而讓出整條車道的作法，也會降低整體交通網絡的效率。

⑯政治學家 Robert Putnam 認爲，這種現象在義大利南部地區較爲明顯。長久以來，這些地區缺乏強而有力的公民文化，反而深受封建主從關係和「非道德性家族主義」（amoral familism）——亦即類似「各人自掃門前雪，莫管他人瓦上霜」的觀念——的影響。Putnam 主張，與其注重互惠關係和社群互信所形成的「水平」網絡，義大利南部地區較爲強調主從之間的「垂直」關係。請參見 Robert Putnam, *Making Democracy Work: Civic Traditions in Modern Italy* (Princeton: Princeton University Press, 1993)。

⑰歷史學家 Peter Norton 在一篇傑出的論文中，將 jaywalking 一字上溯到至少一九〇九年，甚至早於一九八九年發行的《牛津英文字典》（*Oxford English Dictionary*）第二版，所收錄的一九一七年波士頓用法。汽車出現之後，行人對市區道路的擁有權，便逐漸轉移至駕駛人身上，一如某位作家曾在汽車問世後所言：「街道是車流的天

下，人行道則是行人的國度。」而 Norton 則詳實地追蹤了 jaywalking 一字在這段過程中發展的狀況。簡而言之，這個字將原本正常的城市生活方式，予以邊緣化，甚至罪惡化。這種轉變往往以促進交通安全作爲藉口，但正如 Norton 所指出的，它的眞正目的在於淨空市區街道，以便增加車流（其他具有更高潛在安全效益的作法，例如規定汽車必須安裝「車速限制器」等，都由於爲了保障駕駛人的利益，而未受到採納）。請參見 Peter D. Norton, "Street Rivals: Jaywalking and the Invention of the Motor Age Street," *Technology and Culture*, vol. 48 (April 2007), pp. 331-59。

⑱ Aksel Sandemose, *A Fugitive Crosses His Tracks* (New York: Alfred A. Knopf, 1936).

⑲ Sanford W. Gregory Jr. 將埃及駕駛人的行車模式比喻爲某種「未成熟的文法」(verdant grammar)，仍需「數個世界的社會互動之後，才會開花結果」。他認爲，埃及的大量車潮出現得太快太急，使得該國來不及移植西方的交通模式，因此便形成了某種帶有獨特色彩的交通洋涇濱或克里奧爾語，正如「各種主要語言族群的熟練使用者長期相處」一樣。在缺乏發展出正式交通規範的情況下，埃及駕駛人發明了某種相當有效率的交通俚語。Gregory 認爲，和西方的交通語言比較起來，這些俚語較爲依賴眼神接觸和非正式訊息。請參見 Gregory, "Auto Traffic in Egypt as a Verdant Grammar," *Social Psychology Quarterly*, vol. 48, No. 4 (December 1985), pp. 337-48。

⑳ 這個故事引自 William Muray, *City of the Soul: A Walk in Rome* (New York: Crown, 2003), p. 26。

㉑ 在出版於一九五七年的遊記《羅馬旅人》(*A Traveler in Rome*) 中，H. V. Morton 曾記載下列這段在當地搭乘計程車的見聞：「附近汽車的速度和我們一樣快，且不時以本能般的義大利行車方式突然轉向，就像是編隊飛行的野鳥般，不斷散去又迅速回復隊形。」(1957; repr., New York: Da Capo, 2002), p. 135)

㉒ Michele Faberi, Marco Martuzzi, and Franco Pirrami, *Assessing the Health Impact and Social Costs of Mopeds: Feasibility Study in Rome* (Rome: World Health Organization, 2004), p. xvii.

㉓ 有關安全帽使用率的數據引自 F. Servadei, C. Begliomini, E. Gardini, M. Giustini, F. Taggi, and J. Kraus, "Effect of Italy's Motorcycle Helmet Law on Traumatic Brain Injuries," *Injury Prevention*, vol. 9, no. 3 (2003), pp. 257-60。

㉔ Giuseppe Latorre, Giuliano Bertazzoni, Donato Zotta, Edward Van Beeck, and Gualtiero Ricciardi, "Epidemiology of Accidents Among Users of Two-Wheeled Motor Vehicles: A Surveillance Study in Two Italian Cities," *European*

Journal of Public Health, vol. 12, no. 2 (2002), pp. 99-103.

㉕ R. B. Cialdini, L. J. Demaine, B. J. Sagarin, D. W. Barrett, K. Rhoads, and P. L. Winter, "Managing Social Norms for Persuasive Impact," *Social Influence*, vol. 1 (2006), pp. 3-15.

㉖ 許多研究都以行人闖越紅燈行爲和模仿行爲作爲主題。可參見 Monroe Lefkowitz, Robert R. Blake, and Jane Srygley Mouton, "Status Factors in Pedestrian Violation of Traffic Signals," *Journal of Abnormal and Social Psychology*, vol. 51 (1955), pp. 704-06，以及 Brian Mullen, Carolyn Copper, and James E. Driskell, "Jaywalking as a Function of Model Behavior," *Personality and Social Psychology Bulletin*, vol. 16, no. 2 (1990), pp. 320-30。

㉗ Joe Moran 指出，打從英國人「開始認爲排隊習慣是英國禮節的核心那時起，他們便不斷悲嘆英國人的排隊秩序每況愈下——這或許是由於這種迷思的象徵意義太過沉重，導致它必然無法獲得殘酷現實的支持所致」。請參見 Joe Moran, *Queuing for Beginners* (London: Profile Books, 2007), p. 92。

㉘ 劉世南主張，中國人只在社會規範要求排隊的地方排隊。「我們只在我們習慣排隊的地點排隊，例如，電影院售票窗口，或超級市場結帳櫃台等。不過，我們不在我們不習慣排隊的地方排隊，例如，電梯門口或地下鐵車門等。」請參考 Liu Shinan, "Behavior of Tourists Has No Quick Fix," *China Daily*, November 10, 2006。

㉙ 某份研究顯示，「服務品質」和給付小費行爲之間的相關性只有萬分之七。參見 Michael Conlin, Ted O'Donohue, and Michael Lynn, "The Norm of Restaurant Tipping," *Journal of Economic Behavior and Organization*, vol. 52 (2003), pp. 297-321。有關針對眾多給付小費行爲研究的綜合評述，請參考以色列本古里安大學（Ben-Gurion University of the Negev）經濟學家 Ofer Azar 的著作，特別是其"The Social Norm of Tipping: A Review," *Journal of Applied Social Psychology*, vol. 37, no. 2 (2007), pp. 380-402。

㉚ Amir Licht, "Social Norms and the Law: Why People Obey the Law," a working paper (http://www.faculty.idc.ac.il/licht/papers.htm).

㉛ Sheng-Yong Wang, Gui-Bo Chi, Chun-Xia Jing, Xiao-Mei Dong, Chi-Peng Wu, and Li-Ping Li, "Trends in Road Traffic Crashes and Associated Injury and Fatality in the People's Republic of China, 1951-1999," *Injury Control and Safety Promotion*, vol. 10, nos. 1-2 (2003), pp. 83-87.

㉜ *New York Times*, July 22, 1951.

㉝ R. J. Smeed, "Some Statistical Aspects of Road Safety Research," *Journal of the Royal Statistical Society, Series A (General)* , vol. 112, no. 1 (1949), pp. 1-34.

㉞ Vinand M. Nantulya and Michael R. Reich, "The Neglected Epidemic: Road Traffic Injuries in Developing Countries," *British Medical Journal*, May 2002, pp. 1139-41.

㉟ Mohan, *The Road Ahead*, op. cit. pp. 1-30.

㊱ 在某份為世界銀行撰寫的論文中，Christopher Willoughby 指出，「一般而言，現今機動化過程的許多問題，似乎不和較低的人均所得有關，也不是由於這種過程的發展速度，快過早期對類似問題處理得宜的國家，在法國（和德國）等地，這種過程也經歷過長期的快速發展。相反地，這些問題通常和過度集中於某個或某些主要城市的國民人口、經濟活動，和機動化過程本身有關，而這些城市的人口和規模成長速度，也比歐洲或日本城市過去的成長速度來得快上許多。」參見 Christopher Willoughby, "Managing Motorization," Discussion Paper TWU-42, World Bank (http://www.world-bank.org/transport/publicat/twu_42.pdf)。

㊲ 有關中國汽車保險史和其近年改革的精采討論，請參見 J. Tim Query and Daqing Huang, "Designing a New Automobile Insurance Pricing System in China: Actuarial and Social Considerations," *Casualty Actuarial Society Forum*, Winter 2007。

㊳ Flaura K. Winston, Craig Rineer, Rajiv Menon, and Susan P. Baker, "The Carnage Wrought by Major Economic Change: Ecological Study of Traffic Related Mortality and the Reunification of Germany," *British Medical Journal*, vol. 318 (June 19, 1999), pp. 1647-50.

㊴ Richard Dahl, "Heavy Traffic Ahead: Car Culture Accelerates," *Environmental Health Perspectives*, April 2005.

㊵ Elizabeth Kopits and Maureen Cropper, "Traffic Fatalities and Economic Growth," *Accident Analysis & Prevention*, vol. 37 (2005), pp. 169-78.

㊶ 根據下列資料來源的統計數據：The International Traffic Safety Data and Analysis Group，二〇〇七年一月十三日引自 http://cemt.org/IRTAD/IRTADPUBLIC/we2.html。

㊷ *World Report on Road Traffic Injury Prevention* (Geneva: World Health Organization and World Bank, April 4, 2004).

㊸ BBC, February 28, 2001 (http://news.bbc.co.uk/2/hi/africa/1186572.stm).

㊹ *Pocket World in Figures 2007* (London: Economist, 2007).

㊺ Theodore E. Keeler, "Highway Safety, Economic Behavior, and Driving Environment," *American Economic Review*, vol. 84, no. 3 (1994), pp. 684-93; Reid Ewing, Richard A. Schieber, and Charles V. Zegeer, "Urban Sprawl as a Risk Factor in Motor Vehicle Occupant and Pedestrian Fatalities," *American Journal of Public Health*, vol. 93, no. 9 (2003), pp. 1541-45.

㊻ *World Report on Road Traffic Injury Prevention*, op. cit., p. 198.

㊼ Tom R. Tyler, *Why People Obey the Law* (Princeton, N.J.: Princeton University Press, 2006).

㊽ 有關比利時的交通執法情況之資料引自 Lode Vereeck and Lieber Deben, "An International Comparison of the Effectiveness of Traffic Safety Enforcement Policies," unpublished paper, Limburg University, Belgium, 2003。

㊾ 引自 The International Road Traffic and Accident Database (IRTAD) (http://cemt.org/IRTAD/IRTADPUBLIC/we2.html)。

㊿ 任職於芬蘭赫爾辛基大學交通研究單位的 Heikki Summala 指出，一九九九年之前，該國交通罰款金額的參考基準是稅前收入。這代表交通罰款金額降低了百分之二十至百分之六十，但由於最低罰款金額有所增加，因此年度交通罰款收入也隨之提升。根據二〇〇七年十一月九日和 Heikki Summala 的電子郵件通訊。

51 有關芬蘭的超速罰單之資料引自 Steve Stecklow, "Finnish Drivers Don't Mind Sliding Scale, but Instant Calculation Gets Low Marks," *Wall Street Journal*, January 2, 2001。

52 二〇〇一年時，一份芬蘭民意調查顯示，百分之六十六的男性駕駛人，以及百分之七十三的男性非駕駛人，認爲該國的交通罰款法規是公平的，而百分之七十七的女性駕駛人，以及百分之七十八的女性非駕駛人，也認爲該國的交通罰款法規是公平的。這些資料引自 T. Lappi-Seppälä, "Public Opinion and the 1999 Reform of the Day-Fine System," National Research Institute of Legal Policy, Publication No. 195, Helsinki, 2002。感謝 Heikki

Summala 提供這些數據。

㊳舉例來說，根據 Eurostat 的統計，這個數字在二〇〇三年時只成長了千分之五。這項資料引自 http://epp.eurostat.ec.europa.eu。假如國內生產毛額有所增加的話，更爲活躍的經濟活動，或許也會提升該國的總行車里程，進而提高車禍死亡率——即使如此，這也不足以抵銷車禍死亡率的龐大降幅。

㊴E. Lagarde, M. Chiron, and S. Lafont. "Traffic Ticket Fixing and Driving Behaviours in a Large French Working Population," *Journal of Epidemiology and Community Health*, vol. 58 (2004), pp. 562-68.

㊵Alexandre Dorozynski, "French Elections Can Kill," *British Medical Journal*, November 3, 2001, p. 1021.

㊶至少一份分析研究顯示，貧富差距和車禍死亡率之間存在著線性關係；舉例來說，在貧窮國家中，車禍死亡率可能受到貧富差距的影響（富有國家也會出現類似的現象，但程度較爲輕微）。不令人驚訝地，貧富差距最小的斯堪地那維亞諸國，也是全球交通安全程度最高的國家之一。參見 Nejat Anbarci, Monica Escaleras, and Charles Register, "Income, Income Inequality and the 'Hidden Epidemic' of Traffic Fatalities," No. 5002, Working Papers from Department of Economics, College of Business, Florida Atlantic University (http://econpapers.repec.org/paper/falwpaper/05002.htm)。

㊷有關這種關係的資料引自 D. Treisman, "The Causes of Corruption: A Cross-National Study," *Journal of Public Economics*, no. 76 (June 2000), pp. 399-457。

㊸Nejat Anbarci, Monica Escaleras, Monica Register, and Charles A. Register, "Traffic Fatalities and Public Sector Corruption," *Kyklos*, vol. 59, no. 3 (August 2006), pp. 327-44 (http://ssrn.com/abstract=914243).

㊹"Fools and Bad Roads," *Economist*, March 22, 2007.

㊺有關貪腐程度和經濟發展的各種爭議之簡介，請參見 P. Bardhan, "Corruption and Development: A Review of Issues," *Journal of Economic Literature*, vol. 35 (September 1997), pp. 1320-46。

㊻Daniel Kaufmann, "Corruption: The Facts," *Foreign Policy*, no. 107 (Summer 1997), pp. 114-31.

㊼奈及利亞的最大城市拉哥斯（Lagos），或許是這種現象的最極端例子。有些人預測，拉哥斯將在十年後成爲全球最大的城市之一。拉哥斯市民每天都得面臨許多嚴峻的挑戰。首先，他們必須面對殘破不堪的道路和基礎建

設；一九七〇年代時，奈及利亞經歷繁榮的石油經濟，奠定了這些建設的基礎，但繁華褪盡之後，這些建設也變得年久失修，成爲該國嚴重貪腐風氣的象徵之一。根據估計，在過去四十年之間，奈及利亞有將近四千億美元的石油收入，遭到其他國家扣押。除此之外，拉哥斯市民也得忍受公車司機和其半官方同僚（當地人將他們稱之爲 agberos，意指「惡棍」）任意收費的惡行，以及沒有工作的「地痞流氓」（area boy）擅自設置的無數收費站。新聞記者喬治．帕克（George Packer）的一則故事，充分顯示出隱藏於拉哥斯壯觀的塞車奇景背後的多重貪腐結構。某天，帕克在拉哥斯街頭搭車時，他的司機被一位流氓攔下，並被索討和某位交通警察交涉賄賂金額的代價。最後，這位交通警察不得不出面制止這位無法無天的流氓，因爲如果他不親自索取賄賂的話，恐怕會被其他人視爲怠忽職守。請參見 George Packer, "The Megacity: Decoding the Chaos of Lagos," *New Yorker*, November 26, 2006。亦可參見 Adewale Ajayi, *Nigerian Tribune*, March 2, 2007，以及 Osise Dibosa, "Olubunmi Peters and Ferma," *This Day*, June 12, 2007。

⑥③ Benjamin A. Olken and Patrick Barron, "The Simple Economics of Extortion: Evidence from Trucking in Aceh," NBER Working Paper No. 13145, National Bureau of Economic Research, June 2007.

⑥④ Robert Guest, "The Road to Hell Is Unpaved," *Economist*, December 19, 2002.

⑥⑤ The Delhi driving-license experiment is detailed in Marianne Bertrand, Simeon Djankov, Rema Hanna, and Sendhil Mullainathan, "Does Corruption Produce Unsafe Drivers?" NBER Working Paper No. 12274, National Bureau of Economic Research, June 2006.

⑥⑥ 引自 Pavan K. Varma, *Being Indian* (London: Penguin Books, 2005), p. 79。

⑥⑦ Raymond J. Fisman and Edward Miguel, "Cultures of Corruption: Evidence from Diplomatic Parking Tickets," NBER Working Paper No. W12312 (June 2006) (http://ssrn.com/abstract=910844).

⑥⑧ 引自 *Channel Four News Online*, http://www.channel4.com/news/articles/society/environment/diplomatic+ccharge+bill+tops+45m/569892。

⑥⑨ Nicola Woolcock, "Nations Unite to Join a Boycott of Congestion Charge," *Times* (London), February 21, 2007.

⑦⓪ 這正是即使在同一個國家內，人們對交通規則的遵守程度，之所以也會有所差異的原因。由於公民文化影響程

度的不同，義大利南部的貪汙情況比北部來得嚴重。因此，當你越深入義大利南部地區，你便越容易發現當地的交通行爲，似乎和政府的公權力無關。二〇〇〇年時，義大利通過了一項全國性法案，要求所有年齡的摩托車騎士，一律必須配戴安全帽。開始實施這項法案之後，高達百分之九十五的北部地區民眾，都依法在騎乘摩托車時配戴安全帽。但在義大利南部，最多只有百分之七十（且最少只有百分之五十）的民眾，願意在騎乘摩托車時配戴安全帽。有關義大利南北地區的貪汙程度，請參見 Alfredo del Monte and Erasmo Papagni, "The Determinants of Corruption in Italy: Regional Panel Data Analysis," *European Journal of Political Economy*, vol. 23 (June 2007), pp. 379-96。有關義大利民眾配戴安全帽的比例，請參見 F. Servadei, C. Begliomini, E. Gardini, M. Giustini, F. Taggi, and J. Kraus, "Effect of Italy's Motorcycle Helmet Law on Traumatic Brain Injuries," *Injury Prevention*, vol. 9, no. 3 (2003), pp. 257-60。

⑦① D. Parker, J. T. Reason, A. S. R. Manstead, and S. G. Stradling, "Driving Errors, Driving Violations and Accident Involvement," *Ergonomics*, vol. 38 (1995), pp. 1036-48.

⑦② Anand Swamy, Stephen Knack, Young Lee, and Omar Azfar, "Gender and Corruption," Center for Development Economics, Department of Economics, Williams College, 2000.

9 道路風險學

① 相關研究顯示，不同的駕駛行爲，從遵循交通規則（例如，有關單行道的規定），到在各種方向中行進，再到預測其他駕駛人的動向等，似乎會以不同的方式，觸發不同的腦部區域和神經網絡。舉例來說，倫敦大學學院的研究人員，即曾對正在《大逃亡》（*The Getaway*）電玩遊戲中的詳盡倫敦街道上「開車」的駕駛人進行這類觀察。參見 H. J. Spiers and E. A. Maguire, "Neural Substrates of Driving Behaviour," *NeuroImage*, vol. 36 (2007), pp. 245-55。

② P. G. Martin and A. L. Burgett, "Rear-End Collision Events: Characterization of Impending Crashes," *Proceedings of the First Human-Centered Transportation Simulation Conference* (Iowa City: University of Iowa, 2000).

③ Jack Stuster, "The Unsafe Driving Acts of Motorists in the Vicinity of Large Trucks," U.S. Department of Transportation, Federal Highway Administration, Office of Motor Carriers and Highway Safety, February 1999.

④ L. J. Armony, D. Servan-Schreiber, J. D. Cohen, and J. E. LeDoux, "An Anatomically-Constrained Neural Network Model of Fear Conditioning," *Behavioral Neuroscience*, vol. 109 (1995), pp. 246-56.

⑤ 以汽車駕駛人爲訪談對象的調查，往往顯示這些駕駛人對卡車司機的印象多半並不好。可參見 Robert S. Moore, Stephen LeMay, Melissa L. Moore, Pearson Lidell, Brian Kinard, and David McMillen, "An Investigation of Motorists' Perceptions of Trucks on the Highways," *Transportation Journal*, January 5, 2001。

⑥ Daniel Blower, "The Relative Contribution of Truck Drivers and Passenger Vehicles to Truck-Passenger Vehicle Traffic Crashes," report prepared for the U.S. Department of Transportation, Federal Highway Administration, Office of Motor Carriers, June 1998.

⑦ 這種現象或許和「可得性效應」有關。大型卡車的行車距離較長，且時常和其他車輛共用道路，因此感覺起來比其實際數量來得多。一份加拿大研究發現，雖然多數駕駛人認爲卡車的數量不斷攀升，但在研究進行期間，這個數字其實呈現**遞減**的趨勢。請參見 Gordon G. Baldwin, "Too Many Trucks on the Road?" Transportation Division, Statistics Canada, Ottawa。

⑧ Paul Slovic, Melissa L. Finucane, Ellen Peters, and Donald G. MacGregor, "Risk as Analysis and Risk as Feelings: Some Thoughts About Affect, Reason, Risk, and Rationality," *Risk Analysis*, vol. 24, no. 2 (2004), pp. 311-23.

⑨ 這項資料引自二〇〇七年五月五日，http://hazmat.dot.gov/riskrngmt/riskcompare.htm。

⑩ P. Slovic, B. Fischhoff, and S. Lichtenstein, "Accident Probabilities and Seat Belt Usage: A Psychological Perspective," *Accident Analysis & Prevention*, vol. 13 (1978), pp. 281-85.

⑪ William H. Lucy, "Mortality Risk Associated with Leaving Home: Recognizing the Relevance of the Built Environment," *American Journal of Public Health*, vol. 93, no. 9 (September 2003), pp. 1564-69.

⑫ 緬因大學土木暨環境工程學教授 Per Garder 提供了這個數據。根據美國職業安全健康管理局（Occupational Safety and Health Administration）計算出來的可容許風險暴露程度（請參見 "Occupational Exposure to Asbestos," Federal Register 59:40964-41161, 1994, and OSHA Preambles, "Blood Borne Pathogens," 29 CFR 1910.1030, Federal Register 56: 64004, 1991: 29206)，Garder 指出製造業和服務業從業人員，一生中由於職業災害而死亡的機率，分別是「每千人次一點八人和每千人次一人」。以這些數據爲基準，Garder 推估，假如「可容許」的車禍死亡率爲每千人次一人，並假設人們的平均壽命是七十七年，那麼每年死於車禍的人口比例，應爲七萬七千分之一。美國約有三億人口，乘上七萬七千分之一，應可得出三八九六人。但實際的車禍死亡人數，是這個數字的十一倍以上。換句話說，假如開車上路是一種工作的話——不論是重型製造業或服務業——它早就會受到嚴格禁止。

⑬車禍死亡數據引自 *Traffic Safety Facts 2004* (Washington, D.C.: National Highway Traffic Safety Administration, 2005)。

⑭Clifford Winston, Vikram Maheshri, and Fred Mannering, "An Exploration of the Offset Hypothesis Using Disaggregate Data: The Case of Airbags and Antilock Brakes," *Journal of Risk Uncertainty*, vol. 32 (2006), pp. 83-99.

⑮M. G. Lenné, T. J. Triggs, and J. R. Redman, "Time of Day Variations in Driving Performance," *Accident Analysis & Prevention*, vol. 29, no. 4 (1997), pp. 431-37; G. Maycock, "Sleepiness and Driving: The Experience of U.K. Car Drivers," *Accident Analysis & Prevention*, vol. 29, no. 4 (1997), pp. 453-62.

⑯正如 David Klein 和 Julian Waller 所言，公布假日車禍死亡人數的作法，會引起許多問題。「雖然這些絕對數字，或許能夠顯示高速公路車禍對國家或社群的衝擊，」他們寫道，「但它們只提供了有關車禍嚴重程度和其變化趨勢的部分資料。首先，車禍死亡數據忽略了每年一百五十萬至三百萬在車禍中受傷的傷患——這些傷害事件的社會成本，或許遠高於每年五萬六千起死亡車禍所引發的社會損失。再者，假如這些統計數據，讓人們誤以爲假日車禍的發生率，遠高於平日車禍的發生率，那麼人們對於假日行車或許會產生莫名的恐懼，並誤認爲平日的行車風險較低。」引自 Klein and Waller, "Causation, Culpability and Deterrence in Highway Crashes," prepared for the Department of Transportation, July 1970, p. 27。

⑰C. M. Farmer and A. F. Williams, "Temporal Factors in Motor Vehicle Crash Deaths," *Injury Prevention*, vol. 2 (2005), pp. 18-23.

⑱Steven D. Levitt and Jack Porter, "How Dangerous Are Drinking Drivers?," *Journal of Political Economy*, vol. 109, no. 6 (2001), pp. 1198-1237。這兩位作者運用巧妙的統計技術，在無須得知飲酒和未飲酒駕駛人實際數量（事實上，這些數據也非常難以取得）的情況下，以發生兩車對撞事故的駕駛人為樣本，調查其中飲酒和未飲酒駕駛人的比例，並依此為基準，推估飲酒和未飲酒駕駛人的實際比例。藉著這種分析方法，他們取得了兩車對撞事故的相對風險數據，並得出「兩位飲酒駕駛人、兩位未飲酒駕駛人，以及一位飲酒駕駛人和一位未飲酒駕駛人，各自發生車禍的相對頻率」。他們認為，這些資料「足以區隔飲酒和未飲酒駕駛人發生死亡車禍的相對機率，以及飲酒駕駛人的實際比例」。

⑲ H. C. Joksch, "Velocity Change and Fatality Risk in a Crash: A Rule of Thumb," *Accident Analysis & Prevention*, vol. 25, no. 1 (1993), pp. 103-04.

⑳ Allan F. Williams, Sergey Y. Krychenko, and Richard A. Retting, "Characteristics of Speeders," *Journal of Safety Research*, vol. 37 (2006), pp. 227-32.

㉑ Williams, Kyrychenko, and Retting. "Characteristics of Speeders," ibid.

㉒ C. N. Kloeden, A. J. McLean, V. M. Moore, and G. Ponte, "Travelling Speed and the Risk of Crash Involvement," NHMRC Road Accident Research Unit, University of Adelaide, November 1997.

㉓ David Solomon, *Accidents on Main Rural Highways Related to Speed, Driver, and Vehicle* (Washington, D.C.: U.S. Department of Commerce, Bureau of Public Roads, 1964).

㉔ 有關「車速差異」此一主題的最著名論文是 Charles Lave 的"Speeding, Coordination, and the 55 MPH Limit," *American Economic Review*, vol. 75, no. 5 (December 1985), pp. 1159-64。有趣的是，在某個常受忽視的段落中，Charles Lave 寫道：「雖然我未在車速這個因素上，發現任何顯著的統計效應，但這未必表示放寬車速限制的作法絕對安全無虞，因為我們不知道較高的車速可能會對車速差異造成什麼影響。」假如車速限制是每小時一百公里，但許多人的實際車速是每小時一百二十公里，這不表示將車速限制放寬為每小時一百二十公里的作法，必定能夠減少車速差異或提升交通安全。我們是否要強迫習慣安步當車的駕駛人改開快車？我們是否**想要**看見老奶奶和老爺爺，以時速一百二十公里的車速，在高速公路上狂飆？

㉕ T. Horberry, L. Hartley, K. Gobetti, F. Walker, B. Johnson, S. Gersbach, and J. Ludlow, "Speed Choice by Drivers:

The Issue of Driving Too Slowly," *Ergonomics*, vol. 47, no. 14 (November 2004), pp. 1561-70.

㉖有關這個主張的更深入討論，請參見 Kloeden, McLean, Moore, and Ponte, "Travelling Speed," op. cit。

㉗Ronald K. Knipling, "IVHS Technologies Applied to Collision Avoidance: Perspectives on Six Target Crash Types and Countermeasures," technical paper presented at the Safety and Human Factors session of 1993 IVHS America Annual Meeting, Washington, D.C., April 14-17, 1993.

㉘Gary A. Davis, "Is the Claim That 'Variance Kills' an Ecological Fallacy?," *Accident Analysis & Prevention*, vol. 34 (2002), pp. 343-46。在談及索羅門曲線時，戴維斯指出，我們不能根據整體駕駛人的情況，判斷個別駕駛人的車禍風險。戴維斯主張，索羅門曲線純粹只是某種數學效應，並未描述任何實際現象，「有如由於某個東西的重量較大，因此便說它比較重一樣」。索羅門曲線的另一個問題在於，它並未說明這種現象的原因。假設有二十輛汽車由於遇上交通堵塞而減慢車速，並因此導致其車速比平均車速來得慢。再假設這些汽車被其他二十輛汽車撞上，且其中十輛汽車的車速低於平均車速，而另外十輛汽車的車速則高於平均車速。在這種情況下，索羅門曲線將會指出，車速較低的汽車發生車禍的風險比較高。不過，只要分別考慮過每輛汽車的個別狀況之後，我們便會發現，車速較快的汽車，其實才是導致車速較慢的汽車之所以較常發生車禍的元凶。請看看下列這個有關區位謬誤的例子。David Freedman 曾對美國各州的收入水平，以及誕生於美國境外的各州居民總數，進行交叉比對。根據這種方法，我們便能找出一個嚴格的統計「相關性」，並根據這個發現主張，和誕生於美國境內的美國居民相比，誕生於美國境外的美國居民收入較高，雖然事實**正好與此相反**。請參見 David A. Freedman, "Ecological Inference and the Ecological Fallacy," in *International Encyclopedia of the Social & Behavioral Sciences*, vol. 6, ed. N. J. Smelser and Paul B. Baltes (New York: Pergamom, 2001), pp. 4027-30。

㉙E. C. Cerrelli, "1996 Traffic Crashes, Injuries, and Fatalities—Preliminary Report," Report No. DOT HS 808 543, National Highway Traffic Safety Administration, March 1997。我在下列這份針對車速問題進行分析的傑出綜合報告中讀到這個發現：Jack Stuster and Zail Coffman (1998), *Synthesis of Safety Research Related to Speed and Speed Limits*, FHWA-RD-98-154 (Washington, D.C.: Federal Highway Administration, 1998)。

㉚D. A. Redelmeier and C. L. Stewart, "Do Fatal Crashes Increase Following a Super Bowl Telecast?" *Chance*, vol. 18, no. 1 (2005), pp. 19–24.

㉛ R. G. Smart, "Behavioral and Social Consequences Related to the Consumption of Different Beverage Types," *Journal of Studies on Alcohol*, vol. 57 (1996), pp. 77–84.

㉜ R. P. Compton, R. D. Blomberg, H. Moskowitz, M. Burns, R. C. Peck, and D. Fiorentino, "Crash Risk of Alcohol Impaired Driving," *Proceedings of the 16th International Conference on Alcohol, Drugs and Traffic Safety*, CD-ROM (Montreal, Société de l'Assurance Automobile du Québec, 2002).

㉝ R. F. Borkenstein, R. F. Crowther, R. P. Shumate, W. B. Ziel, and R. Zylman, "The Role of the Drinking Driver in Traffic Accidents," Bloomington, Indiana, Department of Police Administration and Indiana University, 1964.

㉞ Leonard Evans, *Traffic Safety* (Bloomfield Hills: Science Serving Society, 2004), p. 246.

㉟ P. L. Zador, S. A. Krawchuk, and R. B. Voas, *Relative Risk of Fatal and Crash Involvement by BAC, Age and Gender* (Rockville, Md.: Westat, April 2000).

㊱ Paul M. Hurst, David Harte, and William Frith, "The Grand Rapids Dip Revisited," *Accident Analysis & Prevention*, vol. 26, No. 5 (1994), pp. 647–54.

㊲ Evans, *Traffic Safety*, op. cit., p. 44.

㊳ David Gerard, Paul S. Fischbeck, Barbara Gengler, and Randy S. Weinberg, "An Interactive Tool to Compare and Communicate Traffic Safety Risks: Traffic STATS," Center for the Study and Improvement of Regulation, Carnegie Mellon University, Transportation Research Board 07-1332, November 2006.

㊴ 男性駕駛人也較常撞死其他人。舉例來說，某份英國研究發現，行人被男性駕駛人撞上時，其死亡率約是被女性駕駛人撞上時的一點五倍。*Car Make and Model: The Risk of Driver Injury and Car Accident Rates in Great Britain: 1994*, Transport Statistics Report (London: HMSO, 1995)。

㊵ National Institute on Alcohol Abuse and Alcoholism. "Drinking in the United States: Main Findings from the 1992 National Longitudinal Alcohol Epidemiologic Survey (NLAES)," *U.S. Alcohol Epidemiologic Data Reference Manual*, vol. 6 (Bethesda, Md.: National Institute of Health, 1998).

㊶C. Peek-Asa and J. F. Kraus, "Alcohol Use, Driver, and Crash Characteristics Among Injured Motorcycle Drivers, *Journal of Trauma*, vol. 41 (1996), pp. 989–93.

㊷R. D. Foss, D. J. Beirness, and K. Sprattler, "Seat Belt Use Among Drinking Drivers in Minnesota," *American Journal of Public Health*, vol. 84, no. 11 (1994), pp. 1732–37.

㊸Emmanuel Lagarde, Jean-François Chastang, Alice Gueguen, Mireille Coeuret-Pellicer, Mireille Chirion, and Sylviane Lafont, "Emotional Stress and Traffic Accidents: The Impact of Separation and Divorce," *Epidemiology*, vol. 15, no. 6 (November 2006).

㊹G. Whitlock, R. Norton, T. Clark, R. Jackson, and S. MacMahon, "Motor Vehicle Driver Injury and Marital Status: A Cohort Study with Prospective and Retrospective Driver Injuries," *Injury Prevention*, vol. 10 (2004), pp. 33–36.

㊺T. Reuda-Domingo and P. Lardelli-Claret, "The Influence of Passengers on the Risk of the Driver Causing a Car Collision in Spain: Analysis of Collisions from 1990 to 1999," *Accident Analysis & Prevention*, vol. 36 (2004), pp. 481–89; Judy A. Geyer and David R. Ragland, "Vehicle Occupancy and Crash Risk," UCB-TSC-RR-2004-16, Berkeley, Institute of Transportation Studies, 2004 (http://repositories.cdlib.org/its/tsc/UCB-TSC-RR-2004-16).

㊻事實上，當你已經發生車禍時，你身邊的乘客或許還能救你一命。有些人主張，隨車乘客所增加的質量，能在發生車頭撞擊事故時，降低百分之七點五的駕駛人死亡機率。請參見 Leonard Evans, "Causal Influence of Car Mass and Size on Driver Fatality Risk," *American Journal of Public Health*, vol. 91, no. 7 (July 2001), pp. 1076–81。

㊼Geyer and Ragland, "Vehicle Occupancy," op. cit.

㊽Li-Hui Chen, Susan P. Baker, Elisa R. Braver, and Guohua Li, "Carrying Passengers as a Risk Factor for Crashes Fatal to 16- and 17- Year-Old Drivers," *Journal of the American Medical Association*, vol. 283 (2000), pp. 1578–82.

㊾B. G. Simons-Morton, N. Lerner, and J. Singer, "The Observed Effects of Teenage Passengers on Risky Driving Behavior of Teenage Drivers," *Accident Analysis & Prevention*, vol. 37 (2005), pp. 973–82.

㊿Ronald Kotulak, "Increase in Women Doctors Changing the Face of Medicine," *Jerusalem Post*, August 2, 2007.

(51)有關蒙大拿州和紐澤西州的車禍資訊引自 Rajesh Subramanian, "Alcohol-Related Fatalities and Fatality Rates by

State, 2004-2005," DOT HS 810 686, National Highway Traffic Safety Administration, December 2006 (http://www.nhtsa.dot.gov)。

㊽ *Growing Traffic in Rural America: Safety, Mobility and Economic Challenges in America's Heartland* (Washington, D.C.: Road Information Program, March 2005).

㊾ 同上。

㊿ *Chicago Tribune*, January 12, 2005.

55 Laura K. Barger, Brian E. Cade, Najib F. Aya, et al., "Extended Work Shifts and the Risk of Motor Vehicle Crashes Among Interns," *New England Journal of Medicine*, vol. 352, no. 2 (January 13, 2005).

56 當然，這種現象不完全和小卡車本身有關。正如國家高速公路交通安全管理局的 Charles Kahane 所指出的，小卡車較常行駛於偏僻地區，且其駕駛人多半是男性——而這兩個變數都會提升行車風險。請參見 Charles J. Kahane, "Vehicle Weight, Fatality Risk and Crash Compatibility of Model Year 1991-99 Passenger Cars and Light Trucks," National Highway Traffic Safety Administration Report DOT HS 809 662, October 2003。

57 Gerard, Fischbeck, Gengler, and Weinberg, "An Interactive Tool," op. cit.

58 在美國，每年都有數以百計的人，由於搭乘小卡車的開放載貨平台而喪命。請參見 C. L. Anderson, P. F. Agran, D. G. Winn, and S. Greenland, "Fatalities to Occupants of Cargo Areas of Pickup Trucks," *Accident Analysis & Prevention*, vol. 32, no. 4 (2000), pp. 533-40。

59 Marc Ross and Tom Wenzel, "The Effects of Vehicle Model and Driver Behavior on Risk," *Accident Analysis & Prevention*, vol. 37 (2005), pp. 479-94.

60 Marc Ross, Denna Patel, and Tom Wenzel, "Vehicle Design and the Physics of Traffic Safety," *Physics Today*, January 2006, pp. 49-54.

61 Leonard Evans, "Mass Ratio and Relative Driver Fatality Risk in Two-Vehicle Crashes," *Accident Analysis & Prevention*, vol. 25 (1993), pp. 609-16.

62 謝謝 Gabriel Bridger 指出這點，欲知結果請參見 http://www.iihs.org。

⑥③ Malcolm Gladwell, "Big and Bad," *New Yorker*, January 12, 2004.

⑥④ Tom Wenzel and Marc Ross, "Are SUVs Really Safer Than Cars? An Analysis of Risk by Vehicle Type and Model," Lawrence Berkeley National Laboratory Seminar, July 30, 2002, Washington, D.C.。同樣地，對駕駛人而言，雪佛蘭 Camaro（或龐帝亞克 Firebird）和 Chevy Corvette 一樣危險，但對其他人來說，Chevy Corvette 則較爲安全。這些研究人員推測，這或許和 Chevy Corvette 擁有玻璃纖維車身和較爲嬌小的車型有關，因爲這兩種特性都能減少車輛對其他人的傷害。

⑥⑤ 有時，統計數據會和人們的預期互相牴觸。以富豪 V70 和ＢＭＷ三系列爲例。前者是強調安全性能的典型北歐轎車，後者則是適合追風者駕駛的雙門小跑車。不過，高速公路安全保險研究所的數據顯示，從二〇〇二年至二〇〇五年之間，這兩種車款在美國引起的車禍死亡率（每百萬部登記有案車輛造成的年度死亡率）並無差異。我沒有辦法明確地舉出兩者的差異，且這個數據可能具有不少統計上的問題，但這會令人不禁做出各種推論：ＢＭＷ否擁有較爲優良的防撞保護系統？富豪的優異安全性能，是否由於其駕駛人的行車技術較爲低劣，而受到抵銷？富豪搭載的乘客人數是否較多，或具有較長的行車里程？或者這種現象只是統計上的誤差？正如羅斯在一封電子郵件中所述，由於這兩種車款所導致的死亡人數，相對而言其實並不多，因此，任何詮釋上的小差異，都可能產生截然不同的結果。他指出，許多微不足道的因素，都可能對這些資料造成汙染。「舉例來說，這些車款的第一年上市時間。假如某個車款的上市時間較早，那麼它在這一年中發生車禍的機率，便會相對較高。假如這個車款的上市時間較晚，那麼它在第一年裡發生車禍的機率，則會相對較低。另一個問題在於，賣得比較不好的車款，較常囤積在車商手上，但車商已爲其中有些車輛掛牌（以便節稅），但這些車輛並未實際在路上行駛，反而長期堆在停車場上。」如此一來，這個車款發生車禍的實際機率，也會比相關統計資料所顯示的數據來得低。

⑥⑥ Pew Research Center, "As the Price of Gas Goes Up, the Nation's Odometer Slows Down," August 8, 2006 (http://pewresearch.org).

⑥⑦ V. Vasudevan and S. Nambisan, *Safety Belt Usage Surveys: Final Project Report* (Las Vegas: Transportation Research Center, University of Nevada, Las Vegas, 2006).

⑱ Jeremy Diener and Lilliard E. Richardson, "Seat Belt Use Among Rural and Urban Pickup Truck Drivers," Report 4-2007, Institute of Public Policy, University of Missouri, July 2007.

⑲ National Highway Traffic Safety Administration, "Alcohol Involvement in Fatal Motor Vehicle Traffic Crashes, 2003," DOT HS 809 822, March 2005.

⑳ S. Newstead and A. D'Elia, "An Investigation into the Relationship Between Vehicle Colour and Crash Risk," Monash University Accident Research Centre, Report 263, 2007.

㉑ 克勞爾在接受訪談時指出，本書第三章所提及的維吉尼亞理工交通學院研究顯示，租賃汽車的駕駛人，不論老少，都比自用汽車的駕駛人，更常做出危險的行車舉動。「租賃汽車的駕駛人，比自用汽車的駕駛人，較常發生車禍，」她說。「這是某種有關租賃汽車的特殊現象，也是我們正在試圖解釋的現象。我想，當我們駕駛租賃汽車時，都會比駕駛自己的汽車時，來得更加莽撞。」我未能發現任何正面處理這個問題的美國研究。租賃汽車不但擁有異常紛雜的駕駛人類型，它們也得面對更多種類的交通狀況，而這些因素都會使我們更難評估其行車風險。一份約旦研究的確顯示租賃汽車較常發生車禍，雖然這份研究所包含的樣本，大都是年紀較輕的駕駛人（這個人口族群的行車風險，原本便比其他人口族群來得高）。請參見 Adli H. Al-Balbissi, "Rental Cars Unique Accident Trends," *Journal of Transportation Engineering*, vol. 127, no. 2 (March—April 2001), pp. 175-77。

㉒ Guy Stecklov and Joshua R. Goldstein, "Terror Attacks Influence Driving Behavior in Israel," *Proceedings of the National Academy of Science*, vol. 101, no. 40 (2004), pp. 14551-56.

㉓ Evans, *Traffic Safety*, op. cit., p. 56.

㉔ C. Hunter Sheldon, *Journal of the American Medical Association*, November 5, 1955.

㉕ 亞當斯指出，一九七〇年至一九七八年之間，在這段期間裡通過強制繫上安全帶的西方主要國家中，「尚未施行強制繫上安全帶措施的國家的車禍死亡率降幅，比已經施行強制繫上安全帶措施的國家來得顯著。」他表示，一九八三年時，亦即英國施行強制繫上安全帶措施滿一週年後，該國的車禍死亡率降幅，「遠遠低於」原先預測的每年一千人。他指出，車禍死亡率明顯下降的唯一時段，是週末凌晨的「酒駕時間」——但其主因和英國當時積極推動的反酒駕宣導活動有關。其他時段的車禍死亡率降幅，並未比當時既存的年度百分之三降幅來得

多。「沒有任何研究試圖說明為什麼，」他寫道，「英國開始施行強制繫上安全帶措施之後，安全帶只對晚上十點至凌晨四點之間開車上路的酒駕駕駛人有用。」請參見 John Adams, "Britain's Seat-Belt Law Should Be Repealed," draft of a paper for publication in *Significance*, March 2007。

⑯ R. G. Mortimer, "A Decade of Research in Rear Lighting: What Have We Learned?," in *Proceedings of the Twenty-first Conference of the American Association for Automotive Medicine* (Morton Grove, Ill.: AAAM, 1977), pp. 101–22.

⑰ J. Crosley and M. J. Allen, "Automobile Brake Light Effectiveness: An Evaluation of High Placement and Accelerator Switching," *American Journal of Optometry and Archives of American Academy of Optometry*, vol. 43 (1966), pp. 299–304.。有關煞車燈的歷史和其他相關議題的深入討論，請參見 D. W. Moore and K. Rumar, "Historical Development and Current Effectiveness of Rear Lighting Systems," Report No. UMTRI-99-31, 1999, University of Michigan Transportation Research Institute, Ann Arbor。

⑱ 這些測試資料引自 John Voevodsky, "Evaluation of a Deceleration Warning Light for Reducing Rear-End Automobile Collisions," *Journal of Applied Psychology*, vol. 59 (1974), pp. 270–73。

⑲ Charles Farmer, "Effectiveness Estimates for Center High Mounted Stop Lamps: A Six-Year Study," *Accident Analysis & Prevention*, vol. 28, no. 2 (1996), pp. 201–08.

⑳ Suzanne E. Lee, Walter W. Wierwille, and Sheila G. Klauer, "Enhanced Rear Lighting and Signaling Systems: Literature Review and Analyses of Alternative System Concepts," DOT HS 809 425, National Highway Traffic Safety Administration, March 2002.

㉑ 反對第三煞車燈的人士認為，這種安全裝置的效益之所以低落，部分原因在於駕駛人不一定會在看見煞車燈亮起停車。第三煞車燈雖然能夠提供更多資訊，但這些資訊的重複性極高。舉例來說，這種煞車燈無法顯示前車的減速速率，或前車是否已經完全停車——但這些資訊正是預防追撞事故的最關鍵因素。R. G. Mortimer 的研究，提供了反對第三煞車燈的完備理由。請參見 R. G. Mortimer, "The High-Mounted Brake Light: The 4% Solution," Society of Automotive Engineers Technical Paper 1999-01-0089, 1999。

㉒ L. Evans and P. Gerrish, "Anti-lock Brakes and Risk of Front and Rear Impact in Two-Vehicle Crashes," *Accident*

Analysis & Prevention, vol. 28 (1996), pp. 315-23.

㉝ Elizabeth Mazzae, Frank S. Barickman, and Garrick J. Forkenbrock, "Driver Crash Avoidance Behavior with ABS in an Intersection Incursion Scenario on Dry Versus Wet Pavement," Society of Automotive Engineers Technical Paper, 1999-01-1288, 1999.

㉞ A. F. Williams. and J. K. Wells, "Driver Experience with Antilock Brake Systems," *Accident Analysis & Prevention*, vol. 26 (1994), pp. 807-11.

㉟ Charles J. Kahane, "Preliminary Evaluation of the Effectiveness of Antilock Brake Systems for Passenger Cars," NHTSA Report No. DOT HS 808 206, December 1994.

㊱ Insurance Institute for Highway Safety, *Status Report*, vol. 35, no. 4 (April 15, 2000).

㊲ Nick Bunkley, "Electronic Stability Control Could Cut Fatal Highway Crashes by 10,000," *New York Times*, April 6, 2007。電子穩定控制系統和防鎖煞車系統之間最關鍵的差異，在於前者能夠自動運作，而非有如後者一般，必須藉由正確的操作方式，才能予以啓動。

㊳ Charles Francis Adams 在他出版於一八七九年的《鐵路意外筆記》（*Notes on Railroad Accidents*）中寫道：「反對某些安全措施或自認爲不需某些安全設施的人士，往往主張額外的安全保障將會使他們的僕人變得越來越粗心大意。我們應該仔細思考這種看法的正確性。」亞當斯並不接受此一反對假說：「我們的經驗顯示，缺乏安全設備引發的危害，比安全設施本身帶來的危害，更爲嚴重。事實上，僕人之所以心不在焉和粗心大意，並導致一發不可收拾的後果的原因，常和他們對這些安全措施的高度信心無關，而和他們在缺少這些安全設施的情況下，以不良的習慣在車流中橫衝直撞有關。」有趣的是，在某個仍適用於現在的段落裡，他指出大型路口上的意外事故，似乎時常發生於最不可能或「最安全」的狀況中：「語言所能形容的最嚴重意外，往往都在最尋常的天氣中，以最出乎意料的方式，突然發生。這種現象在快速道路上的大型路口最爲明顯。當途經這些道路的旅人最不易察覺任何危險徵候時，這些意外也最可能驟然發生。」引自 Charles Francis Adams, *Notes on Railroad Accidents* (New York: G. P. Putnam's Sons, 1879)。

㊴ Sam Peltzman, "The Effects of Automobile Safety Regulation," *Journal of Political Economy*, vol. 83, no. 4 (August

1976), pp. 677-726.

⑨⓪數十年之後，人們仍不斷地過濾各種資料，試圖證明或推翻皮爾茲曼的假說。有些人批評皮爾茲曼將摩托車騎士和非車輛乘員——亦即行人和自行車騎士——混為一談（摩托車牌照的年度發行數量持續增加，而許多摩托車騎士也死於和汽車無關的單一車輛車禍）。請參見 Leon S. Robertson, "A Critical Analysis of Peltzman's 'The Effects of Automobile Safety Regulation,'" *Journal of Economic Issues*, vol. 2, no. 3 (September 1977), pp. 587-600。有些人表示，駕駛人的行車方式或許並未變得較為危險，但他們的**行車里程倒是有所成長**——新車在駕駛人心中引發的安全感，可能增加他們開車上路的頻率（這或許也和某種行為適應效益有關）。請參見 Robert B. Noland, "Traffic Fatalities and Injuries: Are Reductions the Result of 'Improvements' in Highway Design Standards?," paper submitted to Annual Meeting of the Transportation Research Board, November 10, 2000。兩位哈佛大學經濟學家所進行的研究，仔細地調查了駕駛人繫上安全帶的比例（這種數據非常不容易取得），但並未找到任何支持皮爾茲曼效應的證據。不過，他們仍發現，車禍死亡率的降幅，遠低於政府管理單位原本的預測。參見 Alma Cohen and Liran Einav, "The Effects of Mandatory Seat Belt Laws on Driving Behavior and Traffic Fatalities," Discussion Paper No. 341, Harvard Law School, November 2001，二〇〇七年十一月十二日從 http://www.law.harvard.edu/programs/olin_center/下載。其他人則指出，皮爾茲曼未曾區隔受到管制的車輛和未受管制的車輛（以便確認設有安全裝置的汽車是否較常發生車禍）。請參見 Leon Robertson and Barry Pless, "Does Risk Homeostasis Theory Have Implications for Road Safety," *British Medical Journal*, vol. 324 (May 11, 2002), pp. 1151-52。

⑨①本章已藉由對虛構人物佛萊德的討論突顯出這種現象。請參見 P. A. Koushki, S. Y. Ali, and O. Al-Saleh, "Road Traffic Violations and Seat Belt Use in Kuwait: Study of Driver Behavior in Motion," *Transportation Research Record*, vol. 1640 (1998), pp. 17-22，亦請參見 T. B. Dinh-Zarr, D. A. Sleet, R. A. Shults, S. Zaza, R. W. Elder, J. L. Nichols, R. S. Thompson, and D. M. Sosin, "Reviews of Evidence Regarding Interventions to Increase the Use of Safety Belts," *American Journal of Preventive Medicine*, vol. 21, no. 4, Supp. 1 (2001), pp. 48-65，以及 D. F. Preusser, A. F. Williams, and A. K. Lund, "The Effect of New York's Seat Belt Use Law on Teenage Drivers," *Accident Analy-*

sis & Prevention, vol. 19 (1987), pp. 73-80。

⑨② Evans, *Traffic Safety*, op. cit., p. 89.

⑨③ Russell S. Sobel and Todd M. Nesbit, "Automobile Safety Regulation and the Incentive to Drive Recklessly: Evidence from NASCAR," *Southern Economic Journal*, vol. 74, no.1 (2007).

⑨④ 這個觀點引自 Stephen J. Dubner and Steven D. Levitt in "How Many Lives Did Dale Earnhardt Save?" *New York Times*, February 19, 2006。這些作者指出，假如賽車選手的車禍死亡率，和一般美國駕駛人的五年平均車禍死亡率相當的話，那麼死於賽車場上的賽車選手應該有十五位之多——但事實上，沒有任何賽車選手在賽車車禍中喪生。這令人不禁想起爲什麼著名賽車選手老戴爾・恩哈德（Dale Earnhardt, Sr.）之死，能夠引發人們對賽車安全的熱烈討論，但一般駕駛人之死，卻從未激起類似的關注。

⑨⑤ A. J. McLean, B. N. Fildes, C. J. Kloeden, K. H. Digges, R. W. G. Anderson, V. M. Moore, and D. A. Simpson, "Prevention of Head Injuries to Car Occupants: An Investigation of Interior Padding Options," Federal Office of Road Safety, Report CR 160, NHMRC Road Accident Research Unit, University of Adelaide and Monash University Accident Research Centre.

⑨⑥ Sam Peltzman, "Regulation and the Natural Progress of Opulence," lecture presented at the American Enterprise Institute, September 8, 2004, AEI-Brookings Joint Center for Regulatory Studies, Washington, D.C.

⑨⑦ 辛普森在談及「超級鑽頭冰螺栓」（super-share ice screw）和其他先進登山器材時指出，「我們或許會認爲，這些發明能夠大幅提升這項運動的安全性。不幸的是，現今登山者在冰層上攀爬的舉動，在十年前根本還是前所未聞。」他並以他那輛「鏽痕斑斑的小車」作爲對比表示，「你一定不敢忽視開著這輛車撞上任何東西後的慘狀」。因此，他繼續寫道，「我每次都帶著戰戰兢兢的心情坐上這輛車。」引自 *The Beckoning Silence* (Seattle: Mountaineers Books, 2006), p. 105。

⑨⑧ 有關麥金利山的資料引自下列這份有趣的研究報告：R. Clark and Dwight R. Lee, "Too Safe to Be Safe: Some Implications of Short- and Long-Run Rescue Laffer Curves," *Eastern Economic Journal*, vol. 23, no. 2 (Spring 1997), pp. 127-37。當然，二十世紀末攀登這座山脈的人數比較多，但需要救援的登山人數也變得更多。這份研究指出，

單在一九七六年，這座山脈便見證了三十三次救援行動，亦即每十八個登山隊伍中，就有一個隊伍需要救援——這個數字幾乎等於一九七〇年之前所有的救援次數。

(99) Vic Napier, Donald Self, and Carolyn Findlay, "Risk Homeostasis: A Case Study of the Adoption of a Safety Innovation on the Level of Perceived Risk," paper submitted to the American Society of Business and Behavioral Sciences meeting, Las Vegas, February 22, 2007.

(100) O. Adebisi and G. N. Sama, "Influence of Stopped Delay on Driver Gap Acceptance Behavior," *Journal of Transportation Engineering*, vol. 3, no. 115 (1989), pp. 305-15.

(101) Daniel Eisenberg and Kenneth E. Warner, "Effects of Snowfalls on Motor Vehicle Collisions, Injuries, and Fatalities," *American Journal of Public Health*, vol. 95, no.1 (January 2005), pp. 120-24.

(102) Robertson and Pless, "Does Risk Homeostasis Theory Have Implications for Road Safety," op. cit.

(103) 有關帕洛阿爾托（Palo Alto）的報告，請參見 Alan Wachtel and Diana Lewiston, "Risk Factors for Bicycle-Motor Vehicle Collisions at Intersections," *ITE Journal*, September 1994。亦可參見 L. Aultmann-Hall and M. F. Adams, "Sidewalk Bicycling Safety Issues," *Transportation Research Record*, no. 1636, 1998, pp. 71-76。有關自行車行車風險和行車安全問題的深入討論，請參考 Jeffrey A. Hiles, "Listening to Bike Lanes," September 1996，二〇〇六年十一月十四日下載自 http://www.wright.edu/~jeffrey.hiles/essays/listening/contents.html。

(104) Lasse Fridstrom, "The Safety Effect of Studded Tyres in Norwegian Cities," *Nordic Road and Transport Research*, no. 1 (2001); Veli-Pekka Kallberg, H. Kanner, T. Makinen, and M. Roine, "Estimation of Effects of Reduced Salting and Decreased Use of Studded Tires on Road Accidents in Winter," *Transportation Research Record*, vol. 1533 (1995).

(105) Paul Wasielewski and Leonard Evans, "Do Drivers of Small Cars Take Less Risk in Everyday Driving?," *Risk Analysis*, vol. 5, no. 1 (1985), pp. 25-32.

(106) D. Walton and J. A. Thomas, "Naturalistic Observations of Driver Hand Positions," *Transportation Research Part F: Traffic Psychology and Behavior*, vol. 8 (2005), pp. 229-38.

(107) D. Walton and A. Thomas, "Measuring Perceived Risk: Self-reported and Actual Hand Positions of SUV and Car Drivers," *Transportation Research Part F: Traffic Psychology and Behaviour*, vol. 10, issue 3 (May 2007).

(108) Lesley Walker, Jonathan Williams, and Konrad Jamrozik, "Unsafe Driving Behaviour and Four Wheel Drive Vehicles: Observational Study," *British Medical Journal*, vol. 333, issue 17558 (July 8, 2006), p. 71.

(109) Sten Fossser and Peter Christensen, "Car Age and the Risk of Accidents," TOI Report 386, Institute of Transport Economics, Norway, 1998.

(110) 高速公路安全保險研究所資深副總裁 Kim Hazelbaker，在二〇〇七年五月十九日的訪談中，向我提出這個觀點。

(111) 我曾向美國交通安全權威雷納多・艾凡斯問及他所駕駛的車款，而他的回答讓我印象深刻。「對我而言，我開的是一輛非常不安全的車，」他說。「它是我的前任老闆所製造的，最便宜且最輕巧的一款車：龐帝亞克 Sunfire」。這輛車已有十年的車齡。

(112) Shaoni Bhattacharya, "Global Suicide Toll Exceeds War and Murder," *New Scientist*, September 8, 2004.

(113) John Mueller, "A False Sense of Insecurity," *Regulation*, vol. 27, no. 3 (Fall 2004), pp. 42-46.

(114) 英國瑞丁大學（University of Reading）心理學教授法蘭克・麥肯納（Frank McKenna）指出，人們往往以保障「個人自由」爲由，反對實施某些交通或其他健康安全措施，例如，強制繫上安全帶，和禁止在工作場所吸菸等。人們在制定公共政策時，也常迴避某些並未違反彌爾（John Stuart Mill）所提出的「傷害原則」（harm principle）的立法行爲——這個原則主張，法律的目的，在於「防止對其他人造成傷害」，而不在於促進任何人的「生理或道德」福祉。正如麥肯納所主張的，雖然酒醉駕車，未繫上安全帶，以及在工作場所抽菸等行爲，都曾被視爲可接受的個人行爲，但民眾最終仍體認到，這些行爲的社會成本所費不貲。不過，這令人不禁想起，爲什麼超速行車這種可能「對其他人造成傷害」的行爲，能夠得到大眾的容忍？這或許是由於，正如本書之前所述，人們往往未能察覺自己的實際車速，或並不了解高速行駛可能引發的危險。這種現象可能會讓人們覺得，政府相關單位缺乏「合理理由」，實施更爲嚴格的執法行爲。因此，交通警察時常必須面對一個難題：過度寬鬆的執法尺度，將會導致駕駛人更常超速；太過嚴厲的執法行動，則會「引發民眾的不滿」。麥肯納認爲，目前廣受認可的經常性超速行爲，未來或許會和在工作場所吸菸一樣，顯得退步落伍。「我們必須指出，人們對某些行爲的接受度，會隨著時代潮流的變遷而大幅改變，且先前看似不合理的干預措施，之後或許便會被視爲合情合理。」參見 Frank P. McKenna, "The Perceived Legitimacy of Intervention: A Key Feature for Road Safety," AAA Foundation for Traffic Safety, 2007。

⑮ "Consequences for Road Traffic Fatalities of the Reduction in Flying Following September 11, 2001," Michael Sivak and Michael Flannagan, *Transportation Research Part F: Traffic Psychology and Behavior*, vol. 7, nos. 4-5 (July—September 2004), pp. 301-05.

⑯ Carl Ingram, "CHP May Get to Hire 270 Officers," *Los Angeles Times*, June 2, 2004, p. B1。在這篇文章中，某位警官表示，奧克拉荷馬市爆炸案主謀 Timothy McVeigh，是在某次「例行性交通臨檢」時遭到逮捕的。無獨有偶的是，九一一事件首謀之一 Mohammed Atta，也曾因超速和無照駕駛而收到交通罰單，且由於未出庭應訊而被吊銷駕駛執照。

⑰ Elihu D. Richter, Lee S. Friedman, Tamar Berman, and Avraham Rivkind, "Death and Injury from Motor Vehicle Crashes: A Tale of Two Countries," *American Journal of Preventative Medicine*, vol. 29, no. 5 (2005), pp. 440-50。這些作者也指出其他差異，包括一九九〇年代在美國突然出現的休旅車和輕型卡車風潮，以及當時節節高升的酒醉駕駛比例等。

⑱ 這個觀點引自雷納多・艾凡斯的一篇回應文章，見 *American Journal of Preventative Medicine*, vol. 30, no. 6 (2006), p. 532。

⑲ D. Fetherstonhaugh, P. Slovic, S. Johnson, and J. Friedrich, "Insensitivity to the Value of Human Life: A Study of Psychophysical Numbing," *Journal of Risk and Uncertainty*, vol. 14, no. 3 (1997), pp. 282-300.

⑳ Karen E. Jenni and George Lowenstein, "Explaining the 'Identifiable Victim Effect,'" *Journal of Risk Uncertainty*, vol. 14 (1997), pp. 235-37.

㉑ Paul Slovic, "If I Look at the Mass I Will Never Act: Psychic Numbing and Genocide," *Judgement and Decision Making*, vol. 2, no. 2 (April 2007), pp. 1-17.

(122) 有個例外，可上網（streetsblog.org）點閱，它登載了紐約大都會地區的車禍死亡和相撞事件。

(123) B. Fischhoff, P. Slovic, S. Lichtenstein, S. Read, and B. Combs, "How Safe Is Safe Enough? A Psychometric Study of Attitudes Towards Technological Risks and Benefits," *Policy Sciences*, vol. 9 (1978), pp. 127-52.

(124) 許多紐約市民認爲自行車「相當危險」。住宅區居民常以此爲由，反對增設自行車車道。不過，紐約市每年死於自行車輪下的人數，不必用盡十隻手指便能全部數完。當我訪問任職於紐約市交通局的工程師 Ryan Russo 時，又聽見了許多我們之所以時常誤判交通風險的原因。「自行車既安靜又罕見，」我向他提及紐約市民對自行車騎士的不良觀感時，他如此對我說。「相反地，汽車既吵鬧又常見。你看不見自行車，因爲它的體積比較小；你聽不見它正在逐漸接近，因爲它沒有聲音；你也不會預期遇上它，因爲它不常見。」差點被自行車撞上的經驗，雖然相對而言安全許多，仍比差點被汽車撞上的經驗，顯得更加危險，即使——甚至**正是因爲**——行人早已習慣在通過行人穿越道時，差點被轉彎車輛撞上的經驗。

(125) 雷納多．艾凡斯指出，有關這種現象的最佳例子，是「車輛召回」這件怪事，每隔大約一個月，新聞報導總會宣布某些車款的設計具有潛在缺陷。這些召回事件往往搞得我們心神不寧，腦海中充滿了輪胎爆裂或煞車失靈時的恐怖情景。雷納多．艾凡斯表示，受到這些召回消息的長期轟炸之後，我們常會覺得，駕駛人必須面對的最大危險，就是運作不正常的車輛。「新聞報導常說這些故障車輛『並未引起傷亡』，」雷納多．艾凡斯說。我們於是感覺十分放心。「但數以千計的人，才剛在昨晚的車禍中受傷。而我們卻被告知，**車輛召回**才是眞正值得注意的事。」

(126) 美國汽車協會的一份分析報告指出，從一九九〇年一月一日至一九九六年八月三十一日之間，一萬零三十七起「暴力和惡劣駕駛行爲」所引發的交通事故，總共導致兩百一十八人死亡。根據估計，這些事件中有百分之三十七的個案和槍械有關。引自 David K. Willis of AAA in *Road Rage: Causes and Dangers of Aggressive Driving; Hearings Before the Subcommittee on Surface Interpretation of the House Committee on Transportation and Infrastructure*, 105th Congress, 1st Session, 1997。Michael Fumento 指出，在同一段期間中，由於車禍而喪生的人數，高達二十九萬人。參見 Fumento, "'Road Rage' vs. Reality," *Atlantic Monthly*, August 1998。

(127) 發生車禍的駕駛人血液中，常可發現安眠藥物 Ambien 的殘留痕跡，且這些駕駛人並未持有相關的處方箋。請參見 Stephanie Saul, "Some Sleeping Pill Users Range Far Beyond Bed," *New York Times*, March 8, 2006。其他服用後「不得操作重型機械」的藥物，也常出現在駕駛人體內（他們一定忘了汽車也是重型機械），例如，不需處方箋即可取得的可待因合成類比藥物 dextromethorphan 等。參見 Amy Cochems, Patrick Harding, and Laura Liddicoat, "Dextromethorphan in Wisconsin Drivers," *Journal of Analytical Toxicology*, vol. 31, no. 4 (May 2007), pp. 227-32。

(128) 心理學家 Ellen Langer 將這種現象稱爲「控制錯覺」（illusion of control）。參見 E. J. Langer, "The Illusion of Control," *Journal of Personality and Social Psychology*, vol. 32, no. 2 (1975), pp. 311-28。

(129) 舉例來說，至少在美國，學童幾乎不再走路上學了——步行上學的比例，已從一九六九年的百分之四十八，下降至二〇〇一年的百分之十五以下。這種現象的可能原因之一，和所謂的「危險陌生人」（stranger danger）有關。但根據美國司法部指出，陌生人或家庭成員主導的綁架事件，只佔了百分之二的少年傷害事件。在美國（以及其他許多國家），搭乘家庭成員駕駛的汽車，才是介於四歲至三十七歲的民眾，經常必須面對的最大風險。甚至在尚未離開自宅車道之前，汽車即已具有危險性。二〇〇七年時，超過兩百名美國兒童，在「非交通活動車輛事故」（nontraffic fatalities）中喪生。這些事故包括「倒車」意外（通常發生於「安全」的休旅車上），以及不小心將兒童遺忘在車內而引發的中暑事件等。有關兒童綁架事件的統計數據，請參見 D. Finklehor and R. Ormrod, "Kidnapping of Juveniles: Patterns from NIBRS," *Juvenile Justice Bulletin*, June 2000。有關學童步行上學的比例，請參見 Reid Ewing, Christopher V. Forinash, and William Schroeer, "Neighborhood Schools and Sidewalk Connections: What Are the Impacts on Travel Mode Choice and Vehicle Emissions?," *TR News*, vol. 237 (March—April 2005)。有關學校專車的車禍死亡率，請參見 Ann M. Dellinger and Laurie Beck, "How Risky Is the Commute to School," *TR News*, vol. 237 (March—April 2005)。

(130) 這份資料引自維吉尼亞大學都市規畫教授 William Lucy 的研究。他在交叉比對下列兩個因素時，得到這個發現：死於陌生人手下的機率，和死於車禍中的機率。參見 Lucy, "Mortality Risk Associated with Leaving Home: Recognizing the Relevance of the Built Environment," *American Journal of Public Health*, vol. 93, no. 9 (September 2003), pp. 1564-69。

⑬¹二〇〇六年時，百慕達只有十四人死於車禍，雖然這個數字在二〇〇七年時，成長為二十人。參見 Tim Smith, "Call for Greater Police Presence to Tackle Road Deaths 'Epidemic,'" *Royal Gazette*, November 24, 2007。對僅有六萬六千人口（不包括觀光客）的國家而言，這已算是相當高的數字。不過，該國百分之八十的死亡車禍，其實和摩托車騎士或乘客有關，而其中有許多案例也涉及不熟悉當地路況或飲酒開車的觀光客。根據估計，到百慕達旅遊的觀光客，在騎乘摩托車時發生車禍的機率，幾乎是當地居民的六倍。參見 M. Carey, M. Aitken, "Motorbike Injuries in Bermuda: A Risk for Tourists," *Annals of Emergency Medicine*, vol. 28, Issue 4, pp. 424-29。其他研究顯示，觀光客也較常在百慕達發生汽車車禍。參見 C. Sanford, "Urban Medicine: Threats to Health of Travelers to Developing World Cities," *Journal of Travel Medicine*, vol. 11, no. 5 (2004), pp. 313-27。亞當斯在下列著作中，曾經提及這個有關百慕達的例子：*Risk and Freedom: The Record of Road Safety* (Cardiff: Transport Publishing Projects, 1985), p. 2。接著他引述 Herman Kahn, *The Next 200 Years* (New York: William Morrow, 1976), p. 168。

⑬²根據和該市市長 Judie Zimomra，以及警察局資料專家 Bob Conklin 的訪談。Judie Zimomra 指出，一九九〇年代，當地曾經發生幾起死亡車禍，但後續的執法和工程的成效非常良好。重點是：車速限制很重要，但並非唯一要素。

⑬³C. N. Kloeden, A. J. McClean, and G. Glonek, "Reanalysis of Travelling Speed and Risk of Crash Involvement in Adelaide, South Australia," Australian Transport Safety Bureau Report CR 207, April 2002.

⑬⁴John Adams, "Hypermobility: Too Much of a Good Thing?," Royal Society for the Arts Lecture, November 21, 2001 (http://www.geog.ucl.ac.uk/~jadams/publish.htm).

⑬⁵Cherian Varghese and Umesh Shankar, "Restraint Use Patterns Among Fatally Injured Passenger Vehicle Occupants," DOT HS 810 595, National Highway Traffic Safety Administration, May 2006.

⑬⁶根據潘恩統整下列資料來源所得出的報告：The U.S. National Highway Traffic Safety Administration from 1993 to 1997 (http://users.tpg.au/users/mpaine/speed/html)。

⑬⁷一份以紐約市駕駛人為樣本的隨機觀察研究發現，使用免手持式手機的駕駛人，比使用一般手機的駕駛人，更常在開車時進行其他分散注意力的活動（例如，抽菸、飲食，和修整門面等）。研究人員指出，這些駕駛人「或

許以另一種行車風險，取代了原本的行車風險」。參見 "Driving Distractions in New York City," Hunter College, November 2007。

後記：駕駛訓練課程

①有關轉向不足和轉向過度的物理學原理，請參見 Barry Parker, *The Isaac Newton School of Driving: Physics and Your Car* (Baltimore: Johns Hopkins University Press, 2003)。

②W. O. Readinger, A. Chatziastros, D. W. Cunningham, J. E. Cutting, and H. H. Bülthoff, "Gaze-Direction Effects on Drivers' Abilities to Steer a Straight Course," *TWK Beiträge zur 4. Tübinger Wahrnehmungskonferenz*, ed. H. H. Bülthoff, K. R. Gegenfurtner, H. A. Mallot, R. Ulrich. Knirsch, Kirchentellinsfurt, 149 (2001) (http://www.kyb.mpg.de/publication.html?publ=67).

③W. O. Readinger, A. Chatziastros, D. W. Cunningham, H. H. Bülthoff, and J. E. Cutting, "Gaze-Eccentricity Effects on Road Position and Steering," *Journal of Experimental Psychology: Applied*, vol. 8, no. 4 (2002), pp. 247-58.

④事實上，傳統的高中駕駛訓練課程——通常包含課堂講解和實地操作——大都已經受到淘汰。這種現象的原因，不在於學習道路規則沒有實際價值或用處，而在於這種課程並未教育出注重安全的駕駛人，反而導致更多缺乏安全觀念的年輕駕駛人提前開車上路。許多研究都得出這種結論，參見 J. Vernick, G. Li, S. Ogaitis, E. MacKenzie, S. Baker, and A. Gielen, "Effects of High School Driver Education on Motor Vehicle Crashes, Violations, and Licensure," *American Journal of Preventive Medicine*, vol. 16, no. 1 (1999), pp. 40-46、M. F. Smith, "Research Agenda for an Improved Novice Driver Education Program: Report to Congress, May 31, 1994," DOT HS 808 161, National Highway Traffic Safety Administration (www.nhtsa.dot.gov/people/injury/research/pub/drive-ed.pdf)，以及 I. Roberts and L. Kwan, "School Based Driver Education for the Prevention of Traffic Crashes," *Cochrane Database of Systematic Reviews*, no. 2 (2006)。

⑤感謝雷納多・艾凡斯提供這項資訊。

⑥A. F. Williams and B. O'Neill, "On-the-Road Driving Records of Licensed Race Drivers," *Accident Analysis & Preven-*

tion, vol. 6 (1974), pp. 263–70.

⑦感謝雷納多・艾凡斯提供這段引文。

⑧視覺研究人員曾請三級方程式賽車選手托馬斯・謝克特（Tomas Scheckter），在英國列斯特郡（Leceistershire）梅洛里公園賽車場（Mallory Park circuit）上駕駛賽車，以便研究其眼睛和頭部運動。這些研究人員指出，謝克特對此地的跑道非常熟悉，因此他的頭部會在他開始轉動方向盤之前，提前朝著他想行進的方向注視。參見 Michael F. Land and Benjamin W. Tatler, "Steering with the Head: The Visual Strategy of a Racing Driver," *Current Biology*, vol. 11 (2001), pp. 1215–20。

⑨有關這份研究的傑出綜述，請參見 Lisa D. Adams, "Review of the Literature on Obstacle Avoidance Maneuvers: Braking Versus steering," Report No. UMTRI-94-19, University of Michigan Transportation Research Institute, Ann Arbor, August 1994。

⑩傑弗瑞・穆塔特（Jeffrey Muttart）在下列論文中，提出有關「操作制約」的看法：“Factors That Influence Drivers' Response Choice Decisions in Video Recorded Crashes," *Society of Automotive Engineers Journal*, 2005。

⑪Rodger J. Koppa and Gordon G. Hayes, "Driver Inputs During Emergency or Extreme Vehicle Maneuvers," *Human Factors*, vol. 18, no. 4 (1976), pp. 361–70.

⑫D. Fleury, F. Fernandez, C. Lepesant, and D. Lechner, "Analyse typologique des manoeuvres d'urgence en intersection," *Rapport de recherche INRETS*, no. 62 (1988), quoted in Lisa D. Adams, 1994.

⑬Michael A. Dilich, Dror Kopernik, and John M. Goebelbecker, "Evaluating Driver Response to a Sudden Emergency: Issues of Expectancy, Emotional Arousal, and Uncertainty," *Safety Brief*, vol. 20, no. 4 (June 2002)。當研究人員藉由駕駛模擬儀研究駕駛人面對無預警障礙物時的反應，他們經常發現少數駕駛人無法做出任何回應。舉例來說，一份法國研究顯示，當駕駛人必須在試車跑道上迴避一輛充氣式「假車」時，百分之四的駕駛人全身「僵直」，一點反應也沒有。參見 Christian Collett, Claire Petit, Alain Priez, and Andre Dittmar, "Stroop Color-Word Test, Arousal, Electrodermal Activity and Performance in a Critical Driving Situation," *Biological Psychology*, vol. 69 (2005), pp. 195–203。

⑭ D. Lechner and G. Maleterre, "Emergency Maneuver Experimentation Using a Driving Simulator," Society of Automotive Engineers Technical Paper No. 910016, 1991; referenced in Dilich, Kopernik and Goebelbecker, op. cit.

⑮ Micheline Maynard, "At Chrysler, Home Depot Still Lingers," *New York Times*, October 30, 2007.

⑯ M. P. Manser, N. J. Ward, N. Kuge, and E. R. Boer, "Influence of a Driver Support System on Situation Awareness and Information Processing in Response to Lead Vehicle Braking," *Proceedings of the Human Factors and Ergonomics Society Forty-eighth Annual Meeting* (New Orleans, Human Factors and Ergonomics Society, 2004), pp. 2359-63, and "Crash Warning System Interfaces," DOT HS 810 697, January 2007.

⑰ 這是困擾自動化的許多問題之一。任教於密西根大學的貝利・康托維茲（Barry Kantowitz）指出，自動化「在某個限度內極具效率，不過一旦超過這個限度之後，它便會徹底且完全地失去作用。」他舉了一個例子：一架飛機的自動駕駛系統，為了矯正不平衡的燃料供給問題，結果導致飛機進入異常的飛行姿勢，最後完全失去了對飛機的控制。「它所做的最後一件事，就是告知飛行員，『換你來控制飛機了』，」他說。「這時，飛行員完全不知道哪裡出了錯。他根本毫無頭緒，但又得趕緊找出問題所在。」相反地，當人們犯錯時，通常都能以所謂「從容退化」（graceful degradation）的方式，來面對問題。「人們有能力減緩問題的發生速度。他們能以較適當的方式解決問題。」系統設計理論學者唐納・諾曼（Donald Norman），在他的《未來事物的設計》（*The Design of Future Things*）一書中，舉了一個有關駕駛車輛的例子：他的一位朋友在開車時，啓動了車上的適應性巡航控制系統（adaptive cruise control）。這種系統能夠測量前車的距離，並保持適當的行車間距。但諾曼的朋友忘了在即將離開高速公路時關閉這個系統，而他所駕駛的汽車，誤以為前方並無任何車輛，結果便在最需減速的時候突然加速。自動化的主要功用在於減輕駕駛人的注意力負擔，但在這種情況中，沒有集中注意力開車的駕駛人，非常可能發生嚴重的車禍。諾曼主張，雖然完全自動化的行車方式，或許會比人工操控的行車方式來得安全，但「真正的問題是：在完全自動化的轉型過程中，不同的車輛將會擁有不同的能力，其中只有一些車輛具備自動化裝置，而這些裝置的自動化功能也有其限制」。參見 Donald Norman, *The Design of Future Things* (New York: Basic Books, 2007), p. 116。

⑱ 諾丁罕大學的一群心理學家發現，請受試者觀看一系列各自長達八秒鐘的「危險事件」和「安全事件」影片。

這些影片的播放速度,分別經過數位操弄,因此某些影片的播放速度,比事物在影片中實際發生的速度來得快,其他影片的播放速度,則比事物在影片中實際發生的速度來得慢（但所有影片的長度都是八秒鐘）。這些心理學家發現,受試者較常認爲「危險事件」影片的播放速度較快。「假如我們在回憶危險事件時,這些事件的發生過程顯得較爲緩慢,」他們寫道,「這種現象會讓我們預期,在記錄這些事件的影片中,事物的發生過程應該也會比較緩慢……由於這些影片的實際播放速度並未減慢,因此受試者會認爲『危險事件影片』的播放速度比較快。」參見 Peter Chapman, Georgina Cox, and Clara Kirwan, "Distortion of Drivers' Speed and Time Estimates in Dangerous Situations," in *Behavioral Research in Road Safety* (London: Transport for London, 2005), pp. 164-74。

（註釋翻譯：0至4章,韓政燕；其它章節,饒偉立）

國家圖書館出版品預行編目資料

馬路學／Tom Vanderbilt 著；饒偉立譯. --
初版. -- 臺北市：大塊文化，2009.04
面；　公分. --（from ；58）
譯自：Traffic: why we drive the way we do
（and what it says about us）
ISBN 978-986-213-112-1（平裝）

1. 交通心理學　2. 交通流量

557.014　　98003938

10550 台北市南京東路四段25號11樓

廣 告 回 信	
台灣北區郵政管理局登記證	
北台字第10227號	

大塊文化出版股份有限公司 收

請沿虛線撕下後對折裝訂寄回，謝謝！

地址：□□□□□ ＿＿＿＿＿市／縣＿＿＿＿＿鄉／鎮／市／區

＿＿＿＿＿＿＿路／街＿＿＿段＿＿＿巷＿＿＿弄＿＿＿號＿＿＿樓

大塊 LOCUS 文化

編號：FM058 書名：馬路學

大塊文化 讀者服務卡

謝謝您購買本書！

如果您願意收到大塊最新書訊及特惠電子報：

- 請直接上大塊網站 **locus**publishing.com 加入會員，免去郵寄的麻煩！
- 如果您不方便上網，請填寫下表，亦可不定期收到大塊書訊及特價優惠！請郵寄或傳眞 +886-2-2545-3927。
- 如果您已是大塊會員，除了變更會員資料外，即不需回函。
- 讀者服務專線：0800-322220；email: locus@locuspublishing.com

姓名：________________　**性別**：□男　□女

出生日期：____年____月____日　**聯絡電話**：________________

E-mail：________________________________

從何處得知本書：1.□書店　2.□網路　3.□大塊電子報　4.□報紙　5.□雜誌　6.□電視　7.□他人推薦　8.□廣播　9.□其他

您對本書的評價：

（請填代號　1.非常滿意　2.滿意　3.普通　4.不滿意　5.非常不滿意）

書名____　內容____　封面設計____　版面編排____　紙張質感____

對我們的建議：________________________________

____

____

____

____